진로진학상담총서 ①

학교 진로진학상담의 이론과 실제

THE THEORY AND PRACTICE OF
SCHOOL CAREER GUIDANCE COUNSELING

김성현 · 홍순도 · 김해든 · 김정연 · 이유나 공저

학지사

머리말

최근 교육 현장에서 진로진학지도 및 상담에 관련된 이슈가 증대되고 있고, 고교학점제 시행 등의 크고 작은 변화도 발생하고 있어서 진로진학상담의 필요성이 그 어느 때보다 증대되고 있다고 볼 수 있습니다. 그러나 학교 진로진학상담의 이론과 실제를 심도 있게 집필한 교재를 찾기 힘듭니다. 저 역시 현재 재직 중인 학교에서 학교 진로진학상담 교과목을 5년 동안 수업하면서 수업 교재 개발이 필요하다는 것을 절실하게 느끼게 되었습니다. 이러한 필요성에 공감하고 집필에 흔쾌히 허락하고 참여해 주신 집필진 모두에게 감사하다는 말씀을 전하고 싶습니다.

『학교 진로진학상담의 이론과 실제』는 진로진학상담교사 및 진로진학상담자가 교육 현장에서 나타나는 다양한 특성을 이해하고 진로문제 유형에 따른 진로진학상담 기법들을 제시하고자 하였습니다. 집필 초기에는 많은 혼란과 더불어 어떠한 방향으로 집필해야 할 것인가에 대한 논의가 주를 이루었습니다. 그러한 과정 속에서 집필진의 지혜와 연구로 목차가 도출되게 되었고, 그 목차에 따른 집필이 완료되어 이 책을 출간되게 되었습니다.

이 책은 학교 진로진학상담을 쉽게 이해할 수 있게 집필하면 좋겠다는 취지로 크게 학교 진로진학상담의 목표와 학교 현장의 특성 이해, 진로진학상담의 이론적 접근, 진로진학정보 및 심리검사의 활용, 학교 진로진학상담의 과정과 기법, 대상별 진로진학상담의 실제 등을 반영하였습니다. 이러한 집필 내용은 교육 장면에서 진로진학상담교사 및 진로진학상담자가 진로진학상담 과정에서 교육 현장의 특성을 이해하고 진로진학상담 이론과 상담 기법을 학습하여 대상별 진로진학상담 실무 능력을 증진하는 데 도움을 줄 것입니다.

또한, 이 책은 진로진학상담총서로 진로진학상담 이론에 근거한 사례들과 교육 현장에서 발생할 수 있는 진로문제 유형에 따른 진로진학상담 기법들을 제시하고 있어 진로진학상담 전문성을 향상시키는 데 도움을 줄 것입니다.

이 책은 총 13장으로 구성되어 있습니다. 제1장은 학교 진로진학상담의 개념과 목표, 제2장은 진로진학상담교사의 역할과 역량, 제3장은 학교 진로진학상담 환경 변화, 제4장은 진로진학상담의 이론적 접근, 제5장은 진로진학 정보의 활용, 제6장은 진로심리검사의 활용, 제7장은 학교 진로진학상담의 과정, 제8장은 학교 진로진학상담의 기법, 제9장은 학교 집단 진로진학상담 프로그램 운영, 제10장은 중학생 대상 진로진학상담의 실제, 제11장은 고등학생 대상 진로진학상담의 실제, 제12장은 특수 대상 진로진학상담의 실제, 제13장은 학부모 진로교육 및 상담으로 구성되어 있습니다. 특히, 이 책에서는 대상별 진로진학상담의 실제를 제시하기에 앞서 학교 현장의 특성 이해, 진로진학상담의 이론적 접근, 진로진학정보 및 심리검사의 활용, 학교 진로진학상담의 과정과 기법 등을 제시하고자 하였습니다. 이는 학교 진로진학상담의 이론들을 보다 쉽게 이해할 수 있도록 하고 진로문제 유형별 진로진학상담 기법을 적용하기 위한 집필의도가 있었습니다.

이 책의 출판을 맡아 주신 학지사의 김진환 사장님과 좋은 원고를 작성할 수 있도록 세심히 배려해 주신 영업부 성스러움 과장님, 편집부 이세희 선생님께 감사드립니다.

집필진들이 1년 정도 의기투합의 결과로 학교 진로진학상담의 이론과 실제를 제시하고자 하였는데 이 책을 집필하면서 아쉬움도 남고 부족한 점도 많습니다. 앞으로 더 충실한 교재로 거듭나고 보완해 나갈 수 있도록 아낌없는 격려와 조언을 부탁드립니다. 감사합니다.

2025년 7월

저자들을 대표하여 김성현

차례

제13장 학부모 진로교육 및 상담 • 413

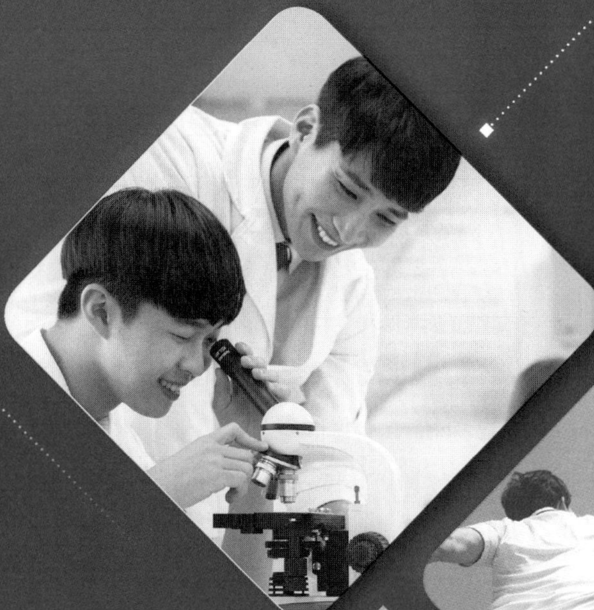

제 1 장

학교 진로진학상담의 개념과 목표

학교 현장에서 진로진학상담의 중요성이 부각되고 있어서 지금까지 학교 현장에서도 진로교육과 지도, 진로진학상담 활동이 진행되었지만 관련 연구 결과에 비추어 보면 그에 대한 미흡함이 나타나고 있다. 그 예로는 일반고등학교에서 성적에 맞거나 인기 학과라는 이유만으로 적성이나 흥미와는 무관한 학과를 진학하고 있는 문제점들을 볼 수가 있다. 그래서 많은 수의 대학생들이 대학이나 학과를 잘못 선택했다는 불만을 가지고 있거나, 전과를 하고 싶어 한다(김봉환, 1997; 이재창, 최인화, 박미진, 2002). 즉, 대부분의 고등학생들이 3학년 때나, 대학 입학 원서를 작성하는 시기에 자신의 성적을 기준으로 대학과 학과를 선택하고 진학하는 현실(한상근 외, 2001)이다.

학생들이 상담하고 싶어 하는 내용이 진로 문제(이강기, 2008)일 경우 진로상담과 진학상담이 순차적으로 연계된 상담이 필요하며, 자신의 진로선택에 대한 고민을 실질적으로 도움받을 수 있도록 하고, 배치된 진로진학상담교사가 학교 현장에서 학생들의 진로고민과 대학 진학에 대한 현실적인 상담을 할 수 있는 기틀을 마련하려는 노력이 절실히 요구된다. 이러한 실질적이고 현실적인 상담을 제공하기 위해서는 학생들의 진로결정에 대해 조언하고 합리적으로 진로결정을 하도록 도울 수 있어야 하며, 진로가 결정된 학생들에게는 현실적인 점수를 통해서 목표로 하는 대학이나 학과에 대한 지원 가능성에 대해 정보를 제공할 필요가 있으며, 목표를 달성하기 위한 노력과 자세의 중요성을 강조하고, 상담 후에 그 학생이 목표를 달성하기 위해 어느 정도 노력하고 있으며 성과는 어떠한지에 대한 후속 관리도 있어야 한다. 이러한 과정을 거쳐 상담이 진행된다면 대학 진학을 전제로 입학한 일반고 학생들은 진로진학상담을 통해 많은 정보와 도움을 받게 될 것이다.

(1) 학교에서 진로진학의 중요성

학교에서 진로진학은 매우 중요한 요소로 간주되며 학생들에게 다양한 이점을 제공한다. 학교에서 진로진학이 왜 중요한지에 대한 몇 가지 이유를 살펴보면 다음과 같다.

- **자기이해 및 자기계발**: 진로진학은 학생들이 자신의 강점, 흥미, 가치관을 더 잘 이해하고 개발할 수 있는 기회를 제공한다. 학생들이 자기에 대해 더 깊이 알게 되면서, 미래의 진로와 목표를 더 명확히 설정할 수 있다.
- **목표 설정과 계획 수립**: 진로진학은 학생들이 미래에 대한 목표를 설정하고 그에 따른 계획을 세우는 데 도움이 된다고 볼 수 있다. 그리고 학업, 직업, 취업 등 다양한 측면에서의 목표를 설정하고 달성하기 위한 로드맵을 제공한다.
- **학업 동기 부여**: 명확한 진로 목표를 가지고 있는 학생들은 미래에 대한 동기 부여를 높일 수 있고, 학업에 대한 열정과 흥미를 유발하여 더 나은 학업 성과를 이룰 수 있다.
- **진학 및 취업을 위한 준비**: 상급학교 및 대학 진학을 목표로 하는 학생들에게는 학교에서의 진로진학이 필수적이라고 볼 수 있으며, 적절한 전공 선택, 상급학교 및 대학 입학 준비, 장학금 지원 등을 포함하여 상급학교 진학에 대비할 수 있도록 지원한다.
- **직업 탐색 및 경험 제공**: 학교에서의 진로진학은 학생들이 다양한 직업과 산업의 변화를 탐색하고, 그러한 직업인으로 나아가기 위한 학습이나 직무 경험을 쌓을 수 있도록 돕는다. 이는 학생들이 진로결정에 있어 현실적이고 실질적인 경험을 쌓을 수 있도록 한다.
- **자기 능력 개발**: 학교에서의 진로진학은 학생들이 필요한 기술과 능력을 향상시키고, 자신의 강점을 발휘할 수 있도록 돕는다. 이는 미래에 대한 높은 수준의 적응력과 경쟁력을 제공한다고 볼 수 있다.
- **미래에 대한 안정성**: 적절한 진로와 교육을 통해 학생들은 미래에 대한 안정성과 미래 준비 능력을 향상할 수 있다. 이러한 관점에서 보면 취업 기회 확대, 높은 수준의 전문 기술, 경력 성장 등이 이에 해당한다.
- **사회적 적응력 강화**: 진로진학은 학생들이 사회적인 적응력을 키우고 다양한 환경에서의 성공을 이룰 수 있도록 한다. 그러기 위해서는 다양한 사회적 상황에서 필요한 기술과 자질을 개발하도록 지원한다.

이러한 이유들로 학교에서의 진로진학은 학생들의 성장과 발전에 중요한 역할을 한다고 볼 수 있고, 학교는 학문적인 영역뿐만 아니라 학생들이 미래에 대한 비전을 가지고 적극적으로 참여할 수 있는 환경을 조성하는 데 큰 역할을 한다고 볼 수 있다.

(2) 학교 진로진학상담의 필요성

학교 진로진학상담은 학생들이 학업 및 진로에 대한 결정을 내리는 데 도움을 주는 중요한 과정이다. 이러한 진로진학상담의 필요성을 다음과 같은 여러 가지 측면에서 설명할 수 있다.

- **개인 맞춤형 지원**: 학교 진로진학상담은 학생의 개인적인 특성, 장점, 관심사 등을 고려하여 맞춤형 지원을 제공한다. 각 학생은 고유한 능력과 흥미를 가지고 있으며, 이를 고려한 상담은 학생이 미래에 대한 목표를 설정하고 달성하는 데 도움이 된다고 볼 수 있다.
- **진로탐색 및 정보 제공**: 학생들은 다양한 진로 및 직업 분야에 대한 정보를 얻고, 자신의 흥미와 목표에 부합하는 경로를 찾는 데 도움이 필요하다. 학교 진로진학상담은 다양한 진로 분야를 탐색하고 필요한 정보를 제공하여 학생들이 적절한 선택을 할 수 있도록 돕는다.
- **학문적 성취와 일치**: 상담을 통해 학생들은 자신의 학문적 성취 수준과 목표에 맞는 진로를 선택할 수 있다. 이는 학업에 대한 동기 부여를 높이고, 효과적인 학습 방법을 찾는 데 도움이 된다고 볼 수 있다.
- **진로계획 및 목표 설정**: 학교 진로진학상담은 학생들이 미래에 대한 계획을 세우고 목표를 설정하는 데 도움을 준다고 볼 수 있다. 이를 통해 학생들은 학업, 진로, 인생의 다양한 측면에서 명확한 방향을 가질 수 있기 때문이다.
- **학업 스트레스와 대처**: 학업과 진로선택은 학생들에게 일정 수준의 스트레스를 유발할 수 있는데 진로진학상담은 이러한 스트레스에 대처하고 적절한 지원을 제공하여 학업 환경에서의 안정감을 증진시킬 수 있다.

이러한 이유로 학교 진로진학상담은 학생들이 자신의 미래에 대한 명확한 비전을 가지고, 그에 따라 적절한 결정을 내릴 수 있도록 돕는 중요한 프로세스로 인식될 수 있다.

2) 학교 진로진학상담의 개념

학교 진로진학상담은 학생들이 자기탐색 과정을 통하여 학업 및 진로에 관련된 결정을 내릴 때 도움을 받을 수 있도록 지원하는 과정이다. 이러한 진로진학상담은 학교 교육체계 내에서 제공되며, 학생들이 자기성장과 진로개발에 필요한 정보와 지침을 얻을 수 있도록 돕는다. 학교 진로진학상담의 주요 개념들을 제시하면 다음과 같다.

- **개인 맞춤형 지원**: 학교 진로진학상담은 각 학생의 개인적인 특성, 흥미, 능력을 고려하여 맞춤형 지원을 제공한다. 학생 개개인의 요구와 목표에 따라 상담이 이루어지며, 이는 학생들이 자신에게 적합한 진로 및 학문적 방향을 찾는 데 도움이 된다고 볼 수 있다.
- **진로탐색 및 정보 제공**: 학생들은 다양한 진로와 직업 분야에 대한 정보를 필요로 하는데 진로진학상담은 학생들에게 다양한 진로 분야에 대한 정보를 제공하고, 이를 토대로 학생들이 자신에게 맞는 진로를 선택할 수 있도록 돕는다.
- **자기이해와 자기계발**: 상담을 통해 학생들은 자기의 강점, 약점, 흥미, 가치관 등을 더 잘 이해하고 발전시킬 수 있다. 이는 학생들이 미래에 대한 목표를 설정하고 이를 달성하는 데 도움이 된다고 볼 수 있다.
- **진로계획 및 목표 설정**: 학생들은 학업 및 진로에 대한 목표를 설정하고 그에 따른 계획을 세우는 것이 중요하다고 볼 수 있다. 학교 진로진학상담은 학생들이 명확하게 미래를 계획하고 향후 단계를 실현 가능한 방식으로 설정하는 데 도움이 된다고 볼 수 있다.

- **진학 및 취업 지원**: 진로진학상담은 고등학교 및 대학 진학, 취업에 관련된 지원도 포함되는데 학생들이 고등학교나 대학에 진학, 직업 세계에 진출하는 과정에서 필요한 정보와 도움을 제공하여 학생들이 성공적으로 진로를 선택하고 준비할 수 있도록 돕는다.
- **학문적 성취 지원**: 학교 진로진학상담은 학문적인 성취를 개선하고 학업에 대한 동기 부여를 높이는 데 도움이 되어 학생들이 학문적으로 성공하면서 진로에 대한 자신감을 쌓을 수 있도록 한다.

이러한 방식으로 학교 진로진학상담은 학생들이 학교생활과 진로에 대한 결정을 내리는 데 필요한 지원을 제공하여, 학생들이 미래에 대비하고 성공적으로 진로를 개척할 수 있도록 돕는다.

2. 학교 진로진학상담의 목표

학교 진로진학상담의 목표는 학생들이 자기탐색 과정을 통하여 학업 및 진로에 관한 결정을 내릴 때 필요한 지원을 제공하여, 학생들이 적절하고 의미 있는 진로를 선택하고 그에 따라 계획을 세울 수 있도록 돕는 것이라고 볼 수 있다. 이를 통해 학생들은 미래에 대비하고 진로개발에 대한 동기 부여를 얻게 된다. 이러한 학교 진로진학상담의 주요 목표를 제시하면 다음과 같다.

- **자기이해 강화**: 학생들이 자신의 강점, 약점, 흥미, 가치관 등을 더 잘 이해하도록 돕는다. 이를 통해 학생들은 자기에게 맞는 진로와 학문적 방향을 선택할 수 있게 된다.
- **진로탐색 및 정보 제공**: 다양한 진로 및 직업 분야에 대한 정보를 제공하고, 학생들이 자신의 흥미와 능력을 고려하여 적절한 진로를 찾을 수 있도록 돕는다.
- **진로계획 및 목표 설정**: 학생들이 자신의 미래에 대한 목표를 설정하고 이를 달

성하기 위한 계획을 세울 수 있도록 돕는다. 이러한 명확한 진로계획은 학생들이 미래에 대한 비전을 가지고 향후 진로 단계를 설정하는 데 도움이 된다고 볼 수 있다.

- 학문적 성취 지원: 학생들의 학문적 성취를 높이기 위한 전략을 개발하고, 학습방법을 개선하는 데 도움을 제공한다. 이러한 학업적 성취는 진로 선택과 미래 성공에 중요한 역할을 한다고 볼 수 있다.
- 진학 및 취업 지원: 고등학교 및 대학 진학이나 취업을 목표로 하는 학생들에게 필요한 정보와 지원을 제공하여, 학생들이 원하는 진로로 나아갈 수 있도록 돕는다.
- 자기계발과 능력 강화: 학생들이 필요한 기술과 능력을 향상시키고, 자기계발에 집중할 수 있도록 돕는다. 이는 학문적 성취뿐만 아니라 취업이나 고등학교 및 대학 진학을 위해서도 매우 중요하다.
- 스트레스 관리 및 대인관계 강화: 진로선택과 학업에 따른 스트레스를 관리하고, 대인관계를 향상시키는 방법을 학생들에게 제공하여, 학업적 성과와 진로선택에 대한 안정감을 증진시킨다.
- 평생 학습 능력 증진: 학생들이 평생 동안 지속적인 학습태도를 유지하도록 증진하여, 미래에 발생할 변화에 대응하고 지속적인 역량 개발이 가능하도록 돕는다.

이러한 목표들은 학교 진로진학상담을 통해 학생들이 자기주도적으로 미래를 계획하고, 적절한 진로를 선택하여 성공적인 진로개발을 이루어 낼 수 있도록 지원한다고 볼 수 있다.

1) 중학교 진로진학상담의 목표

중학교 진로진학상담의 목표는 학생들이 자기탐색 과정을 통하여 학업 및 진로결정에 대한 적절한 지원을 받아 미래에 대비하고 발전할 수 있도록 돕는 것이라고 볼 수 있다. 중학교 진로진학상담에 대한 다양한 목표가 있겠지만, 주요 목표들은 다음과 같다.

- 자기이해와 흥미 발견: 학생들이 자기 자신을 더 잘 이해하고 자신의 흥미와 강점을 발견할 수 있도록 돕는다. 이를 통해 적절한 진로선택에 도움을 준다고 볼 수 있다.
- 학습목표 설정: 학생들이 학업적 목표를 설정하고, 그에 따른 계획을 수립할 수 있도록 지원한다. 이를 통해 학업에 대한 목표의식을 갖게 하고 성취감을 높일 수 있다.
- 다양한 진로 분야 탐색: 학생들이 다양한 진로 및 직업 분야를 탐색하고, 그에 따른 정보를 수집할 수 있도록 돕는다. 이를 통해 학생들이 자신의 흥미와 능력에 맞는 진로를 선택할 수 있게 된다.
- 진로결정 지원: 학생들이 중학교를 마치고, 고등학교, 대학이나 직업 등의 진로결정을 내릴 수 있도록 지원한다. 적절한 정보와 자원을 제공하여 학생들이 미래에 대한 결정을 내리기 위한 기반을 마련한다고 볼 수 있다.
- 학문적 능력 향상: 학문적으로 도전적인 목표를 설정하고 이를 향상시키기 위한 전략을 개발하도록 지원한다. 이는 학생들이 학문적인 능력을 향상시켜 미래의 진로에 대비할 수 있도록 한다.
- 자기관리 및 계획능력 강화: 학생들이 자기 자신을 효과적으로 관리하고, 목표를 달성하기 위한 계획을 세울 수 있도록 지원한다. 이를 통해 미래의 도전에 대비할 수 있는 능력을 갖추게 된다고 볼 수 있다.
- 학교와 진로지원 시스템 활용 지원: 학생들이 학교의 다양한 지원 시스템 및 자원을 활용할 수 있도록 돕는다. 학교의 진로전담교사, 커리어센터, 특별지원 프로그램 등을 활용하여 진로에 대한 정보와 지원을 받을 수 있도록 지원한다.
- 대인관계 및 커뮤니케이션 스킬 개발: 학생들이 타인과의 소통과 협력, 그리고 대인관계 구축을 위한 스킬을 개발하도록 지원한다. 이는 미래의 진로에서 필요한 사회적 능력을 키우는 데 도움이 된다고 볼 수 있다.

요약하면 중학교 진로진학상담의 목표는 학생들이 자기이해를 통하여 자기의 가치와 능력을 인식하고, 미래에 대비하여 적절한 진로를 선택할 수 있도록 지원하는 데 있다고 볼 수 있다.

2) 고등학교 진로진학상담의 목표

고등학교 진로진학상담의 목표는 학생들이 자신의 능력과 흥미를 기반으로 적절한 진로를 선택하고, 대학 진학 또는 직업 분야로 취업을 위해 필요한 능력을 개발할 수 있도록 지원하는 것이라고 볼 수 있다. 고등학교 진로진학상담의 주요 목표들을 제시하면 다음과 같다.

- 진로탐색과 자기이해: 학생들이 다양한 진로 분야를 탐색하고 자기이해를 통해 자신의 흥미, 가치, 강점, 약점 등을 더 잘 이해할 수 있도록 돕는다.
- 대학 진학 준비: 대학 진학을 목표로 하는 학생들에게는 대학 입학 과정, 학과 및 전공 선택, 입시 준비 전략 등에 대한 지원을 제공하여 대학 진학을 효과적으로 준비할 수 있도록 돕는다.
- 진로계획 수립: 학생들이 미래의 진로 방향에 대한 계획을 세우고, 그에 따른 단계적인 목표를 설정할 수 있도록 지원한다. 이를 통해 학생들은 명확한 방향성을 갖고 미래에 대비할 수 있다.
- 직업 탐색과 취업 준비: 대학 진학 외에 직장으로 곧바로 입직을 원하는 학생들에게는 직업 탐색과 취업에 필요한 능력을 개발하도록 돕는다. 인턴십, 취업 프로그램 등을 활용하여 실무 경험을 쌓을 수 있도록 지원한다.
- 학문적 도전과 성취: 학문적으로 도전적인 목표를 설정하고, 학문적 성취를 향상시키기 위한 전략을 개발하도록 도움을 준다고 볼 수 있다. 학문적인 능력을 키우고, 학문에 대한 열정을 유지할 수 있도록 지원한다.
- 사회적 적응력 및 리더십 강화: 학생들이 사회적으로 적응하고 협력하는 능력을 향상시키며, 리더십 기술을 개발하도록 돕는다. 이는 미래의 진로에서 필

요한 사회적 능력을 키우는 데 도움이 될 수 있다.

- 대학이나 직업 세계에 대한 현실적 이해: 학생들이 대학이나 직업에서 기대되는 현실과 요구 사항을 이해하도록 돕는다. 이를 통해 학생들은 미래에 대한 계획을 세울 때 더 현실적이고 실질적인 정보를 기반으로 결정을 내릴 수 있다.

요약하면 고등학교 진로진학상담의 목표는 학생들이 적절하게 대학 또는 직업으로 나아갈 수 있도록 지원하고, 그들의 미래를 위한 효과적인 계획을 수립하도록 도움을 제공하는 것이라고 볼 수 있다.

참고문헌

김병숙, 손민아(2005). 진로모델링 프로그램을 통한 진로 자기효능감 효과 분석. 진로교육연구, 18(2), 172-198.

김봉환(1997). 대학생의 진로 결정 수준과 진로 준비 행동의 발달 및 이차원적유형화. 서울대학교 대학원 박사학위논문.

김봉환, 김병석, 정철영(2005). 학교진로상담. 서울: 학지사.

이강기(2008). 고등학교 학교상담 실태 연구: 경기 북부 지역을 중심으로. 대진대학교 대학원 석사학위논문.

이재창, 최인화, 박미진(2002). 역기능적 진로사고가 진로미결정에 미치는 영향. 한국심리학회지: 상담 및 심리치료, 14(2), 401-414.

통계청(2022). 2022통계조사(교육분야). 통계청.

한상근, 진미석, 이영대, 임언, 이지연, 이양구(2001). 고등학생의 진로선택에 관한 조사. 인천: 한국직업능력개발원.

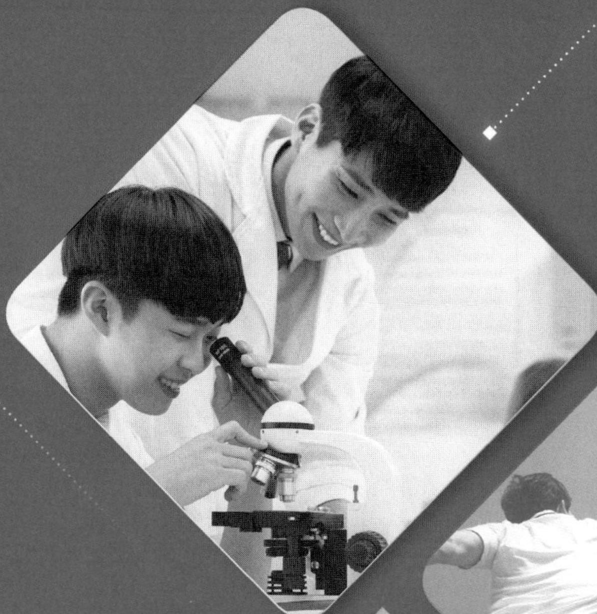

제2장

진로진학상담교사의 역할과 역량

1. 학교 진로진학상담교사의 역할
2. 학교 진로진학상담교사의 역량

1. 학교 진로진학상담교사의 역할

1) 학교 진로진학상담교사의 개념

「진로교육법」에 따르면 학교 진로진학상담교사는 진로전담교사로 통칭하고 있다. 학교 진로진학상담교사는 2010년 교육과학기술부 '진로진학상담(중등) 교사 충원 및 활용 기본계획'에서 '2009 교육과정의 개정'에 따른 진로 관련 과목 개설 및 교과교실제 도입으로 진로교육에 전문성을 가진 교사로 진로진학상담교사라는 명칭으로 소개되었다. 학교 현장에서는 입학사정관제 도입으로 변화하는 대입제도에 맞춰 전문적으로 진로 및 진학 상담을 담당하는 교사가 필요했지만 교사의 수가 절대적으로 부족하였고, 중학교에서는 진로상담이 거의 이루어지지 않았기 때문에 전문적으로 진로 · 진학상담을 담당하는 교사에 대한 요구가 높아졌다. 이에 「교육기본법」 제3조(학습권), 제9조 3항(학교교육), 제12조 2항(학습자), 제21조(직업교육), 「초 · 중등교육법」 제23조(교육과정 등)에 근거하여 2011년부터 진로진학상담교사 1,000명이 교육환경이 열악한 농어촌 우선으로 배치되기 시작하였다(교육과학기술부, 2010). 이후 2015년 6월 「진로교육법」 제정으로 진로교육의 목적과 정의, 진로교육의 기본 방향이 제시되었다. 「진로교육법」 제9조 및 동법 시행령 제4조는 중등학교 진로전담교사 배치 등에 관한 기본적인 사항을 정했다. 「진로교육법」 제9조(진로전담교사)는 교육부장관과 교육감은 초 · 중등학교에 학생의 진로교육을 전담하는 교사(이하 '진로전담교사'라 한다.)라 하며, 「진로교육법 시행령」 제4조(진로전담교사)에 의하면 중학교, 고등학교 및 특수학교의 진로전담교사는 교육부령으로 정하는 과목이 「교원자격검정령」 제4조에 따라 담당과목으로 표시(부전공과목으로 표시된 경우를 포함한다.)된 교원자격증을 보유한 교사로 배치하여야 한다고 정의하였다.

정리하면 진로진학상담교사는 「진로교육법」 및 「진로교육법 시행령」에 따라 초중고등학교에 배치된 교원자격증을 보유한 교사로 학교에서 담당교사와 합의를 거쳐 수업시간에 진로상담을 제공할 수 있으며, 진로와 직업 과목 수업을 담당하고 학교 진로체험활동을 비롯한 다양한 진로 프로그램을 운영 및 실시하는 등 학생의 진로교육을 전담하는 교사이다.

2) 학교 진로진학상담교사의 역할 및 직무

(1) 국내 학교 진로진학상담교사의 역할 및 직무

진로진학상담교사는 학생들의 문제행동이 아니라, 진로교육과 진로상담을 수행하는 역할을 한다. 교육과학기술부(2010)는 '진로진학상담(중등) 교사 충원 및 활용 기본계획'에서 진로진학상담교사의 역할에 대해 중·고교에서 '진로와 직업' 교과 담당 교사로서 '진로지도부'를 운영하며 진로지도부에서는 진로계획 수립, 진로지도 교육과정 편성·운영(교과 및 교과 외 활동), 진로·진학 등 각종 정보수집 및 제공, 학부모·학생상담 실시(진로진학 측면), 외부 지역사회 자원(인력, 기관 등)과 협력 체제 마련, 검사 수행 및 설명·지도 등의 임무를 수행한다고 명시하였다.

지위와 관련해서는 학교 진로교육을 총괄 수행하는 보직교사로, 2009 개정 교육과정 개편에 따른 교과교실제와 집중이수제의 본격 도입에 따라 담임교사 역할이 대폭 축소되는 상황에서 학생들의 발달 상황에 대한 누가 기록을 토대로 전문적인 진로진학지도를 담당한다(교육과학기술부, 2010).

표 2-1 진로진학상담교사의 역할

구분	내용
역할	'진로와 직업' 교과 담당, 맞춤형 진로지도 서비스, 지역사회자원 연계·활용, 입시 전형 준비 지원 등 학교 진로진학지도의 역할을 수행하는 보직교사로서 학교 진로교육 총괄 관리 ※ 진로(60%), 진학(30%), 상담(10%)을 수행하되, 상담 업무의 경우 전문적 진학상담은 진학지도부 또는 담임교사와 연계, 심층 생활상담은 Wee센터 및 Wee Class와 연계하며, 학생 진로진학 문제 보충 및 심화상담에 집중

출처: 교육과학기술부(2010).

이러한 규정을 토대로 마련된 진로진학상담교사의 역할과 직무 기준을 종합해 보면 진로진학상담교사는 진로교육을 총괄 관리하는 역할을 담당하며, 학생의 자기주도적인 진로개발 능력을 신장시키는 것을 목적으로 8가지 직무를 수행하게 되었다.

진로진학상담교사의 직무는 진로진학상담교사 제도 도입 이후 몇 차례 걸쳐 개정되었다. 진로진학상담교사 제도 도입 초기에는 '진로와 직업' 교과지도를 비롯하여 총 여덟 가지 직무를 제시하였으나, 진로진학상담교사의 역할이 점차 확대 및 다양화되어 2011년, 2016년에 각각 13개, 15개 직무의 내용이 증가하였다.

공통적으로 제시된 직무는 네 가지로 살펴볼 수 있다.

첫째, 학교 진로교육의 총괄 및 기획을 수행한다. 진로진학상담교사는 진로진학상담부장으로 학교의 진로교육을 총괄하고, 학교 진로교육과정 운영 계획을 수립하며, 관련 프로그램을 기획・운영하는 직무를 맡고 있다.

둘째, 학생을 대상으로 진로교육과 진로지도를 수행한다. '진로와 직업' 교과수업, 창의적 체험활동 중 진로활동 운영 계획 수립, 교내외 체험활동 기획 및 운영, 학생 대상 진로・진학 상담, 진로심리검사의 활용 및 컨설팅, 진로 및 학습 계획서 작성 지원, 진로 포트폴리오 지도 등의 업무를 수행해야 한다.

셋째, 교원 및 학부모 대상의 진로교육 역량 강화 지원이다. 세부적으로는 교내 교원 대상 진로교육 역량 강화 연수 총괄, 학부모 대상 진로교육 연수 및 컨설팅

표 2-2 진로진학상담교사의 직무

연도	세부내용
2010년	1. '진로와 직업' 교과지도 2. 자기주도학습전형 준비(중학교), 입학사정관전형 준비(고등학교) 3. 진로교육 연간계획 수립 및 성과관리 4. 교원 및 학부모 대상 진로진학지도 방법 컨설팅 5. 창의적 체험활동(진로활동) 종합시스템 관리지원(EDUPOT) 6. 지역사회자원 축적 · 관리, 유관기관과의 네트워크 형성 · 관리 7. 학생 진로진학 문제 보충 및 심화상담 8. 진로교육 보조인력 관리 및 행정지원 등

2011년	1. 진로진학상담부장 등으로서 학교의 진로교육 총괄 2. 진로교육 프로그램 기획 · 운영 3. '진로와 직업' 교과수업, '진로와 직업' 교과 미개설 시에는 창의적 체험활동 중 진로활동 지도(주당 10시간 이내) 4. 진로 · 진학 관련 학생 상담 및 지도(주당 평균 8시간 이상) 5. 창의적 체험활동 중 진로활동 운영 계획 수립 및 진로 관련 에듀팟 관리 6. 커리어 포트폴리오 지도 7. 자기주도학습전형(중학교), 입학사정관전형 지원(고등학교) 8. 커리어넷 등의 진로직업 관련 심리검사의 활용 및 컨설팅 9. 교원 및 학부모 대상 진로교육 연수 및 컨설팅 10. 선취업 후진학 및 취업 지원, 산업체와의 네트워크 구축(특성화고) 11. 지역사회 및 유관기관과의 네트워크 관리 12. 교내외 진로교육 관련 각종 체험활동 기획 · 운영 13. 기타 진로교육 관련 업무
2016년	1. 진로진학상담부장 등으로서 학교 진로교육 총괄 2. 학교 진로교육과정 운영계획 수립 및 프로그램 운영 –진로교육 집중학년 · 학기제 및 진로체험 교육과정 편성 · 운영 3. '진로와 직업' 과목 수업, 창의적 체험활동 중 '진로활동' 지도(주당 10시간 이내) 4. 진로 · 진학 관련 학생 진로상담(주당 평균 8시간 이상) 5. 창의적 체험활동 중 진로활동 운영 계획 수립 및 운영 6. 학교급에 따른 개인 맞춤형 진로지도 및 진학지도 – 학교생활기록부 초 · 중 · 고 진로 관련 정보 연계 기반 개인별 맞춤형 진로지도 7. 선취업 후진학 학생의 진로설계 지원 8. 진로 및 학습 계획서 작성 지원 9. 진로 포트폴리오 지도 10. 커리어넷 등의 진로교육 관련 심리검사의 활용 및 컨설팅 11. 교내외 진로탐색 활동 기획 · 운영 12. 교내 교원 대상 진로교육 역량 강화 연수 총괄 13. 학부모 대상 진로교육 연수 및 컨설팅 14. 진로교육 관련 교육기부 등 지역사회 및 유관기관과의 네트워크 관리 15. 기타 학교장이 정한 진로교육 관련 업무

출처: 교육과학기술부(2010), 교육과학기술부(2011), 교육부(2016).

등을 꼽을 수 있다. 마지막으로는 지역사회 및 유관기관과의 연계 및 협력 관련 사항이다. 진로교육 관련 교육기부 등 지역사회 및 유관기관과의 네트워크 관리, 선취업 후학습 관련 산업체와의 네트워크 구축 등을 들 수 있다.

이처럼 진로진학상담교사의 직무는 교육환경이 복잡해지고 진로교육의 내용이 다양해짐에 따라 좀 더 구체적으로 세분되었다. 따라서 진로진학상담교사 양성 교육과정은 교육 현장의 변화되는 환경을 반영하여 진로진학상담교사가 중등학교 전 학교급, 학교계열별 교육과정의 특징을 이해하고, 각 학교급, 학교계열별 학생들의 진로발달 단계 및 진로발달 과업을 이해하여 적절한 교육을 실시할 수 있는 내용으로 구성되어야 할 것이다. 이뿐만 아니라 동료 교원, 학부모, 지역사회 연계에서 구심점 역할을 수행할 수 있는 역량을 함양할 수 있도록 그 내용을 진로교육 환경 변화에 맞추어 개선 및 발전시켜야 함을 시사한다.

학교 진로진학상담교사의 역량과 관련된 세부적인 직무 역량은 우리나라의 NCS(국가직무능력표준) 사이트에서 능력 단위 '진로상담' 또는 '직업상담'을 검색해 참고할 수 있다. NCS에서는 진로상담이란 "진로 논점을 파악하고, 내담자가 자기탐색을 하도록 지원하며, 직업 정보를 제공하고, 진로의사결정을 하도록 도우며 진로계획서를 작성하여 실행하도록 지원하는 능력"이라고 정의하고 있다. '진로상담'의 능력 단위 요소는 진로 논점 파악하기, 자기탐색 지원하기, 직업정보 탐색 지원하기. 진로설계 지원하기, 실행 지원하기로 구성되어 있으며, 각 능력 요소에 대한 수행 준거가 지식, 기술, 태도 영역으로 나누어 제시되어 있다.

(2) 국외 학교 진로진학담당자의 역할 및 직무

미국에는 우리나라의 진로진학상담교사 역할을 하는 학교상담가가 있다. 미국은 주와 학교구마다 진로진학상담교사의 자격 기준과 체계가 다르다(이세용, 2013). 미국 진로교육의 주요 특징은 학교교육과 노동시장 간의 연계를 강화하는 것으로 이를 위해 커리어 패스웨이(Career Pathway)를 제공하고 있다. 커리어 패스웨이는 선택한 교과목이 직업 또는 직업자격과 연계될 수 있도록 교육과 직업정보를 제공한다. 또, 학교 교육과정을 초, 중, 고, 대학으로 수직적으로 연결하고 최종적으로 직업과 연계할 수 있도록 돕는다(주휘정 외, 2021). 미국학교상담가협회(American School Counselor Association)는 학교상담가의 역할을 정의, 관리, 전달, 평가로 보고 학교상담 프로그램 설계 및 실행, 학생을 대상으로 한 강의, 평가, 홍보, 상담, 프로그램 평가 등으로 역할을 규정했다.

일본은 진로교육에서 커리어 패스포트(Career Passport)를 활용해 특별활동을 중심으로 진로교육을 시행하고, 학생이 활동을 기록하고 축적할 수 있도록 한다(주휘정 외, 2021).

일본은 우리나라 진로진학상담교사와 유사한 진로지도주사가 있다. 1947년 문부과학성령 제11호 「학교교육법 시행규칙」에 따라 중고등학교에 진로지도주사를 배치하고 있다. 진로지도주사의 역할은 진로지도 계획, 학급활동 내 진로지도, 진로상담, 관계기관과 연계한 체험활동 등이 있다(廣島県教育委員会, 2017). 일본 진로지도주사의 역할별 내용은 〈표 2-3〉과 같다.

싱가포르는 노동부와 교육부 주도로 정규 교육과정 내에 진로교육이 포함되어 있고 학교와 산업 현장 간 충분한 교류와 정보 교환을 지원하는 '교육 및 진로지도(Education and Career Guidance: ECG) 교육과정 및 상담가' 제도를 운영하

표 2-3 일본 진로지도주사 역할과 세부 내용

역할	내용
학급활동 내 진로지도	–입학부터 졸업까지 학생의 커리어 발달 촉진을 위해 계획적인 진로지도 –구체적인 사례와 자료 등을 활용하여 학생이 진로 학습에 주체적으로 임할 수 있도록 배려
진로 가이던스	–학교의 진로지도 방침에 대해 입학부터 적절한 시기에 PTA(Parent–Teacher Association, 부모–교사 협회) 총회, 간담회 등을 통해 보호자에게 주지하고 이해를 구함
관계 기관과의 연계 및 체험활동	–학생의 상황 파악 및 진로 선택 지원: 희망 학교, 직업안정소 등과 연계 –학교 및 회사에서 적응 지원: 학교와 회사와의 연계 –다양한 체험활동을 통한 주체적 진로선택 지원: 직장 견학, 직장 체험, 진로 관련 계발적 체험활동

출처: 주휘정 외(2021).

고 있다(Yin, 2017). 교육 및 진로 지도상담가는 경력에 따라 선임 교육 및 진로지도 상담가(Senior ECG Counsellor), 교육 및 진로지도 상담 관리자(ECG Counselling Manager)로 분류되며, 직급에 따라 업무의 우선순위 차등을 둔다. 교육 및 진로지도 상담가의 역할과 내용은 〈표 2-4〉와 같다(Cheng & Tan, 2016).

핀란드는 교육과정에 따라 7학년 진학 시 진로교육 주 담당교사가 담임교사에서 진로전담교사(guidance counsellor)로 전환된다. 이전단계가 직업 생활에 대한 도입 부분이었다면 이것을 확장하여 인턴십 개념의 실제 실습을 진행한다. 이때 진로전담교사는 진로수업과 함께 개인 면담을 진행한다. 교육과정 측면에서는 체계적이고 통합된 국가수준 교육과정에 따라 진로전담교사가 초·중등학년을 아우르는 학교 수준 교육과정으로 재구성해 연계성을 확보한다. 또, 학교 안과 밖의

표 2-4 싱가포르 교육 및 진로지도 상담가의 역할 및 세부 내용

역할	내용
교육 및 진로지도 계획 자문	-학교의 교사들에게 교육 및 진로지도와 관련된 기본적인 기술에 대해 연수 제공 -최신 산업에 대한 지식과 정보를 교사와 학생들에게 브리핑 -교육 및 진로지도에 대한 기본적인 지식과 기술을 습득한 교사는 1차적으로 학생 지도 수행
교육 및 진로지도 관련 상담	-추가 지원이 필요한 학생에게는 교육 및 진로지도 상담가가 개별상담 또는 그룹 상담 제공 -개별 상담의 경우 상담을 희망하는 학생이 교육 및 진로지도 상담가와 시간 약속을 잡아서 진행
ECG 관련 프로그램 기획	-교육 및 진로지도 활동 관련 봉사활동 프로그램 기획, 운영 -산업계와 파트너십을 구축 -교육 및 진로지도 코디네이터 및 수업 관리자들과 함께 다양한 교육 및 진로지도 행사를 기획(예: 취업 박람회, 산업계 인사와의 대화)
학부모와의 소통 및 참여	-학부모들과 소통하면서 상담이나 브리핑을 진행 -학생들에게 양질의 교육 및 진로지도 경험을 제공해 줄 수 있는 적절한 사람들과 학생들을 연결 -부모와 산업계 인사들과의 소통 진행

출처: Cheng & Tan (2016).

다양한 진로활동을 지원하기 위해 지역사회와 연계하고 있다. 직업 현장 방문, 인턴십 등의 프로그램을 지원한다.

캐나다의 진로진학담당자의 명칭은 진로개발전문가(Career Development Professionals: CDP)이다. 진로개발전문가의 역할은 학습 및 업무 관리, 기술 습득 및 강화, 일자리 찾기 및 창출, 개인적 · 직업적 성장을 지원하는 커뮤니티 서비스 이용을 돕는다. 진로개발전문가는 고용주, 교육 및 훈련 제공자, 지역사회 기반 서비스 조직, 기타 민간 및 공공 기관과 협력하여 개인, 기관 및 지역사회를 위한 긍정적인 건강, 사회 및 경제적 결과를 촉진한다(CCDP, 2021).

지금까지 미국, 일본, 싱가포르, 핀란드, 캐나다의 진로진학담당자의 역할과 직무를 살펴보았다. 나라마다 명칭 및 역할과 직무에 조금씩 차이가 있지만, 진학과 진로선택을 위한 상담, 진로 교육과정을 운영하는 점에서 공통점이 있음을 알 수 있다.

우리나라 진로교육과 다른 점을 살펴보면, 미국의 경우 커리어패스를 활용해 선택한 교과목이 직업과 연계할 수 있도록 정보를 제공하고, 초중고등학교 학교 교육과정을 수직적으로 연결하고 더 나아가 직업과도 연계하는 점이 특징적이다. 또, 핀란드에서는 7학년부터 진로전담교사가 인턴십 개념의 실제 실습을 진행한다는 점이 우리나라와의 차이점이라고 볼 수 있다.

우리나라의 진로진학상담교사의 역할 및 직무는 세분되고 구체화되고 있지만, 여전히 초중고등학교 및 직업과의 연계성을 위한 프로그램은 확보되지 않은 상황이다. 또한 현재는 실제 실습을 진행하는 직업 체험 프로그램보다는 강연형, 대화형의 진로체험을 주로 운영하고 있다(교육부, 2023). 체계적이고 내실 있는 진로교육을 위해 초 · 중 · 고 및 직업과 연계성 있는 프로그램이 필요하고 이를 관리 및 운영할 수 있는 진로진학상담교사의 역할이 더욱 강화되어야 할 것이다. 따라서, 진로진학상담교사는 학생들의 진로와 진학에 대한 전문적인 지식과 경험을 바탕으로 학생들의 진로와 진학에 대한 고민을 해결하고, 학생들에게 적합한 진로와 진학 방향을 제시할 수 있어야 한다. 또한, 학교와 직업 간의 연계성을 강화하는 프로그램을 개발하고 운영할 수 있는 역량과 학생들의 진로와 진학에 대한 정보를 수집하고 분석할 수 있는 능력이 필요하다.

2. 학교 진로진학상담교사의 역량

1) 역량의 개념

역할과 역량은 서로 밀접하게 연관되어 있지만, 각각의 개념이 명확하게 구분되어야 한다. 역할은 '무엇을 해야 하는가'에 초점을 맞춘 개념이라면, 역량은 '어떻게 잘할 수 있는가'에 집중한다. 진로진학상담교사 개인의 성공과 조직의 성공을 위해서는 적절한 역할 분배와 함께 필요한 역량을 개발하고 강화하는 것이 중요하다.

역량(competency)은 "특정 직무에 대한 지식과 그 지식을 적용할 수 있는 능력"을 의미한다(McCelland, 1973). 이는 조직이나 직업 세계에서 개인이 역할을 수행하는 데 필요한 구체적인 능력을 말한다.

로버트 크롬볼츠(Robert Krumboltz, 1994)는 역량의 개념을 "지식, 기술, 태도를 포함한 개인 내적 속성"으로 정의하고, 역량을 "개인이 특정한 상황에서 효과적으로 행동할 수 있는 능력"이라고 정의했다. 이러한 능력은 지식, 기술, 태도 등의 개인 내적 특징과 경험, 환경 등의 개인 외적 특성이 결합하여 형성된다고 주장했다.

앞서 살펴본 역량의 개념을 바탕으로 학교 진로진학상담교사의 역량을 정의해보면, 진로진학상담교사의 역량이란 학교 안에서 학교 진로진학상담교사가 담당하는 역할을 수행하는 데 필요한 능력으로 학생들의 진로와 진학에 대한 상담을 제공하는 데 필요한 구체적인 능력이다.

이 장에서는 학교 진로진학상담교사의 역량을 학교 진로진학상담교사가 자신의 업무를 성공적으로 수행하는 데에 필요한 지식, 기술, 태도 등을 포함한 개인의 내적 특성으로 정의하고 국내외 학교 진로진학상담교사의 역량을 지식, 기술 태도로 분석해 정의하고 역량을 개발하기 위한 방안을 살펴보고자 한다.

2) 학교 진로진학상담교사의 역량

(1) 국내 학교 진로진학상담교사의 역량

학교 진로진학상담교사는 학생들이 진로역량을 개발할 수 있도록 전문적인 역량을 갖추어야 한다. 학생들이 성취해야 할 진로역량은 진로교육 목표와 성취기준과 밀접하게 연관되어 있다. 교육부(2015)에서는 학교 교육과정 전반을 아우르는 진로교육의 위상과 「진로교육법」의 방향성 및 내용을 반영해 진로교육의 목표와 성취기준을 발표했다.

진로교육 역량에 관한 선행연구를 정리해 보면 지식 측면에서 진로 및 상담이론 이해, 노동시장 이해, 진로지도 프로그램 이해, 다양성 이해를 살펴볼 수 있으며, 기술 측면에서는 검사 및 상담, 진로 프로그램 개발, 운영 및 평가, 정보관리 및 활용, 홍보 및 대외 관계 형성, 테크놀로지 활용, 전문가 활동, 네트워크 형성

표 2-5 국내 선행연구에서 제시된 진로진학상담교사의 역량 비교

구분	역량	김수향 (2009)	유현실 (2009)	이종범 외 (2010)	엄지 (2014)	정철영 외 (2017)	박은솔 외 (2018)
지식	진로 및 상담이론의 이해	●	●	●	●	●	●
	노동시장 이해				●	●	●
	진로지도 프로그램 이해	●	●	●	●	●	
	다양성 이해		●			●	●
기술	검사 및 상담	●	●	●	●	●	●
	진로 프로그램 개발, 운영 및 평가	●	●	●	●	●	●
	정보관리 및 활용	●	●	●	●	●	●
	홍보 및 대외관계 형성		●	●	●	●	
	테크놀로지 활용					●	●
	전문가 활동		●	●	●	●	●
	네트워크 형성 및 관리			●	●		●
태도	전문가적 태도	●	●			●	●
	개인 소양	●	●		●	●	●

출처: 정진철 외(2019).

및 관리를, 태도 측면에서 전문가적 태도와 개인 소양을 살펴볼 수 있다. 이를 정리하면 〈표 2-5〉와 같다.

다수의 선행연구에서 진로 및 상담이론 이해와 검사 및 상담, 진로프로그램 개발, 운영 및 평가, 정보관리 및 활용 영역을 진로진학상담교사의 주요 역량으로 제시했다. 이러한 역량이 다수의 선행연구에서 공통적으로 제시되었다는 것은 이 역량이 진로진학상담교사의 핵심 역량임을 시사한다. 선행연구에서 정리한 역량을 종합해 정의해 보면 〈표 2-6〉과 같다.

표 2-6 진로진학상담교사의 역량 정의

구분	역량	정의
지식	진로 및 상담이론의 이해	진로개발, 심리검사, 발달 및 선택과 같은 진로 관련 이론 및 지식을 이해하고 활용하는 역량
	노동시장 이해	직업 세계의 변화와 특징, 산업 및 직업별 고용 동향, 직업 전망 등을 이해하고 분석하는 역량
	진로지도 프로그램 이해	진로탐색, 진로결정, 진로준비 등을 지원하는 다양한 프로그램의 목적과 내용, 방법 등을 이해하고 활용하는 역량
	다양성 이해	성별, 인종, 종교, 문화 등 다양한 요인에 따른 진로 문제와 차별을 이해하고, 다양성을 존중하고 배려하는 역량
기술	검사 및 상담	진로검사를 실시하고 해석하며, 상담을 통해 학생들의 진로 문제를 해결하는 역량
	진로 프로그램 개발, 운영 및 평가	학생들의 요구와 특성에 맞는 진로 프로그램을 개발하고 운영하며, 프로그램의 효과를 평가하는 역량
	정보관리 및 활용	진로정보를 수집하고 관리하며, 학생들에게 필요한 정보를 제공하고 활용하는 역량
	홍보 및 대외관계 형성	학교 내외의 다양한 기관과 협력하고, 진로지도 활동을 홍보하는 역량
	테크놀로지 활용	컴퓨터, 인터넷, 스마트폰 등의 기술을 활용하여 진로지도를 수행하는 역량
	전문가 활동	진로지도 관련 연구를 수행하고, 전문가로서 활동하는 역량
	네트워크 형성 및 관리	진로지도 분야 전문가 네트워크를 형성하고 관리하는 역량

태도	전문가적 태도	진로지도에 대한 전문성을 갖추고, 학생들의 성장과 발전을 위해 노력하는 태도
	개인 소양	윤리적 책임감, 자기관리 능력, 대인관계 능력 등을 갖추고, 학생들에게 신뢰감을 주는 태도

출처: 김수향(2009), 박은솔 외(2018), 엄지(2014), 유현실(2009), 이종범 외(2010), 정진철 외(2019) 자료를 참고하여 재구성하였음.

이러한 역량을 바탕으로 진로진학상담교사는 학생들의 진로와 진학에 대한 상담을 제공하고, 학생들의 진로탐색과 진로결정을 지원하며, 학교와 노동시장 간의 연계를 강화하는 역할을 수행함을 알 수 있다.

(2) 국외 학교 진로진학담당자의 역량

미국은 주마다 진로진학담당자의 자격이 다른데 진로진학담당자를 양성하는 단체 중 하나인 국가진로개발협회(National Career Development Association: NCDA)는 1913년에 설립되었다. 이 단체에서는 진로교육 관련 다양한 표준을 제시하고(조대연, 현영섭, 2008) 우리나라의 진로진학상담교사의 역할을 하는 학교진로개발상담자(School Career Development Advisor: SCDA)를 양성한다. 미국 국가진로개발협회는 학교진로개발상담자가 필수적으로 수강해야 할 교육과정으로 12개 과목을 선정해 각 과목이 어떤 역량과 관련 있는지 제시했다. 이를 정리하면 〈표 2-7〉과 같다.

표 2-7 학교진로개발상담자 역량

과목	관련 역량
기본적인 진로지원	생산적인 대인관계를 포함하여 학생들의 진로탐색을 지원하는 데 필요한 기본적인 역량
노동시장, 직업 정보 동향 이해	현재의 노동시장과 직업 정보 및 동향을 파악하고 이를 바탕으로 학생들에게 적합한 진로방향을 제시할 수 있는 역량
진로개발 평가	공식적 · 비공식적 진로개발 평가를 이해하고 활용하며 평가하고 적용할 수 있는 역량

다양한 집단에 대한 상담	다양한 집단의 특수성과 요구에 맞는 상담을 제공하는 역량
윤리강령과 법률 규정 준수	NCDA 윤리강령과 GCDF 윤리강령을 준수하고 현재의 법률 규정을 알고 적용하는 역량
진로개발 이론, 모델, 기법 적용	진로발달 단계, 성별, 연령, 인종 등 다양한 상황에 따라 진로개발 이론, 모델 및 기법을 적용하는 역량
진로계획 수립	학생들의 특수성을 고려해 진로계획을 수립할 수 있는 역량
교육 프로그램 개발	진로개발을 위한 교육 프로그램을 개발하고 프레젠테이션을 위한 자료를 준비하고 개발하는 역량
진로개발 프로그램 관리 및 실행	진로개발 프로그램과 실행 절차를 이해하고 협력적 관계에서 핵심적으로 역할을 할 수 있는 역량
마케팅과 홍보	진로개발 프로그램을 마케팅과 홍보할 수 있는 역량
컴퓨터 프로그램의 이해 및 사용	진로개발 컴퓨터 프로그램 이해 및 사용할 수 있는 역량
컨설테이션	컨설턴트와 슈퍼바이저로부터 성과향상을 위한 조언을 수용할 수 있는 역량

출처: NCDA (2024).

캐나다는 2001년에 직업 개발 실무자(S & G)를 위한 캐나다 표준 및 지침인 캐나다 진로개발전문가를 위한 범캐나다 역량 프레임워크(Pan-Canadian Competency Framework for Career Development Professionals)를 통해 진로 전문가에게 필요한 핵심 역량을 〈표 2-8〉과 같이 제시했다.

표 2-8 캐나다 진로개발전문가를 위한 범캐나다 역량 프레임워크

구분	역량	정의
핵심 역량	커리어 자원 관리	커리어 자원의 유지와 제공, 최신 노동 시장 지식 업데이트, 평가 도구와 접근 방식의 사용, 기술을 사용하여 서비스 제공
	클라이언트 작업 검색 전략	이력서 개발, 커뮤니케이션 작성, 포트폴리오 구성, 가치 제안 설계, 고용 면접 준비, 그리고 전문적인 네트워크 구축
	전문 서비스로 연결	다른 전문가와의 연결 및 네트워크 유지
	확산 및 리더십	고용주와의 관계, 커뮤니티 구축, 정책 및 운동, 전문적인 커리어 개발 서비스의 전략적 제공, 커리어 개발 리더십

추가 역량	증거 기반 연습	결과 향상을 위한 증거 기반의 실천 방안을 개발하고 유지
	전문 개발	분야와 사회의 변화에 대응하여 새로운 기술을 개발하기 위해 생애 전반에 걸쳐 지속적으로 학습
	건강 및 복지	복지 향상과 건강한 근무 환경 조성
	의사소통	명확하고 효과적으로 의사소통
	디지털 매너	현재의 새로운 기술을 활용하여 커리어 개발 실천을 지원

출처: CCDP (2021).

호주는 2000년 진로산업위원회(Career Industry Council of Austria: CICA)를 설립하고 진로개발실천가를 위한 전문적 표준(professional standards for career development practitioners)을 개발하고 발표했다. 호주 진로개발실천가를 위한 전문적 표준은 역량 프레임워크가 제시되어 있고 핵심 역량과 전문화된 역량으로 구성되어 있다. 이를 정리하면 〈표 2-9〉와 같다.

표 2-9 호주 CICA의 역량 기준

핵심 역량	역량 기준
진로개발 이론	• 주요 진로개발 이론, 개념, 연구 및 관련 모델과 프레임워크 설명 • 진로개발 이론, 개념, 연구 및 관련 모델과 프레임워크를 실무에 적용
노동시장 정보	• 편견 없이 신뢰할 수 있는 노동시장 정보를 출처를 파악하고 이해하며 실제에 적용 • 노동시장 정보를 활용하여 구직 전략을 세우고 경력 계획을 수립하는 데 도움
의사소통 기술 및 대인관계 기술	• 관계를 구축하고 유지 • 효과적인 구두 및 서면 커뮤니케이션 기술 사용 • 팀 환경에서 효과적으로 작업
윤리적 실천	• CICA 윤리강령 적용 • 전문성 향상을 위한 지속적인 노력 • 평생학습에 대한 확고한 의지
다양성과 포용	• 다양성을 인식하고 존중 • 문화적 감수성을 바탕으로 경력 개발 업무를 수행
기술, 정보 및 자원	• 정보를 수집, 분석 및 활용 • 최신 기술 및 혁신에 대한 지속적인 업데이트 • 관련 지원 조직, 자원 및 서비스 식별

전문적인 실무 적용	• 요구 사항을 평가 • 사례 및 프로젝트 관리 절차에 따라 업무를 수행 • 비즈니스 기술을 효과적으로 활용 • 고객에게 제공된 서비스를 평가

출처: CICA (2019).

호주의 역량은 〈표 2-9〉에서 살펴본 역량 기준의 하위에 더 상세한 행동 지표를 제시하고 있다(CICA, 2019).

미국, 캐나다, 호주에서 제시한 진로진학담당자의 역량을 정리하고 국내 선행연구에서 제시된 진로진학상담교사의 역량과 표로 비교해 보면 〈표 2-10〉과 같다.

표 2-10 미국, 캐나다, 호주에서 제시한 진로진학상담자의 역량 비교

구분	역량	미국	캐나다	호주
지식	진로 및 상담이론의 이해	진로개발 이론, 모델, 기법 적용		진로개발 이론
	노동시장 이해	노동시장, 직업 정보 동향 이해	커리어 자원 관리	노동시장 정보
	진로지도 프로그램 이해			
	다양성 이해	다양한 집단에 대한 상담		다양성과 포용
기술	검사 및 상담	진로계획 수립	클라이언트 작업 검색 전략	
	진로 프로그램 개발, 운영 및 평가	진로개발 평가 교육 프로그램 개발 진로개발 프로그램 관리 및 실행	증거 기반 연습	진로개발 이론 전문적인 실무 적용
	정보관리 및 활용		디지털 매너	기술, 정보 및 자원
	홍보 및 대외 관계 형성	마케팅과 홍보	확산 및 리더십 전문 서비스로의 참조	
	테크놀로지 활용	컴퓨터 프로그램의 이해 및 사용	디지털 매너	

	전문가 활동		전문 개발	
	네트워크 형성 및 관리	컨설테이션	클라이언트 작업 검색 전략	윤리적 실천
태도	전문가적 태도			
	개인 소양	윤리강령과 법률 규정 준수	건강 및 복지 의사 소통	의사소통 기술 및 대인관계 기술 윤리적 실천

출처: 정진철, 류지은, 서예린(2019), NCDA(2024), CCDP(2021), CICA(2019)의 자료를 참고하여 재구성하였음.

미국, 캐나다, 호주 등 3개국의 진로진학 담당자의 역량은 매우 유사하며 이는 우리나라의 진로진학상담교사 역량과도 매우 유사하다. 국외 사례에서 주목할 점은 호주의 경우 역량 하위에 상세한 행동지표를 제시하고 있다는 점이다. 현재 우리나라는 진로진학상담교사의 역량을 제시하고 있지만, 역량에 따른 상세한 행동지표는 제시하지 않고 있다.

정리하면 각 나라의 교육 체계와 문화적 차이로 역량 항목이 다소 다를 수 있지만, 진로진학상담교사가 갖추어야 할 기본적인 역량은 유사하다는 점을 알 수 있다. 진로교육의 발전을 위해서 해외의 우수한 사례를 우리나라 실정에 맞게 변형해 발전해 나가야 한다.

참고문헌

교육과학기술부(2010). 진로진학상담교사 충원 및 활용 기본계획. 8.

교육과학기술부(2011). 진로진학상담교사 배치 및 운영 지침(안)(2011-1호). 5.

교육부(2015). 2015 학교 진로교육 목표와 성취기준.

교육부(2016). 중등학교 진로전담교사 배치 및 운영지침(2016. 1.). 5.

교육부(2023). 2023 초 · 중등 진로교육 현황조사.

김수향(2009). 진로 및 직업 상담자의 역량 분석. 광운대학교 대학원 석사학위논문.

김은경(2014). 진로진학상담교사의 역량 척도 개발. 경성대학교 대학원 박사학위논문.

박은솔, 안선회, 조대연(2018). 진로진학상담교사 직무역량 요구분석. **한국교원교육연구**, 35(1), 189-206.

엄지(2014). 초등학교 교사의 진로교육 역량도출을 위한 델파이 연구. 한국교원대학교 대학원 석사학위논문.

유현실(2009). 진로상담전문가의 역량모형개발. 서울대학교 대학원 박사학위논문.

이세용(2013). 미국의 초·중·고등학교 학생 진로진학상담 운영 현황. 교육정책네트워크 정보센터. https://edpolicy.kedi.re.kr/frt/boardView.do?strCurMenuId=54&pageIndex=1&pageCondition=10&nTbBoardArticleSeq=150325

이종범, 최동선, 고재성, 이혜숙(2010). **진로진학상담교사 양성을 위한 표준교육과정 개발연구**. 교육과학기술부.

이종현(2005). 학교상담교사의 직무 및 역할 분석. 한국교원대학교 대학원 박사학위논문.

임미나(2019). 핀란드의 초·중등 진로교육 연계 현황. 메일진 해외교육동향 352호 기획기사. 각국의 초·중등 진로교육 연계 현황.

정진철, 류지은, 서예린(2019). 국외 교원양성기관의 진로교육 교육과정 운영 사례와 함의. **진로교육연구**, 32(1), 1-18.

조대연, 현영섭(2008). 미국, 캐나다, 호주의 진로교육 전문가 역량 비교 분석. **HRD연구**, 10(3), 47-64.

주휘정, 윤혜준, 민숙원, 류지영, 김민석(2021). 진로전담교사의 진로교육역량 강화 방안 연구: 진로전담교사의 직무분석 결과를 중심으로(보고서 번호: 22). 서울특별시교육청교육연구정보원.

広島県教育委員会(2017). **中学校における進路指導の手引き: 生徒一人一人の心に寄り添い生徒の可能性を伸ばし**、生徒の自己実現を支援する.

American School Counselor Association (2019). *ASCA School Counselor Professional Standards & Competencies*. Alexandria, VA: Author.

Cheng, C., & Tan, E. (2016). Overview of Education and Career Guidance (ECG) Implementation in Singapore Schools. Asia Pacific Career Development Association 2016 Conference.

CICA (2019). Professional Standards for Australian Career Development Practitioners.

Hoffmann, R. R. (1998). How can expertise be defined? Implications of research from cognitive psychology. In W. Faulkner, J. Fleck, & R. Williams (Eds.), *Exploring expertise: issues and perspectives* (pp. 81-99). London: Palgrave Macmillan Press.

Krumboltz, J. D. (1994). *Career development theory*. Palo Alto, CA: Consulting Psychologists Press.

McCelland, D. C. (1973). Testing for competence rather than for "intelligence". *American Psychologist, 28*(1), 1-14.

Yin, Tan Soo. (2017). Career Development in the Republic of Singapore. 2017 NYPI & ARACD International Conference. 한국청소년정책연구원.

CCDP 홈페이지(https://ccdp-pcdc.ca/en/home)

CICA 홈페이지(https://cica.org.au/professional-standards)

NCDA 홈페이지(https://www.ncda.org/aws/NCDA/pt/sd/news_article/218766/_self/layout_details/false)

NCS 홈페이지(https://ncs.go.kr/unity/th03/ncsResultSearch.do)

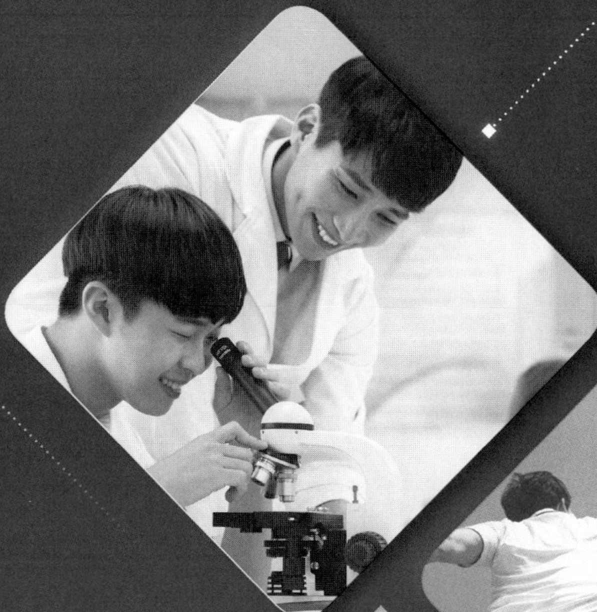

제 3 장

학교 진로진학상담 환경 변화

1. 학교 진로진학상담 환경 변화 요인
2. 학교 진로진학상담 운영 환경 변화

1. 학교 진로진학상담 환경 변화 요인

1) 미래 사회와 직업 세계

현대 사회는 끊임없이 변화한다. 지금이 곧 과거가 되고, 또 금방 미래가 온다. 직업 세계는 사회의 변화를 반영한다. 따라서 우리는 사회의 변화상을 통해 직업 세계의 변화를 예측하고 파악할 수 있다. 사회와 직업 세계에 가장 영향을 많이 준 것은 각 산업혁명의 새로운 기술과 생산 방법이라고 볼 수 있다. 1차 산업혁명은 증기 기술의 도입과 기계화가 시작된 시기이다. 기계로 인해 일부 분야에서는 대량 생산이 가능해지면서 다수의 수공업자들은 일자리를 잃게 되었고, 대신 공장에서 일하는 노동자들은 대거 필요해졌다. 다만 이러한 일자리는 노동 조건이 좋지 못하고, 임금이 낮은 공장 노동자를 양산했으며, 수공업자를 실업자로 만들기도 하였다. 2차 산업혁명은 전기를 생산하면서 시작되었다. 전기를 공급받은 생산라인이 자동화되면서 대량생산 시대가 도래하고 노동 시간도 많이 줄어드는 결과를 가져왔다. 생산성이 향상되면서 노동자의 수요가 감소하고 대신 기술 노동자와 기계 운전자 등의 수요가 증가했다. 그러나 대체적으로 노동 조건이 좋지 않은 공장 일자리가 대부분이었다. 또한 1차 산업혁명까지는 공장에서 일하는 노동자들이 대부분 남성이었으나, 2차 산업혁명부터는 아이들과 여성들도 일할 수 있는 환경이 조성되기 시작했다. 3차 산업혁명은 컴퓨터와 인터넷 기술의 도입으로 시작되었다. 생산 방식이 자동화 및 고도화되면서 지식 정보 기반의 새로운 산업이 등장했다. 이 시기에는 노동의 질이 중요해지고, 고학력 인력이 필요한 일자리가 많아졌다. 정보기술의 발전으로 원격 업무가 가능해지고, 일자리의 유연성이 높아졌다. 기존 산업의 일자리는 대부분 감소하였고, 지식 정보 산업에서의 일자리 수요가 늘어났다. 4차 산업혁명은 인공지능, 빅데이터, 사물인터넷 등 다양한 기술이 융합하면서 시작됐다. 이러한 기술들은 사물과 사람, 사물과 사물 등을 하나로 연결하는 초연결 시대로 우리를 이끌고 있다. 기존의 일부 업무가 인공지능이나 로봇 등의 기술에 의해 대체될 가능성이 있으며, 동시에 스마트시티, 3D 프린팅, 블록체인 등 새로운 분야에서 새로운 일자리가 생기고 있다. 4차 산업혁명은 21세기 초반부터 지금까지 계속 진행 중이기 때문에 이 장에서는 미래 사회를 "4차 산업혁명 이후 변화하는 사회"로 정의한다. 세계 각국에서는 국가 차원에서 미래 트렌드를 분석하고 있으며, 우리나라는 1994년 이후 5년마다 과학기술예측조사를 시행하고 있다. 세계경제포럼(World Economic Forum; 이하 WEF)은 매년 가장 새롭게 떠오르는 기술들을 선정하여 발표한다. 특히, 2023년 4월에 WEF가 발표한 「일자리의 미래 보고서 2023」에서는 인공지능과 기타 텍스트, 이미지, 음성 처리 기술을 포함한 산업 변화로 인해 향후 5년 안에 전 세계 일자리의 약 4분의 1(23.0%)이 바뀔 것이라고 언급했다.

미래 사회에서 핵심 주제로 언급되는 것은 초연결 초지능화, 저출생 고령화, 세계화, 자원경쟁과 지구온난화, 소비의 고도화, 위험의 일상화, 하이터치 등이 있고, 이러한 미래 사회에서의 직업은 다음과 같은 특징을 가진다. 첫째, 기존의 직업과 달리 또 다른 직업이 생성될 수도, 또는 기존 직업이 분화, 통합, 융합, 소멸할 수도 있다. 이는 앞서 언급한 사회상의 변화, 직업구조의 변화, 일하는 방식의 변화에 따른다. 특히, 전통적 관점에서는 전혀 관계없을 것 같은 분야의 기술 조합이 필요한 하이브리드 직업(Hybrid job)이 많이 생길 수 있다. 둘째, 전직 및 이직이 많아질 것이다. 한 사람이 계속 같은 일을 할 수도 있지만 세계가 급변하기 때문에 일자리도 변화가 빠르고 다양하여 전직, 이직을 많이 하게 된다. 같은 일자리에서도 주기마다 관할 업무가 변경될 수 있고, 같은 업무를 하더라도 다른 일자리로 옮겨 갈 수도 있다. 셋째, 직업 세계에는 다중취업자(N잡러)가 많아질 것이다. 직장과 개인 간 삶의 균형을 중시하는 가치관, 동영상 크리에이터나 온라인 및 무인 점포처럼 근무 시간을 유동적으로 조절할 수 있는 직업 등이 다양해지면서 본업과 여러 부업을 병행하는 사람들이 더욱 많아질 수 있다.

2) 미래 유망직업 분야

4차 산업혁명과 함께 기술은 급격하게 발전했고 개인의 취향은 다양화되었다. 따라서 어떤 일자리가 감소할지 증가할지 또 미래의 유망직업 분야를 정의하거나 예측하기는 쉽지 않다. 그러나 과거의 시대별 유망직업 흐름을 분석해 보고 미래 사회 및 기술 변화를 전망하면서 다양한 미래 직업 분야에 대해 생각해 본다면, 다가올 변화에 더 빠르고 유연하게 대처하며, 우리는 행복한 자기주도적 삶을 살 수 있을 것이다. 미래를 선도하고 있는 4차 산업혁명의 핵심 중 하나는 인공지능이라 할 수 있다. WEF의 「일자리의 미래 보고서 2023」에 따르면, 인공지능을 활용할 때 업무 증강 가능성이 큰 직업과 인공지능을 통해 자동화나 증강 가능성이 적은 직업이 유망한 직업 분야로 예측되었다.

먼저, 업무 증강 가능성이 큰 직업은 인간이 업무를 수행할 때, 인공지능이 생산성을 향상해 주는 업무이다. 주로 일상적이고 반복적인 경향이 있어 자동화되기 쉬운 영역의 업무이다. 예를 들어, 직원 역량 및 성과 평가, 소비자 요구 및 의견 데이터 수집, 환자의 상태 및 치료 옵션 평가, 정보 또는 교육 자료 준비, 컴퓨터 또는 정보 시스템의 성능 테스트 등의 직무가 포함된다. 가장 대표적인 직업은 보험 언더라이터로 기존의 두 배에 해당하는 업무를 같은 시간에 수행할 수 있을 것으로 보이며, 생명공학자 및 생명과학 엔지니어, 수학자, 편집자 등도 업무 증강 가능성이 큰 직업이라 할 수 있다(박영숙, 제롬 글렌, 2023).

반면, 인공지능을 활용하더라도 자동화나 업무 증강 가능성이 적은 직무는 인간만의 고유한 역량인 창의성, 감정적 지능, 사회적 상호작용 능력을 활용한 것이다. 예를 들어, 계약 및 계약 협상, 교육 프로그램 개발 협력, 직접적인 과학 또는 기술 활동, 문제 계약 및 계약 협상 해결을 위한 협업, 육체노동과 같은 기타 비언어 작업 등이 있다. 대표적인 직업으로는 교육 관련 직업, 직업상담사, 고문 등으로 이들은 업무 시간의 84%를 인간이 계속 수행해야 한다고 나타났다(박영숙, 제롬 글렌, 2023).

현재 우리는 과학기술이 사회 변화에 많은 영향을 미치는 세상에 살고 있다. 따라서 미래 유망직업 분야에 대한 아이디어를 얻고자 할 때는 미래 유망기술에 대한 정보를 살펴보는 것이 큰 도움이 된다. 미래 유망직업 분야에 대한 정보를 얻을 수 있는 국외 자료로는 매년 발표하는 MIT Technology Reviews 10대 미래유망기술(Breakthrough Technologies), WEF 상위 10대 미래유망기술(TOP 10 Emerging Technologies), Gartner 최고 전략적 기술 추세(Top Strategic Technology Trends), Deloitte 기술 추세(Tech Trends), McKinsey 기술 추세(McKinsey Digital: Technology Trends Outlook) 등이 있다. 특히, WEF에서는 「일자리의 미래 보고서(Future of Jobs Report)」를 2년마다 발행하고 있다. 또한, 국내 자료로는 한국과학기술기획평가원(KISTEP) 10대 미래유망기술, 한국과학기술정보연구원(KISTI) 미래 기술, 한국생명공학연구원(KRIBB) 바이오 10대 미래유망기술, 한국직업능력개발원(KRIVET) 4차 산업혁명시대 미래직업 가이드북, 한국직업능력연구원(KRIVET) 신산업과 함께하는 진로 솔루션, 한국고용정보원(KEIS) 2021~2023 한국직업전망, 한국고용정보원(KEIS) 미래 일자리 세계의 변화(중장기 인력수급 전망 2022~2032) 등이 있다.

이 외에도 미국의 「2040년 글로벌 추세 보고서(NIC Global trends 2040)」, 과학기술정책연구원(STEPI)의 「대한민국 과학기술 미래전략 2045」, 한국고용정보원(KEIS)의 「4차 산업혁명 시대 내 직업 찾기」 등 여러 미래 사회 및 직업에 대한 예측 보고서가 발행되고 있으니, 여러 정보를 통해 국내외 미래 유망직업 분야를 예측해 볼 수 있다. 앞에 제시된 여러 자료를 표로 정리하면 〈표 3-1〉과 같다. 이를 활용하여 미래를 예측하는 활동을 할 때는 학생들에게 정확한(accurate) 예측이 아니라 개연성 있는(plausible) 미래를 상상해 보도록 진로진학상담 및 교육을 하는 것이 좋다. 또한, 세계 다른 나라에서 발행한 미래 보고서에는 각 나라의 시각이 반영되어 있으므로 비판적인 시각과 함께 능동적인 읽기가 필요함을 지도해야 한다.

표 3-1 국내외 미래 유망 분야, 기술, 직업에 대한 자료

발행기관	출처	미래 유망 분야, 기술, 직업
MIT Technology Reviews	10대 미래유망기술2024 (10 Breakthrough Technologies 2024)	만능 인공지능, 초고효율 태양 전지, 애플사의 비전 프로, 체중 감소 약, 향상된 지열 발전 시스템, 칩렛, 최초 유전자 편집 치료, 엑사스케일 컴퓨터, 히트 펌프, 트위터 킬러스
WEF (세계경제포럼)	일자리의 미래 보고서 2023 (Future of Jobs Report 2023)	• 기술: 빅데이터 분석, 기후 변화 및 환경 관리 기술, 암호화 및 사이버 보안 기술, 생명공학 기술, 농업 기술, 디지털 플랫폼 및 앱, 전자상거래 및 디지털 무역, AI 기술 • 직업: AI 및 기계학습 전문가, 지속 가능성 전문가, 비즈니스 인텔리전스 분석가, 정보 보안 전문가, 핀테크 엔지니어, 데이터 분석가 및 과학자, 로봇공학자, 농업 장비 운영자, 전자상거래 전문가, 위험 관리 전문가, 앱 개발자 등
WEF (세계경제포럼)	상위 10대 미래유망 기술 2024 (TOP 10 Emerging Technologies of 2024)	과학적 발견을 위한 인공지능, 개인 정보 강화 기술, 재구성 가능한 지능형 표면, 고고도 플랫폼 스테이션, 통합 감지 및 통신, 건축 환경을 위한 몰입형 기술, 기계 압축을 통한 열 흡수 및 생성 기술, 탄소 포집 미생물, 대체 가축 사료, 이식용 유전자 기술
Gartner	최고 전략적 기술 추세 (Top 10 Strategic Technology Trends 2024)	인공지능 신뢰 위협 보안 관리(AI TRiSM), 지속적인 위협 노출 관리(CTEM), 지속 가능한 기술, 플랫폼 엔지니어링, 인공지능-증강 개발, 산업 클라우드 플랫폼, 지능형 애플리케이션, 대중화된 생성형 인공지능, 증강 연결 노동력, 기계 고객
Deloitte	Deloitte 기술 추세 (Tech Trends 2024)	• 트렌드 1 상호작용: 새로운 공간 속 인터페이스(공간 컴퓨팅과 산업용 메타버스) • 트렌드 2 정보처리: 기대와 불확실성을 동시에 증폭시키는 신기술(범산업적 성장 폭발하는 생성형 인공지능) • 트렌드 3 연산 능력: 용량은 그대로, 더욱 스마트한 하드웨어의 등장(양자/뉴로모픽 컴퓨팅) • 트렌드 4 비즈니스 IT: 데브옵스에서 데브엑스로(엔지니어링 경험 강화) • 트렌드 5 사이버와 신뢰: 가공과 사실의 구분(합성 미디어 시대에서 사실의 가치) • 트렌드 6 코어시스템 현대화: 총체적 코어시스템 재편(기술 부채를 덜고 기술 웰니스 추구)

McKinsey	McKinsey 기술 추세 (McKinsey Digital: Technology Trends Outlook 2024)	생성형 인공지능, 응용 인공지능, 산업화된 기계학습, 차세대 소프트웨어 개발, 디지털 신뢰도 및 사이버 보안, 발전된 연결성, 몰입형 현실 기술, 클라우드와 엣지 컴퓨팅, 양자 기술, 로봇기술의 미래, 이동수단의 미래, 생명공학의 미래, 우주 기술의 미래, 발전 및 재생에너지, 발전 및 재생에너지를 뛰어넘는 기후 기술
한국과학기술기획평가원 (KISTEP)	2024 '생성형 인공지능' 시대의 10대 미래유망기술	거대언어모델(LLM) 기반 텍스트 생성형 인공지능 기술, 자율 이미지 및 영상 생성형 인공지능 기술, 신경망처리 기반 인공지능 전용칩, 지능형 개인 맞춤 서비스 인공지능 기술, 감성내재 음성 생성형 인공지능 기술, 클라우드 기반 머신러닝 플랫폼 기술, 코딩 보조용 생성형 언어 모델 기술, 멀티모달 통합 인식 및 생성 인공지능 기술, 인공지능 신뢰성 및 안정성 제고 기술, 인공지능 오픈 마켓플레이스 플랫폼 기술
한국과학기술정보연구원 (KISTI)	특이점 시대, 확장과 가속 그리고 균형의 미래기술(2024)	올-커넥티드 스마트 모빌리티 기술, 스마트-공간을 위한 차세대 통신 기술, 안전한 IoT를 위한 보안 기술, 인간을 보완하는 소프트로봇 기술, 미래 진단치료를 위한 엑소좀과 논코딩 RNA 활용 기술, 인공지능 반도체의 핵심, 뉴로모픽 소자 기술, 시공간 대칭성 활용 미래 양자 시스템 제어-설계 기술, 꿈의 2D 신소재 보로핀과 그래핀의 새로운 활용 기술, 순환경제를 위한 배터리 업사이클링 기술, 그린수소와 신재생에너지 하이브리드 시스템 기술
한국생명공학연구원(KRIBB), 국가생명공학정책연구센터(NBPRC), 한국과학기술정보연구원(KISTI)	2024 10대 바이오 미래유망기술	차세대 롱리드 시퀀싱, DNA 나노모터, 인간-기계 상호작용 제어기술, 마이크로바이옴 표적 항암 백신, 신경질환 치료 전자약, 면역펩티도믹스, 기후변화 대응 디지털 육종, 인공지능 기반 자율재배 스마트팜, 바코드 미생물, 데이터 기반 친환경 농약 합성기술
한국직업능력개발원 (KRIVET)	4차 산업혁명시대 미래직업 가이드북	로봇공학자, 인공지능 전문가, 무인 자동차 엔지니어, 드론 전문가, 로봇 윤리학자, 생명공학자, 바이오 의약품 개발 전문가, 생물 정보 분석가, 생체 인식 전문가, 게임 기획자, 문화 콘텐츠 전문가, 드론 콘텐츠 전문가, 개인 미디어 콘텐츠 제작자, 게임 방송 프로듀서, 디지털 큐레이터, 반려동물 훈련 · 상담사, 해양 레저 전문가, 여행 기획자, 스포츠 심리 상담원, 의료 기기 개발 전문가, 노인 전문 간호사, 헬스케어 컨설턴트, 노년 플래너, 원격 진료 코디네이터,

		사물 인터넷 전문가, 사이버 평판 관리자, 크라우드 펀딩 전문가, 빅데이터 전문가, 클라우드 시스템 엔지니어, 항공우주 공학자, 신재생에너지 전문가, 기후변화 대응 전문가, 스마트 그리드 엔지니어, 해양 에너지 기술자, 정보 보호 전문가, 디지털 포렌식 수사관, 블록체인 전문가, 스마트 재난 관리 전문가, 지식재산 전문가, 스마트 의류 개발자, 스마트 팜 구축가, 정밀 농업기술자, 곤충 음식 개발자 · 조리사, 스마트 도시 전문가, 도시 재생 전문가, 캐릭터 디자이너, UX 디자인 컨설턴트, 가상현실 전문가, 홀로그램 전문가, 3D 프린팅 전문가
한국직업능력연구원 (KRIVET)	신산업과 함께하는 진로 솔루션	초실감 메타버스 콘텐츠 연구원, AI 프로젝트 SW 개발 연구원, 식물생명공학 연구원, 식품생명공학 연구원, 디지털 바이오 연구원, 이모빌리티 서비스 기획자, 모빌리티 SW 개발자, 신재생에너지 연구원, 신재생에너지 개발 전문가, 스마트팜 전문가
한국고용정보원 (KEIS)	2021~2023 한국직업전망: 일자리 전망 통합본	정보통신컨설턴트 및 감리원, 응용 소프트웨어 개발자, 가상(증강) 현실 전문가, 모바일 앱 개발자, 웹 개발자, 데이터 분석가, 로봇공학 기술자, 의약품공학 기술자 및 연구원, 방재 기술자 및 연구원, 산업안전원 및 위험관리원, 변호사, 변리사, 사회복지사, 심리상담 전문가, 청소년지도사, 생활지도원, 내과의사, 외과의사, 성형외과의사, 이비인후과의사, 안과의사, 정신과의사, 비뇨기과의사, 피부과의사, 가정의학과의사, 한의사, 치과의사, 수의사, 간호사, 물리치료사, 작업치료사, 간호조무사, 미디어콘텐츠창작자, 반려동물미용사, 수의사보조원(동물보건사), 요양보호사 및 간병인, 항공기조종사

3) 직업의식과 직업윤리

최근 우리 사회는 일과 삶의 균형을 중시하고, 개인의 가치를 존중하며, 오래 사는 것보다 건강하게 사는 것을 가치 있는 삶이라고 생각하는 삶의 질을 추구하는 시대로 변화하고 있다. 이러한 가치관의 변화는 직업을 대하는 태도 또한 변화시킨다. 따라서 요즘은 기존에 있는 직업이나 사회에서 요구하는 직업을 선택하

윤리는 직업의식의 또 다른 형식이라고 보았다. 4주기에서는 직업의식과 직업윤리의 개념이 분리되며, 직업윤리를 직업의식의 하위 영역에 포함하기도 하였다. 5주기 이후부터는 직업의식과 직업윤리를 분리하여 개별 개념으로 제시하며 연구하였다. 한국인의 직업의식 및 직업윤리에 관한 가장 최근 연구는 7주기 이지연 등(2022b)이므로, 이 장에서는 직업의식 및 직업윤리에 있어 이지연 등(2022b)의 정의를 사용하기로 한다. 이지연 등(2022b)에 따르면, 직업의식이란 직업(인)을 바라보는 개인의 인식 · 태도 · 가치 등의 생각이며, 직업윤리란 직업인이 지켜야 하는 바람직한 행동규범을 말한다.

우리나라 국민의 직업의식 및 직업윤리 변화를 볼 수 있는 조사로는 한국직업능력연구원의 「한국인의 직업의식 및 직업윤리」, 「한국교육고용패널조사 II」, 통계청의 「사회조사」, 한국고용정보원의 「청년패널조사」, 「대졸자 직업이동경로조사」, 한국청소년정책연구원의 「아동청소년 패널조사」, 여성가족부의 「청소년종합실태조사」, 교육부의 「초 · 중등 진로교육 현황조사」 등이 있다. 이 외 참고할 만한 연구자료로는 한국청소년정책연구원의 「2023년 청소년 가치관 조사 연구」, 여성가족부의 「2023 청소년 백서」 및 매년 5월에 보도하는 「청소년 통계」 등이 있다. 그중 대표적 조사인 한국직업능력연구원의 「한국인의 직업의식 및 직업윤리」, 통계청의 「사회조사」, 교육부의 「초 · 중등 진로교육 현황조사」에 대해 설명하고자 한다.

「한국인의 직업의식 및 직업윤리」는 1998년 제1차 조사를 시작으로 4년마다 직업의식 및 직업윤리에 대한 연구를 실시하고 있다. 최근 제7차 조사인 2022년 결과에 따르면, 한국인 삶의 중요도 1순위는 가족생활이고, 개인은 자기 여가와 취미생활을 직장 일보다 우선하는 경향성이 증가했다. 또한 2006년에 비해 2022년에는 능력(성과)에 따른 임금 차등화에 대한 동의률이 상승했다. 반면, 우리 사회의 전반적인 직업윤리 수준은 중간 수준(2022년, 4.52점, 7점 척도)에 머물고 있다. 개인의 윤리의식은 어느 한순간 갑자기 기를 수 있는 것이 아니기 때문에 유아기부터 성인에 이르기까지 수준별로 체계적인 건강한 직업의식 및 직업윤리 교육을 강화해야 한다(이지연 외, 2022b).

「사회조사」는 1977년에 시작하여 2008년부터 총 10개 조사 내용을 매년 5개 영역씩 분리하여 조사한다. 직업 선택 요인, 청(소)년이 선호하는 직장, 일과 가정생활 우선도, 근로 여건 만족도 등이 조사 항목이다. 2002년 사회조사 결과에 따르면, 우리나라 국민은 이때 직업 선택 요인으로 안정성(34.4%)을 가장 중요하게 생각하고 있었고 수입(21.5%)은 두 번째로 높은 비율을 차지했다. 그러나 2023년 결과에 따르면, 직업 선택 시 가장 중요하게 생각하는 요인은 수입(40.9%), 안정성(22.1%), 적성 · 흥미(13.9%) 등의 순으로 나타났다. 또한, 2013년에는 청(소)년이 선호하는 직장이 국가기관(28.6%), 대기업(21.0%), 공기업(17.7%) 순이었으나, 2023년에는 대기업(27.4%), 공기업(18.2%), 국가기관(16.2%) 등의 순으로 나타났다. 19세 이상 인구 중 일과 가정생활의 우선도에서는 2013년은 일을 우선으로 하는 사람이 54.9%(가정생활 우선 11.6%)였으나, 2023에는 34.4%(가정생활 우선 18.2%)로 나타났다(통계청, 2023).

표 3-3 2023년 학생 희망직업 상위 10개 (단위: %)

구분	초등학생		중학생		고등학생	
	직업명	비율	직업명	비율	직업명	비율
1	운동선수	13.4	교사	9.1	교사	6.3
2	의사	7.1	의사	6.1	간호사	5.9
3	교사	5.4	운동선수	5.5	생명과학자 및 연구원	3.7
4	크리에이터	5.2	경찰관/수사관	3.8	컴퓨터공학자/소프트웨어 개발자	3.6
5	요리사/조리사	4.2	컴퓨터공학자/소프트웨어 개발자	2.6	의사	3.1
6	가수/성악가	3.6	군인	2.6	경찰관/수사관	2.8
7	경찰관/수사관	3.4	CEO/경영자	2.6	뷰티디자이너	2.6
8	법률 전문가	3.1	배우/모델	2.4	보건 · 의료 분야 기술직	2.4
9	제과 · 제빵원	3.0	요리사/조리사	2.4	CEO/경영자	2.4
10	만화가/웹툰 작가	2.7	시각디자이너	2.3	건축가/건축공학자	2.3

출처: 문찬주 외(2023).

2007년부터 매년 진행되는 「초 · 중등 진로교육 현황조사」를 통해 학생들의 희망직업 조사 결과를 알 수 있다. 〈표 3-2〉의 2023년 학생 희망직업 조사 결과, 1~3위 희망직업은 교사, 의사, 간호사, 운동선수 등으로 지난해와 유사하나, 디지털 전환, 고령화 등 사회 변화에 따라 고등학생의 경우에는 컴퓨터공학자, 생명과학자 및 연구원 등 신산업 분야 관련 직업을 희망하는 순위가 크게 상승하였다(문찬주 외, 2023). 2024년 학생 희망직업 조사 결과에 따르면, 1~3위 희망직업은 교사, 운동선수, 의사, 크리에이터 등으로 2023년과 순위는 유사한 것으로 나타났다. 또한 〈표 3-4〉의 10위권 희망직업을 살펴보면 1, 2순위를 제외한 나머지 순위의 응답 비율 차이가 크지 않은 것으로 나타나 직업 세계 변화와 다변화된 가치관에 따라 학생들의 희망직업 또한 분산되고 있는 것으로 해석된다(정지은 외, 2024).

표 3-4 2024년 학생 희망직업 상위 10개

(단위: %)

구분	초등학생		중학생		고등학생	
	직업명	비율	직업명	비율	직업명	비율
1	운동선수	12.9	교사	6.8	교사	6.9
2	의사	6.1	운동선수	5.9	간호사	5.8
3	크리에이터	4.8	의사	5.1	군인	2.7
4	교사	4.7	경찰관/수사관	3.3	경찰관/수사관	2.7
5	요리사/조리사	4.1	약사	2.6	CEO/경영자	2.5
6	경찰관/수사관	3.5	간호사	2.5	컴퓨터공학자/소프트웨어 개발자	2.4
7	제과 · 제빵원	3.4	회사원	2.4	생명과학자 및 연구원	2.4
8	가수/성악가	3.2	요리사/조리사	2.4	회사원	2.3
9	법률 전문가	3.0	뷰티디자이너	2.4	경영 · 경제 관련 전문직	2.3
10	배우/모델	3.0	군인	2.3	감독/PD	2.3

출처: 정지은 외(2024).

이렇듯 진로진학상담교사로서 우리나라 사람들의 직업의식 및 직업윤리에 대한 생각 변화에 대해 살펴본다면, 미래 인재인 학생들의 직업 관련 인식과 의식은 계속 변화할 수 있음을 인지하고, 학생들이 현재 가지고 있는 직업의식 및 직업윤리에 대해 교사로서 더 잘 이해하고 적절한 교육을 할 수 있을 것이다. 또한, 학생의 향후 직업의식 및 직업윤리 형성 과정과 변화를 예측하는 데 큰 도움을 받을 수 있다(김영빈 외, 2017). 더 나아가 진로진학상담교사로서 학생들에게 직업과 삶의 관계에 대한 의식, 직업과 여가에 대한 태도, 직업에 대한 의미, 일반적인 직업환경에서 필요한 직업윤리 및 특정 직업에서 필요한 직업윤리 등을 생각해 보게 하고, 건강한 직업의식 및 직업윤리를 갖도록 돕는 것은 행복한 학생 개인과 건강한 사회 전체를 위해 매우 중요하다.

건강한 직업의식 및 직업윤리를 갖출 수 있도록 학교에서는 「진로와 직업」 교과 시간, 타 교과 수업 시간, 창의적 체험활동 중 진로활동 시간, 진로진학상담 시간 등을 통해 학생을 교육할 수 있다. 2015 교육과정에서는 「2015 학교 진로교육」 목표와 「진로와 직업」 목표를 따로 구분하여 제시하였으나, 중복되는 측면이 많고 실제 학교 현장에서 혼동되는 경우가 많아 2022 개정 교육과정에서는 따로 학교 진로교육 목표를 구분하여 설정하지 않고 「진로와 직업」 과목 목표와 성취기준이 곧 학교 진로 교육의 핵심 목표와 성취기준으로 설정되었다. 따라서 「진로와 직업」 과목 목표와 성취기준은 타 교과 수업뿐만 아니라 창의적 체험활동 등과 연계하여 학교 교육 전반에서 다루어질 수 있다(교육부, 2024a; 교육부, 2024b). 그중 직업의식 및 직업윤리와 관련한 2022 개정 교육과정 중학교 및 고등학교 「진로와 직업」 성취기준은 다음과 같다.

2022 개정 교육과정 「진로와 직업」 중학교 성취기준

[9진로01-01] 진로와 직업의 의미를 이해하고 다양한 직업인의 진로 특성과 삶의 모습을 탐색한다.

[9진로01-02] 다양한 방법으로 자신의 진로 특성을 파악하고 긍정적 자아개념을 갖는다.

[9진로01-03] 함께 일하고 싶은 직업인의 특성을 알아보고 바람직한 직업인의 자세를 갖는다.

[9진로01-04] 일과 여가의 의미와 상호 관계를 이해하고 조화롭고 행복한 삶을 생각한다.

[9진로02-02] 진로 경로의 다양성과 가변성을 이해하고, 유연한 진로 탐색 태도를 함양한다.

출처: 교육부(2024a).

2022 개정 교육과정 「진로와 직업」 고등학교 성취기준

[12진로01-01] 관심 분야 직업인의 삶과 진로 특성을 탐구함으로써 관심 직업 및 전공 분야에서 요구되는 진로 특성을 이해한다.

[12진로01-02] 나의 진로 특성을 통합적으로 이해하고, 관심 직업과 전공 분야에서 요구되는 특성 및 수행과 관련지어 나의 진로 특성을 점검하고 강점은 강화하고 부족한 점은 보완한다.

[12진로01-03] 직업윤리의 중요성을 이해하고 건강하고 안전한 일터를 만드는 직업인의 사회적 책임을 인식한다.

[12진로01-04] 일, 학습, 여가의 가치와 상호 관계를 이해하고 자신의 직업 가치를 성찰한다.

[12진로02-07] 고용 관계의 권리와 책임을 이해하고, 상호 존중의 자세를 지닌다.

출처: 교육부(2024b).

학생들에게 앞과 같은 성취기준을 가지고 지도할 때, 2022 교육과정 [별책 18], [별책 19]에 자세히 나와 있는 '성취기준 해설' 및 '성취기준 적용 시 고려 사항'을 참고하면 좋을 것이다. 또한 직업의식 및 직업윤리에 대해 지도할 때는 학생들이 직접 우리나라뿐만 아니라 세계 각국의 여러 직업의식 및 직업윤리에 관한 자료를 살펴 비교해 보고 어떠한 사회, 경제, 문화, 기술 요소 등이 직업의식 및 직업윤리에 영향을 미쳤는지 생각해 볼 수 있는 기회를 부여하면 좋다. 뿐만 아니라 변화하는 직업의식 및 직업윤리에 대해 자유롭고 유연한 태도를 가지며 미래 직업 세계에서는 어떤 직업의식 및 직업윤리가 의미 있는지 창의적이고 주도적으로 고찰하며 스스로 직업의식과 직업윤리를 함양할 수 있도록 교육하는 것이 필요하다(김영빈 외, 2017). 세계 직업의식 및 직업윤리와 관련한 자료는 「세계 가치관 조사(World Values Survey)」와 한국직업능력연구원의 「직업의식 및 직업윤리의 국제비교 연구(2023)」 등이 있다.

4) 창업과 창직

모든 분야에서 변화가 급격하고 미래를 예측하기 어려운 상황에서 인재들은 단순히 이미 형성된 기업에 취업해 일하는 노동자뿐만 아니라 새로운 아이디어로 창업 창직하여 일하는 노동자나 고용주가 되는 환경이 필요하다.

창업(Start-up)이란 국립국어원 사전 정의에 따르면, “사업 따위를 처음으로 시작하는 것”을 말한다. 그리고 이러한 사전적 의미가 사회에서 일반적 의미로 사용되고 있다. 그러나 이러한 사전적 정의는 영업을 처음 시작한다는 의미인 개업과 혼동될 수 있다. 창업의 정의에 대해서도 학자마다 의견이 다양하지만 공통적인 개념을 수합하여 정의해 보면 “창의력을 바탕으로 다양한 능력을 발휘하여 새로운 조직이나 기업을 설립하는 것”이라고 할 수 있다(강정임 외, 2018). 창업과 개업은 모두 새로운 사업을 일으킨다는 면에서는 비슷하지만 개업은 이미 누군가가 해 왔던 일을 나도 처음으로 한번 해 보는 것이고, 창업은 여태까지 남이 하지 않은 새로운 사업에 도전적으로 뛰어드는 것을 말한다(황윤경, 2018). 또한, 창업이란 진취적 역량을 가진 개인이나 집단이 사업 아이디어를 활용하여 영리를 목적으로 가게나 회사를 설립하는 활동이다. 즉, 새로운 아이디어를 가지고 새롭게 설립된 기업을 말한다. 기업에는 여러 구분 기준에 따라 1인 기업, 중소기업, 대기업, 사기업, 공기업, 공사합동 기업, 해외 기업 등으로 나누어질 수 있는데, 일반적으로 창업은 이러한 기업 크기와 상관없이 새로운 업종을 창조하거나 기존의 업종을 새로이 창조하는 것, 즉 여태까지 없던 새로운 형태의 제품이나 서비스를 제공하는 것을 말한다(황윤경, 2018). 그러나 대한민국에서 법률적 의미로 ‘창업’은 「중소기업창업 지원법」 제2조(정의)에 따라 “대통령령으로 정하는 바에 따라 중소기업을 새로 설립하는 것”이라 정의하며, ‘창업기업’이란 “중소기업을 창업하여 사업을 개시한 날부터 7년이 지나지 아니한 기업(법인과 개인사업자를 포함한다)”으로 정의한다. 또한 「중소기업기본법」 제5조(창업 촉진과 기업가정신의 확산)에는 정부가 중소기업의 설립을 촉진하고, 중소기업을 설립한 자가 그 기업을 성장 · 발전시킬 수 있도록 시책을 실시해야 하며, 정부는 중소기업자나 창업을 준비하는 자가 건전한 기업가 정신과 자긍심을 가질 수 있도록 필요한 시책을 실시해야 한다고 명시되어 있다.

창직(Job creation)이란 아직 국어 사전에도 등재되어 있지 않은 새로운 단어이다. 사회에서 사용하는 의미의 창직이란 "기존에 없던 새로운 직업을 만들어서 이를 토대로 일자리를 창출하는 활동"을 말한다(강정임 외, 2018). 즉, 창직이란 창조적인 아이디어를 통해 기존에 없는 직업이나 직종을 새롭게 만들어 내거나 다양한 직업들을 재설계하여 새로운 직업 세계를 개척해 나가는 활동이다. 창직활동을 하면 새로운 직업 또는 직무가 발굴되고, 발굴된 직업이나 직무를 통해 창업이나 취업 또는 프리랜서 등 자신이 원하는 진로로 어디든 진출할 수 있다. 이처럼 창직은 창업과 취업 등을 포괄하는 개념이지만 시간과 환경 변화에 따라 달라질 수 있는 개념이기 때문에 정의하기가 쉽지 않다. 처음에는 어떤 직업이 창직일 수 있지만, 시간이 흐르며 그 직업이 대중화되면 일반적인 직업 중 하나가 될 수 있기 때문이다. 그래서 창직이라고 불리려면 몇 가지 특징이 필요하다. 창직은 첫째, 창조적인 아이디어가 기반이 되며, 둘째, 기존에 없던 새로운 직업, 직종 또는 일자리를 창출해야 한다(김영빈 외, 2017). 현재와 미래는 여러 기술의 발달로 직업의 분화, 융합, 생성, 소멸 등이 활발하게 이루어질 것이다. 이로 인해 새로운 직업, 직종 및 일자리를 창출하는 창직은 더욱 확대될 것으로 예상된다.

창업과 창직을 위해서는 창업가 정신(Entrepreneurship) 교육이 필요하며, 창업과 창직에 대한 체계적인 교육이 필요하다. Entrepreneurship이란 오스트리아의 경제학자 슘페터(Schumpeter)에 의해 대중에게 알려지기 시작했으며, 한국어로는 창업가 정신 또는 기업가 정신으로 번역한다. 교육부 진로교육 활성화 방안 및 2022 개정 교육과정 「진로와 직업」 성취 기준 등에서는 Entrepreneurship을 창업가 정신으로 명명하기 때문에 이 장에서도 기업가 정신이라는 용어를 모두 창업가 정신으로 통일하여 설명하기로 한다. 학자들마다 창업가 정신에 대한 개념이 조금씩 다르긴 하지만 공통적으로는 "창의적이고 혁신적이기 위해 갖춰야 할 능력"이라고 정의하고 있다. 즉, 창업가 정신이란 기업을 직접 운영하는 것뿐만 아니라 노동시장에서 활용할 수 있는 일반적인 직업 역량을 겸비하는 것을 의미한다(European Union, 2013). 창업가 정신의 구성 요소로는 혁신성, 진취성, 위험감수성, 자율성, 민첩성 등이 있다(손유미 외, 2020). 이러한 창업가 정신은 창업이나 창직을 위해 기본적으로 갖춰야 할 역량이다. 또한 창업가 정신은 일반적으로 기업에 취직해 일하는 사람의 경우에도 큰 경쟁력을 가진다(김영빈 외, 2017). 주어진 일을 반복적이며 기계적으로 처리하기보다 창의적이고 혁신적인 생각을 갖고 주어진 일에 적용하는 사람은 경쟁에 있어 큰 우위를 차지할 수 있기 때문이다. 이러한 창업가 정신을 피터맨과 케네디(Peterman & Kennedy, 2003)는 교육에 의해 함양될 수 있다고 보았다.

2022 개정 교육과정 중학교 및 고등학교 「진로와 직업」 교과 성취기준에서 창업과 관련한 내용은 다음과 같다.

2022 개정 교육과정 「진로와 직업」 중학교 성취기준

[9진로02-06] 창업의 특성과 창업가 정신을 이해하고 그 중요성을 인식한다.

출처: 교육부(2024a).

2022 개정 교육과정 「진로와 직업」 고등학교 성취기준

[12진로02-06] 창업가 정신을 적용하여 관심 분야의 문제 해결을 시도하고 새로운 가치를 발견한다.

출처: 교육부(2024a).

2022 고등학교 교육과정에서는 「진로와 직업」 교과뿐만 아니라 「통합사회」, 「성공적인 직업 생활」, 「창업 일반」, 「농업 창업 일반」, 「수산 해양 창업」, 「생활과학 탐구」, 「지식 재산 일반」, 「소프트웨어와 생활」, 「인간과 경제활동」, 「발명과 기업가 정신」 등과 같은 과목에서 창업, 스타트업, 창업가 정신 등을 교육할 수 있도록 성취기준과 해설을 제공하고 있다.

창업 및 창직 교육에 도움을 받을 수 있는 자료로는 교육부와 한국청년기업가

정신재단에서 발행한 「창업가정신 함양 교육 콘텐츠 활용 매뉴얼」, 「청소년 창업가정신 핵심역량 진단 도구 활용 매뉴얼」, 중소벤처기업부와 창업진흥원이 발행한 「모둠활동을 통한 기업가정신 체험(중학교)」, 「세상을 바꾸는 기업가정신(고등학교)」, 「내 꿈을 현실로 만드는 창업 실무(고등학교)」, 「청소년 비즈쿨 연구회 융합교안(중학교, 고등학교(일반계), 고등학교(상업계), 특수학교 워크북)」 등이 있다. 교육에 도움을 제공하는 웹 사이트로는 온라인 창업체험교육 플랫폼(YEEP), 비즈쿨, 창업에듀, 한국청년기업가정신재단 등이 있다. 또한 창업과 창직을 지원하는 웹 사이트로는 한국창직협회, 창업진흥원, 중소벤처24, 중소벤처기업부, 중소벤처기업연구원, 중소벤처기업진흥공단, 한국직업능력연구원, 특허청, 발명진흥회, K-Startup 창업지원포털, 기업마당, 스타트업 창업지원 법무플랫폼, 벤처투자종합포털, 함께일하는재단 등이 있다. 이러한 다양한 자료와 웹 사이트를 활용하여 학교 현장에서 창업, 창직, 창업가 정신 등을 교육할 수 있다.

5) 교육 제도 및 환경

진로교육과 관련하여 우리나라의 여러 교육 제도와 환경은 급변하고 있다. 예를 들면, 국가 진로교육법 제정, 학교 진로교육 목표와 성취기준 안내, 진로와 직업 교과목 개설, 중등 진로진학상담교사 배치, 자유학기제, 고교학점제, 진로연계교육, 지역 진로체험지원 센터 설치 및 운영, 진로정보망 개발 및 운영 등이 있다. 이러한 진로교육 제도나 환경이 갖춰지기 전에도 학교에서는 진로교육이 진행되고 있었지만 주로 진학 및 취업 분야에 국한되어 이루어지고 있었다. 예를 들어, 중학생이 고등학교 진학을 위해 여러 종류의 고등학교 중 한 개를 선택해야 할 때, 또는 고등학생이 대학 진학 및 취업을 고민할 때 담임교사를 위주로 진로진학상담이 이루어졌다.

그러나 진로진학상담교사가 배치되고 2015년 「진로교육법」이 제정되면서부터 진로교육은 고등학교 및 대학교 진학과 같은 상급학교 진학이나 취업에만 집중하는 것이 아니라 개인의 자아실현과 행복 추구, 사회의 유능한 인재 양성 및 적재적

소 배치로 인한 국가 발전까지 도모할 수 있는 기반을 만들었다. 특히, 「진로교육법」을 통해 진로수업, 진로심리검사, 진로상담, 진로정보 제공, 진로체험, 취업지원 등 다양한 진로교육이 실행되었다.

가장 최근에 발표된 교육부의 진로교육 활성화 방안(2023~2027)에 따르면, 교육부는 1차 진로교육 5개년 계획(2010~2015)을 통해 「진로교육법」 제정과 국가 수준의 진로교육 목표와 성취기준을 마련하고, 진로체험지원센터를 설치하였다. 2차 진로교육 5개년 계획(2016~2020)을 통해서는 진로진학상담교사 양성을 위한 진로진학상담대학원을 지정 및 운영하고, 학교당 1명 이상의 진로진학상담교사를 배치하려 노력하며, 국가진로교육센터 및 지역진로교육센터를 지정 · 운영하였다. 진로교육 활성화 방안(2018~)을 통해서는 특수학교 진로진학상담교사 배치를 추진하였고, 온라인 창업체험 플랫폼을 통한 창업동아리, 가상창업체험 지원 및 창업체험센터를 지정 · 운영하였으며, 지역사회 기반의 학교 진로체험 프로그램을 개발했다. 진로교육 활성화 방안(2023~2027)에서는 진로교육 내실화, 미래 사회 대응 역량 강화, 지역사회의 진로교육 지원 역량 강화, 진로교육 대상 전 생애로 확대 등을 비전 및 추진 과제로 삼았다.

2015 개정 교육과정에서는 자유학기 및 자유학년제 운영(진로탐색활동)으로 진로진학상담교사의 배치율이 증가하고, 중고등학교에서는 「진로와 직업」 선택과목 채택 비율이 연도별로 상승해 왔다. 2022년을 기준으로 하면 학교당 1명 이상의 진로진학상담교사 배치율은 97.3%이었다. 2021년 중학교를 기준으로 하면 80.5%가 「진로와 직업」 과목을 선택하여 학교 교육과정 내 진로교육을 실시하였다(교육부, 2023b). 2022 개정 교육과정에서는 다양한 과목 및 여러 창의적 체험활동이 학생 진로와 연계될 수 있도록 하는 진로연계교육과 고교학점제로 인해 학업설계 지도, 상담 등으로 진로진학상담교사의 역할과 수요가 더욱 증가하였다. 이를 위해 진로교육 활성화 방안(2023~2027)에서도 학교 진로 수업 및 상담 내실화를 위한 학교당 최소 1명의 진로진학상담교사를 지속적으로 배치 추진하고 학교 규모(30학급 이상)에 따라 진로진학상담교사를 증원할 계획을 명시하였다.

그러나 진로교육 활성화 방안(2023~2027)과 달리 학령인구 감소 등 인구구조 변화로 교육부에서는 2018년에 중장기 교원 수급계획(2019~2030)을 발표하고 2030년까지 학생 수 감소 추계를 반영하여 교원 선발 인원을 축소하고 있다. 2023년에 발표한 미래교육 수요를 반영한 중장기(2024~2027) 교원수급계획에서 지역 간 교육격차(농산어촌 소규모 학교, 인구유입지역 과밀학급)를 반영하여 원활한 교원 수급이 이루어질 수 있도록 계획했다고 하나, 실제 학교 현장에서는 교원 감축으로 인해 각 학교에 점차 상치교사와 순회(겸임)교사가 증가하며 내실화된 진로교육이 어려워지고 있는 상황이다. 특히, 소도시에는 학생 수가 급격히 줄어들며, 소규모 학교가 점점 늘어나 학교당 진로진학상담교사 1인 배치보다는 여러 학교의 진로교육을 담당하는 순회(겸임)교사가 늘어나고 있다. 이는 교원 정원이 교육 정책(고교학점제, 자유학기제, 진로상담교사 제도 등)과 괴리되어 정책의 효과를 반감시키고 있다(박영숙 외, 2019)고 볼 수 있다. 현재도 각 시 · 도 상황에 따라 조금씩 다르지만 이미 어떤 지역에서는 진로진학상담교사 1인이 2교 또는 3교의 진로교육을 담당하기도 한다. 또, 과밀학급인 대규모 학교에 기존 배치되었던 진로진학상담교사 2인을 1인으로 감축하여 운영하기도 한다. 이렇게 여러 학교를 순회하는 진로진학상담교사 수가 증가하거나 1명의 진로진학상담교사가 1,000명 이상의 학생 진로교육을 책임져야 할 경우에는 학생 개개인에게 맞는 체계적이고 연속적인 진로교육 및 진로진학상담은 어려울 것으로 전망된다.

또한, 2015 개정 교육과정에서는 「진로와 직업」 과목을 학기 단위뿐만 아니라 한 학년 또는 여러 학년에 걸쳐 편성이 가능했다. 하지만 2022 개정 교육과정에서는 고등학교의 경우 모든 교과목을 한 학기 단위로 이수하도록 편성 · 운영해야 하기 때문에 「진로와 직업」 교과도 한 학기 이상 편성할 수 없다. 따라서 6개 학기 중 1개 학기만 학생들이 「진로와 직업」 수업을 선택하여 집중적으로 참여할 수 있는 환경으로 바뀌어 연속적이고 체계적인 진로교육을 하기에 쉽지 않을 것으로 예상된다. 2025년에 전면 실시되는 고교학점제에서는 학생들이 원하는 과목을 스스로 선택하여 듣게 되어 있다. 필수 이수 과목이거나 대입 및 내신, 취업에 직접적으로 큰 영향을 미치지 않는 한 교양 과목 「진로와 직업」을 학생들이 선택하기란 쉽지 않다. 따라서 「진로와 직업」은 고교학점제 도입에 따라 교양 교과 선택

과목보다는 모두가 이수해야 하는 공통과목으로 개설하거나 필수 성격의 특성을 가지는 과목으로 전환해야 할 필요성이 제기되고 있다(임유나, 2021).

2. 학교 진로진학상담 운영 환경 변화

1) 내담자 측면

학교 진로진학상담에서 내담자는 학교 학생들이다. 학교 학생들의 개인적 배경은 점점 더 다양해지고 있다. 개인적 배경에는 다문화(이주 배경), 새터민(북한 배경), 가족 구성원 수(한부모, 조손가정 등), 특수교육 필요 여부, 학습 능력 차이, 진로 결정 정도, 다채로운 경험 및 배경지식 보유 정도 등 여러 가지가 있다. 또한, 청소년인 학교 학생들은 기성세대와 다른 성향을 가진다. 현재 학생들의 심리적 정서적 특성으로는 집단보다 개인 중심, 물질적 가치 중요, 높은 인터넷 활용 능력, 대인관계 기술 및 중요성에 대한 인식 결여 등이 있다(이지연 외, 2022a). 다문화 학생, 북한 배경 학생, 장애 학생과 관련해서는 제12장에서, 진로결정 정도는 제10장, 제11장에서 구체적 진로진학상담 사례와 함께 설명하고 있어 이 장에서는 여러 경험과 지식으로 다양화된 내담자에 대해 설명하고자 한다.

과거에는 대부분의 학생들이 비슷한 희망 진로를 가지고 유명 대학 진학 및 인기 기업에 취업하고자 하였기 때문에 서로 다른 내담자가 상담을 오더라도 진로진학상담이 큰 틀에서 벗어나지 않았다. 교사는 학생의 구체적 성적 수치, 보유 자격증 등을 파악하여 누구나 생각할 때 좋은 대학이라 불리는 곳이나, 좋은 직장에 대한 정보를 주면 되었다. 그러나 현재 학교 현장에는 다양한 경험과 여러 정보를 접하며 서로 다른 성향을 가진 학생들이 많아지면서 획일적 상담이 아닌 개인 맞춤형 심화 상담이 필요해졌다. 이는 매년 실시하는 「초 · 중등 진로교육 현황조사」를 통해서도 알 수 있다. 2015년과 2024년 진로교육 현황 조사를 비교해 보면 두 해 모두 중고등학생 희망직업 1순위는 교사이지만 2015년에는 중학생의

14.6%, 고등학생의 12.9%가 교사를 희망했다. 그러나 10년 뒤 2024년에는 중학생의 6.8%, 고등학생의 6.9%만이 교사를 희망하였다(장현진 외, 2015; 정지은 외, 2024). 또한, 2015년에는 학생 희망직업이 1순위부터 10순위까지 내림차순으로 차등적 비율을 보였다면, 2024년에는 1, 2순위를 제외하면 나머지 10위까지의 응답 비율이 크게 차이 나지 않았다. 이렇게 학생마다 관심 분야가 다양하게 분화되고 있어 진로진학상담교사는 상담 시 개인마다 각기 다른 정보를 주어야 하는 환경이 되었다. 더 나아가 학생들도 인터넷을 통해 여러 정보를 검색하여 자신의 관심 분야에 대한 진로정보를 수집할 수 있으므로, 진로진학상담교사는 단순히 검색해서 알 수 있는 정보보다는 본인의 인적·물적 네트워크 자원을 활용하여 상담 시 심층 진로정보를 학생에게 알려 준다면 내담자에게도 큰 도움이 되며 상담 만족도가 올라갈 것이다.

청소년인 학생들은 기성세대와 달리 집단보다 개인을 중시하고, 물질적 가치를 중요시하며, 높은 인터넷 활용 능력을 지녔으나 대인관계 기술 및 중요성에는 상대적으로 소홀하다(이지연 외, 2022a). 또한 4차 산업혁명 이후 나타나는 사회 변화의 폭은 기성세대의 그것보다 훨씬 거대하여 학생들은 여러 변화를 빠르게 경험한다. 이러한 배경을 지닌 내담자들은 기성세대의 내담자보다 더욱 불안해하고 부정적인 생각을 가질 수 있다. 따라서 기성세대인 상담자가 다른 환경에서 살아왔고, 또 다른 환경을 살아갈 내담자를 상담할 때는 단순히 학교 성적 및 진로 검사 결과 등을 가지고 진로 방향에 대한 조언을 하기보다는 다각도에서 개인 맞춤형 진로정보를 제공하며, 심리적·정서적 특징을 고려하여 상담을 진행하는 것이 좋다.

2) 상담 내용 측면

4차 산업혁명은 멈출 수 없는 세계 흐름이다. 이러한 흐름으로 미래 일자리와 인간에게 요구되는 역량은 큰 변화가 있을 것이다. 그러므로 제일 먼저 학생들에게 상담을 통해 변화에 유연하게 대응할 수 있는 열린 마음과 변화에 대한 여러 준비가 필요함을 안내하는 것이 중요하다. 특히, 변화될 부분으로 전 세계 미래학자들과 관련 전망 보고서들은 4차 산업혁명에 따라 미래 사회가 크게 '기술 · 산업구조', '고용구조', '직무역량'이라는 세 가지 분야에서 급변할 것이라고 보고 있다(미래창조과학부 외, 2017).

변화하는 미래에 적절하게 대응하기 위해서는 학교에서 학생일 때뿐만 아니라 현업 종사자일 때도 여러 필요 분야에 대해 지속적으로 교육받아야 한다. 급변하는 기술로 인한 산업구조의 재편, 직업별 업무 처리 방식 변화 등으로 업스킬링(Upskilling)과 리스킬링(Reskilling)이 매우 중요해졌다. 업스킬링이란 지금 하고 있는 일을 더 잘하거나 복잡한 역할을 수행할 수 있도록 새로운 기술을 배워 숙련도를 높이는 것이다. 리스킬링이란 새로운 직무와 역할을 수행하기 위해 필요한 기술을 배우는 것이다. 즉, 변화하거나 성장하는 분야의 근로자에게는 업스킬링이 필요하고, 쇠퇴하는 분야의 근로자에게는 리스킬링이 필요하다(박영숙, 제롬 글렌, 2023). 따라서 진로진학상담 시, 학생들이 나중에 어떤 분야의 직업을 갖게 되더라도 지속적인 학습 능력 개발과 평생교육의 중요성을 알 수 있도록 꼭 안내하는 것이 필요하다. 또한, 직업을 고를 때는 기업이 근로자의 재교육 시간 및 예산을 잘 보장해 주는지, 근로자가 일을 하며 부담 없이 교육을 받을 수 있는 환경인지 등을 스스로 고려해 볼 수 있도록 지도하는 것이 좋다.

앞서 언급한 평생교육의 중요성뿐만 아니라 건강한 직업의식과 직업윤리를 갖는 것의 중요성 또한 상담 시 학생들에게 꼭 안내해야 한다. 건강한 직업의식 및 직업윤리란, 삶의 다양한 역할과 행위 안에서 일이 주는 중요성과 의미, 그리고 각 직업마다의 고유한 직업윤리와 행동규범을 바르게 인식하고 실천하는 것을 말한다(이지연 외, 2022b). 건강한 직업의식 및 직업윤리의 구성 요소는 다음과 같다.

건강한 직업의식 및 직업윤리

- **소명의식**: 선택된 직업이 하늘의 부름을 받듯, 맡은 바 감사하며 최선을 다하는 태도와 자세
- **천직의식**: 선택된 직업이 자신의 능력과 적성에 적합하다는 생각으로 열정 · 정직 · 성실로 임하는 태도와 자세
- **직분의식**: 선택된 직업이 국가 · 사회 · 일터 · 타인에게 선한 영향력을 끼친다는 생각으로 개인의 이익보다는 공공의 이익을 우선하는 태도와 자세
- **책임의식**: 선택된 직무에 대한 직업적 역할과 책무를 충실히 수행하여 책임을 다하는 태도와 자세
- **전문가의식**: 선택된 직업은 누구나 할 수 있는 일이 아니고 개인의 지속적 학습과 전문적 역량이 요구된다는 자부심과 리더십으로 성실히 노력하는 태도와 자세
- **봉사의식**: 선택된 직업을 통해 사회공동체에 대한 협업정신을 갖추고 국가와 사회에 기여 · 헌신하는 태도와 자세

출처: 이지연 외(2022b).

이러한 건강한 직업의식 및 직업윤리에 대해 진로진학상담 시 안내하는 것이 중요한 이유는 이를 확립하는 것이 국가의 경쟁력 강화, 사회의 안정적이며 공정한 질서 유지뿐만 아니라 개인의 자아실현, 소명감, 전문성 함양으로 이어져 궁극적으로 개인의 행복한 삶이 이루어질 수 있기 때문이다(이지연 외, 2022b). 또한, 건강한 직업의식 및 직업윤리는 어느 순간 갑자기 체득되거나 내재화되는 것이 아니기 때문에 어린 시절부터 꾸준히 개념에 대해 생각해 보고 자신만의 창의적이고 주도적인 직업의식과 사회와 잘 융합될 수 있는 직업윤리를 함양할 수 있도록 상담하는 것이 좋다. 특히, 중학교에서는 일반적인 직업윤리에 대해 지도하는 것이 중요하고, 고등학교에서는 일반적인 직업윤리와 함께 학생의 진로와 관련된 직업별 직업윤리를 탐색하고 이해할 수 있도록 지도하는 것이 필요하다(김영빈 외, 2017).

학생들에게 하드 스킬(Hard skills)과 함께 소프트 스킬(Soft skills)을 기를 수 있도록 상담하는 것도 필요하다. 하드 스킬이란 업무 수행을 비롯해 해당 직업을 유

지하는 데 필요한 실질적 기술을 말한다. 예를 들어, 통역사의 언어 기술, 만화가의 그림 그리는 기술 등을 말한다. 따라서 하드 스킬은 주로 정량적이며 객관적으로 평가가 가능한 직무 관련 자격증, 전문 지식, 학위 등의 지표로 표현된다. 소프트 스킬이란 개인의 고유한 속성, 성격 특성 및 의사소통 역량 등을 말한다. 예를 들어, 창의성, 리더십, 회복탄력성, 유연성, 스트레스 내성, 비판적 사고 및 문제해결력, 설득하는 기술, 시간관리 능력, 협업 능력 등을 말한다. 따라서 소프트 스킬은 정량적인 평가가 어려운 주관적 능력이다(고용노동부, 2020).

김지영과 윤종혁(2024)의 연구에 따르면, 디지털 전환과 직무내용 변화에 주목하는 연구자들은 하드 스킬인 기술적 숙련뿐만 아니라 동료나 다른 직군의 작업자와 소통하고 협업하는 것, 문제에 대한 적절한 해결책을 찾아내는 것, 새로운 기술을 배우고 주도적으로 학습하는 것과 같은 소프트 스킬이 직업 사회에서 더욱 중요해질 것으로 전망한다. 또한, 한국산업인력공단(2023)에서 진행한 「디지털 전환, 소프트스킬과 직업교육훈련에 대한 설문조사」를 분석한 결과, 업무에서 소프트 스킬이 차지하는 비중이 65% 이상이라고 응답한 재직자의 비율이 33.2%, 소프트 스킬이 차지하는 비중이 50% 내외라고 응답한 재직자의 비율은 33.9% 로 나타났다(김지영, 윤종혁, 2024).

이렇게 취업 및 직업 환경에서 중요한 소프트 스킬이지만 대부분 학생은 먼저 눈에 보이고 빠르게 취득할 수 있는 하드 스킬에만 관심을 두는 경우가 많다. 그러나 소프트 스킬은 오랫동안 축적해 온 삶의 경험을 통해 습득이 가능하고, 쉽게 고치거나 개발이 어렵기 때문에 청소년 시기부터 관심을 갖고 역량을 키워 나갈 수 있도록 상담 시 지도하는 것이 필요하다.

3) 교육 제도 및 환경 변화 측면

과거 많은 학자가 미래 교육은 전통적 오프라인 교육과 개방형 온라인이 결합한 융합교육, 여러 교과가 연계된 융합교육이 강화될 것으로 예측했다. 그리고 코로나19 상황을 거치며 학교 교육은 실제로 오프라인과 온라인을 결합했고, 학생의 미래와 삶에 도움을 줄 수 있는 융합형 수업과 상담을 제공하기 위해 미래 교육 시스템에 관심을 가지며, 교육 환경을 개선하고자 많은 노력을 하고 있다. 이미 전국 학교에는 무선인터넷 망 구축, 태블릿 PC 활용, 스마트 교과서 사용 등 스마트 기술을 활용해 다양한 융합 진로교육을 하고 있다.

따라서 현재는 진로진학상담을 할 때에도 전통적으로 진행했던 대면 진로진학상담뿐 아니라 비대면 전화 및 온라인 상담(동시, 비동시) 등이 활발하게 이루어지고 있고, 학교 내 진로진학상담과 함께 지역 센터 진로진학상담도 야간까지 이루어지는 환경을 구축하고 있다. 내담자가 교내 진로진학상담을 신청할 때는 학교 상황에 따라 종이로 신청하거나 전화 또는 온라인으로 신청한다. 교외 진로진학상담을 신청할 때는 전화 또는 온라인으로 신청을 많이 한다. 특히, 커리어넷, 고용24, 어디가 등 다양한 누리집을 활용하여 질 좋은 온라인 진로진학상담을 받을 수 있다. 이렇게 최근 학생 진로진학상담은 온라인 오프라인 융합뿐만 아니라 여러 교과 및 여러 교사의 협업과 함께 융합 상담이 이루어지고 있다.

진로진학상담의 경우 고교학점제 및 자유학기, 진로연계교육 등으로 학생 스스로 자기 흥미, 적성에 따른 교과목을 선택하거나 주제를 선택하여 수업을 들어야 하는 환경이 만들어지면서 학생들은 개인 맞춤형 상담이 더욱 필요해졌다. 교과목 선택 및 학과 선택 등 진로진학상담을 진행할 때는 진로진학상담교사나 담임교사가 단독적으로 진행하는 상담보다는 다양한 과목의 전문가인 여러 교과교사와 협력하거나 정서적인 측면을 고려하는 데 협력할 수 있는 전문상담교사, 여러 분야의 간접적 진로 체험에 도움을 줄 수 있는 사서교사 등과 협력하여 상담하면 더욱 효과적이다. 특히, 최근에는 의료 계열 진로에 관심이 많은 학생 및 보호자가 있어 보건교사와도 진로진학상담에 있어 긴밀한 협력이 필요하다.

요즘은 초등학교 때부터 진로에 대한 교육을 지속적으로 하고 있기 때문에 내담자들은 본인 진로에 대한 중요성을 인식하고 있고, 관심이 더욱 높아지고 있다. 특히, 학생들은 자유학기 및 고교학점제 등 새로운 교육과정을 겪으면서 진로진학상담을 더욱 요청하고 있다. 먼저 중학교 자유학기의 경우, 학생들이 자신의 흥미와 적성, 진로에 따라 자유학기 주제 선택과목 및 동아리를 선택해야 한다. 따라서 여러 주제 과목 중 선택을 하기 전 담임교사, 교과교사뿐만 아니라 진로진학상담교사에게 상담을 요청하는 실정이다. 또한 고교학점제에서는 학생들이 여러 선택 교과목 중 본인의 진로와 가장 관련 있고, 성적이 잘 나올 수 있으며, 본인에게 유의미한 과목을 선정하고 싶어 조언을 얻을 수 있는 진로진학상담교사에게 상담을 더욱 많이 요청하는 상황이다.

해외로 떠나는 수학여행, 직업계고등학교(특성화고등학교, 마이스터고등학교)의 해외 현장학습 운영 등 학교 교육과정 환경 변화로 학생들의 시야가 넓어지면서 해외 상급학교 진학, 해외 교환 학생 가능 대학 및 학과, 해외 취업 등에 관한 진로진학상담 문의가 많아지고 있다. 따라서 진로진학상담을 할 때는 국내의 진로정보뿐만 아니라 해외의 진로정보까지 함께 안내할 수 있도록 준비를 하는 것이 좋다. 한국산업인력공단에서 운영하는 월드잡플러스나 해외 사이트인 워크어웨이(workaway), 우프(WWOOF), 미국(careeronestop), 영국(nationalcareers), 오스트레일리아(jobsandskills), 캐나다(careerexplorer) 진로사이트 등을 활용하여 상담을 진행할 수 있다.

학교 진로진학상담실 측면에서는 대다수의 학교가 진로진학상담실(중: 76.2%, 고: 77.2%)을 구축했다(문찬주 외, 2023). 이는 학생들이 과거에 비해 안정적인 공간에서 상담할 수 있는 물리적 환경이 조성되는 중이라 할 수 있다. 과거에는 학교 교무실에서 다른 학생이나 선생님이 다 들을 수 있는 열린 공간에서 상담을 진행했기 때문에 성적 등 알리고 싶지 않은 개인적인 정보가 유출될 수도 있어 내담자가 상담을 꺼렸을 수도 있으나 진로진학상담실에서는 내담자와 상담자가 편안하게 이야기를 나눌 수 있는 공간적 환경이 마련되어 있어 과거보다는 좀 더 진로진학상담을 자주 신청할 수 있는 환경이 되었다. 그러나 문찬주 등(2023)에 따르면 구축된 상담실 중에서도 단독적인 진로진학상담실은 약 50%(중: 51.4%, 고: 52.2%)에 불과하다. 또한, 단독 진로진학상담실의 경우에도 학생 수 대비 너무 작은 공간을 사용하는 등의 문제가 남아 있기 때문에 진로진학상담실 환경 구축에 지속적인 관심과 지원이 필요한 상황이다.

참고문헌

강정임, 구본주, 한승배, 원윤호, 현혜정(2018). 중학교 진로와 직업. 서울: 삼양미디어.

고용노동부(2020). 매거진 월간 내일 블로그 2020. 7. 10. 자료. https://blog.naver.com/molab_suda/222026701208

교육부(2018). 중장기 교원 수급계획(안).

교육부(2022a). 교육부 고시 제2022-33호 2022 개정 교육과정 [별책 3] 중학교 교육과정.

교육부(2022b). 교육부 고시 제2022-33호 2022 개정 교육과정 [별책 4] 고등학교 교육과정.

교육부(2023a). 중장기(2024~2027) 교원수급계획 발표. 교육부 보도자료, 2023. 4. 24.

교육부(2023b). 진로교육 활성화 방안(2023~2027).

교육부(2024a). 국가교육위원회 고시 제2024-3호 2022 개정 교육과정 [별책 18] 중학교 선택교과.

교육부(2024b). 국가교육위원회 고시 제2024-3호 2022 개정 교육과정 [별책 19] 고등학교 교양 교과.

교육부, 한국청년기업가정신재단(2020). 청소년 창업가정신 핵심역량 진단 도구 활용 매뉴얼.

교육부, 한국청년기업가정신재단(2024). 창업가정신 함양 교육 콘텐츠 활용 매뉴얼.

김동규, 이은수(2019). 4차 산업혁명 시대 내 직업 찾기. 충북: 한국고용정보원.

김병숙, 강일규, 진미석, 장원섭, 김해동, 권진희, 정윤경, 김헌식, 이양구(1998). 한국인의 직업의식 조사. 인천: 한국직업능력개발원.

김소영, 황지나, 김혜원, 이주현, 홍성화(2024). 특이점(Singularity) 시대, 확장과 가속 그리고 균형의 미래기술. KISTI DATA INSIGHT, 33호. 대전: 한국과학기술정보연구원.

김승보, 황규희, 문찬주, 김민석, 김선태, 장홍근(2023). 직업의식 및 직업윤리의 국제비교 연구(2023). 세종: 한국직업능력연구원.

김영빈, 김동규, 김소현, 박가열, 오민홍, 장현진, 정윤경(2017). 직업 세계와 직업정보 탐색 지도. 서울: 사회평론아카데미.

김인자(2023). 일자리의 미래 보고서 2023: 세계경제포럼(WEF). 충북: 한국과학기술기획평가원.

김지영, 윤종혁(2024). 재직자들의 소프트스킬에 대한 인식과 교육훈련 경험 분석. KRIVET Issue Brief, 281. 세종: 한국직업능력연구원.

문찬주, 김민경, 최광성, 황승록, 방혜진, 김민석(2023). 초·중등 진로교육 현황조사(2023). 교육부, 한국직업능력연구원.

미래창조과학부 미래준비위원회, KISTEP, KAIST(2017). 10년 후 대한민국 미래 일자리의 길을 찾다. 서울: 도서출판 지식공감.

박영숙, 제롬 글렌(2023). 세계미래보고서 2024-2034. 서울: 교보문고.

박영숙, 허주, 이동엽, 김혜진, 이승호, 김갑성, 김이경, 신연재(2019). 교직환경 변화에 따른 교원 정책 혁신 과제(Ⅲ)–교원 인사제도 혁신 방안 연구–. 충북: 한국교육개발원.

박창현(2024). '생성형 인공지능' 시대의 10대 미래유망기술. 충북: 한국과학기술기획평가원.

손유미, 장원섭, 이강주, 고혁진, 박소연(2020). 청소년 창업가정신 핵심역량 진단 도구 개발. 교육부, 한국청년기업가정신재단.

여성가족부(2023). 2023 청소년백서.

이지연, 김나라, 권효원, 김하늘, 강현순, 김문옥, 김윤희, 이숙경, 이진명, 채지연, 최윤정, 이재복, 남덕호(2022a). 중학교 진로활동 프로그램 UP4. 교육부, 17개 시도교육청, 한국직업능력연구원.

이지연, 정지은, 박화춘, 김나라, 권효원, 주인중(2022b). 한국인의 직업의식 및 직업윤리 연구(2022). 세종: 한국직업능력연구원.

임언, 박천수, 최지희(2010). 한국인의 직업의식 및 직업윤리(2010). 인천: 한국직업능력개발원.

임유나(2021). 고교학점제 도입에 따른 진로와 직업 교육과정의 과제와 개선 방향. 학습자중심교과교육연구, 21(21), 629-643.

임은미, 강성현, 고홍월, 김경은, 김장회, 김희수, 박가열, 손진희, 어윤경, 이형국, 이효남, 최윤정, 최지영, 허은영(2020). 미래 사회 진로교육과 상담. 서울: 사회평론아카데미.

임희진, 황여정(2023). 2023 청소년 가치관 조사 연구. 세종: 한국청소년정책연구원.

장현진, 김민경, 류지영, 윤수린, 유미애(2015). 학교 진로교육 실태조사(2015). 인천: 한국직업능력개발원.

장홍근, 한상근, 이지연, 정윤경, 홍두승, 서우석, 이기홍(2006). 한국인의 직업의식과 직업윤리(2006). 인천: 한국직업능력개발원.

정순기, 홍현균, 박미화, 박승훈, 공예림(2024). 미래 일자리 세계의 변화(중장기 인력수급 전망 2022~2032). 충북: 한국고용정보원.

정윤경, 박천수, 윤수린(2014). 한국인의 직업의식 및 직업윤리(2014). 인천: 한국직업능력개발원.

정주혜, 김무웅(2024). 2024 바이오 미래유망기술. 한국생명공학연구원, 국가생명공학정책연구센터, 한국과학기술정보연구원.

정지은, 김민경, 최광성, 방혜진, 황승록, 곽초롱(2024). 초 · 중등 진로교육 현황조사(2024). 교육부, 한국직업능력연구원.

중소벤처기업부, 창업진흥원(2020a). 모둠활동을 통한 기업가정신 체험(중학교).

중소벤처기업부, 창업진흥원(2020b). 세상을 바꾸는 기업가정신(고등학교).

중소벤처기업부, 창업진흥원(2020c). 내 꿈을 현실로 만드는 창업 실무(고등학교).

중소벤처기업부, 창업진흥원(2020d). 청소년 비즈쿨 연구회 융합교안-중학교, 고등학교(일반계), 고등학교(상업계), 특수학교 워크북-.

최병삼, 서용석(2020). 대한민국 과학기술 미래전략 2045. 과학기술정보통신부, 과학기술정책연구원, 한국과학기술원.

통계청(2023). 제29호 2023년 사회조사보고서(복지, 사회참여, 여가, 소득과 소비, 노동). 대전: 통계청.

한국고용정보원(2023). 2021~2023 한국직업전망: 일자리 전망 통합본. 고용노동부, 한국고용정보원.

한국직업능력연구원(2023). 신산업과 함께하는 진로 솔루션. 교육부, 17개 시 · 도교육청, 한국직업능력연구원.

한상근, 임언, 이지연, 이경상, 정윤경(2002). 한국인의 직업 의식 조사 (II). 인천: 한국직업능력개발원.

한상근, 박천수, 장주희, 박화춘, 박태준(2018a). 한국인의 직업의식 및 직업윤리(2018). 인천: 한국직업능력개발원.

한상근 외(2018b). 4차 산업혁명시대 미래직업 가이드북. 교육부, 한국직업능력개발원.

황윤경(2018. 5. 31). [경상시론] 창업의 정의. 경상일보, 18면.

Deloitte (2024). Tech Trends 2024.

European Union (2013). Entrepreneurship Education: A Guide for Educators. Entrepreneurship and Social Economy Unit Directorate-General for Enterprise and Industry. European Commission.

Gartner (2024). Top 10 Strategic Technology Trends 2024. 홈페이지(https://www.gartner.com/en/articles/gartner-top-10-strategic-technology-trends-for-2024).

Haerpfer, C., Inglehart, R., Moreno, A., Welzel, C., Kizilova, K., Diez-Medrano, J., Lagos, M., Norris, P., Ponarin, E., & Puranen, B. (2022). World Values Survey

Wave 7 (2017-2022) Cross-National Data-Set. Version: 4.0.0. World Values Survey Association. DOI: doi.org/10.14281/18241.18

McKinsey (2024). *McKinsey Digital: Technology Trends Outlook 2024.* McKinsey & Company.

MIT Technology Reviews. 10 Breakthrough Technologies 2024. 홈페이지(https://www.technologyreview.com/2024/01/08/1085094/10-breakthrough-technologies-2024/).

NIC (2021). "Global Trends 2040: A More Contested World", National Intelligence Council.

Peterman, N. E., & Kennedy, J. (2003). Enterprise Education: Influencing Students' Perceptions of Entrepreneurship. *Entrepreneurship Theory and Practice*, *28*(2), 129-144.

World Economic Forum (2023). Future of Jobs Report 2023.

World Economic Forum (2024). TOP 10 Emerging Technologies of 2024.

「중소기업기본법」 제5조(창업 촉진과 기업가정신의 확산) [시행 2024. 8. 28.] [법률 제20362호, 2024. 2. 27., 일부 개정]

「중소기업창업 지원법」 제2조(정의) [시행 2025. 1. 1.] [법률 제20626호, 2024. 12. 31., 타법 개정]

국가통계포털 홈페이지(https://kosis.kr/)

기업마당 홈페이지(https://www.bizinfo.go.kr/)

미국 진로 사이트(https://www.careeronestop.org/)

발명진흥회 홈페이지(https://www.kipa.org/)

벤처투자종합포털 홈페이지(https://www.vcs.go.kr/web/portal/main/)

비즈쿨 홈페이지(https://ebizcool.com/)

세계 가치관 조사(https://www.worldvaluessurvey.org/WVSContents.jsp/)

스타트업 창업지원 법무플랫폼 홈페이지(https://9988law.com/startlaw/)

영국 진로 사이트(https://nationalcareers.service.gov.uk/)

오스트레일리아 진로 사이트(https://www.jobsandskills.gov.au/)

온라인 창업체험교육 플랫폼(YEEP) 홈페이지(https://yeep.go.kr/)
우프 홈페이지(https://wwoof.net/)
워크어웨이 홈페이지(https://www.workaway.info/)
월드잡플러스(https://www.worldjob.or.kr/new_index.do/)
중소기업기술정보진흥원 홈페이지(https://www.tipa.or.kr/)
중소벤처24 홈페이지(https://www.smes.go.kr/)
중소벤처기업부 홈페이지(https://www.mss.go.kr/)
중소벤처기업연구원 홈페이지(https://www.kosi.re.kr/)
중소벤처기업진흥공단 홈페이지(https://www.kosmes.or.kr/)
창업에듀 홈페이지(https://www.k-startup.go.kr/edu/)
창업진흥원 홈페이지(https://www.kised.or.kr/)
청년취업아카데미 홈페이지(www.myjobacademy.kr/)
캐나다 진로 사이트(https://www.careerexplorer.com/)
특허청 홈페이지(https://www.kipo.go.kr/)
한국교육개발원 교육통계서비스(https://kess.kedi.re.kr/)
한국직업능력연구원 홈페이지(https://www.krivet.re.kr/)
한국창직협회 홈페이지(http://jobcreation.or.kr/)
한국청년기업가정신재단 홈페이지(http://www.koef.or.kr/)
함께일하는재단 홈페이지(https://hamkke.org/)
K-Startup 창업지원포털 홈페이지(https://www.k-startup.go.kr/)

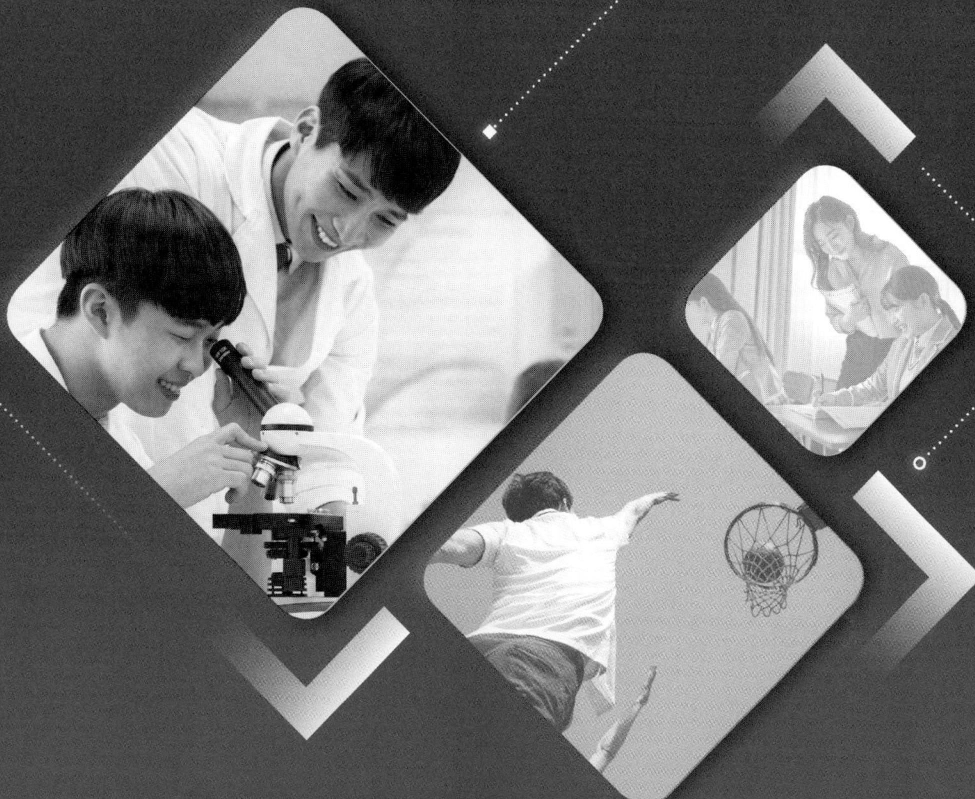

제 4 장

진로진학상담의 이론적 접근

1. 진로진학상담의 이론적 출발
2. 진로진학상담의 이론

1. 진로진학상담의 이론적 출발

1) 진로진학상담의 진로이론적 접근

진로의 개념은 직업의 의미로 이해하기도 하고, 살아가는 과정에 필요한 직업의 유지 혹은 변경의 의미로 보기도 한다. 또한 진로의 개념에는 진로설정, 진로결정, 직업결정, 진로발달의 뜻도 포함되어 있다. 이런 맥락에서 진로에 관한 이론은 삶의 과정에 따른 인간의 발달, 직업을 선택하게 되는 생물학적 · 사회학적 근거를 설명하며, 사회의 변화에 따른 개인의 인생 방향 선택과 적응 등에 관한 정보를 체계적으로 설명한다.

또한 진로의 의미는 학자에 따라 다양하게 정의되기도 한다. 천성문 등(2017)은 "한 개인이 생애 동안 일과 관련하여 경험하고 거쳐 가는 모든 체험, 즉 한 개인의 생애 전(全) 과정"으로 보았고, 김충기 등(2012)은 "생애 직업 발달과 그 과정 내용을 가리키는 포괄적인 용어로서 개인의 장래에 대한 전망으로 인식된다"고 보았다. 또한 이재창 등(2017)은 "진로(career)는 일생을 통해 갖게 되는 직업의 총체이며, 제한된 의미로는 직업에서 개인이 경험하는 것의 총체를 의미한다"고 보았다. 종합해 보면 진로(career)는 개인이 수행하는 직업의 총체 혹은 개인이 일생 동안 경험하는 일과 여가를 포함한 인생의 총체를 의미한다고 볼 수 있다.

이처럼 진로에 대한 개념과 연구에 기초하여 수립된 진로이론을 진로교육이나 진로상담에 접목할 때 교육과 상담에서 효과적인 결과를 기대하게 한다. 또한 진로이론은 현실적인 맥락을 고려하여 진로를 타협하거나 개인의 특성에 따라 진로를 설정하는 데 기여하며, 우연히 진로를 선택하는 현상을 설명하기도 한다. 또한 사회 구성원이면 누구나 거치게 되는 진로의 방향 설계 및 결정 과정에 영향을 주는 것은 물론, 직업에 필요한 요소를 파악하여 직업적 역량을 갖추는 데 긍정적으로 기여한다. 물론 직업적 역량은 경험이나 학습의 결과로 습득될 수 있다. 경험을 통해 직업적 역량을 증진시키려면 적절한 기회와 시간이 필요하고 시행착오의 가능성이 있다. 하지만 진로이론을 교육하거나 학습한다면 시간과 장소의 제약이 적어 다양한 상황에 필요한 직업적 역량을 익히는 데에 도움이 될 것이다. 즉, 진로이론은 시행착오를 최소화하여 한 개인의 진로발달과 진로설정, 그리고 개인의 진로 관련 역량을 효과적으로 개발하거나 증진하는 데 기여한다.

학교에서 이루어지는 진로진학상담도 이러한 진로이론의 맥락을 기반으로 한다. 다만 대상이 청소년이라는 점과, 상급학교 진학이라는 한시적 목표를 통과의례처럼 거치는 과정이라는 점을 고려해야 한다. 즉, 진로진학상담은 진로이론적 맥락을 학교 교육의 과정 속에 용해하여 학생의 진로설정 및 진학 계획 수립을 돕는 것이 현실적인 목표라고 볼 수 있다.

2) 진로상담과 진로진학상담

일반적으로 진로상담은 상담자가 내담자와의 협조적인 관계를 통하여 내담자가 자신의 문제를 분명하게 이해하고, 대안을 구체화하여 실행해 볼 수 있도록 돕는 과정이다(Amundson et al., 2013). 진로상담의 대상은 초중고등학생을 비롯하여 대학생, 대학원생은 물론 일반 성인까지 포함한다. 진로상담을 통하여 내담자는 자신의 특성이나 문화적 맥락을 충분히 이해하고 진로대안을 현실성 있게 계획하고 실천해 가게 된다. 중고등학교에서의 진로상담은 직업, 여가, 진학 등의 측면이 정서 문제와 관련하여 구체적으로 이루어지는 진로지도 활동(한국진로교육학회, 2011)의 한 방식이다. 따라서 진로상담은 일과 직업에 관한 내용과 관련이 깊고, 넓은 맥락으로 볼 때 개인의 생애에서 진로 문제의 중요성을 강조한다(김봉환 외, 2013). 즉, 초등학생에게 직업의식을 고취시키며, 중고등학생의 경우에는 진로선택, 진로변경, 상급학교 진학, 취업 등의 문제와 관련이 깊어 장기적으로는 학생들의 전반적인 인생의 설계를 돕게 된다.

진로진학상담은 중고등학생의 진로적 관점에 진학 문제를 융합한다고 볼 수 있다. 좀 더 구체적으로 보면 자신의 특성에 대한 이해 및 가치관, 대인관계, 환경적 맥락의 이해, 직업의 특성에 대한 탐색, 미래사회의 변화에 따른 직업환경을 충분히 이해할 수 있도록 돕는 것이다. 이러한 내용을 기반으로 하여 상급학교 진학과 관련된 현실적이고 실제적인 맥락을 접목하여 진로상담을 진행하는 것이다. 진로진학상담의 대상이 학교 밖 청소년을 포함할 수 있지만 이 책에서는 중고등학생을 주요 대상으로 하고 있다.

학교 진로진학상담이 중고등학생을 대상으로 이루어지고 있기 때문에 교육적 목표를 포함한 진로교육의 목표 방향과 동일한 방향으로 진행되어야 한다. 「진로교육법」(2015. 6. 22, 법률 제18298호)에 의하면 진로교육이란 "학생에게 자신의 소질과 적성을 바탕으로 직업 세계를 이해하고 자신의 진로를 탐색·설계할 수 있도록 학교와 지역사회의 협력을 통하여 진로수업, 진로심리검사, 진로상담, 진로정보 제공, 진로체험, 취업지원 등을 제공하는 활동"이라는 점을 염두에 두어야 하기 때문이다. 같은 법에서 진로상담은 "학생에게 진로정보를 제공하고 진로에 관한 조언과 지도 등을 하는 활동(온라인으로 하는 활동 포함)"이라고 적시하였다. 진로정보를 제공한다는 의미는 진학과 관련된 정보를 포함하는 것으로 해석할 수 있다. 이러한 점에서 2022 개정 교육과정에 맞게 진로교육을 추진하는 과정에서는 진학의 부분을 구체적으로 다루어야 한다.

교육부는 미래 시대에 적용할 교육과정 개정의 추진과제 중 하나로써 교육과정 안착지원 체제 구축을 제시하였고, 구체적인 사항의 일부로 고교학점제에 맞는 학생부 및 대입제도 체제를 개편하기로 하였다. 2022년 12월에 발표한 2022 개정 교육과정(교육부, 2022)에서는 『초중등 교육과정 총론』에 기본 사항으로서 "학교는 학교급 간 전환기의 학생들이 상급학교의 생활 및 학습을 준비하는 데 필요한 교육을 지원하기 위해 진로연계교육을 운영할 수 있다."고 명시하였다. 중학교 교육과정 편성·운영 기준을 보면, "학교는 상급학교(학년)로 진학하기 전 학기나 학년의 일부 시간을 활용하여 학교급 간 연계 및 진로 교육을 강화하는 진로연계교육을 편성·운영한다."고 제시되어 있다. 또한 "학교는 고등학교 생활 및 학습 준비, 진로탐색, 진학 준비 등을 위해 교과와 창의적 체험활동 시간을 활용하여 진로연계교육을 자율적으로 운영한다."고 명시하였다. 즉, 중학교에서도 진학 부분을 지도 상담해야 함을 확인할 수 있다. 또한 학교의 유형과 관계없이 고등학교의 교육과정 편성 및 운영기준에도 "학교는 학교급 전환 시기에 학교급 간 연계 및 진로교육을 강화하는 진로연계교육을 편성 · 운영한다. 졸업을 앞둔 시기에 교과와 창의적 체험활동 시간을 활용하여 대학 생활에 대한 이해, 대학 선이수 과목, 사회생활 안내와 적응 활동 등을 운영한다."고 명시되어 있다. 이렇듯 2022 개정 교육과정의 총론이나, 중고등학교 교육과정 편성 운영기준을 보면 중고등학교에서 고등학교 입학이나 대학 진학과 관련된 진로진학상담이 필수적인 것으로 이해할 수 있다.

일반 진로상담과는 달리, 중고등학교의 진로진학상담에서는 진학에 관한 내용이 포함된 진로진학상담으로 진행되어야 하는 것이다. 더구나 2022 개정 교육과정에서는 선택교과가 일반선택, 융합선택, 진로선택으로 구분되고, 전문교과도 전문공통, 전공일반, 전공실무로 세분되는 점을 감안하면 진로진학상담은 매우 구체적이고 실질적인 진학 정보 제공을 위한 상담이어야 한다.

2. 진로진학상담의 이론

1) 진로발달이론적 접근

진로발달이란 성장하면서 진로에 대한 인식이 증진하게 되는데, 진로에 대한 심층적 탐색, 진로선택, 진로변경 등의 측면에서 발전적인 방향으로 나아감을 뜻한다. 진로발달과정에서 매우 중요한 역할을 하는 수단은 학습이다. 학습은 생득적인 본능이면서, 스스로의 경험 혹은 교육 시스템을 통하여 이루어지는 인지적인 발달을 추동하는 기능을 한다. 교육체계는 인간 발달의 단계를 고려하여 단계적으로 조직되었으며 진학이라는 단계의 이동을 통하여 작동한다.

슈퍼(Super)는 진로발달이 전 생애에 걸쳐 진행되고 또 변화해 가는데, 성장, 탐색, 전환, 유지 및 쇠퇴의 단계를 거친다고 보았으며, 티드맨과 오하라(Tiedeman & O'Hara)는 진로발달에서 중요한 의사결정 단계를 예측 단계와 실행 단계로 보았다(강영배, 2013). 즉, 진로가 발달하는 것은 의사결정 과정을 통해서 이루어지는 것이며, 의사결정을 하기 위해서 여러 가지 선택지를 탐색하면서 진로를 명확하게 결정하게 된다. 진로결정 후에는 목표 달성을 위해서 진로행동을 하는데, 이 과정에서 새로운 정보를 얻고, 마주치는 문제를 해결해 나가며 목표를 달성해 가는 것이다.

임은미 등(2017)은 "직업 선택은 태어나면서 20대 초반까지 연속적으로 이어지는데, 그 과정에서 현실적이고 정서적인 영향을 받는다"고 보았다. 그리고 먼저 이루어진 진로결정은 다음에 이어지는 진로결정에 영향을 미치며 교육의 영향과 개인적 정서나 가치관에 의해서 진로가 결정된다고 보았다. 긴즈버그(Ginzberg)는 진로발달을 발달심리학적 관점에서 인간 발달의 한 측면으로 보았다(김봉환 외, 2016). 긴즈버그(Ginzberg)의 발달적 단계로 보면 우리나라의 중고등학생들은 현실기(15세~성인 초기)에 해당한다. 이 시기는 탐색 단계-명료화 단계-구체화 단계로 구성되어 있다. 탐색 단계는 잠정기(11~14세)에 관심을 가졌던 진로에 대해 잠정적으로 선택했던 여러 가지의 진로대안을 비교하여 자신의 특성과 현실적인 맥락을 고려하는 과정이다. 우리나라의 진로교육 내용에 비추어 볼 때 중학생들이 다양한 분야에 대해 진로탐색을 해야 하는 이론적 근거를 제공한다. 명료화 단계는 다양한 외적 조건과 내적인 요인을 종합하여 진로목표를 좀 더 명확히 하는 단계이다. 탐색 단계보다 조금 더 구체적이고 세부적인 직업탐색이 진행된 단계로 볼 수 있다. 구체화단계는 자신의 진로를 구체화하여 직업이나 분야를 결정하고 진로행동으로 실천하는 단계이다. 이러한 긴즈버그(Ginzberg)의 이론은 중고등학생들에 대한 진로진학상담의 이론적 접근으로 활용할 수 있다. 다만, 개인이 거치는 일반적인 발달 단계라 하더라도 진로발달 수준과 발달 시기가 다르고, 환경적인 맥락도 다르다는 점을 진로진학상담에서 충분히 고려해야 한다.

2) 진로성격이론적 접근

진로성격이론은 유전적 요인과 환경적 영향으로 형성된 성격유형에 따라 직업을 선택하고, 성격유형과 일치하는 직업을 선택할 때 직업만족도가 높다는 점을 강조한다. 이러한 이론적 접근은 직업에 대한 개인의 성격적 특성과 직업의 업무에 관한 환경적 특성을 고려하여 진로를 선택한다는 관점이다. 현재의 중고등학교의 진로진학상담 장면에서 유용하게 활용하는 이론이기도 하다. 미국의 심리학자 홀랜드(John L. Holland)는 개인의 성격적 특성과 직업의 환경적 요인에 따라 6가지 진로성격유형을 제시하고 각 유형에 개인의 성격적 특성과 직업환경의 조건을 제시하고 있다. 6가지의 유형(Holland Codes)은 실재형(R), 탐구형(I), 예술형(A), 사회형(S), 기업형(E), 관습형(C)으로 분류하는데, 각 유형의 전반적 특성과 직업특징 그리고 대표 직업을 제시하여 편리하게 활용할 수 있다(이 책 제6장 참고).

그러나 진로성격이론적 접근에 따라서 6가지 유형으로 분류하는 것만으로 직업선택과 직업만족도를 예측하는 데는 어려움이 있다. 홀랜드 직업흥미검사 결과에서는 일관성과 일치성과 변별성을 고려해야 하기 때문이다. 즉, 홀랜드 직업흥미검사의 결과에서 나타난 홀랜드 코드(RIASEC)로 구성된 육각형의 형태

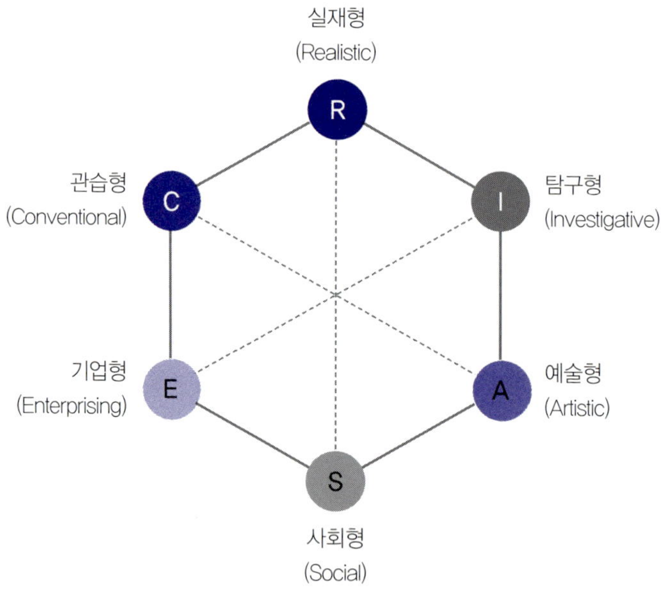

[그림 4-1] RIASEC 유형

와 크기에 따라서 달리 설명될 수 있기 때문이다. 즉, 일관성(consistence), 일치성(congruence), 변별성(differentiation)의 개념을 이해할 때 개인의 직업적 특성을 비교적 명확하게 설명할 수 있다. 일관성이란 서로 상관이 높은 유형끼리 인접해 있는 정도를 말한다. 즉, 예술적이고 사회적인 성격(AS)은, 예술적이고 관습적인 성격(AC)보다 일관성이 있다고 보는 것이다. 변별성이란 가장 높은 유형의 점수가 다른 유형의 점수보다 확실하게 구분될 정도로 높은 것을 의미한다. 일치성은 개인의 직업적 흥미가 직업환경과 일치하는 정도를 일컫는다. 즉, 예술형이라면 독창적이고 다른 사람의 간섭이 없는 직업을 선택할 때 만족도가 높을 것이라고 보는 것이다. 육각형의 모양과 크기에 따른 해석은 다음과 같이 설명할 수 있다(손은령 외, 2020). 즉, RIASEC의 그림이 한쪽으로 찌그러진 모양과, 정육각형 모형의 크기에 따라서 다른 설명이 가능하다.

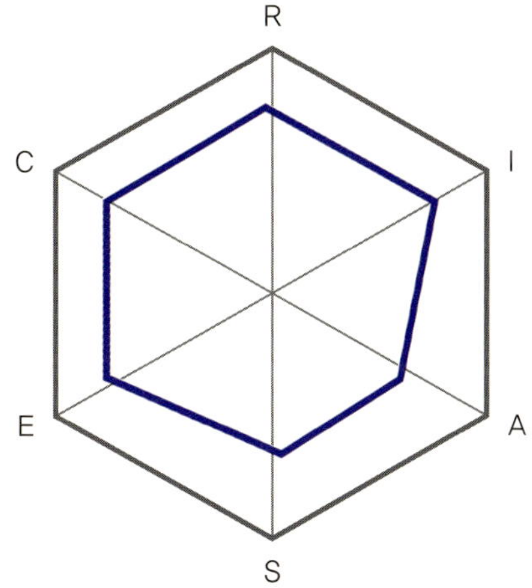

[그림 4-2] 육각형 모양이 크고 정사각형에 가까운 유형

- 관심 분야가 많음
- 선호 분야를 모를 수 있음
- 자신에 대한 과장 가능성
- 객관적 자기이해 필요(직업 활동과 여가 활동을 구분함이 필요)

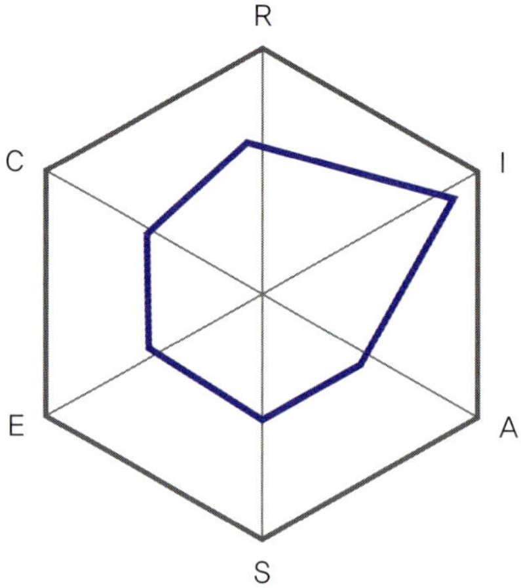

[그림 4-3] 육각형 모양이 크고 한쪽으로 찌그러진 유형

- 특정한 분야에 관심이 뚜렷함
- 흥미가 잘 발달함
- 변별성이 높음
- 진로결정이 용이하고 안정적
- 관심 분야와 개인적 특성의 적합성을 고려할 필요

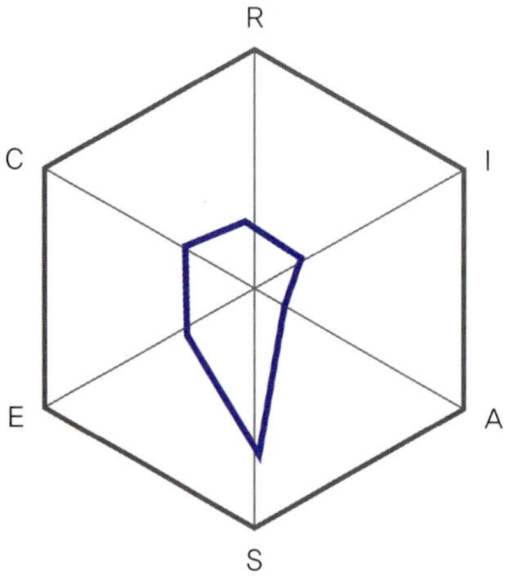

[그림 4-4] 육각형 모양이 작고 한쪽으로 찌그러진 유형

- 변별성 높을 수 있음
- 흥미 미발달 가능성
- 조기에 진로결정 가능성
- 다양한 분야에 관심 필요

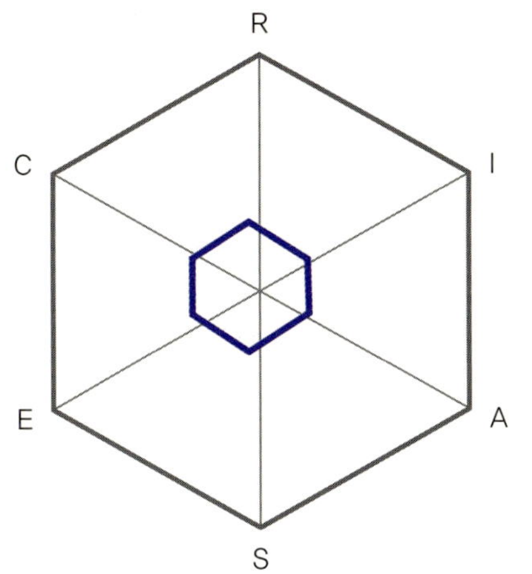

[그림 4–5] 육각형 모양이 작고 정육각형에 가까운 유형

- 관심 분야가 적음
- 자기이해 부족
- 심리적 위축 가능성
- 낮은 자존감 가능성
- 주변의 도움이 필요

홀랜드의 직업흥미검사의 결과를 해석하고 적용하는 진로진학상담 과정에서는 검사의 결과를 변별성, 일치성 그리고 일관성의 측면에서 종합적으로 설명하는 것이 매우 중요하다. 아울러 진로발달과정에 있는 중고등학생이라는 점을 감안하여, 검사 결과에 보완할 내용을 내담자의 역량과 환경을 고려하여 함께 모색하는 과정도 필요하다.

3) 제한–타협이론적 접근

인간은 태어나서 인지적으로 성숙하면서 자신과 직업환경에 대한 이해가 양적으로나 질적으로 확장하는 진로발달과정을 거친다. 즉, 타고난 유전적 기질이 가족이나 친척, 친구 등 주변 인물들과의 관계 속에서 적절하게 발달하는 것이다. 또한 인지발달에 따라 자신의 특성을 고려하여 직업을 인지하는 태도가 달라지면서 진로결정의 단계로 나아간다. 따라서 발달 초기에 관심을 가졌던 직업이 발달이 진행되면서 변경되는 것은 매우 자연스런 현상이다. 특히, 진로를 결정할 경우에는 진로포부의 변화나 성취 가능성을 염두에 두고 선택하거나 포기하기도 한다. 갓프레드슨(Gottfredson)은 진로포부와 관련된 제한이론과 진로대안을 고려하는 과정으로서 타협이론으로 구성된 제한–타협이론을 제안하였다(임은미 외, 2017).

갓프레드슨(Gottfredson, 1981)에 의하면 개인이 성장하면서 진로대안을 줄여가는 데 기여하는 과정으로, 서열 획득(3~5세), 성역할 획득(6~8세), 사회적 가치 획득(9~13) 그리고 내적 자아 획득(14세 이후)의 단계를 거치는데, 내적 자아 획득 과정에서 흥미를 가장 중요하게 여기는 것으로 보았다(김봉환 외, 2013). 이러한 관점에서 볼 때 중고등학생들이 진로의사결정 과정에서 흥미에 비중을 두고 타협의 과정을 거치는 것은 자연스럽다. 하지만 현실적 여건을 인식하게 되면서 가장 흥미 있고 희망하는 진로는 아니지만 성취 가능성이 높은 직업을 선택함으로써 다른 요인을 포기하며 타협하기도 한다. 타협이란 흥미 영역 안에서 원하는 직업을 선택하더라도 현실적 여건이 어려울 경우 어떤 부분을 포기할 수밖에 없는 과정을 말한다(Gottfredson, 1981). 그 과정에서 가장 먼저 포기하는 요인이 흥미이며, 가장 포기하기 어려운 요인이 성역할이라고 보았다.

대체적으로 중고등학생들이 진로를 선택하려고 할 때 먼저 자신의 흥미가 무엇인가에 관심을 둔다. 자신의 특성 중에서 흥미가 많은 직업을 탐색하고 진로를 결정하려는 것이다. 흥미는 행동을 유발하게 되고, 행동의 반복은 역량을 키워 가는 동력이 되기 때문이다. 대학생들을 대상으로 한 연구에서도 흥미 유형에 맞는 직업을 선택하기 위하여 사회적 지위를 포기하는 것으로 나타났다(정영희, 2002). 그런데 진로타협 과정에서는 우선순위 정하기는 매우 중요한 활동이다. 가장 적합한 대안은 아니어도 실현 가능성이 결정의 우선적 기준으로 자리매김하게 된다. 그리고 우선순위에 따라 결정한 진로대안에 맞는 진로행동을 한다.

청소년들이 진로를 결정할 때에 성역할이나 흥미 그리고 직업의 사회적 지위를 고려하겠지만 그 외에도 매우 복잡한 요인이 영향을 미친다. 개인의 학업적 역량과 의지, 가족 및 주변인 영향, 부모의 사회경제적 지위가 진로제한과 타협에 영향을 주기 때문이다. 더구나 성역할이 비교적 명확했던 시대에 익숙했던 기준에 대한 향수와 전통적 직업에 대한 성역할의 경계가 모호해지는 상황적 요소도 간과할 수 없다. 다만 갓프레드슨(Gottfredson)의 진로포부의 제한과 진로대안의 타협이란 관점은 설득력이 있다. 그러나 학교 진로진학상담 과정에서는 제한과 타협의 과정에 개인의 강점과 잠재적 가능성을 포기하지 않는 신중함이 필요하다. 일정 시간이 지난 후, 포기했던 진로대안을 다시 고려해야 할 상황이 올 수 있기 때문이다.

4) 사회인지진로이론적 접근

주관적인 존재로서 인간의 정서, 사고, 행동은 개인이 창조해 낼 수 있는 방식이지만 유전적인 것이 아니며, 인간은 환경에 적응하기 위해 이를 재구성하고 발전시켜 나갈 수 있는 잠재력이 있는 능동적인 존재라고 보는 것이 사회인지이론이다. 학업이나 진로 분야에서 역할의 성공적 수행은 능력과도 관계가 있지만, 능력에 대한 믿음도 관련이 있다고 알려져 있는데, 밴듀라(Bandura)는 이를 자기효능감(self-efficacy)의 개념으로 설명하였다(임은미 외, 2017). 자기효능감은 자신의 성공경험, 생리적 깨달음, 모델링, 친분 있는 타인의 언어적 설득을 통해 발달한다고 보았으며, 베츠(Betz)와 해킷(Hackett)은 자기효능감을 진로 영역에 도입하여 사회인지진로이론으로 설명하였다(임은미 외, 2017).

사회인지진로이론에서 선택 모델은 흥미를 촉진하여 특정한 진로 영역을 선택하는 데 영향을 주고 있음을 설명한다. 개인적 요인과 맥락적 요인이 학습경험에 영향을 주고, 이러한 학습경험은 자기효능감과 결과기대에 영향을 미친다. 자기효능감은 결과에 대한 기대를 높여 흥미를 촉진한다. 연속적인 맥락에서 흥미는 목표를 갖게 하고 궁극적으로 진로행동을 하게 만든다. 이 모델에서 학습경험은 직접적이든 간접적이든 자기효능감을 높이는 근본적 요인인 것이다.

또한 자기관리 모델은 진로탐색과 의사결정과 관련된 맥락적 지지 혹은 장벽이 이와 관련된 자기효능감과 결과기대에 영향을 주어 관련된 목표를 설정하는 데 기여한다. 진로탐색과 의사결정과 관련된 목표가 관련 행동을 추동하여 진로의사결정의 수준을 결정하게 된다. 이 모델에서는 맥락적 지지가 의사결정 행동을 촉진시키기 때문에 성격이 매우 중요한 역할을 하는데, 외향성과 정서적 안정성 그리고 사회적 관계가 중요한 진로행동에 긍정적 기여를 하는 것으로 알려져 있다.

사회인지진로이론에서 유전적인 개인 요인으로는 개인적 성향, 성별, 인종이나 민족, 신체적 · 정신적 장애 유무를 제시하였으며, 가정의 사회경제적 지위나 부모의 양육 형태를 맥락적 요인으로 언급하였다. 학습경험과 맥락적 지지에서 증명된 결과를 통합하여 진로이론으로 발전한 것이 사회인지진로이론이다.

5) 구성주의 진로이론적 접근

개인은 일을 통해서 사회적 역할을 하고 그 과정에서 성취와 만족감을 얻으며 자아를 실현하려고 노력한다. 직업에 대한 방향 설정과 진로의 의미를 탐색하는 과정에서 개인의 경험에 의미를 부여하고 직업적 환경에 적응하기 위하여 필요한 요소를 구축해 가는 과정이 진로에 관한 구성주의 진로상담이론이다(임은미 외, 2017).

사비카스(Savickas, 2005)는 구성주의 진로이론에서 직업적 성격(vocational personality)과, 진로적응도(career adaptability), 생애주제(life theme)를 중요한 요소로 제시한다. 직업적 성격이란 관련 직업의 역할 수행에 필요한 능력, 흥미 및 행동에 대한 선천적 기능으로서 과거 수행경험이나 흥미검사, 혹은 적성검사로 유추해 볼 수 있는데, 이는 홀랜드(J. Holland)의 직업성격이론과 맥을 같이한다. 진로적응도는 관련 직업을 수행할 경우에 필요한 태도(attitudes), 신념(beliefs), 역량(competencies)을 말하며, 직업환경에 효과적으로 대처할 수 있는 수준을 일컫는다. 또 생애주제는 개인이 사회적 역할 속에서 드러나는 직업인으로서의 핵심적인 삶의 역할을 추동하는 유인이다. 물론 생애주제는 슈퍼(Super)가 말한 생애 공간에서의 생애 역할을 수행하는 데 기여한다. 즉, 한 개인은 자녀, 학습자, 시민, 직업인, 배우자, 부모, 가사인, 은퇴자로서의 삶을 이끌어 가는 핵심적 축(軸)으로서의 역할을 하는 것이다. 생애주제는 개인마다 다르며 개인의 경험을 반영한다. 구성주의 진로상담이론적 입장에서 개인의 진로는 스스로 조직해 가는 인생의 주인공으로서 역할을 수행하는 과정이다.

직업환경은 변화 속도가 빠르고 변화의 폭이 광대하여 개인의 통제가 불가능하다. 따라서 개인의 직업적 성격을 고려하여 관련 직업에 대한 준비를 한다는 것에 한계가 있다. 사비카스(Savickas, 2005)는 직업환경적인 변화에 개인이 적응하기 위해서 관심(concern), 통제(control), 호기심(curiosity), 자신감(confidence)을 통하여 적응을 돕는 구체적 활동을 제시한다. 즉, 자신의 미래에 관심을 갖고, 미래에 할 수 있는 부분을 탐색하는 통제력과 호기심을 길러야 한다는 것이다. 또한 자신의 모습과 태도에 대한 자신감을 키우는 것이 필요하다고 보았다.

구성주의 진로이론적 접근은 직업과 관련된 개인의 주관적 경험에 의미를 부여하는 것에서 출발한다. 개인의 이야기(story)를 진로적 관점에서 구성해 보고, 해체하여 다시 재구성하는 과정에서 진로설정에 이를 수 있다. 즉, 개인의 주관적인 경험을 통해서 자신을 올바르게 이해하고 객관적인 정보에 기반한 환경적 측면에서 재조명함으로써 미래에 대한 희망을 제공하는 것이다.

진로를 고민하는 청소년들에게는 자신의 이해를 바탕으로 진로를 설정하려는 경향이 있고, 이는 사회적 흐름과 무관하지 않다. 그러나 그들은 그 과정에서 진로탐색과 설정에 어려움을 호소하는 경우가 많다. 직업흥미검사나 직업적성검사의 결과에도 큰 신뢰감을 보이지 않는 경향도 있다. 구성주의 진로상담이론적 접근은 직업성격이론적 접근에서 보이는 매칭 지향적 관점과는 달리 환경 적응성을 강조한다. 구성주의 진로이론적 관점에서 진로발달은 시간이 흐름에 따라 저절로 이루어지는 것이 아니라 개인이 구성해 가는 것이며 사회적 환경과 직업적 요구에 부응하는 과정(김영빈 외, 2017)이라 보는 것이다. 즉, 누구나 가지고 있는 각기 다른 개인의 고유한 이야기를 통하여 진로에 접근한다는 것이다. 이러한 이론적 접근은 문화적 배경이 다르거나, 학업 적응에 어려움이 있거나, 사회적 배려가 필요하거나, 사회경제적 수준이 다른 개인에게 진로상 어려움을 해결하는 데 도움이 될 수 있다.

6) 현실치료상담이론적 접근

미국의 정신과 의사였던 윌리엄 글라서(William Glasser)가 1964년 그의 논문에서 처음으로 현실치료(Reality Theraphy)상담이란 용어를 사용한 이래 국내에서는 크고 작은 갈등, 문제 유형, 남녀노소, 직업과 역할의 높낮이, 문화의 차이 등과 같은 개인과 환경의 조건과 관계없이 적용 분야가 매우 넓은 상담이론이다(김인자, 2015). 현실치료상담이론은 선택이론을 기반으로 하고 있다.

선택이론은 인간의 거의 모든 행동은 선택하는 것이며, 외부에서 얻을 수 있는 것은 단지 정보일 뿐이라고 제시한다(Glasser, 1998). 정보 자체가 우리에게 영향을 미치는 것이 아니며, 우리가 통제할 수 있는 것은 자신뿐임을 강조한다. 선택이론은 현재의 행동은 자신의 욕구를 충족시키기 위한 선택이며, 그 선택에 대한 책임은 내담자 자신에게 있음을 강조한다. 행동의 동기(motivation)로서 소속과 사랑에 대한 욕구, 힘과 성취를 얻고자 하는 욕구, 즐거움에 대한 욕구, 자유에 대한 욕구 그리고 생존에 대한 욕구 등 5가지의 욕구(5 needs)로 제시한다. 예를 들어, 학생들은 이러한 욕구들 중의 일부를 충족시키기 위해서 공부하고, 또래 관계를 유지하며 학교 활동을 하는 것으로 볼 수 있는 것이다.

선택이론을 기반으로 한 현실치료상담이론을 활용한 진로진학상담은 내담자인 학생들이 효율적인 삶의 통제자가 될 수 있도록 돕는 과정이다. 자신과 주변 사람들이 자신을 사랑하고 가치 있게 여기면 성공적인 정체감이 생긴다고 보고 있다(김인자, 2015). 현실치료상담이론은 과거보다는 현재에 초점을 두고, 내담자와의 친밀한 관계를 중시하며, 행동을 진단하는 것보다, 진정한 바람(real want)을 충족하기 위한 행동선택을 평가하고, 선택에 대한 책임을 강조하며, 효과적인 바람(want) 충족을 위한 행동 실천 방법을 찾도록 돕는 특징을 가지고 있다.

현실치료상담이론의 기법은 WDEP로 요약할 수 있다. 김인자(2015)는 WDEP 앞에 RR을 추가하여 사용할 것은 권하고 있는데, 첫 번째 R(Relationship)은 상담자와 내담자가 좋은 관계를 맺어야 한다는 것이다. 진로진학상담교사는 교실에서 수업시간에 접촉할 수 있고, 상담실에서도 만날 수 있는 점은, 다른 일반 상담자와 달리 관계 맺을 기회가 많다. 두 번째 R은 상담과정에서 내담자가 주변 사람들과 좋은 관계를 맺고 있는지 탐색하는 과정이다. 즉, 내담자와 가족을 비롯한 주변 사람들과의 관계는 갈등을 부추길 수도 있고, 용기와 희망을 주는 요인이 될 수도 있기 때문이다. W(want)는 내담자가 진정으로 바라는 것이 무엇인가를 찾는 과정이다. 상담목표가 될 수 있는 매우 중요한 탐색 과정이다. 내담자가 원하는 것이 단순한 바람인지, 진정한 바람(real want)인지 탐색해야 한다. D(doing)는 바라는 것을 얻기 위한 행동을 탐색하는 것이다. 즉, 인간의 기본적인 다섯 가지 욕구(5 needs) 중에서 어떤 욕구의 일부를 충족시키기 위하여 어떤 행동을 선택하는지 탐색하는 과정이다. 외부 통제보다는 내적 동기에 의한 선택의 효율성을 자각하게 할 수 있는 단계이다. E(evaluation)는 행동에 대한 평가 과정이다. 원하는 것(want)을 이루기 위해 선택한 전행동(total behavior)이 도움이 되었는지 혹은 효율적이었는지 스스로 평가해 보는 단계이다. 행동선택의 과정은 내담자의 경험과 학습 등 내적 동기의 효율성이 평가될 수 있다. 또한 행동에 대한 평가뿐만 아니라 바람(want)의 질(quality)적 측면에서 자신의 바람(want)이 자신과 타인에 대해 발전적인가를 평가할 수도 있다. 평가한 결과 더 나은 선택을 계획(plan)하도록 이끌어 가는 단계가 P이다. 계획의 단계는 매우 구체적이다. 흔히 계획하는 내용과 방법은 'SAMIC'로 요약할 수 있는데, 계획은 단순하고(simple), 성취할 수 있으며(attainable), 측정 가능하고(measurable), 즉시 실행할 수 있으며(immediate), 헌신적으로 수행하도록(committed) 수립될 수 있게 도와야 한다. 계획하기에서 강조할 것은 결과 중심이 아니라 현실적으로 실행 가능한 과정 중심(process-centered)

의 계획으로 이루어지는 것인데, 이것이 내담자에게 실천 가능성을 높여 주기 때문이다.

현실치료상담 과정을 수행할 때 상담환경을 만들어 가는 것은 매우 중요한 상담자의 역할이다. 구체적으로 상담자에게 권장하는 사항과 금지하는 사항을 제시하고 있다. 권장 사항으로는 주의를 기울이는 행동하기, 판단 보류하기, 예상치 못한 관점으로 보기, 유머 사용하기, 자기답게 상담하기, 자기 개방하기, 은유적 표현에 귀 기울이기, 주제에 귀 기울이기, 요약하기와 초점 맞추기, 침묵 허용하기, 윤리적이기 등이다. 한편 상담자가 해서는 안 되는 사항으로는 내담자의 변명을 받아들이기, 비판하기, 처벌하기, 논쟁하기, 포기하기 등이다. 진로진학상담교사가 상담과정에서 금지 사항과 권장 사항을 염두에 두고 상담을 진행하는 것은 내담자를 존중함으로써 내담자와 좋은 관계를 형성하게 되어 내담자가 좋은 선택을 하는 데에 도움을 줄 수 있다.

7) 우연학습이론적 접근

크롬볼츠(J. Krumboltz)는 진로 선택 과정에서 나타나는 우연적 요인이 매우 중요한 역할을 한다고 보았다(김봉환 외, 2013). 삶의 과정에서 직면하는 다양한 상황에는 본인의 의지대로 스스로 통제할 수 있는 것도 있지만, 사회적 조건이나 환경적 여건에 따라 통제할 수 없는 것도 존재한다. 따라서 학생의 진로를 결정할 수 있도록 도와야 하지만, 시시각각 변화하는 사회 환경 속에서 삶이 만족할 수 있도록 돕는 것도 진로상담교사의 중요한 역할이다.

통제할 수 없고 예측할 수 없이 맞이하는 다양한 상황에 대처할 수 있는 진로적응과 진로역량을 개발하는 데 우연학습이론의 원리를 적용해 볼 수 있다. 학생들은 나름대로 경험한 것을 바탕으로 진로에 대한 신념(belief)을 가지고 있다. 예를 들어, 자신에게 완벽하게 맞는 직업을 찾아야 한다든지, 자신이 선택한 직업에서 반드시 성공해야 한다든지, 열심히 노력을 한다면 어떤 직업도 가질 수 있다든지, 어떤 직업을 갖게 되면 모든 것이 해결될 것이라든지 하는 합리적이지 않은 신념을 고수할 수 있다. 따라서 진로진학상담교사는 학생이 합리적인 진로신념을 갖게 함으로써 진로에 대한 긍정적인 사고를 명료화하도록 도와야 한다. 또한 예상하지 못한 상황에서 긍정적인 결과를 얻었던 경험을 찾고, 긍정적인 결과를 만들어 낸 요인이 무엇인지, 그리고 추후 그와 유사한 상황을 맞게 될 때 어떻게 행동할 것인가 하는 점을 깨닫게 하는 것이다. 나아가서는 우연히 직면하게 될 수 있는 상황에 대처하기 위하여 새로운 학습 기회를 탐색하는 호기심(curiosity)과 어려운 상황에서도 노력을 지속할 수 있는 인내심(persistence), 기존의 태도와 상황을 변화시킬 수 있다는 융통성(flexibility), 갑작스럽고 생소한 상황과 새로운 기회를 긍정적으로 볼 수 있는 낙관성(optimism) 그리고 불확실한 결과를 예상하여도 행동할 수 있는 위험감수(risk taking)와 같은 기술을 익히도록 도와야 한다. 크롬볼츠(J. Krumboltz)는 삶에서 맞이하게 되는 우연한 일들을 자신의 진로에 유리하게 활용하기 위해서 이와 같은 다섯 가지의 기술을 습득하도록 도와야 한다고 말한다(임은미 외, 2017).

8) 진로의사결정이론적 접근

진로의사결정은 여러 가지 진로대안 중에서 실현 가능성이 있는 대안을 선택하는 진로행동이다. 수집하는 정보의 양과 질 그리고 진행 절차에 따라 진로의사결정이 달라질 수 있기 때문에 정보를 수집하는 일과 적절한 절차에 따라 진로대안을 선택하는 과정에 신중한 태도가 필요하다. 겔라트(Gelatt)는 직업선택과 진로발달의 순환과정에서 진로의사가 결정된다고 보았으며, 캐츠(Katz)는 진로의사결정의 특성 중에서 개인의 가치를 극대화할 수 있는 직업을 선택하는 것을 진로의사결정으로 보았고, 티드맨과 오하라(Tiedeman & O'Hara)는 예상기(탐색, 구체화, 선택, 명료화 단계)와 이행기(적응, 개혁, 통합 단계)를 거쳐서 진로의사결정을 한다고 보았다(임은미 외, 2017).

페터슨(Peterson)과 샘프슨(Sampson), 리어든(Reardon)은 진로의사결정 단계에서 진로정보의 활용법에 초점을 두었다(임은미 외, 2017). 특히, 진로 미결정 상태와 바라는 상태 사이의 차이를 인식하고 그 차이를 줄일 수 있는 정보를 수집하고 학습하는 인지적 전략을 얻는 것이 주요 내용이다. 진로의사를 결정하기 위해서 자신에 대한 지식과 직업에 대한 지식이 필요하다. 자기에 대한 지식이란 학업수행 능력, 직업흥미검사 등의 점수, 성적, 타인과의 상호작용 경험, 여가생활에 대한 관점, 과거의 경험에 대한 정보 등을 말한다. 또 직업지식이란 직업에 대한 새로운 정보를 얻게 되면 기존의 정보와 연결하여 정보를 새롭게 구조화하는 것을 말한다. 특히, 급변하는 직업 세계의 변화를 민감하게 감지하여 반영하는 역량이 필요한 것이다. 이러한 지식 영역을 분석하고 통합하여 정교화하게 된다. 즉, 실현 가능성이 적은 해결책을 포함하여 성취 가능성이 큰 해결책을 탐색하는 것이다.

페터슨(Peterson)은 이러한 의사결정 기술을 소통(communication), 분석(analysis), 통합(synthesis), 평가(valuing), 실행(execution)의 단계를 포괄적으로 정보처리를 하는 것으로 보았다(임은미 외, 2017). 의사소통이란 정서적 표현이나 신체적 반응과 같은 내적인 신호와 진로준비나 졸업 후 진로 등에 관한 외부의 질문과 같은 외적 신호와 접촉하는 것이다. 그래서 어떤 행동을 해야 할지, 어떤 선택을 해야 할지 인식하는 과정이다. 분석 단계는 자신의 가치관이나 흥미, 적성, 기술, 관심 있는 분야와 같은 자기 자신에 대한 분석, 현재 상태의 적용, 그리고 가족적 맥락을 검토하는 과정이다. 또한 통합 단계는 수집된 정보와 분석을 통하여 모든 가능성을 염두에 둔 해결책을 모색하는 단계이며, 서로 모순되는 대안을 제거하면서 대안 목록을 줄이는 단계이다. 그리고 평가 단계에서는 개인의 최우선적인 기준을 고려하여 대안을 평가한다. 우선순위를 결정하는 요인이 개인의 가치관일 수도 있고, 주변의 영향력일 수도 있고, 직업의 전망이 될 수도 있다. 실행 단계에서는 평가 과정을 거친 후에 실행을 위한 계획하기 및 시도하기를 거쳐 적용하는 과정을 갖게 된다.

참고문헌

강영배(2013). 청소년 진로교육 및 상담론. 경기: 양서원.

교육부(2022). 2022 초 · 중등 교육과정 총론(교육부 고시 제2022-33호). 교육부.

김봉환, 강은희, 강혜영, 공윤정, 김희수, 선해연, 손은령, 송재홍, 유현실, 이제경, 임은미, 황매향(2016). 진로상담. 서울: 학지사.

김봉환, 이제경, 유현실, 황매향, 공윤정, 손진희, 강혜영, 김지현, 유정이, 임은미, 손은령(2013). 진로상담이론 한국내담자에 대한 적용. 서울: 학지사.

김영빈, 김동규, 김소현, 박가열, 오민홍, 장현진, 정윤경(2017). 직업 세계와 직업정보 탐색 지도. 서울: 사회평론.

김인자(2015). 현실치료상담과 선택이론. 서울: 한국심리상담연구소.

김충기, 황인호, 장성화, 김순자, 윤향숙(2012). 진로상담과 진로교육. 서울: 동문사.

손은령, 김민선, 김현정, 이혜은, 김지연, 이순희(2020). 대학생의 행복한 삶을 위한 진로심리학. 서울: 학지사.

이재창, 조붕환, 최인화, 임경희, 박미진, 김진희, 정민선, 최정인, 김수리(2017). 상담전문가를 위한 진로상담의 이론과 실제. 서울: 아카데미프레스.

임은미, 강혜영, 고홍월, 공윤정, 구자경, 김봉환, 손은령, 손진희, 이제경, 정진선, 황매향(2017). 진로진학상담 기법의 이론과 실제. 서울: 사회평론.

정영희(2002). 흥미 유형 및 성역할 정체감에 따른 진로 의사결정의 타협과정 연구. 연세대학교 대학원 석사학위논문.

천성문, 김미옥, 함경애, 박명숙, 문애경(2017). 대학생을 위한 진로코칭. 서울: 학지사.

한국진로교육학회(2011). 선진패러다임을 위한 진로교육의 이론과 실제. 경기: 교육과학사.

Amundson, N. E., Harris-Bowlbey, J. A., & Nile, S. G. (2009). *Essential Elements of Career Counseling Processes and Techniques*. 진로상담 과정과 기법. 이동혁, 황매향, 임미현 공역(2013). 서울: 학지사.

Glasser, W. (1998). *Choice theory: A new psychology of personal freedom*. New York: Harper Collins.

Gottfredson, L. S. (1981). Circumscription and compromise: A developmental theory of occupational aspirations. *Journal of conseling psychology, 28*(6), 545-579.

Savickas, M. L. (2005). *The Theory and Practice of Career Construction*. Hoboken, NJ, US: John Wiley & Sons, Inc.

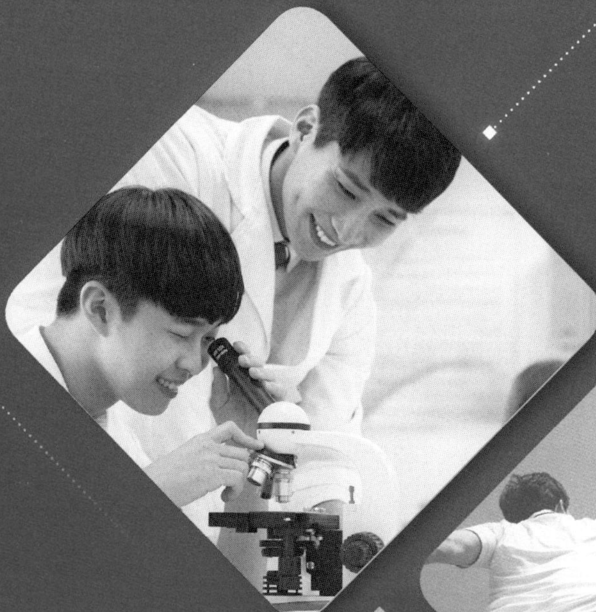

제 5 장

진로진학 정보의 활용

1. 진로정보의 활용
2. 진학정보의 활용
3. 취업정보의 활용

1. 진로정보의 활용

1) 진로정보의 필요성 및 개념

한 개인의 삶에서 진로선택은 단순한 직업 결정이 아니라 삶의 방향을 정하는 중요한 과정이다. 이는 개인이 자신의 능력을 발휘하고 성장할 기회를 제공할 뿐만 아니라 경제적 안정, 가치관 형성, 정신적 · 신체적 건강, 인간관계, 그리고 삶의 만족도에 이르기까지 깊은 영향을 미친다(김봉환 외, 2013). 특히, 복잡하고 변화하는 사회구조 속에서 학생이 자신의 흥미와 적성, 가치관, 삶의 방식 등과 일치하는 진로선택을 하기 위해서는 정확한 진로정보가 필수적이다. 하지만 여전히 많은 학교에서는 대학 입시 중심의 교육이 이루어지면서, 학생들의 개별적 특성을 이해하고 이를 개발하도록 돕기보다는 성적을 기준으로 대학을 결정하도록 하는 등 학생들의 적성과 진로 개발이 학교 제도적으로 충분히 지원받지 못하는 현실이다(이연옥, 2007). 또한 학생들의 필요로 하는 진로정보의 양과 종류가 개별적으로 다르기 때문에 교육 현장에서 맞춤형 진로정보를 제공하는 일은 결코 간단하지 않다. 실제 대부분의 학교에서 진로정보를 학생들에게 시의적절하게 제공해 주지 못하고 있어 이러한 정보에 대한 학생들의 갈증은 매우 크다(최미희, 2018).

이때 진로진학상담자는 진로정보를 제공함으로써 학생들이 자신의 흥미, 능력, 가치관, 그리고 현재의 필요나 생활 환경에 적합한 직업을 명확하게 선택하는 데 도움을 줄 수 있다. 또한, 진로정보는 내담자가 진로와 관련된 고민이나 문제 상황에 직면했을 때, 장래 계획을 수립하거나 의사결정을 내리는 과정에서 자신의 주변 환경을 이해하는 데 필요한 다양한 정보와 지식을 제공해 주는 역할을 한다(지용근, 2005). 신뢰할 수 있고 체계적으로 선별된 진로정보는 직업에 대한 고정관념을 해소하고 잘못된 인식을 바로잡는 데에도 필수적이다. 또한, 진로정보는 근로자의 생활 환경, 가족관계, 여가 활용, 그리고 업무 전후의 일상을 상세히 설명하여 다양한 직업의 생활양식을 비교하고 직업 선택에 따른 보상을 파악하는

데 활용될 수 있다. 나아가 이러한 정보는 내담자의 흥미를 유발하고 토론을 촉진하여 내담자의 태도 변화를 이끌어 낸다. 결국, 내담자가 보다 적극적으로 진로정보를 탐색하고, 주체적으로 의사결정을 내릴 수 있도록 동기를 부여한다(이현림 외, 2007). 이러한 방법을 통해 상담자는 내담자가 진로정보를 효과적으로 습득하도록 도울 수 있으며, 그 결과 내담자는 자신의 흥미, 능력, 가치관, 현재의 필요나 생활 환경에 더욱 적합한 직업을 선택할 수 있게 된다.

진로정보란 개인이 진로와 관련하여 선택이나 결정을 내릴 때, 혹은 직업적응과 발달을 위해 필요로 하는 모든 자료를 통칭한다(김충기, 1986; 김충기, 김현옥, 1993). 따라서 진로정보에는 직업적 · 교육적 · 사회 · 심리적 정보가 포함된다(Isaacson & Brown, 2000). 진로정보는 주로 직업과 관련된 사실로 구성되며, 사람들이 직업 세계를 보다 깊이 이해하고 통찰력을 기를 수 있도록 돕는 역할을 한다(김봉환 외, 2006). 또한, 원활한 진로 발달을 돕기 위해 필요한 교육적 정보나 개인적 정보 역시 진로정보의 중요한 요소로 포함된다(이현림 외, 2013).

한편, 진로정보는 직업 동향, 산업, 종합적인 정보 시스템과 관련될 경우 노동시장 정보라고도 불린다(Issacson & Brown, 2000). 따라서 진로정보는 직업 정보를 포함하는 보다 포괄적인 개념으로 볼 수 있으며, 「진로교육법」 제2조에 따르면 진로정보는 개인 정보, 직업 정보, 노동시장을 포함한 사회환경 정보를 포함한다. 그러나 상황에 따라 진로정보, 노동시장 정보, 직업 정보가 상호 교환적으로 사용되기도 한다. 이에 따라 이 장에서는 진로정보를 노동시장 정보와 직업 정보를 포함하는 개념으로 정의하고자 한다.

2) 진로정보원

진로정보의 원천은 크게 온라인과 오프라인 경로로 나눌 수 있다. 정보를 얻는 방식에 따라 탐색할 수 있는 정보의 유형과 특성이 다르며, 각 경로의 장점과 단점도 달라질 수 있다. 따라서 학생들에게 진로교육을 할 때는 현재 어떤 경로를 통해 정보를 탐색하고 있는지를 파악하고, 필요한 정보에 따라 다양한 방법으로 정보를 습득할 수 있도록 지원하는 것이 중요하다(유현실 외, 2020). 진로정보 탐색 경로에 따른 정보의 특징과 대표적인 경로의 예시는 다음과 같다.

(1) 온라인 경로

① 커리어넷(http://www.career.go.kr)의 직업 정보

커리어넷은 한국직업능력개발원이 다양한 진로정보를 제공하기 위해 1999년 12월 교육인적자원부의 국고보조금을 지원받아 개설한 온라인 플랫폼이다. 이곳에서는 500여 개의 직업 정보뿐만 아니라, 학교 및 학과 정보도 제공한다. 또한, 진로심리검사, 직업학과 정보, 진로 동영상, 진로교육 자료 등 다양한 진로 관련 콘텐츠를 제공한다.

[그림 5-1] 커리어넷 메인 화면

직업정보 메뉴에서는 '직업백과', '직업인 인터뷰', '미래직업' 등의 항목이 포함되어 있다. 이 중 '직업백과'에서는 500개 이상의 다양한 직업에 대한 유용한 정보를 제공하며, 테마별, 적성유형별, 조건별, 직업 분류별 등 총 네 가지 방법으로 탐

표 5-1 커리어넷의 직업백과를 활용한 직업 정보 탐색 방법

테마별 검색에서는 AI/로봇, IT/SW, 게임, 공학, 교육, 금융, 동물, 디자인, 의료/바이오, 환경/생태 등 최근 대두되는 관심과 흥미를 반영한 직업별 테마를 10개의 테마로 분류하여 직업을 추천한다.	
적성유형별 검색에서는 신체운동 능력, 손재능, 공간지각력, 음악능력, 창의력, 언어능력, 수리/논리력, 자기성찰 능력, 대인관계 능력, 자연친화력, 예술시각 능력 같은 11개의 핵심 능력 선택을 통해 직업군을 선택하거나 직업군을 직접 선택하여 직업을 검색할 수 있다.	
조건별 검색에서는 평균연봉, 일가정균형, 사회공헌의 3가지 선택 사항이 활용된다.	
직업 분류별 검색에서는 직업에 필요한 지식, 능력, 기질 등을 중심으로 구분한 10개의 직업분류(국가 수준 분류체계)를 선택하여 직업 검색이 가능하다.	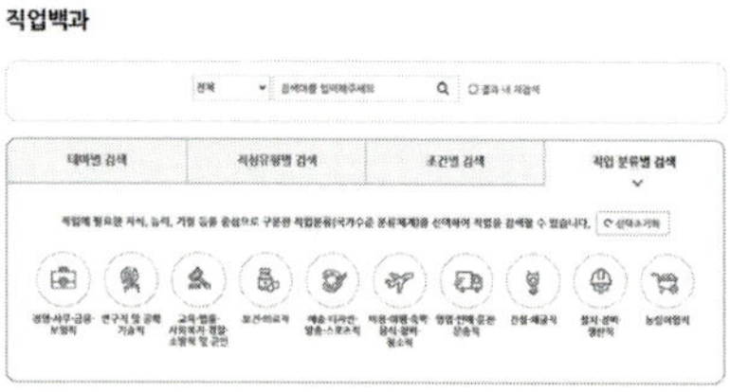

색할 수 있다. 각 탐색 방법에 대한 설명은 〈표 5-1〉과 같다.

이러한 검색 방법을 통해 직업을 검색하면, 각 직업의 개요, 탐색 및 준비 과정, 직업 현황 및 지표를 확인할 수 있다. [그림 5-2]와 같이 직업 개요에서는 관련 직업명, 관련 학과 및 관련 자격, 주요 업무, 핵심 능력, 적성 및 흥미, 직업 분류, 태그 등의 정보를 제공한다. 직업탐색 및 준비에서는 직업탐색 활동, 관련 동영상과 상담, 준비 방법, 관련 기관에 대한 정보를 확인할 수 있으며, 직업 현황 및 지표에서는 해당 직업의 미래 전망을 확인할 수 있다.

[그림 5-2] 직업백과 예시(반려동물 훈련 · 상담사)

'미래직업'에서는 미래의 변화에 대하여 충분한 정보를 제공하기 위해 로봇, 의식주, 건강, 연결, 바이오, 디자인, 놀이, 에너지, 안전 등 9개의 테마별로 미래직업을 분류하고, 각 테마별로 총 50개의 직업을 제시하였다. 각 직업 페이지에서는 미래직업을 전반적으로 소개하는 진로 경로, 주요 업무, 관련 직업 및 활동 분야, 적성 및 흥미, 관련 전공 및 자격, 훈련 과정, 취업, 전문성, 직업 전망 등을 설명한다. 또한, 주요 미래직업에 대한 인터뷰 자료 및 동영상도 확인할 수 있다.

'직업인 인터뷰'에서는 다양한 분야의 진로 및 직업 전문가와 사회 각 계에서 주도적인 역할을 하는 인물들의 인터뷰를 통해 다양한 직업 세계를 탐색할 수 있다. 또한 특정 개인이 해당 직업을 선택하고 성장해 온 과정을 중점적으로 다룬 '커리어패스'도 제공된다.

② 고용24(https://www.work24.go.kr)의 직업 정보

고용24는 고용노동부와 한국고용정보원이 운영하는 통합 고용서비스 포털로, 구직 · 구인 정보뿐만 아니라 직업 및 진로정보도 제공한다. 고용24에서는 근로자와 기업을 위해 워크넷, 고용보험, HRD-net, 국민취업 지원, 외국인 고용(EPS) 등 9개의 고용 관련 서비스를 하나로 통합하여 한 곳에서 이용할 수 있도록 제공한다. 또한 개인의 진로개발을 지원하기 위해 직업심리검사, 직업 정보, 학과 정보 등의 자료도 제공한다.

고용24 직업 정보 메뉴에서는 '한국직업 정보', '직무기반 직업 추천', '한국직업사전', '직업인 인터뷰', '다양한 직업 세계' '신직업 · 미래직업', 'Beyond the Work(웹진)', '직업 동영상 · VR'이라는 하위 항목으로 구성되어 있으며, 각 항목에 대한 자세한 설명은 다음과 같다.

표 5-2 고용24 직업 정보 메뉴 소개

한국직업정보에서는 한국고용정보원에서 매년 실시하는 재직자 조사를 바탕으로 우리나라 대표 직업들의 수행직무, 직무 특성, 일자리 전망 등을 탐색할 수 있다. 찾고자 하는 직종명을 바로 검색 가능하며, 조건별 또는 직업분류별로도 직업 정보를 찾을 수 있다.	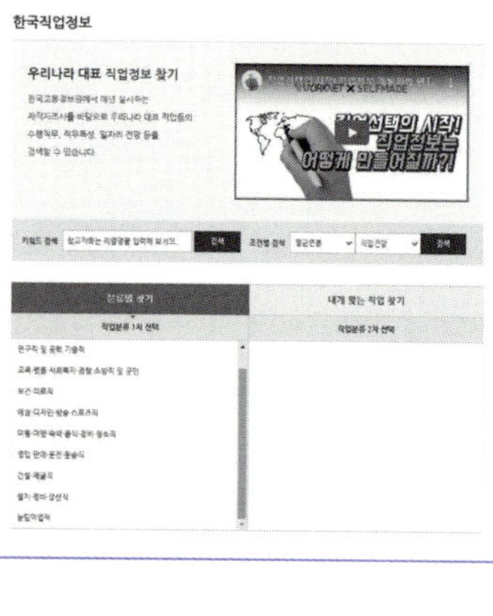

직무기반 직업추천에서는 개인이 희망하는 직업에서 중요하게 생각하는 직무적 특성을 가장 많이 지는 직업을 추천하는 항목으로, 5~7분간의 직무 특성 응답을 바탕으로 직업을 추천해 준다.

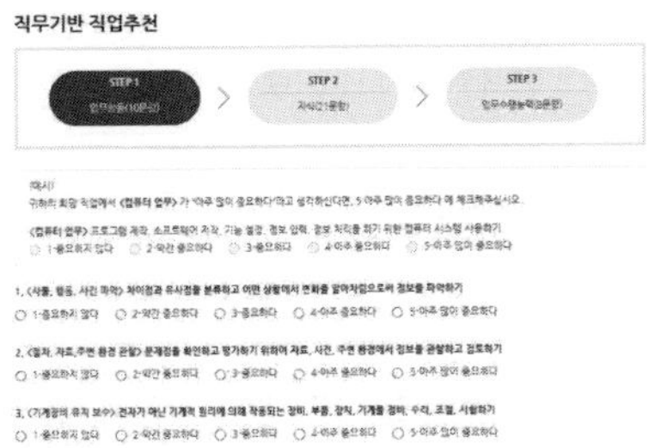

한국직업사전은 체계적인 직무분석을 거친 직업별 수행직무와 각종 부가 직업 정보(정규교육, 숙련 기간, 작업강도, 자격면허 등), 직업/산업 분류 코드를 제공한다. 찾고자 하는 직업명을 바로 검색할 수 있으며, 한국고용직업분류별, 한국표준직업분류별, 한구표준산업분류별로도 직업을 검색 가능하다.

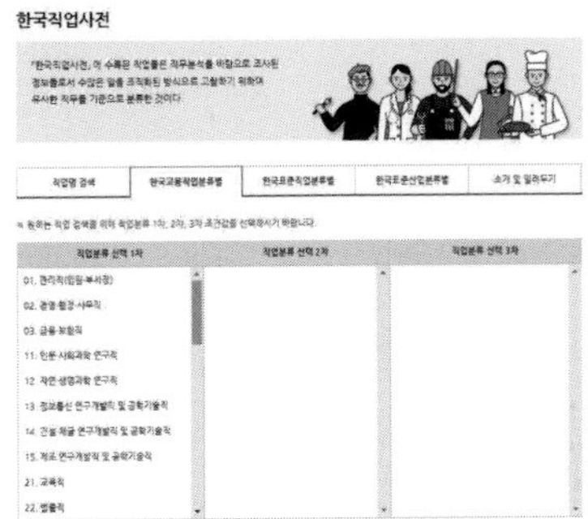

직업인 인터뷰에는 다양한 분야에서 자신만의 입지를 다지고 널리 이름을 알린 직업인들의 이야기를 담고 있다.

다양한 직업 세계에서는 여행, 음식, 호텔, 수송, 광고/마케팅 등 20가지 테마별로 직업을 분류하여 원하는 직업 정보를 검색할 수 있다.

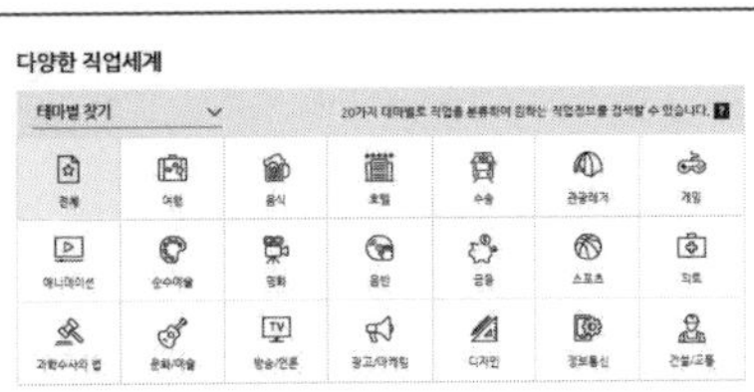

신직업 · 미래직업에서는 경영/기획/공공, 정보통신/과학, 농립어업 등 각 분야별 신직업 또는 미래직업을 전반적으로 소개하고 있다. 또한 짧은 글과 이미지 형태의 카드뉴스 형태로도 새로운 직업에 대한 정보를 제공하고 있다.	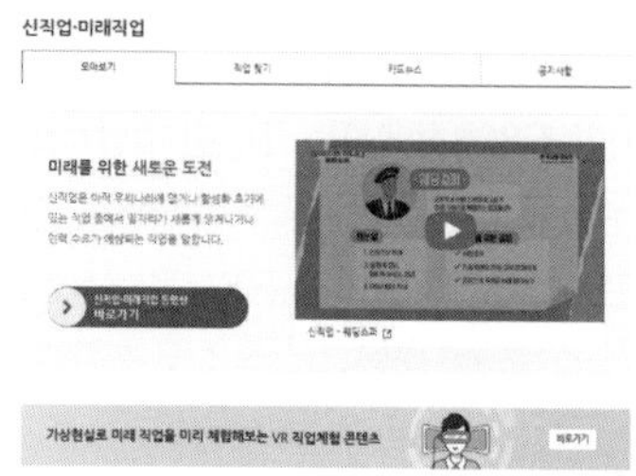
Beyond the Work(**웹진**)에서는 2개월마다 미래직업과 관련된 키워드를 주제로 미래직업인 인터뷰, 키워드와 관련된 알/쓸/신/잡 정보, 연재 칼럼을 바탕으로 진로정보를 제공하고 있다.	
직업 동영상 · VR에서는 우리나라 전 산업 분야에 걸친 직업군별 다양한 직업과 신직업의 생생한 현장 모습 및 인터뷰 영상을 유튜브를 제공하고 있으며, VR 직업체험 콘텐츠에서는 미래직업을 간접적으로 체험할 수 있다.	

③ 대학 및 기업 홈페이지

학생들의 진로선택은 대학 및 학과 선택과 밀접한 관련이 있다. 따라서 대학이나 기업 홈페이지에서 제공하는 정보도 유용한 진로정보로 활용할 수 있다. 대학 홈페이지에서는 각 대학의 특성, 학과에서 배우는 교육 내용, 졸업 후 진출 가능한 취업 분야 및 진로 등에 대한 정보를 얻을 수 있다. 또한 대학 진학을 위해 구체적으로 준비해야 할 사항이나, 일부 학교에서는 특정 학과의 내용을 미리 체험할 수 있는 프로그램 정보도 제공한다.

④ 자격전문 포털사이트 큐넷(www.q-net.or.kr)

한국산업인력공단이 운영하는 국가기술자격전문 사이트(큐넷)에서는 국가기술자격과 국가전문자격을 비롯하여 민간자격, 외국자격 등 다양한 자격 관련 직업정보를 얻을 수 있다. 특히, '자격 정보' 메뉴에서는 각종 자격시험에 대한 구체적인 정보(응시 자격, 결격 사유, 합격 기준, 응시 수수료, 취득 방법)와 기본 정보(수행 직무, 소관부처명, 응시 및 합격 통계자료), 해당 자격에 대한 일자리 정보까지 함께 제공하고 있다.

⑤ 통계청(https://kostat.go.kr)

통계청에서는 고용·노동, 물가·가계, 보건·사회·복지, 교육, 농림어업, 광업제조업·기업 활동, 건설·주택 등 다양한 분야의 통계 자료를 제공할 수 있어 이를 진로정보로 활용할 수 있다. 특히, 반기마다 시행되는 지역별 고용조사 통계자료를 통해 시·군·구 단위의 구체적인 고용 현황(고용률, 실업률)을 파악할 수 있고, 분야별 조사 보고서를 활용해 앞으로의 직업 동향과 전망을 예측해 볼 수 있다. 또한, 임금근로일자리 행정통계 보고서에서는 취업 준비생들이 일자리를 선택할 때 필요한 정보를 얻을 수 있다.

(2) 오프라인 경로

오프라인에서 진로정보를 얻는 방법은 크게 출판물과 체험 및 방문으로 나눌 수 있다. 먼저, 출판물을 통한 진로정보 탐색은 주로 공공기관에서 공공 목적으로 발행한 자료(예: 한국직업사전, 한국직업전망 등), 학교나 기업에서 홍보 및 안내를 위해 제작한 출판물, 그리고 직업 종사자 개인이 경험을 담아 발간한 에세이 등이 포함된다. 공공기관에서 발행한 출판물의 경우 객관성과 신뢰성이 뛰어나지만, 특정 직업에 대한 구체적이고 세부적인 정보가 부족할 수 있다는 단점이 있다. 반면, 학교나 기업에서 발행한 출판물은 특정 기관이나 직업에 대해 구체적인 정보를 제공하지만, 출판 목적상 긍정적인 정보만 강조될 가능성이 있다는 점을 고려해야 한다. 또한 직업 종사자들이 발간한 에세이와 같은 출판물은 주관적인 경험이 많이 담겨 있다는 단점이 있지만, 해당 직무에 종사하는 사람만이 느낄 수 있는 생생한 현장의 이야기를 접할 수 있다는 장점이 있다. 전반적으로 출판물을 통해 진로정보를 수집할 때의 장점으로는 정보 접근성이 좋고, 한꺼번에 다양한 직업에 대해 알 수 있으며, 개별 직업에 대해 개략적으로 이해할 수 있다는 장점이 있다(유현실 외, 2020). 그러나 정보가 빠르게 변화하는 유행이나 현실을 즉각적으로 반영하지 못해 사회 변화에 뒤처질 가능성이 있다는 점(Yost & Corbishley, 1987; 김봉환, 김계현, 1997), 특정 직업에 관한 정보가 개별적으로는 다소 부족할 수 있다는 점이 단점으로 지적된다.

공공기관에서 발행하는 출판물의 대표적인 예는 다음과 같다.

① 한국직업사전 자료

『한국직업사전』은 한국고용정보원에서 발행하는 대표적인 직업 정보 자료로, 우리나라의 직업에 관한 종합적이고 체계적인 정보를 담고 있다. 각 직업의 수행직무, 숙련 기간, 작업 강도, 자격면허 등에 대한 체계적인 설명을 제공하며, 정기적인 개정을 통해 최신성을 유지하고 있다. 특히, 2020년에 발행된 『한국직업사전』 통합본 제5판에는 우리나라 직업 수 12,823개, 직업명 16,891개가 수록되어 있다(2019. 12. 31. 기준). 이후 2023년에는 156개의 신규 직업이 추가 등재되었으며, 통합본 제6판은 2028년에 발간될 예정이다.

② 한국직업전망 자료

『한국직업전망』은 한국고용정보원이 발행하는 자료로, 직업 선택과 역량 개발에 필요한 직업별 전망과 정보를 제공하기 위해 2년마다 발간되는 출판물이다. 이 자료는 각 직업 종사자가 일반적으로 수행하는 업무 내용과 과정에 대한 구체적인 정보를 제공한다. 특히, '2023 한국직업전망'은 연구, 건설, 정보통신, 환경 · 인쇄 · 목재 · 가구 · 공예, 영업판매, 운전 · 운송, 농업 등 총 7개 분야의 150개 직업에 대한 구체적인 정보를 수록하고 있다.

표 5-3 한국직업전망 제공 직업 정보

구성 요소	주요 내용
하는 일	각 직업의 주요 직무와 업무 프로세스, 사용 도구 및 장비 등을 활용한 세부 직무 내용을 소개
업무 환경	해당 직업의 물리적 업무 환경을 중심으로 소개하고 있으며, 그 외 신체를 활용한 업무 정도 등도 소개
되는 길	교육 및 훈련: 해당 직업에 들어서기 위해 요구되는 교육 수준 및 전공, 경렬 개발(일경험), 필요 훈련, 연관 자격증을 소개, 자격의 경우 국가(기술) 자격을 중심으로 수록하며 그 외 해당 직업의 업무 수행을 위해 업계에서 통상적으로 널리 인정되거나 전문성을 보장받고 있는 외국계 자격, 공인 민간자격 등도 소개
적성 및 흥미	해당 직업 수행에 필요한 지식, 기술, 관심 분야, 필요 역량 등을 소개
경력 개발	해당 직업의 일반적인 승진 체계 및 경력 개발 체계 등을 소개하며 이 · 전직이 가능한 유사 분야의 정보도 포함
일자리 전망	향후 10년간 해당 직업의 일자리(고용) 전망을 소개하며 증가, 다소 증가, 현 상태 유지, 다소 감소, 감소 등 총 5영역의 전망 중 해당하는 전망을 중심으로 고용 전망에 영향을 미치는 요인을 설명
관련 정보	워크넷 직업 · 진로의 한국직업정보시스템(KNOW)에서 서비스하는 직업 등을 중심으로 직무, 전공, 경력 등을 고려하여 진출 가능한 직업을 제시
	관련 정보처: 해당 직업과 관련된 기관, 협회, 학회 등의 연락처, 홈페이지 등을 제공

출처: 한국고용정보원(2023)의『2023 한국직업전망』을 참고하여 재구성하였음.

③ 대인관계 경로

대부분의 학생들은 오프라인에서 대인관계를 활용하여 진로정보를 얻는다. 대표적인 정보 원천은 부모님 및 가족, 학교 및 학원 교사, 친구들, 선배 등이 있으며, 이는 청소년의 시기에서 대인관계가 중요한 영향을 미친다는 점과 관련이 있다. 학생들은 대인관계를 통해 자신에게 필요한 정보를 보다 쉽게 습득할 수 있다. 특히, 가까운 지인들은 학생의 성향과 관심사를 잘 알고 있어, 보다 개인화된 진로정보를 제공하고 해석하는 데 도움을 줄 수 있다. 또한 학생들은 이러한 정보를 단순히 듣는 것에서 그치는 것이 아니라, 지인들과 논의하며 자신의 생각을 정리하고 선택을 구체화할 수 있다. 그러나 대인관계에 기반한 진로정보는 객관성이 부족할 수 있다. 정보 제공자가 자신의 경험과 가치관을 바탕으로 정보를 전달하기 때문에 학생에게 맞지 않는 정보가 전달될 가능성이 있다. 또한 제공자가 강조하고 싶은 내용에 따라 정보가 편향될 위험도 존재한다.

이러한 한계를 보완하기 위해 학생들은 멘토링이나 직장인 인터뷰와 같은 방법을 활용할 수 있다. 실제 직업을 가진 사람들과 직접 대화하면서, 보다 현실적이고 정확한 진로정보를 얻을 수 있기 때문이다. 이를 통해 학생들은 특정 직업의 장점뿐만 아니라 현장에서 경험할 수 있는 어려움까지 파악하며 보다 객관적으로 진로정보를 수집할 수 있다.

3) 진로진학상담에서 진로정보의 활용

아래의 상담 사례는 흥미 또는 관심 있는 분야는 있지만 진로를 아직 결정하지 못한 진로 미결정자 학생과의 상담 내용이다. 다음 상담 사례를 통해 진로미결정자 학생 상담 시 진로정보 활용 방안에 대해 살펴보자.

안녕하세요? 저는 인문계 고등학교 1학년 여학생입니다. 고등학교에 들어와 보니 진로에 대한 생각이 많아졌지만 아직 확실한 진로를 정하지 못한 상태예요. 메이크업과 제과제빵에 관심이 있긴 하지만, 이 분야로 진로를 결정해야 할지 아직 확신이 서지 않아요.

상담자: ○○이가 고등학교에 들어와서 진로에 대한 생각과 고민이 많아졌군요. 메이크업과 제과제빵에 관심이 있다고 했는데, 혹시 손이나 도구를 활용해 정교한 작업을 하는 것을 좋아하나요?

내담자: 네. 어렸을 때부터 무엇을 만드는 걸 좋아했어요. 손뜨개질이나 DIY키트도 가끔씩 하고 있고요.

상담자: 그럼 쿠키나 빵 같은 것도 개인적으로 만들어 본 적도 있나요?

내담자: 네. 방학 때 유튜브 영상 보면서 쿠키 만드는 법 익히고 집에 있는 미니

오븐으로 만들어서 친구들이나 가족들에게 나누어 준 적도 있고요.

상담자: 혼자 영상 보면서 쿠키 만드는 게 쉽지 않은데, 정말 대단하네요! 그럼 메이크업은 어때요? 혼자서 메이크업하는 걸 좋아하나요? 친구들 화장도 해 준 적이 있을까요?

내담자: 주로 메이크업은 혼자 하는데 체육대회나 소풍갈 때 평소에 화장 잘 안 하는 친구한테 아이라인 그려 주거나 친구에게 어울리는 립 제품을 추천해 준 적은 가끔 있어요.

상담자: 그렇군요. ○○이 이야기를 들어보니 ○○이는 손재주가 뛰어난 것 같아요.

내담자: 그런 얘기 주변 사람들한테 자주 듣는 편이에요.

상담자: 그럼 메이크업이나 제과제빵과 관련된 직업은 알고 있나요?

내담자: 음……. 메이크업 아티스트나 제과제빵사 아닐까요?

상담자: 맞아요. ○○의 관심 분야와 관련된 직업을 알고 있네요. 그럼 메이크업 아티스트나 제과제빵사가 되려면 무엇을 준비해야 하는지 알고 있나요?

내담자: 아니요. 아직 거기까지는 찾아보지 못했어요.

상담자: 그렇군요. 그럼 고용24의 한국직업정보를 이용해 보는 건 어떨까요? ○○이가 관심 있는 직업이 하는 일이나 근무환경, 되는 길, 평균임금과 일자리 전망까지 구체적인 직업 관련 정보를 확인할 수 있어요. 한번 지금 확인해 볼래요?

(고용24의 한국직업정보: https://www.work.go.kr/consltJobCarpa/srch/jobInfoSrch/srchJobInfo.do)

내담자: 찾아보니 메이크업 아티스트나 제과제빵사가 되려면 관련 자격증이 필요하다고 나와 있네요.

상담자: 맞아요. 메이크업 아티스트의 경우 관련 자격증이 한국산업공단에서 시행하는 미용사(일반), 미용사(피부), 미용사(메이크업)이 있어요.

내담자: 자격증이 한 개만 있는 줄 알았는데 관련 자격증이 메이크업 말고도 피부나 일반 분야도 있는 줄을 몰랐어요. 제과제빵사도 제과기능사, 제

빵기능사, 제과기능장……. 여러 개가 있네요.

상담자: 맞아요. 직업에 따라 관련 자격증도 하나 혹은 여러 개인 경우가 있어요.

내담자: 그럼 제과기능사와 제과기능장은 어떤 차이가 있나요?

상담자: 자격증에 대해 더 알고 싶군요. 그러면 큐넷이라는 사이트를 알고 있나요? 한국산업인력공단이 운영하는 자격 전문 사이트인데 여러 자격과 관련된 직업 정보를 얻을 수 있어요. 한번 검색해 볼까요? (큐넷: https://www.q-net.or.kr/)

내담자: 아~ 국가자격시험 탭에서 자격정보를 보니 기능장은 다음과 같은 조건의 어느 하나에 해당하면 응시가 가능하군요.

등급	응시자격
기능장	다음 각 호의 어느 하나에 해당하는 사람 1. 응시하려는 종목이 속하는 동일 및 유사 직무분야의 산업기사 또는 기능사 자격을 취득한 후 「근로자직업능력 개발법」에 따라 설립된 기능대학의 기능장과정을 마친 이수자 또는 그 이수예정자 2. 산업기사 등급 이상의 자격을 취득한 후 응시하려는 종목이 속하는 동일 및 유사 직무분야에서 5년 이상 실무에 종사한 사람 3. 기능사 자격을 취득한 후 응시하려는 종목이 속하는 동일 및 유사 직무분야에서 7년 이상 실무에 종사한 사람 4. 응시하려는 종목이 속하는 동일 및 유사 직무분야에서 9년 이상 실무에 종사한 사람 5. 응시하려는 종목이 속하는 동일 및 유사직무분야의 다른 종목의 기능장 등급의 자격을 취득한 사람 6. 외국에서 동일한 종목에 해당하는 자격을 취득한 사람

[그림 5-3] 큐넷의 '국가자격시험' 탭 자격정보 화면

내담자: 기능사는 응시 자격에 '제한 없음'이라 적힌 것을 보니 기능사보다는 기능장이 좀 더 높은 상위 자격증이라고 생각하면 되겠네요.

상담자: 정확해요. 이렇게 여러 자격증에 대한 정보는 큐넷에서 확인하기 쉬워요. 자격증 조건뿐만 아니라 시험 일정이나 종목별 필기 및 실시 합격률도 확인할 수 있고요. 대부분의 자격증 원서 접수와 자격증 발급도 해당 사이트에서 가능해요.

내담자: 그렇군요. 메이크업 아티스트 관련 자격증도 큐넷에서 더 찾아봐야겠어요. 그런데 또 하나 궁금한 점이 있어요. 예를 들어, 제과기능사 자격증을 제가 고등학교 때 준비해서 따서 제과제빵과에 진학하고 취업을 한다 할지라도 실제로 그 직업이 저랑 안 맞으면 어쩌죠? 자격증 따는 것과 실제 그 일을 하는 것은 다를 수도 있지 않을까요?

상담자: ○○이는 앞으로의 진로에 대해 깊이 고민하고 있네요. 실제 그 일을 하는 경험이 중요하죠. 직접 경험하는 것이 가장 좋지만 ○○이가 아직 고등학생이라 직접 제과제빵사 일을 한다는 건 쉽지 않을 거예요. 그러면 제과제빵사 직업을 가진 사람과 인터뷰해 보는 건 어떨까요?

내담자: 제가요?! 전 아는 제과제빵사가 없는대요?

상담자: 커리어넷에 있는 직업인 인터뷰나 고용24의 직업인 인터뷰를 활용해 보는건 어떨까요? 두 사이트들은 다양한 분야에서 일하는 직업인들을 인터뷰한 내용을 담고 있어요.

(커리어넷의 직업인 인터뷰: https://www.career.go.kr/cnet/front/base/job/jobInterview_new/jobSpecialList_new.do

고용24의 직업인 인터뷰: https://www.work.go.kr/consltJobCarpa/srch/meetPerson/getMeetPerson.do?pageIndex=1&pageUnit=10)

내담자: 커리어넷의 직업인 인터뷰에 '제과'라고 검색하니 2021년에 케이크 데코레이터 이민지 씨와의 인터뷰 내용이 있네요. 이분도 진로에 있어서 디자인 분야와 제과제빵 분야에서 고민을 하셨군요.

상담자: 맞아요. ○○이뿐만 아니라 많은 사람이 진로에 대해 고민해요.

내담자: 유학 경험 이야기도 적혀있네요. 이분의 인터뷰를 보니 저도 대학교 때 해외로 가서 유명한 베이커리나 컵케이크 가게를 많이 방문해 외국 가게의 분위기를 느껴 보고 싶어요.

상담자: 정말 멋진 계획이에요! 이렇게 두 사이트의 직업인 인터뷰에서 여러 직업인과의 인터뷰 내용을 살펴볼 수 있으니 궁금하면 다른 직업인과의 인터뷰도 직접 확인 가능해요. 오늘은 제과제빵사에 대해 같이 진로정

보를 살펴봤는데 메이크업 아티스트는 ○○이가 혼자서 찾아볼 수 있나요?

내담자: 네! 상담 끝나고 한번 찾아볼게요.

상담자: 좋아요. 이렇게 진로정보를 이용할 수 있는 사이트는 커리어넷, 고용24, 큐넷 말고도 다양한 사이트가 있고, 이런 진로정보를 통해 ○○이의 흥미, 능력, 가치관, 현재 생활 상태에 적합한 직업을 선택하는 데 도움이 됐으면 좋겠네요.

2. 진학정보의 활용

1) 진학정보의 필요성 및 개념

초등학교와 중학교 저학년에서의 진로상담은 진로의 인식, 자기이해, 흥미 탐색 등 다양한 진로탐색에 중점을 둔다. 이에 비해 중학교 3학년 시기는 학생이 자신의 미래 진로를 보다 구체적으로 고민하고, 처음으로 진학에 대한 결정을 내리기 시작하는 중요한 전환점에 해당한다(오은주, 2008). 한편, 고등학교에서의 진로상담은 학교유형에 따라 약간의 차이는 있으나, 특히 일반고등학교에서는 진로탐색을 바탕으로 희망 학과 및 대학을 결정하는 진학상담의 비중이 매우 크다(김지연, 2020). 이처럼 중학교 3학년과 고등학교 시기의 진로상담은 진학상담이 중심이 되며, 이는 단순한 진로 탐색을 넘어 상급학교 진학이라는 구체적 목표 달성을 지원하는 과정으로 확장된다. 여기서 말하는 진학상담이란, 중고등학교의 교육과정 안에서 학생의 진로계획을 실현하기 위한 상급학교의 진학을 돕는 모든 상담적 개입 전반을 의미한다.

2022 개정 교육과정에서는 학생부종합전형을 비롯해 비교과 영역을 포함한 다양한 활동이 입학전형의 중요한 요소로 강조되고 있다. 이에 따라 진학상담 및 진학지도도 단순히 학생의 성적에 맞춰 대학과 학과를 추천하는 수준을 넘어, 학생

의 흥미, 적성, 가치관, 장기적인 진로목표를 충분히 반영하는 방향으로 이루어져야 한다. 하지만 체계적인 진학상담과 지도를 위해 필요한 다양한 정보 제공이 실제 학교 현장에서는 원활하게 이루어지지 못하고 있는 실정이다. 현재 우리나라의 담임교사 중심 진학지도 체계에서는 교사들이 매년 학급을 변경하면서 학생과의 지속적인 관계 형성이 어렵고, 이로 인해 학생 맞춤형 진학지도가 현실적으로 매우 제한적인 상황이다(최미희, 2018). 또한 교사가 담당하고 있는 다양한 행정 및 생활지도 업무로 인해, 학생들 개개인의 특성과 요구에 맞는 상담과 정보제공이 충분히 이루어지기 어려운 현실이다(홍후조, 2005). 이로 인해 상당수의 학생들이 전공학과에 대한 정보가 부족한 상태에서, 자신의 흥미나 적성보다는 단순히 성적에 맞추어 대학과 학과를 선택하는 경우가 여전히 많다.

더불어 사회적 측면에서도, 4차 산업 혁명의 진전에 따라 새로운 직업이 점차 생겨나고 기존의 직업이 사라지면서 대학의 학과 및 전공 역시 재편되고 있다. 일부 학과는 기존 전공을 통합하거나 명칭을 변경하며 신설되기도 하지만, 반면 폐지되는 경우도 발생하고 있다. 게다가 대학마다 입시전형이 다양하고, 중요하게 평가하는 요소(예: 서류 면접, 교과 성적 등)가 상이하기 때문에, 학생들이 진학하고자 하는 상급학교에 대한 정보 탐색 역량을 갖추는 것이 더욱 중요해지고 있다. 또한 진학에 대한 의사결정은 일반적인 진로의사결정보다 더 구체적인 상급학교 관련 정보와 자료를 바탕으로 이루어지며, 학생이 처한 환경 요인(예: 지역, 경제적 조건, 가족의 기대 등)과 입시제도의 변화에 더욱 크게 영향을 받는다는 특징이 있다. 특히, 현재의 입학전형 구조는 한 명의 학생이 복수의 학교에 지원할 수 있도록 설계되어 있기 때문에 단순한 선택을 넘어 전략적이고 합리적인 진학의사결정이 요구된다. 따라서 진로진학상담교사는 학생에게 정확하고 신뢰도 높은 진학정보를 체계적으로 수집 · 제공할 수 있어야 하며, 학생 스스로도 관심 있는 학과, 전공, 대학에 대한 정보를 정리하고 분석하는 과정을 통해 진학 준비에 주도적으로 참여할 수 있도록 지도해야 한다. 이와 같은 상담 접근은 학생이 보다 합리적이고 자기주도적인 진학의사결정을 내릴 수 있도록 돕는 핵심 요소가 된다.

진학상담이란 학생이 상급학교에 진학하여 학문적 성취와 직업적 역량을 발휘할 수 있도록 조력하는 활동으로, 전 생애적 관점에서 이루어지는 상담의 한 형태이다. 진로탐색기의 중학생의 경우 진학상담은 인문계고등학교, 특성화고등학교, 특수목적고등학교 등 고등학교 선택과 관련된 상담으로 이루어지며, 진로준비기의 고등학생에게는 대학(교) 진학을 준비하는 과정에서 경험하는 다양한 심리적 불안이나 현실적 문제를 해결하는 데 중점을 둔 상담과정이다(정영공, 2007). 이러한 진학상담이 효과적으로 이루어지기 위해서는, 학생들이 고등학교나 대학(교), 학과(전공) 선택에 있어 합리적인 의사결정을 내릴 수 있도록 돕는 진학정보 제공이 필수적이다. 따라서 이 장에서는 '진학정보'를 중고등학생이 상급학교 진학 및 학과 선택 과정에서 활용할 수 있는 구체적이고 실질적인 정보로 정의한다.

2) 진학정보원

(1) 온라인 경로

다음은 진학정보들을 수집할 때 유용하게 활용할 수 있는 주요 웹 사이트들을 소개하고, 각 사이트별로 어떤 유형의 정보를 제공하며, 이를 진학상담에 어떻게 활용할 수 있는지에 대해 구체적으로 설명하고자 한다.

① 고입정보포털(https://www.hischool.go.kr)

고입정보포털은 한국교육개발원이 운영하는 웹 사이트로, 고등학교 유형별 입학 전형에 대한 진학정보를 종합적으로 제공하고 있다. 이 사이트에서는 일반고, 특목고(외국어고, 국제고, 과학고, 예술 · 체육고, 마이스터고), 특성화고, 자율고, 기타학교(영재학교)와 같은 다양한 고등학교 유형에 대한 정보를 확인할 수 있으며, 학교별 입학전형 요강, 시도별 고입 기본계획 등의 실질적인 진학정보를 제공한다.

특히, '자기주도학습전형'에 관한 별도 탭이 마련되어 있어, 창의성과 잠재력을 바탕으로 학생을 선발하는 고등학교 전형에 대한 정보를 체계적으로 제공하고 있다. 이 탭에서는 해당 전형을 실시하는 고등학교 목록, 전형 절차 및 방법, 자기소개 작성법, 면접 준비 방법 등이 안내되어 있어 외국어고, 국제고, 과학고, 자율형 사립고 등을 준비하는 학생에게 실질적인 진학정보로 활용될 수 있다.

② 각 시 · 도교육청 주관 고입정보포털

각 시 · 도교육청에서는 고입 관련 전형 일정, 지원 자격, 평가 방식 등 학교 유형별 입학 전형에 관한 다양한 진학정보를 제공하고 있다. 특히, 학생과 학부모, 교사가 지역 내 고등학교 전형 유형 및 절차를 정확하게 파악할 수 있도록 시 · 도교육청별로 운영되는 고입정보포털 사이트가 마련되어 있다. 학교 정보 파악을 위해 각 시 · 도교육청에서 제공하는 고입정보포털 주요 주소는 〈표 5-4〉와 같다.

표 5-4 각 시 · 도교육청 고입정보포털 주소

사이트명	url
[강원] 강원특별자치도교육청 > 고입진학안내	https://www.gwe.go.kr/main/content.do?key=m2309182998697
[경기] 고등학교 입학전학 포털	http://satp.goe.go.kr
[부산] 고입포털 HISCHOOL	http://hischool.pen.go.kr/index.php
[인천] 고등학교입학진학포털	http://isatp.ice.go.kr
[충남] 충청남도교육청 고입전형	http://www.cne.go.kr/hischool/main.do
[충북] 고등학교입학전형포털	http://hsap.cbe.go.kr
[서울] 하이인포	https://hinfo.sen.go.kr
[경북] 경상북도교육청 온라인 고입전형 포털	https://hischoolgbe.kr
[경남] 경상남도교육청 고입포털	https://highschool.gne.go.kr
[전북] 전북특별자치도교육청 고등학교입학전형포털	https://satp.jbe.go.kr

③ 학교알리미(https://www.schoolinfo.go.kr)

자기주도학습전형이나 실기고사 등을 통해 학생을 선발하는 일부 고등학교를 제외하면, 요즘 고등학교 진학은 학생의 선택권이 확대되고 학교별 전형 방식이 다양화되면서 이전보다 더 체계적이고 전략적인 접근이 요구된다. 따라서 학생이 자신의 진로목표에 적합한 학교를 선택하기 위해서는 교육과정, 교육 운영의 특색, 졸업생 진로 현황 등 개별 학교에 대한 정보 탐색이 무엇보다 중요하다. 이와 관련해 학교알리미 웹 사이트에서는 학교별 교육활동(학교교육 과정 편성·운영·평가 계획, 교육 운영 특색사업 계획, 동아리 활동 현황, 방과후학교 운영 계획), 교육 여건, 학생 현황, 학업성취 사항 등 해당 학교의 주요 정보들을 쉽게 이용 가능하며, 이를 통해 학생 또는 자신의 진로 특성에 맞는 학교를 선택하는 데 도움을 받을 수 있다.

④ 특성화고·마이스터고 포털 '하이파이브'(https://www.hifive.go.kr)

하이파이브는 교육부에서 2012년부터 운영하는 특성화고·마이스터고 웹 사이트로, 전국 특성화고등학교와 마이스터고 학교 현황(개설 학과 및 학급 인원)과 입시 요강 등의 진학정보를 제공하고 있다. 또한 하이파이브는 산학일체형 도제학교, 직업계고 학점제, 직업교육 혁신지구 등 직업계고 선택 사업의 개요와 참여 학교 정보를 소개하고 있어, 해당 고등학교 진학에 관심 있는 중학생에게 매우 유용한 자료를 제공한다. 이를 통해 학생들은 특성화고 및 마이스터고의 특징과 교육 방향, 진로 연계성 등을 사전에 파악할 수 있으며, 진로진학상담교사는 학생 맞춤형 고교 선택을 위한 상담 자료로 적극 활용할 수 있다.

⑤ **대입정보포털 '어디가'**(https://www.adiga.kr)

'어디가'는 한국대학교육협의회에서 운영하는 대표적인 대입 정보 사이트로, 커리어넷이나 고용24에서 제공하는 학과 및 직업 정보와 더불어, 한국대학교육협의회 및 한국전문대학교육협의회에서 제공하는 대입 정보를 통합하여 제공한다. 이를 통해 사용자는 한 번의 접속만으로 진로와 진학에 관련된 다양한 정보를 종합적으로 탐색할 수 있다.

이 사이트에서는 직업 정보와 직업심리검사를 포함한 진로정보는 물론, 대학 및 학과 정보, 전형 유형, 입시 결과 등 진학에 필요한 구체적인 정보가 폭넓게 제공된다. 또한 학생부, 수능, 대학별 기준 성적에 따른 분석 자료를 제공하여, 학생 개개인이 자신의 위치를 객관적으로 파악하고 진학 전략을 수립하는 데 도움을 받을 수 있다. 아울러 '어디가'는 온라인 대입 상담, 전공 상담, 전화상담 안내, 진로진학센터 안내 등 다양한 상담 서비스를 운영하고 있으며, 대입제도 안내, 대입일정, 전략자료실, 대입 소식, 박람회 및 설명회 일정 등 대입 관련 최신 정보도 지속적으로 제공한다.

무엇보다도 로그인을 통해 이용 가능한 '마이페이지' 기능은 사용자가 자신이 관심 있는 대학, 전형, 진로정보를 저장하고, 수시와 정시 일정, 설명회 및 박람회 일정을 개인별로 저장할 수 있도록 해 준다. 여기서 학생부, 수능, 모의고사 성적을 입력하면 성적 분석 결과를 바탕으로 개별 맞춤형 진학정보를 자동으로 제공받을 수 있어, 진로진학상담 현장에서 매우 유용한 도구로 활용된다.

⑥ 커리어넷의 학과정보

(https://www.career.go.kr/cnet/front/base/base/newMajorMain.do)

커리어넷의 '학과정보' 메뉴에서는 학생이 관심 있는 학과에 대한 학과 개요, 개설 대학, 학과 전망, 관련 학과 인터뷰 등 다양한 정보를 종합적으로 제공하고 있다. 또한 관심 있는 상급학교를 검색하면 해당 학교의 공식 홈페이지로 직접 연결해 주는 기능을 통해 정보 접근성을 높이고, 학생들이 보다 정확한 진학정보를 탐색할 수 있도록 지원한다. 특히, 커리어넷만의 특징으로는 '학과 + 직업 매트리스' 메뉴가 있다. 이 기능은 사용자가 선택한 관심 직업, 전공 계열, 학과 간의 연관성을 시각적으로 보여 주며, 상급학교 선택 시 진로와 전공의 연결성을 고려한 진학 계획 수립에 실질적인 도움을 준다. 이와 같은 학과 기반 진학정보는 학생 개개인의 진로 성향과 학과 선택을 유기적으로 연계할 수 있어, 진로진학상담 현장에서 매우 유용하게 활용될 수 있다.

⑦ 고용24의 학과정보

(https://www.work.go.kr/consltJobCarpa/srch/schdpt/schdptSrch.do)

고용24의 '학과정보' 메뉴는 진학을 준비하는 학생들에게 다양한 방식으로 학과 관련 정보를 제공하고 있으며, 구성은 크게 '학과 검색', '전공 진로 가이드', '학과정보 FAQ', '학과정보 동영상'으로 이루어져 있다. 먼저, '학과 검색' 기능에서는 인포그래픽 기반의 시각 자료를 통해 학과 소개, 개설 대학, 모집 현황, 진출 가능한 직업 등 관심 학과에 대한 정보를 제공한다. 특히, 시각적 요소를 적극 활용함으로써 정보의 가독성을 높이고 학과 간 비교를 용이하게 한다는 장점이 있다.

'전공 진로 가이드'는 각 전공에 대한 간략한 소개와 함께, 졸업 후 진출 가능한 주요 직업 및 전공을 제시한다. 아울러 다른 분야의 역량을 병행할 경우 진출 가능한 융합 직업, 관련 대학원 정보까지 함께 제공함으로써 보다 유연하고 확장된 진로설계를 지원한다. '학과정보 FAQ'에서는 학생들이 자주 궁금해하는 내용을 문답형식으로 구성하여, 진로 선택을 앞둔 중고등학생뿐만 아니라 해당 학과 재학생에게도 실질적이고 폭넓은 정보를 제공한다. 마지막으로 '학과정보 동영상'은 교수 및 학과 선배 멘토들의 실제 경험을 바탕으로 학과에서 배우는 내용, 졸업 후 진출할 수 있는 직업 및 분야, 대학생활 중 준비해야 할 사항 등을 생생하게 전달한다. 특히, 최근 학과 변화양상과 산업 구조의 변화 등을 소개하며, 다양한 진로 가능성과 새롭게 부각되는 직업 분야를 조명하는 데 초점을 맞추고 있다. 이러한 구성은 진학을 준비하는 학생이 정량적 정보(입학, 모집 현황)와 정성적 정보(경험 기반 조언, 산업 변화 흐름)를 함께 얻을 수 있도록 하여, 보다 입체적이고 실천적인 진로설계가 가능하도록 돕는다.

⑧ 전국 시 · 도교육청 진로진학 관련 사이트

전국 각 시 · 도교육청에서는 학생의 적성과 소질을 고려한 자아실현을 지원하기 위해 진로 · 진학 관련 정보를 종합적으로 제공하는 전용 웹 사이트를 운영하고 있다. 이들 사이트에서는 진로정보, 진로검사, 고등학교 및 대학교 진학 정보, 상담 신청 서비스, 진학설명회 영상 등 학생과 학부모, 교사를 위한 다양한 자료가 제공된다. 현재 시 · 도교육청별로 사이트 명칭과 웹 주소가 모두 상이하며, 제공되는 콘텐츠와 기능 역시 시 · 도교육청에서 운영하는 공식 사이트를 확인하고, 해당 지역의 입시 정책과 진학정보를 기준으로 자료를 탐색하는 것이 중요하다.

표 5-5 각 시·도 진로진학 관련 센터 사이트 주소

사이트명	url
[강원] 강원 진학지원센터	https://jinhak.gwe.go.kr
[경기] 경기 진학정보센터	https://more.goe.go.kr/jinhak
[경남] 경남 대입정보센터 '모든'	http://jinhak.gne.go.kr
[경북] 경북 진학지원센터	http://jinhak.gbe.kr
[광주] 광주 진로진학지원센터	http://jinhak.gen.go.kr
[대구] 대구 진학진로정보센터	https://www.dge.go.kr/jinhak
[대전] 대전진로진학지원센터	http://www.edurang.net/main.do?s=course
[부산] 부산진로진학지원센터	http://dream.pen.go.kr
[서울] 서울진로진학 정보센터	http://www.jinhak.or.kr
[세종] 세종특별자치시교육청진로교육원	https://jinro.sje.go.kr
[울산] 울산진로진학지원센터	https://use.go.kr/jinhak
[인천] 인천사이버진로교육원	https://cyberjinro.ice.go.kr
[전남] 전라남도교육청 진로진학지원포털	https://jdream.jne.go.kr/jdream
[전북] All in One 진로진학	https://www.jbe.go.kr/jinro/index.jbe
[제주] 제주진로진학지원센터	https://jinhak.jje.go.kr
[충남] 충청남도교육청진로융합교육원	https://icec.cne.go.kr/home/main.do?screenTp=USER
[충북] 충청북도진로교육원	https://jinro.cbe.go.kr/home/main.php

⑨ 대학교 입학처 홈페이지

대입 제도에 관한 학생 및 학부모 예측 가능성을 제고하기 위해, 교육부는 4년 예고제를 실시하고 있다. 이 제도를 통해 학생과 학부모는 앞으로의 대입 변화 방향을 사전에 파악하고, 보다 체계적으로 대입을 준비할 수 있다. 대입전형 기본사항은 대학들이 대입전형을 설계할 때 따르는 기본적인 원칙과 기준을 담은 자료로, 대입전형을 설계하는 기본 원칙에 대한 내용이며, 이를 바탕으로 대학들은 대입전형 시행계획을 수립하게 된다. 대입전형 시행계획은 일부 변경 가능성이 있으며, 해당 연도의 수시 및 정시 모집 요강을 통해 최종적인 학생 선발 계획이 확정된다. 예를 들어, 2025년 고등학교 1학년에 재학 중인 학생들이 치르게 될 2028학년도 대입전형 기본 사항까지 이미 공표된 상태이다. 또한 각 대학은 자체적인 대입전형 시행계획과 세부 모집 요강을 입학처 홈페이지에 게시하기 때문에 진학을 준비하는 학생 및 진로진학상담교사는 시기별로 대학 입학처 홈페이지를 주기적으로 확인하는 것이 필수적이라 할 수 있다.

표 5-6 대학입학전형 사전예고제

구분	주요 대입정책	대입전형 기본 사항	대입전형 시행계획	모집 요강
주체	교육부	대교협 (한국대학교육협의회)	대학 수립/ 대교협 승인	대학
발표 시기	중학교 3학년 2월 말까지(4년 전)	고등학교 1학년 8월 말까지(2년 6개월 전)	고등학교 2학년 4월 말까지 (1년 10개월 전)	고등학교 3학년 수시 5월/정시 9월
대입 시기	2028년(중 3)	2027년(고 1)	2026년(고 2)	2025년(고 3)

⑩ **대학알리미**(https://academyinfo.go.kr)

대학알리미는 학교알리미와 유사하게 대학의 주요 정보를 공시하는 공식 웹 사이트로, 누구나 쉽고 편리하게 대학 관련 정보를 열람하고 활용할 수 있도록 설계되어 있다. 이 사이트에서는 전국 대학을 대상으로 한 학생 현황, 교원 및 연구 실적, 교육 여건, 대학 운영 등 전반적인 대학 정보를 확인할 수 있으며, 이를 통해 대학의 교육적 · 재정적 특성과 질적 수준을 객관적으로 비교 · 분석할 수 있다. 또한 신입생 경쟁률, 졸업생 취업률, 학생 1인당 교육비, 1인당 연간 장학금, 기숙사 수용률, 연평균 등록금 등 학생과 학부모가 실질적으로 궁금해하는 세부적인 수치 정보도 공시되어 있어, 대학 선택과 진학 상담 시 중요한 참고 자료로 활용할 수 있다.

⑪ **한국대학교육협의회**(https://www.kcue.or.kr)

한국대학교육협의회(자칭 대교협)는 전국 4년제 대학의 협의체로, 대학의 학사, 재정, 시설 등 고등교육 전반에 관한 공동 관심사를 다루며, 대학 간 상호 협력을 통해 대학 교육의 질적 향상과 자율성 제고, 공공성 강화를 목표로 한다. 대교협은 주요 현안에 대해 정부에 정책을 제안하거나 건의하는 역할도 수행하고 있어, 우리나라 고등교육의 체계적 발전을 위한 핵심 기관이라 할 수 있다. 대교협은 고등교육 관련 정보 제공의 일환으로 대입 정보 포털 '어디가'를 운영하고 있으며, 이를 통해 대학·학과 정보, 전형 유형, 성적 분석 서비스 등 다양한 진학정보를 통합적으로 제공하고 있다. 또한 대교협은 자체적으로 대입상담센터를 운영하고 있으며, 이를 통해 전화 상담 또는 온라인 상담 서비스를 무료로 제공하고 있다. 온라인 상담에서는 진로 기반의 진학설계, 개인별 대입 전략, 전형 안내, 대입제도 및 정책 등 대입 전반에 관한 맞춤형 상담이 가능하며, 이 과정은 대학상담교사단과 대교협 소속 상담전문위원들이 직접 참여하여 신뢰도 높은 상담이 이루어지고 있다.

⑫ **한국전문대학교육협의회**(KCCE)(https://www.kcce.or.kr)

한국전문대학교육협의회는 전국 전문대학이 참여하는 협의 기구로, 전문대학 운영에 관한 자율적인 협조와 연구·조정을 통해 상호 협력 체계를 구축하고, 중요한 정책 사항에 대해 정부에 건의하여 전문대학교육의 공공성과 자주성을 강화하는 것을 목적으로 설립되었다. 이를 통해 전문대학교육의 건전한 발전과 질적 향상을 도모하고 있다. 한국전문대학교육협의회에서는 매년 입학정보박람회를 개최하여 전문대학 진학정보를 학생과 학부모에게 직접 제공하며, 현장 입시상담을 통해 전문대학 진학에 대한 이해를 높이는 기회를 제공하고 있다. 또한 전문대학 진학을 준비하는 학생을 위한 입학 정보 자료를 발간·보급하고 있으며, '찾아가는 고교 진학설명회'를 운영하여 고등학교 현장에서 정확하고 실질적인 전문대학 입시 정보를 제공하고 있다. 뿐만 아니라, 학생의 적성과 흥미를 고려한 학생 맞춤형 진로진학상담 프로그램을 자체 개발하여, 진로진학상담교사가 전문대학

진학에 대한 상담을 체계적으로 수행할 수 있도록 지원하고 있다. 마지막으로, 한국대학교육협의회와 한국전문대학교육협의회는 대학입학전형의 기본 사항을 수립하기 때문에 두 기관이 운영하는 사이트를 통해 가장 신속하고 신뢰도 높은 대입 관련 정보를 확인할 수 있다.

⑬ **전문대학포털 프로칼리지**(https://www.procollege.kr)

프로칼리지는 한국전문대학교육협의회에서 운영하는 전문대학 진학정보 웹사이트로, 전문대학 진학을 준비하는 학생과 학부모, 진로진학상담교사를 위한 다양한 정보를 종합적으로 제공하고 있다. 이 사이트는 크게 전문대학 소식, 진로정보, 입학 정보, 평생교육 정보, 진학지원 등으로 구성되어 있으며, 다음과 같은 내용을 중심으로 운영된다. 먼저 '**진로정보**'에서는 진로 · 전공 탐색, 대학 및 전공정보, 전문대학에서 준비할 수 있는 직업 세계 등을 안내하여, 학생의 흥미와 적성에 맞춘 진로설계를 지원한다.

'**입학정보**'에서는 모집 시기별 일정, 대학별 전형 일정과 방법, 전년도 입시 결과, 진학정보 자료실 등의 콘텐츠를 통해 전문대학 진학 전략 수립에 필요한 실질적인 정보를 제공한다.

또한 '**평생교육정보**'에서는 전문대학 내 평생교육원 운영 현황, 산업체 위탁교육프로그램, 학사학위 전공심화과정 등 졸업 이후 학습 연계나 직업교육의 확장성에 대한 정보도 함께 제공된다.

'**진학지원**' 영역에서는 찾아가는 고교 진로진학설명회, 지역별 교사 대상 설명회, 전문대학 입학정보박람회, 온라인 상담 서비스 등 다양한 진로진학 지원 프로그램이 안내되어 있으며, 이를 통해 진로진학상담교사와 학생이 현장에서 보다 효과적으로 전문대학 진학을 준비할 수 있도록 지원하고 있다.

(2) 오프라인 경로

고등학생의 경우, 수시 · 정시 대입 정보 박람회, 대학교육협의회 및 다양한 교육기관에서 대입 설명회를 통해 대학별 입학 전형, 전공 정보, 입시 결과 등 다양한 진학정보를 종합적으로 수집할 수 있다. 이와 더불어, 학교에서 운영하는 대학별 입시설명회, 입학사정관 초청 특강, 진학상담교사와의 개별 상담 등 오프라인 중심의 직접적인 만남과 설명을 통해서도 실질적인 진학정보를 얻을 수 있다. 중학생의 경우에는 각 시·도교육청이 주관하는 고등학교 입학 설명회나 중학교로 직접 방문하는 고등학교 설명회를 통해 진학 정보를 파악할 수 있으며, 학교에서 실시하는 학부모 대상 진학설명회, 담임교사나 진로전담교사와의 진학상담, 고등학교 재학생 선배와의 진로멘토링 활동 등을 통해 보다 현실적이고 경험 기반의 진학정보를 얻는 것도 가능하다.

3) 진로진학상담에서 진학정보의 활용

다음의 상담 사례는 고입 진학에 있어서 특성화고등학교 진학과 일반고등학교 진학을 고민하는 학생과의 상담 내용이다. 다음 상담 사례를 통해 고입 진학 관련 상담 시 진학정보 활용 방안에 대해 살펴보자.

> 안녕하세요? 저는 회계사가 꿈인 중학교 3학년 남학생입니다. 고입 시기가 다가오면서 일반고등학교와 특성화고등학교 중 어디를 선택해야 할지 고민하고 있어요.

상담자: ○○이가 고입을 앞두고 고민이 많겠어요. 혹시 고등학교 입시 정보에 대해 알아본 적이 있나요?

내담자: 제가 원서를 넣으면 학교에서 알아서 결정해 주는 거 아닌가요?

상담자: 어느 정도는 맞아요. 하지만 원서를 넣기 전에 일반고등학교와 특성화고등학교에 대해 충분히 알아보면, ○○이의 미래 진로를 더 잘 준비할 수 있지 않을까요?

내담자: 그럴 수 있겠네요. 그런데 일반고등학교와 특성화고등학교의 차이점이 뭔가요? 대학 진학하고 싶으면 일반고등학교 가고 취업하고 싶으면

특성화고등학교에 진학하면 되는 걸까요?

상담자: 일반고와 특성화고의 차이점에 대해 알고 싶으면 고입정보포털 사이트를 이용해 보는 게 어떨까요? 고등학교 유형별로 관련된 정보를 제공하고 있어요. (고입정보포털: https://www.hischool.go.kr)

내담자: 그럼 먼저 고교 입시 정보 탭을 확인해 보면 될까요?

상담자: 그렇죠. 그럼 일반고 입시 정보부터 확인해 볼래요?

내담자: 네. 인근 지역 일반고를 검색해 보니 일반고는 특정 분야가 아닌 다양한 분야에 걸쳐 교육을 실시하는 고등학교라고 되어 있네요.

상담자: 특성화고등학교는 어떤가요?

내담자: 특성화고등학교는 특정 분야의 인재 양성을 목표로 하고, 실습과 체험 위주의 교육을 진행한다고 나와 있어요.

상담자: 맞아요. 특성화고등학교는 말 그대로 특정 분야를 전문적으로 배울 수 있게 교육을 실시하고 있어요.

내담자: 학교별 전형 방법을 찾아보니, 제가 사는 지역의 특성화고가 일반고보다 먼저 선발을 진행하네요.

상담자: 전형 일정을 구체적으로 잘 찾아보았군요. 맞아요. 일반고보다 특성화고 학생들을 먼저 선정해요.

내담자: 그럼 일반고와 특성화고는 듣는 과목들도 다르겠죠?

상담자: 어떤 과목을 배우는지 더 알고 싶다면 학교알리미 사이트를 활용해 보는 것도 좋겠어요. 학교알리미에 ○○이가 알고 싶어하는 학교를 검색하면 해당 학교의 교육과정 편성과 특색사업, 학생 현황 같은 학교와 관련된 정보를 쉽게 찾아볼 수 있어요.
(학교알리미: https://www.schoolinfo.go.kr)

내담자: 그렇군요. 지금 검색해 볼게요. 어, 저희 집 근처 일반고 특색사업으로는 교과교실제가 있네요. 학생 개인별로 시간표를 만들어 주고 선택과목 시간에는 이동수업을 하나 봐요.

상담자: 그렇네요. 이렇게 학교별로 운영하는 특색사업도 다양하답니다. ○○이

가 궁금해하는 과목 편성은 교육활동의 교육과정 편성에 들어가 보면 학교마다 학교 교육과정 편성 운영 계획서가 올라와 있을 거예요. 파일을 열어 보면 해당 학교에서 어떤 과목이 개설되어 있는지, 공통지정 과목과 학생선택 과목을 한눈에 파악할 수 있어요.

내담자: 맞네요. 그런데 '국제관계와 국제기구'라는 과목이 있는데, 어떤 내용을 배우는 과목인지 궁금하네요.

상담자: 국제관계와 국제기구 과목이 궁금하군요. 학업성취사항 탭을 보면 해당 교과별로 평가계획서도 확인할 수 있어요. 해당 교과를 담당하시는 선생님에 따라 평가 방식이나 내용이 달라질 수 있지만, 전반적인 내용을 파악할 수 있어요.

내담자: 그렇군요. 인근 특성화고 편성 과목도 학교알리미에서 볼 수 있겠네요. 지금 보니 확실히 일반고와 특성화고 과목이 다르네요. 회계원리, 세무일반, 회계정보처리시스템…… 회계과인 경우 회계 관련 수업을 많이 들을 수 있겠네요. 취업률도 나와 있어요.

상담자: 그렇네요. 취업률은 어떻게 되나요?

내담자: 42.1%에요. 특성화고는 졸업 후 바로 취업하는 줄 알았는데, 대학에 진학한 선배들도 있네요!

상담자: 맞아요. 특성화고에서도 대학 진학을 희망하는 경우 대학 진학을 할 수 있고, 취업을 하고 싶으면 취업도 가능해요. 특성화고에 대한 정보를 더 알고 싶으면 특성화고 포털 하이파이브라는 사이트를 이용할 수 있어요. 산학일체형 도제학교, 직업교육 혁신지구 등 특성화고와 관련된 선택 사업에 대한 정보를 구체적으로 알 수 있어요.

(특성화고 포털 하이파이브: https://www.hifive.go.kr)

내담자: 특성화고 관련 사이트가 따로 또 있군요.

상담자: 그렇죠. 하이파이브에서는 특성화고등학교 관련 사업들에 대한 정보를 파악할 수 있어요. 이렇게 학교알리미와 하이파이브 등의 사이트를 활용해서 ○○이가 고민하는 학교에 대한 진학정보를 확인할 수 있어

요. 만약에 ○○이가 추가적인 진학상담을 원하면 오늘처럼 선생님이랑도 상담이 가능하고 전국 시 · 도교육청 진로진학 관련 사이트에서도 상담 예약 및 상담이 가능해요. 대면 상담, 전화 상담, 화상 상담, 밴드 상담이 있고 방학에도 운영되고, 저녁에도 상담이 가능한 요일도 있기 때문에 접근성이 뛰어나다는 장점이 있어요. ○○이가 혼자 상담하는 것이 부담스럽다면 부모님과 함께 상담을 받아볼 수도 있어요.
(전국 시 · 도교육청 진로진학 관련 사이트: 5장, p. 125 참고)

내담자: 네! 사이트를 통해서 진학정보를 수집할 수 있지만, 진학 전문가와 상담사를 통해서도 의견과 조언을 받아 보는 것도 좋을 것 같아요.

3. 취업정보의 활용

1) 취업정보의 필요성 및 개념

「초 · 중등교육법 시행령」에 따르면, 특성화고등학교란 "소질과 적성 및 능력이 유사한 학생을 대상으로 특정 분야의 인재를 양성하기 위한 교육을 실시하며, 자연현장실습 등 체험 위주의 교육을 전문적으로 실시하는 고등학교"로 정의된다. 이러한 특성화고는 각 시 · 도 교육감이 지정 · 고시할 수 있도록 법적으로 규정되어 있으며, 고등학교 교육의 다양성과 전문성을 강화하기 위한 제도적 장치라 할 수 있다.

특성화고는 졸업 후 고용시장에 직접 진입할 수 있도록 돕는 실용 중심의 교육과정을 운영하고 있으며, 특히 '선취업 후진학' 체제를 통해 산업 관련 직무에 필요한 기초 전문지식과 기술 습득에 주안점을 두고 있다(고영란, 2015). 이를 통해 학생들은 학문 중심 교육이 아닌 직업 세계로의 조기 진입을 준비하게 되며, 직무수행에 실질적인 역량을 갖출 수 있도록 훈련받는다. 이와 더불어 정부는 공공기관, 대기업, 금융기관 등에서 고졸 인재를 채용할 수 있도록 고졸 취업 확대를 위한 다양한 정책을 추진하고 있으며, 이는 특성화고 졸업생의 취업 경로 확대와 진로 다양성 확보에 긍정적인 영향을 주고 있다(정진용, 2020).

그러나 현실적으로는 여전히 학벌주의와 기술 인력에 대한 사회적 인식의 한계가 존재하며, 정보화 사회의 급격한 변화로 인해 특성화고 학생들의 진로고민이 더욱 깊어지고 있다(고영란, 2015). 낮은 보수, 사회적 지위에 대한 편견 등은 학생들의 자신감과 진로에 대한 의욕을 저하시키며, 이는 실제 취업률 감소로 이어질 수 있다. 진학과 취업 사이의 갈등은 학생 개개인의 진로 결정에 복잡한 요인으로 작용하고 있으며(윤광현, 김충현, 2013), 명확한 정보 없이 진로를 결정해야 하는 상황은 특성화고 학생들에게 큰 부담으로 작용한다.

2023년 한국교육개발원 교육통계에 따르면, 특성화고 졸업생의 취업률은 31.1%로, 전체 고등학교 졸업생 평균 취업률인 19.2%에 비해 높은 수준이다. 물론 특성화고는 직업교육 중심 학교로 설계되어 있기 때문에 일반고보다 높은 취업률은 자연스러운 결과일 수 있다. 그러나 단순히 수치상의 높은 취업률에 만족할 것이 아니라, 해당 취업이 학생의 흥미와 적성, 그리고 장기적인 진로 목표와 얼마나 부합하는지를 함께 고려할 필요가 있다. 이러한 점에서 실질적이고 구체적인 취업 정보 제공의 중요성이 더욱 부각된다.

특히 주목해야 할 점은, 많은 특성화고 학생들이 고등학교 교육과정 동안 자신의 진로를 충분히 탐색하거나 체계적인 진로 설계를 경험하지 못한 채 졸업을 맞이한다는 점이다. 진로에 대한 준비 부족은 곧 취업 준비의 미흡으로 이어지며, 이는 실제 취업으로까지 연결되지 못하는 중요한 요인이 된다. 자신의 관심 분야나 적성을 명확히 파악하지 못한 상태에서는 어떤 직무가 자신에게 적합한지 결정하기 어렵고, 정보 탐색 또한 제한적일 수밖에 없다. 이는 단지 정보 부족의 문제가 아니라, 학생이 자신을 이해하고 미래를 계획할 수 있는 구조적인 지원이 미비하다는 점에서 출발한다. 따라서 학교 교육과정 안에서 학생들의 자기이해를 돕고, 진로 목표를 설정하며, 이를 위한 구체적인 경로와 취업정보를 연결해 주는 상담과 지원 시스템이 강화되어야 한다.

취업정보는 단순한 채용 공고가 아니라, 직무의 특성, 요구되는 자격, 조직문화, 성장 가능성, 복지 수준 등 다양한 요소를 포함하는 정보로 구성되어야 하며, 이는 학생이 자신의 진로와 직업을 주체적으로 설계하는 데 있어 핵심적인 기반이 된다. 그러나 현실적으로 많은 학생들이 인터넷 검색이나 주변 사람들의 조언에 의존하며 단편적이고 비공식적인 정보에 노출되어 있다. 이는 정보의 왜곡이나 잘못된 진로 결정으로 이어질 수 있는 위험이 존재함을 의미한다.

따라서 학교 차원에서 진로진학상담교사를 중심으로 한 체계적이고 신뢰도 높은 취업 정보 제공 시스템이 절실하다. 특히, 취업 상담은 단순한 직업 소개를 넘어서, 학생이 자신에게 맞는 직업을 선택할 수 있도록 구체적이고 실제적인 정보를 기반으로 한 진로 설계 지원이어야 한다. 고등학생의 취업 상담은 인생 전체의 진로계획 속에서 이루어지는 한 단계의 결정 과정으로 볼 수 있으며, 진학과 취업이라는 주요 선택지 사이에서 합리적인 결정을 내릴 수 있도록 도와주는 전문적인 개입이 필요하다(김수찬, 2012).

고석란(2016)은 학생들의 합리적인 진로 선택을 위해 각종 직장의 소재와 요구조건, 복지, 성장 가능성 등에 대한 객관적인 정보가 필요하다고 강조하며, 이는 취업정보의 역할과 기능을 명확하게 설명해 준다. 더 나아가 김종로(2014)는 취업상담이 직업 선택과 취업 조건, 취업 절차 등 보다 구체적인 수준에서 이루어져야 함을 강조하며, 상담 현장에서 '직업 상담', '구직 상담', '직업훈련 상담'이라는 용어로도 혼용되고 있음을 지적한다(최웅권, 2000).

이에 따라 이 장에서는 '취업정보'를 채용 정보, 구인 정보, 구직 정보를 모두 포함하는 포괄적 개념으로 정의하고, 특성화고등학생이 취업을 하나의 진로선택으로 합리적으로 의사결정할 수 있도록 돕기 위한 실질적인 정보 제공의 방향과 활용 방안을 중심으로 다루고자 한다.

2) 취업정보원

(1) 온라인 경로

이 책은 고등학생을 위한 취업정보 활용에 초점을 맞추고 있으며, 이에 따라 고등학생들이 취업과 관련된 정보를 수집할 때 도움이 될 수 있는 주요 사이트들을 소개하고자 한다. 각 사이트에서 제공하는 정보의 특성과 활용 방법을 함께 제시함으로써, 학생들이 자신의 진로에 맞는 정보를 효과적으로 탐색하고 활용할 수 있도록 돕고자 한다.

① **중앙취업지원센터 '고졸만'**(https://portal.kosaf.go.kr/CO/jcAction.do)

교육부 중앙취업지원센터에서 운영하는 '고졸만' 사이트는 직업계고등학교 학생들을 위한 종합적인 취업정보 제공 플랫폼이다. 이 사이트는 크게 일자리 지원, 기업 지원, 취업 정보 제공, 지원금 신청의 네 가지 영역으로 구성되어 있다.

먼저 '**일자리 지원실**'에서는 고용·채용공고와 채용 일정(캘린더), 현장실습 및 취업처 정보, 일자리 지도, 포트폴리오 작성 기능 등을 제공하여 학생들이 실질적인 취업 준비에 필요한 자료를 손쉽게 찾을 수 있도록 지원한다.

'**기업 지원실**'에서는 인재 검색 기능과 채용공고 등록 요청 서비스를 제공하며, 기업 지원 정책과 직업계고 관련 정보를 안내함으로써 학교-기업 간 연계를 강화하고 있다.

또한 '**취업 정보실**'에서는 직무 특강 영상, 학생 및 청년을 대상으로 한 정부 지원 정책 안내, 취업 역량 강화 교육 프로그램, 고졸자를 위한 유관 사이트 정보 등을 제공하여 학생들의 취업 준비 과정을 다각도로 지원한다.

마지막으로 '**지원금 신청실**'에서는 고졸 취업자가 받을 수 있는 각종 지원금에 대한 정보와 신청 절차를 안내하고 있어, 학생들이 혜택을 놓치지 않고 활용할 수 있도록 돕는다.

이처럼 '고졸만' 사이트는 직업계고등학교 학생들이 필요로 하는 정보를 종합적이고 체계적으로 제공하는 플랫폼으로, 취업 준비에 실질적인 도움을 줄 수 있다.

② **고용24의 '채용정보'와 '취업지원'**(https://www.work24.go.kr/wk/a/b/1200/retriveDtlEmpSrchList.do)

고용24의 '**채용정보**' 메뉴에서는 직종별, 지역별, 테마별(예: 기업유형, 정부인증

기업, 경험 · 경력, 직종 · 직군별 등)로 분류된 채용 공고를 확인할 수 있다. 이 외에도 구직 신청과 채용행사 안내 등 구직자와 구인업체에 다양한 취업지원 서비스를 제공하고 있다. '취업지원' 메뉴에서는 특히 처음 취업을 준비하는 학생이나 청년들에게 유용한 정보를 담고 있다. '직무별 자기소개서 작성 가이드', '면접 전략', 취업 트렌드를 분석한 '취업동향 모아보기' 등 실질적인 취업준비 자료가 체계적으로 제공된다. 이와 함께 취업역량 강화 프로그램, 국민취업지원제도, 각종 취업지원금 정보도 함께 제공되어 학생들이 자신의 상황에 맞는 맞춤형 취업지원 서비스를 받을 수 있도록 돕고 있다.

③ 특성화고 · 마이스터고 포털 '하이파이브'(https://www.hifive.go.kr)

특성화고 · 마이스터고 포털 사이트인 하이파이브의 '취업정보' 탭에서는 직업계고등학교 학생들을 위한 맞춤형 채용 정보를 제공하고 있다. 사용자는 근무지, 직종, 연봉 수준, 기숙사 제공 여부, 병역특례 가능 여부, 성별 등 다양한 조건을 설정하여 자신에게 적합한 일자리를 탐색할 수 있다. 채용을 희망하는 회사를 클릭하면, 해당 기업의 기본 정보와 함께 모집 요강, 우대 사항, 전형 방법, 근무 환경 및 복리후생 등의 구체적인 채용 정보를 확인할 수 있어 실제 취업 준비에 실질적인 도움을 준다.

④ 전국 시 · 도교육청 취업 · 고용지원센터

전국 시 · 도교육청에서는 취업 및 고용지원센터를 개설 및 운영하여, 지역 내 특성화고등학교와 기업체, 그리고 학생 간의 취업 관련 정보 교류와 연계 활동을 지원하고 있다. 이러한 센터들은 각 시 · 도교육청의 특성과 지역 산업 기반에 맞춰 운영되며, 학생들에게 실질적인 취업정보를 제공하고, 기업에는 고졸 인재를 연결해 주는 중간 연결 창구 역할을 수행하고 있다.

표 5-7 각 시 · 도 취업 · 고용지원센터 사이트 주소

사이트명	url
[경기] 경기도교육청 취업지원센터	https://more.goe.go.kr/gajago
[경북] 경상북도교육청 취업지원센터	https://www.gbe.kr/cheerup
[광주] 광주광역시교육청 취업지원센터	http://jpl.gen.go.kr
[대구] 대구 고용복지+센터	https://www.work.go.kr/daegu
[대전] 대전광역시교육청 취업지원센터	http://www.edurang.net/main.do?s=job
[부산] 부산광역시교육청 · 상시채용 시스템 · 하이잡아도	https://hijob.pen.go.kr
[서울] 서울특별시교육청 특성화고 입학 · 취업	http://high-job.sen.go.kr
[세종] 세종 고용복지+센터	https://www.work.go.kr/sejong
[울산] 울산 고용복지+센터	https://www.work.go.kr/ulsan
[인천] 인천광역시 인천일자리포털	https://www.incheon.go.kr/job/JOB010201/2177779
[전남] 전남교육모두 취업지원센터	https://www.jne.go.kr/job/main.do
[전북] 전북특별자치도교육청 취업지원센터	https://www.jbe.go.kr/job/index.jbe
[제주] 제주일자리종합정보	https://jeju.work.go.kr/main.do/main.do
[충남] 충청남도교육청 직업계고 취업지원센터	http://job.cne.go.kr
[충북] 충청북도교육청 취업지원센터	http://job.cbe.go.kr

⑤ **인사혁신처 나라일터**(https://www.gojobs.go.kr)

나라일터 사이트는 인사혁신처에서 관리하는 채용정보 관련 사이트로, 국가기관, 지자체, 교육청, 공공기관 채용 정보를 확인할 수 있다.특히, 공무원을 대상으로 한 공개 모집 직위인 공모직위에 대한 모집 공고와 중앙선발시험위원회에서 실시하는 중앙부처 실 · 국장급 및 과장급 개방형 직위 채용공고도 함께 제공되어, 공공 분야 진로를 희망하는 학생이나 교사에게 유용한 정보를 제공한다.

⑥ **인사혁신처 사이버국가고시센터**(https://www.gosi.kr/uat/uia/gosiMain.do)

사이버국가고시센터는 인사혁신처에서 운영하는 공식 사이트로, 국가공무원 채용 제도 전반에 대한 정보를 제공하고 있다. 이 사이트에서는 5 · 7 · 9급 국가

공무원, 지역인재 7급 및 9급 등의 채용제도에 대한 안내뿐만 아니라, 해당 연도의 공개경쟁 및 경력경쟁채용시험 공고, 원서 접수 및 확인, 가산점 등록 안내 등을 확인할 수 있다. 또한 서류전형 및 면접시험 일정, 채용 후보자 등록, 임용유예 신청, 부서 배치 시 필요한 서류 제출 안내 등 실제 채용 절차에 필요한 상세 정보를 확인할 수 있으며, 시험 통계와 자료실도 함께 제공되어 수험생들이 체계적으로 준비할 수 있도록 지원한다.

⑦ **공공기관 채용정보시스템(잡 알리오)**(https://job.alio.go.kr)

JOB-ALIO는 공공기관의 모든 채용정보를 확인하고 비교할 수 있는 구직자 맞춤형 채용정보 사이트이다. 사이트 내 '**공공기관 채용정보**' 탭에서는 채용 분야, 근무지, 고용 형태(정규직, 무기계약직, 비정규직, 청년인턴), 학력 조건 등의 다양한 검색 조건을 바탕으로 본인에게 적합한 채용 정보를 손쉽게 탐색할 수 있다. 또한 매년 개최되는 공공기관 채용 정보 박람회와 관련된 일정 및 안내 사항도 함께 제공하여, 학생과 구직자들이 공공기관 취업을 보다 구체적으로 준비할 수 있도록 지원한다.

⑧ **인크루트**(http://www.incruit.com)

인크루트는 1998년 국내 최초로 이력서와 채용정보를 인터넷상에서 연동한 온라인 채용 시스템을 도입하여, 기존의 오프라인 중심 채용 문화를 인터넷 기반으로 전환하는 데 선도적인 역할을 한 사이트이다. 사이트 내 '**채용정보**' 탭에서는 지역별, 직종별, 기업별, 업종별, 그룹사별, 공공기관 등 다양한 분류를 기반으로 채용 공고를 확인할 수 있으며, 신입 및 인턴 구직자를 위한 인턴 채용과 고졸 채용정보도 별도로 제공된다. 이 외에도 취업 준비생들을 위한 자기소개서 샘플, 이력서 양식, 면접 후기, 온라인 취업 상담 등 실질적인 구직 지원 서비스도 함께 제공되어 취업 전 과정에서 전반적인 도움을 받을 수 있다.

⑨ **잡코리아**(https://www.jobkorea.co.kr)

잡코리아는 1998년에 개설된 대표적인 온라인 취업 포털 서비스로, 지역별·직무별·기업별·산업별로 분류된 정규직 채용 정보를 제공하고 있다. 특히, 대기업과 공공기관의 공채 정보, 그리고 다양한 기업의 연봉 정보, 기업 리뷰, 분석 보고서 등을 함께 제공함으로써, 구직자들이 직무뿐 아니라 기업 문화와 조건을 종합적으로 파악할 수 있도록 돕는다. '커리어' 메뉴에서는 실제 합격자의 자기소개서 예시, 인적성 검사 후기, 공기업 NCS 모의고사와 기출 해설 강의 등 취업 준비에 필요한 실전 자료도 함께 제공하고 있다. 또한 2004년부터는 비정규직 채용 서비스를 담당하는 '알바몬'을 별도로 론칭하여 함께 운영 중이며, 이를 통해 다양한 고용 형태에 대응하는 구직 정보 제공 기능을 강화하고 있다.

⑩ **사람인**(https://www.saramin.co.kr/zf_user/)

사람인은 2005년에 개설된 종합 구인·구직 플랫폼으로, 현재 국내에서 사용자가 가장 많은 취업 포털 사이트 중 하나이다. 이 사이트는 지역별, 직업별, 역세권별로 세분화된 채용 정보를 제공하며, 신입·인턴 대상 실시간 채용 공고도 별도로 안내하고 있다. 또한 기업 형태 및 산업군에 따라 연봉 정보와 기업 데이터를 분석해 제공하고 있어, 구직자들이 다양한 조건을 비교하고 선택할 수 있도록 돕는다. 사람인만의 특징 중 하나는 '커리어 성장' 탭을 통해 각 분야별 직무 역량 강화를 위한 온라인 클래스를 제공한다는 점이다. 이 외에도 AI 자소서 코칭, JOB 스토리, 취업 TOOL 모음(글자 수 세기, 사진 크기 조정, 연봉 계산기, 학점 변환기 등)을 통해 구직자들이 취업 전 과정을 효과적으로 준비할 수 있도록 실질적인 지원 기능을 강화하고 있다.

⑪ **스카우트**(https://www.scout.co.kr)

스카우트는 1985년에 개설된 국내 최초의 취업 포털 서비스 중 하나로, 오랜 기간 다양한 산업군의 채용 정보를 제공해 왔다. 사이트에서는 경영·기획·회계·사무, 영업·판매·TM, IT·게임, 디자인 등 분야별로 구분된 채용공고를 확인할 수 있으며, '기업' 탭에서는 채용 중인 기업들의 공고 목록, 직종 정보, 그리고 간략한 기업 소개를 함께 제공하고 있다. 특히, '스카우터' 탭은 스카우트만의 독창적인 서비스로, 5년 이상 경력을 가진 실무 전문가들이 구직자의 이력서를 첨삭하고, 적합한 채용 공고를 추천해 주는 기능이다. 또한 채팅을 통해 구직자들과 직접 소통하며 주관적인 채용 팁, 기업 분위기, 준비 전략 등 현실적인 정보를 공유할 수 있어, 실제 현업인의 조언을 기반으로 한 진로설계가 가능하다는 장점이 있다.

⑫ 각 도청 사이트

각 도의 일자리 지원 탭에서는 한국고용정보원에서 운영하는 취업포털 '고용24' 서비스 링크를 제공하고 있다. 이를 통해 채용정보와 세대별 취업정보를 확인할 수 있으며, 특히 중장년층을 위한 전직(재취업) 지원 서비스도 연계되어 있어 폭넓은 계층을 대상으로 한 일자리 정보 제공이 이루어지고 있다. 이 외에도 각 도의 일자리종합센터에서 운영하는 지역 기반 취업포털, 대한상공회의소 인력개발원에서 제공하는 직업훈련기관 홈페이지, 장애인종합복지관이 운영하는 장애인 직업 정보 사이트 등 다양한 취업 관련 기관의 홈페이지 링크도 함께 안내하고 있다. 또한 지방공무원을 진로로 희망하는 학생이나 시민의 경우, 각 시 · 도의 공무원 시험일정표를 통해 임용 관련 정보 및 절차를 확인할 수 있다.

(2) 오프라인 경로

특성화고등학교에서는 학생들이 학교 내 취업부를 통해 오프라인으로 취업정보를 획득할 수 있는 체계가 마련되어 있다. 취업부 담당 교사와의 개별 상담을 통해 직접적인 정보를 제공받을 수 있으며, 고등학교 3학년 담임교사는 취업부에서 제공한 자료를 활용해 학생들과 진로 및 취업에 대한 상담을 진행한다. 또한 많은 특성화고에는 취업전담관이 별도로 배치되어 있어, 기업으로부터 학생 추천 요청이 들어올 경우, 자격 요건을 검토한 뒤 적합한 학생을 연계하는 역할을 수행한다. 이러한 체계는 학교와 기업 간의 지속적인 취업 연계망을 통해 학생들에게 실질적인 취업 기회를 제공하는 기반이 된다.

이 외에도 학생들은 지역 고용지원센터나 공공기관의 취업 알선처를 직접 방문하여 다양한 채용 정보를 확인할 수 있으며, 찾아가는 취업설명회에 참여함으로써 여러 기업의 채용 조건과 직무 정보를 폭넓게 접할 수 있다.

더불어, 학교와 기업 간의 산학협력을 기반으로 진행되는 현장실습은 학생이 직접 기업 현장에서 업무를 체험하고, 실무 환경을 이해할 수 있는 기회를 제공하며, 경우에 따라 채용으로 이어지기도 한다. 또한 지역 또는 전국 단위의 취업박람회나 채용설명회에 참가하면 다양한 기업의 인사 담당자와 직접 상담하며 정보를 얻을 수 있다.

학교 주관의 모의면접, 취업특강, 이력서 및 자기소개서 작성 워크숍 등도 취업정보를 습득하고 취업 역량을 강화할 수 있는 오프라인 활동에 해당한다. 이러한 프로그램을 통해 학생들은 준비과정에서 실제 취업 요건에 대해 보다 구체적으로 이해할 수 있다.

3) 진로진학상담에서 취업정보의 활용

다음의 상담 사례는 특성화고등학교 진학하고 있는 학생과의 진로진학상담 내용이다. 다음 상담 사례를 통해 진로진학상담 시 취업정보 활용 방안에 대해 살펴보자.

> 안녕하세요? 저는 공업계 특성화고에 재학 중인 고등학교 2학년 학생입니다. 졸업 후 전기 관련 분야로 취업하고 싶은데, 어떤 회사나 기업에 지원할 수 있을지 궁금합니다.

상담자: ○○이가 취업에 대해서 관심이 많군요. 혹시 어떤 기업들이 있는지 알고 있나요?

내담자: 네! 공기업과 사기업이 있다고 들었어요.

상담자: 맞아요. 그런데 특성화고등학교 졸업자를 위한 공무원 채용 전형이 따

로 있다는 걸 알고 있나요?

내담자: 특성화고등학교 전형이 따로 있나요?

상담자: 따로 있어요. 지역인재 9급 수습직원 전형이라고 학교장 추천의 특성화고등학교나 마이스터 고등학교 졸업자를 대상으로 일반 9급 공채와 달리 별도의 시험 전형을 통해 견습직원을 선발하고, 견습 기간 수료 후 정식 공무원으로 채용되는 제도랍니다.

내담자: 그런데 공무원 시험은 경쟁률이 높고 공부해야 할 과목도 많다고 들었어요. 제가 준비할 수 있을까요?

상담자: 인사혁신처 사이버국가고시센터에 들어가 보면 구체적인 경쟁률과 응시과목, 시험일정 등을 확인 가능해요. 먼저 경쟁률을 확인해 볼까요? 사이트 시험 통계 자료실 탭에 들어가서 시험별 통계에서 작년(2024년) 지역인재 9급 수습직원 선발시험 원서 접수 결과를 확인해 볼까요?
(인사혁신처 사이버국가고시센터: https://www.gosi.kr/uat/uia/gosiMain.do)

내담자: 잠시만요. 전기 직렬은 경쟁률이 5:1이고, 일반기계 직렬은 2.5:1이네요. 다른 모집 단위들도 보니 대부분의 기술 분야 경쟁률이 5 안쪽으로 들어와요. 생각보다 경쟁률이 낮네요.

상담자: 그래요. 특성화고등학교나 마이스터 고등학교 졸업 예정자 학생들 중 학교장 추천을 받은 학생들만 시험에 응시할 수 있기 때문에 일반 공무원 채용 경쟁률보다는 훨씬 낮다는 장점이 있어요. 또한 시험 과목도 국어, 영어, 한국사 3과목으로 부담이 적어요.
○○이가 작년에 전기 관련 자격증을 땄다고 들었어요. 학교 명예의 전당에서도 본 것 같은데 맞나요?

내담자: 네! 작년에 전기 기능사 자격증 땄어요.

상담자: 그럼 그것도 가산점을 받을 수 있어요. 사이트 원서접수 탭에 가산점 등록 안내를 살펴보면 직렬별 자격증 가산점을 3% 또는 5%를 받을 수 있어요.

+ **기술분야 가산점 적용 자격증**

구분	7급		9급	
	기술사, 기능장,기사 [시설직(건축)의 건축사 포함]	산업기사	기술사, 기능장, 기사, 산업기사 [시설직(건축)의 건축사 포함]	기능사 [농업직(일반농업)의 농산물품질관리사 포함]
가산비율	5%	3%	5%	3%

가산대상 자격증의 종류는 국가법령정보센터에서 「공무원임용시험령」하단의 별표12를 참조

[그림 5-4] 사이버국가고시센터 원서접수 탭의 가산점 등록 안내 화면

내담자: 기술 분야 가산점을 보니 9급 기능사 자격증이면 3% 가산점을 받을 수 있네요.

상담자: 그렇죠. 여기 적혀 있는 것처럼 구체적인 자격증 종류는 국가법령정보센터에 들어가면 확인 가능해요. 보이나요?

공업	전기	기술사: 발송배전, 건축전기설비, 전기응용, 철도신호, 전기철도, 전기안전, 품질관리, 소방 기능장: 전기 기사: 전기, 전기공사, 철도신호, 전기철도, 산업안전, 품질경영, 승강기, 소방설비(전기분야) 산업기사: 전기, 전기공사, 철도신호, 전기철도, 산업안전, 품질경영, 승강기, 소방설비(전기분야) 기능사: 전기, 철도전기신호, 승강기	

[그림 5-5] 사이버국가고시센터 국가법령정보센터 탭의 자격증 종류 일부 화면

내담자: 네. 전기 기능사 말고도 승강기나 철도전기신호 기능사 자격증도 가산점을 받을 수 있군요.

상담자: 맞아요. 국가법령정보센터에서도 자격증 종류를 볼 수 있지만, 매년마다 올라오는 모집공고 파일에도 확인 가능하답니다. 모집 공고를 보니 필기시험 각 과목 만점의 40%이상 득점한 사람 중 선발예정직렬(직류) 관련 전문교과 또는 학과 요건을 충족한 자가 응시하는 경우, 직렬(직류) 유관 가산 대상 자격증 1개당 각 과목별 만점의 2%, 최고 4%까지 가

산점을 받을 수 있네요. 그럼 ○○이가 국어, 영어, 한국사 40점 이상을 받으면 전기 기능사 자격증에 관해서 가산점도 받을 수 있다는 거죠.

내담자: 그런데 선생님. 전 영어를 정말 못하는데 지금부터 준비해서 내년에 시험을 볼 수 있을까요?

상담자: ○○이가 영어에 부담감을 가지고 있군요. 그럼 기업쪽 취업을 생각해 본 적 있나요?

내담자: 기업 취업이요? 전기 관련 분야에서는 어떤 기업들이 있나요?

상담자: ○○이가 지금 특성화고에 재학 중이기 때문에 특성화고 마이스터고 포털 사이트 '하이파이브'를 활용해 보면 어떨까요? 직업계고 학생들에게 학교, 취업, 선취업후학습 정보를 제공하는 사이트랍니다. 한번 같이 봐 볼까요?

(특성화고 포털 하이파이브: https://www.hifive.go.kr)

내담자: 취업 정보를 알고 싶다면, 하이파이브 사이트에서 취업 · 진로 탭을 확인하면 되겠네요.

상담자: 그렇죠. 취업 정보 탭에서도 HIFIVE 취업 정보, 워크넷 취업 정보, KB굿잡 취업 정보, IBK 아이원잡 취업 정보 이렇게 4개로 취업 정보를 확인할 수 있어요. 이번에는 ○○이가 원하는 곳에 한번 들어가 볼래요?

내담자: KB굿잡 취업정보를 이용해 볼게요.

상담자: 그래요. KB 굿잡에서는 직종 구분, 근무 지역, 고용 형태, 기업 규모, 기숙사 여부, 병역특례 여부, 회사명 등 ○○이가 원하는 조건을 선택해

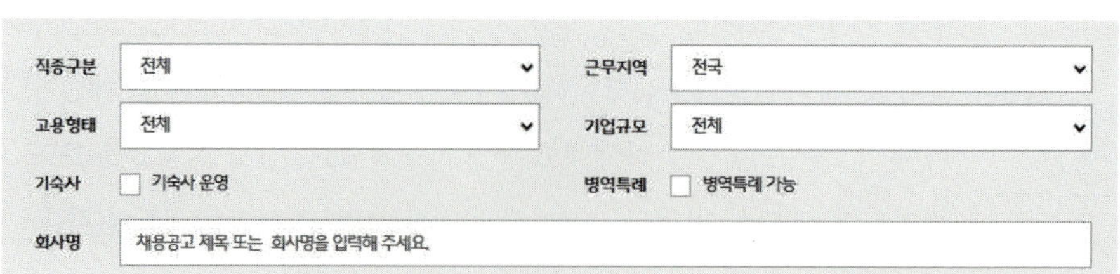

[그림 5-6] 하이파이브 취업정보 탭의 KB굿잡 취업정보 화면

서 해당하는 기업의 채용정보를 찾아볼 수 있어요.

내담자: 저는 전자 분야가 궁금해서 직종을 전자 · 기계 · 기술 · 화학 · 연구개발로 선택하고 서울 지역의 중견기업을 찾아볼게요.

상담자: 그렇게 설정하면 여러 기업의 채용 정보가 보이나요?

내담자: 네. 상시 채용인지, 마감 기한이 있는 채용인지가 보여요.

상담자: 맞아요. 취업인 경우 기업마다 채용일시가 다 다르기 때문에 수시로 채용 정보를 확인할 필요가 있어요. 상시 채용 중에 있는 기업 중에 한 기업 클릭해서 전형 방법을 확인해 볼까요?

내담자: 모집 인원이나, 최종 학력, 연봉 기준, 모집 내용 등을 확인할 수 있어요.

상담자: 그럼 그 기업의 지원 방법은 어떤가요?

내담자: 서류전형, 1차 면접, 2차 면접(필요시), 채용 검진 후 최종 합격할 수 있다고 나오네요. 접수 방법 링크로 들어가니 온라인 이력서를 작성해야 된다고 그럼 제가 고등학교 3학년 때 이력서를 작성한다면 어떻게 작성하는 걸까요? 이력서 작성법에 대해서 알고 싶어요.

상담자: 이력서를 잘 작성하는 방법을 알고 싶다면, **사람인** 사이트의 커리어성장 탭을 활용해 보는 것도 좋겠어요. 각종 분야별 이력서 양식을 다운 가능하고, AI를 기반으로 한 이력서 코칭을 받을 수 있고, 아니면 작성한 이력으로 네임드기업 현직자에게 1:1 커리어 상담도 받을 수 있어요. (사람인: https://www.saramin.co.kr)

내담자: 그럼 학교가 아니어도 집에서도 개인적으로 이력서를 작성하고 피드백을 받을 수 있겠네요.

상담자: 그렇죠. 사람인 사이트 말고도 잡코리아, 스카우트 등 다양한 취업정보 관련 사이트에서 ○○이가 원하는 정보를 얻을 수 있어요. 또한 사기업 말고 공기업이 궁금한 경우 네이버에 '정부산하기관'이라고 검색하면 관련 산하기관 및 단체 목록을 확인 가능하고 해당 기관 사이트에서 직접 채용 정보도 얻을 수 있답니다.

참고문헌

고석란(2016). 강점기반 취업지도 프로그램이 대학생의 긍정정서, 진로결정수준 및 구직 효능감에 미치는 효과. 경성대학교 교육대학원 석사학위논문.

고영란(2015). 특성화 고등학교의 취업장벽과 진로준비행동과의 관계에서 진로태도성숙도 및 진로교육만족도의 조절효과 검증. 이화여자대학교 교육대학원 석사학위논문.

김봉환(2000). 청소년 진로상담 정책의 현황과 과제. **청소년상담연구**, 8, 146-169.

김봉환, 강은희, 강혜영, 공윤정, 김영빈, 김희수, 선혜연, 손은령, 송재홍, 유현실, 이제경, 임은미, 황매향(2013). **진로상담**. 서울: 학지사.

김봉환, 김계현(1997). 대학생의 진로결정수준과 진로준비행동의 발달 및 이차원적 유형화. **한국심리학회**, 9(1), 311-333.

김봉환, 김병석, 정철영(2006). **학교진로상담**. 서울: 학지사.

김수찬(2012). 상업계열 특성화고 학생들의 취업지도 강화 방안. 경기대학교 교육대학원 석사학위논문.

김정선, 조현정, 백지연, 서보람, 김민정(2016). 여고생의 대학진학결정과정에서의 정보요구분석. **취업진로연구**, 6(1), 47-70.

김종로(2014). 취업 진로지도와 인문상담. **인문과학연구**, 43(1), 305-323.

김지연(2020). 일반계 고등학교 진학담당교사의 진학지도 사례분석. 한국교원대학교 교육대학원 석사학위논문.

김충기(1986). **진로교육의 본질**. 대구: 배영사.

김충기, 김현옥(1993). 청소년의 진로성숙과 관련변인과의 상관관계. **한국직업교육학회**, 8(1), 143-160.

박상현, 조동진(2011). **고졸자 취업진로조사 기초분석보고서**. 충북: 한국고용정보원.

오은주(2008). 진로탐색 프로그램이 중학교 3학년의 학업성취동기와 진로정체감에 미치는 효과. 전남대학교 교육대학원 석사학위논문.

오은진, 신선미(2005). **여학생 진로 다양화를 위한 진로 · 직업지도 가이드라인 개발**. 한국여성정책연구원 연구보고서.

유현실, 강성현, 안진아, 이아라, 이은설, 이항심(2020). **고등학교 진로교육의 실제**. 서울: 사회평론아카데미.

유현실, 서미아, 이주영(2020). 상담전공 학부생의 전공역량 모형 구축 및 자가평가도구 타당화. **학습자중심교과교육연구**, 20(12), 209-229.

윤광현, 김충현(2013). 특성화 고등학교 학생의 취업장벽 인식에 관한 연구: 공업계와 상업계고등학생의 차이를 중심으로. **경영컨설팅연구**, 13(1), 341-359.

이연옥(2007). 고등학생의 정보요구 해결을 위한 도서관서비스 방안. **한국도서관 · 학회지**, 38(1), 107-134.

이현림, 송병국, 박완성, 어윤경, 김기홍, 박성미, 김순미, 이지연, 이동혁, 박가열, 변정현, 김민순(2013). **새롭게 보는 진로상담**. 경기: 교육과학사.

이현림, 이선희, 천미숙, 최숙경(2007). 진로탐색훈련 프로그램이 여중학생의 대인관계 능력과 진로의식성숙에 미치는 효과. **진로교육연구**, 20(2), 151-164.

정영공(2007). 일반계 고등학교 3학년 진학상담 모형 구안. 한국교원대학교 교육대학원 석사학위논문.

정진용(2020). 공업계열 특성화고교 취업 · 창업교육 운영 실태분석 및 활성화 방안 연구. 인천대학교 교육대학원 석사학위논문.

지용근(2005). **진로상담의 이해**. 서울: 동문사.

최미희(2018). 고등학생의 진학 정보 이용행태 분석에 관한 연구. 공주대학교 교육대학원 석사학위논문.

최영순, 김중진, 박가열, 이랑, 권윤섭, 이주현(2023). **2023 한국직업전망**. 충북: 한국고용정보원.

최웅권(2000). 북한이탈주민 취업 상담에 대한 상담사 인식과 경험 연구. 한국기술교육대학교 대학원 석사학위논문.

한국교육개발원(2023). **2023 교육기본통계 조사결과 분석보고서**. 충북: 한국교육개발원.

홍후조(2005). 일반계 고교에서 상이선택 교육과정의 실현 방안 연구. **교육과정연구**, 23(4), 175-206.

Isaacson, L. E., & Brown, D. (2000). *Career Information, Career Counseling and Career Development*. Allyn and Bacon.

Yost, E. B., & Corbishley, M. A. (1987). *Career counseling: A psychological approach*. Jossey-Bass.

고용24 직업인 인터뷰 홈페이지(https://www.work.go.kr/consltJobCarpa/srch/meetPerson/getMeetPerson.do?pageIndex=1&pageUnit=10)

고용24 한국직업정보 홈페이지(https://www.work.go.kr/consltJobCarpa/srch/jobInfoSrch/srchJobInfo.do)

고입정보포털 홈페이지(https://www.hischool.go.kr)

사람인 홈페이지(https://www.saramin.co.kr)

인사혁신처 사이버국가고시센터 홈페이지(https://www.gosi.kr/uat/uia/gosiMain.do)

커리어넷의 직업인 인터뷰 홈페이지(https://www.career.go.kr/cnet/front/base/job/jobInterview_new/jobSpecialList_new.do)

큐넷 홈페이지(http://www.q-net.or.kr/)

특성화고 포털 하이파이브 홈페이지(https://www.hifive.go.kr)

학교알리미 홈페이지(https://www.schoolinfo.go.kr)

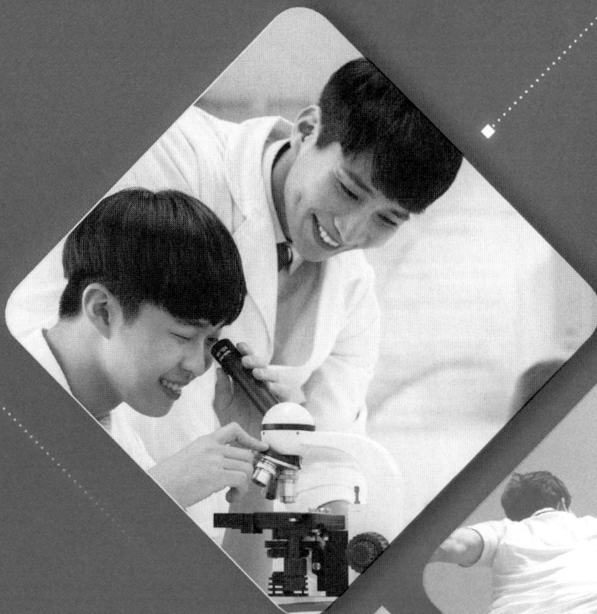

제 6 장

진로심리검사의 활용

1. 표준화 진로심리검사의 활용
2. 진로심리검사의 이해와 활용

1. 표준화 진로심리검사의 활용

1) 진로심리검사의 개념

심리검사란 인간의 행동적 특성이나 심리적 특성을 측정하는 방법으로 응용 가능성을 가지고, 수많은 영역에서 다양하게 실시되고 있는데 간단한 검사에서부터 특수한 검사까지 아주 다양하다. 아나스타시와 어비나(Anastasi & Urbina, 1997)는 한 인간의 행동표본을 객관적이며 표준화된 절차로 측정 · 진단하는 방법을 심리검사라고 하였다.

심리검사란 인간의 성격, 능력 및 그 밖에 그 사람이 갖고 있는 심리적 특성의 내용과 그 정도를 밝힐 목적으로 일정한 조건하에 이미 마련한 문제나 혹은 작업을 제시한 다음 그 사람의 행동 또는 행동의 결과를 어떤 가정의 표준적 관점에 비추어 질적 혹은 양적으로 기술하는 조직적 절차를 의미한다.

심리검사는 인간 행동의 모든 것을 완전하게 설명해 주는 도구가 아니라 단지 인간의 행동을 이해하는 보조도구이므로 너무 과신하거나 불신하는 것은 바람직하지 않다.

진로 문제를 다루는 상담 및 교육 장면에서 진로문제의 구체화, 내담자에 대한 정확한 이해, 합리적인 진로의사결정의 조력을 위해서는 적절한 심리검사의 활용이 필요하다. 진로심리검사는 진로상담의 과정과 결과의 효율성의 증가와 과학적인 상담을 가능하게 하고, 도움을 줄 영역이나 방법을 알려 주며 이러한 계획이 적합할 것인지에 대한 정보를 줄 수 있다.

진로심리검사의 개념을 다음과 정의할 수 있다. 진로심리검사란, 진로탐색 및 선택, 진로변경 등 진로의사결정과정에서 발생하는 개인의 심리적 속성을 알아보는 검사로 개인의 특성을 파악하고 진로와 관련된 문제들을 진단하여 진로의사결정을 합리적으로 수행할 수 있도록 도와주는 검사 도구이다.

2) 진로심리검사의 목적

심리검사의 목적은 크게 네가지로 설명할 수 있을 것이다. 첫째, 한 개인의 행동을 예측하는 것이다. 심리검사는 학업성취도의 예측이나 특정 활동에서 개인의 행동을 예측하는 데 유용하고, 심리검사의 결과는 개인 간의 상호 비교에 그 근거를 두어 앞으로 한 개인이 수행할 행동을 상대적으로 예측(확률적)할 수 있도록 한다. 둘째, 한 개인의 행동상의 원인적인 요인을 진단하는 것이다. 적절한 심리검사의 사용을 통해 행동에서 나타나는 결함이나 결점뿐만 아니라 그 원인을 찾을 수가 있다. 셋째, 검사를 통하여 집단의 일반적인 경향을 조사 또는 연구하여 기술하거나 규명하려는 목적으로 사용하기도 한다. 넷째, 개성과 적성의 발견을 통하여 자신의 발전을 도모하고 인력의 적재적소의 배치를 위해 검사를 사용하기도 하는 것이다.

이와 같은 목적의 심리검사는 교육, 임상의학, 상담과 생활지도, 진로교육 및 상담, 산업 장면, 범죄의 분류 심사, 교정 등의 다양한 분야에서 사용되고 있다.

최근에 진로진학상담 장면에서도 개인의 특성을 파악하고 진로와 관련된 문제들을 진단하여 진로의사결정을 합리적으로 수행할 수 있도록 도와주는 심리검사의 활용도가 증가하고 있다.

진로진학상담에서의 심리검사의 목적은 다음과 같다.

① 예언: 개인차를 예상하고, 직업적·교육적으로 진로선택을 하는 개인의 성공 가능성을 추론하는 예언의 기능을 한다.

② 판별: 가치관, 흥미, 적성 등과 같은 개인 특성에서 사람들 사이의 유사성과 차이점을 알 수 있게 하는 판별의 기능을 한다.

③ 진단: 개인의 의사결정, 진로성숙, 태도 및 인지적 변인에 대한 내용을 확인해 적절한 진로 선택이 가능할지 여부를 확인할 수 있는 진단의 기능을 한다.

④ 평가: 진로진학상담 및 교육의 성과에 대한 평가를 가능하게 하는 기능을 한다.

3) 심리검사의 분류

심리검사는 크게 검사 내용과 검사 형태에 따라 분류한다. 검사 내용에 의한 분류는 지능, 적성, 학력 등과 같이 개인의 능력적인 면을 측정하는 능력검사와 인성, 흥미, 태도 등을 알아내는 성향검사로 분류할 수 있다.

검사 형태에 따른 분류는, 첫째, 표준화 절차에 따라 제작된 표준화 검사와 표준화 절차를 거치지 않은 비표준화 검사가 있다. 둘째, 검사 대상자의 인원에 따라 일대일로 검사를 받는 개인검사와 검사자가 집단을 대상으로 실시하는 집단검사가 있다. 셋째, 검사 도구와 관련해 검사지와 필기 도구만을 가지고 하는 지필검사와 특정한 기계나 기구를 가지고 하는 기구검사가 있다. 넷째, 측정 방법에 따라 검사 시간을 엄격히 제한하는 속도검사와 제한하지 않는 역량검사가 있다. 이외에도 정신적 이상 유무를 진단하는 진단검사와 비진단검사로 나눌 수 있다. 다양한 진로심리검사의 분류는 심리검사의 표준화에 대한 내용을 다룬 후에 진로심리검사의 이해와 활용에서 제시하기로 한다.

4) 심리검사의 표준화

(1) 표준화의 개념과 표준화 검사의 특징

표준화란 도구의 표준화, 절차의 표준화, 채점 및 해석의 표준화를 말한다.

① 검사 도구의 표준화

심리검사는 인간의 행동특성 또는 행동경향성을 측정하게 되는 것이므로 검사 도구가 그러한 인간의 행동특성을 측정하기에 충분한 문항들로 구성되어야 함은 당연한 일이다. 그러나 개인의 많은 행동을 낱낱이 문항에 비추어 알아본다는 것은 실제적으로 불가능한 일이다. 그러므로 그 행동의 일부분을 표집하여 그것으로 전체 행동을 미루어 볼 수밖에 없다.

따라서 도구의 표준화는 타당성 있는 측정 도구를 만들기 위한 필수 요건이라

할 것이다. 즉, 제작되어 나온 도구가 측정하려고 하는 내용(또는 목적)을 제대로 분석하고 있으며, 그 분석된 내용을 나타내는 행동 증거를 적절히 수집하고 있으며, 검사 실시 대상에 실시하여 정규분표의 측정치를 얻을 수 있는가의 문제 등은 곧 도구의 표준화와 직결되는 일이요, 도구의 표준화 그 자체인 것이다. 이와 같이 표준화 검사의 도구는 측정 도구가 표준화되어 있다는 점이 큰 특징을 이루고 있다.

② 절차의 표준화

표준화검사에서는 검사의 제작에서부터 편집, 실시, 채점, 해석, 활용에 이르기까지 반드시 요구되는 조건에 맞추어야 한다. 이 중에서도 검사 실시 절차의 표준화는 더욱 지켜야 할 일이다. 도구 작성자가 절차의 표준화를 위한 지시를 명백히 하는 것은 기본이고, 실제 검사 실시에 있어 이 절차가 지시한 대로 지켜지지 않는다면 표준화 검사의 결과는 믿을 수 없는 것이 되고 만다. 가령 검사 시간 45분이라는 시간제한이 있는데도 그것이 엄격하게 지켜지지 않았다면 규준집단의 결과(규준)와 비교해 볼 근거를 상실하고 만다.

표준화검사는 시공간을 초월하여 언제 어디서나 실시할 수 있다는 장점을 지니고 있지만 그 전제가 되는 것은 절차의 표준화에 있는 것이다. 만약 실시에 있어서 표준화된 절차에 따르지 않는다면 엉뚱한 결과를 가져올 것이다.

③ 채점 및 해석의 표준화

채점 및 해석도 위의 절차의 표준화에 속하는 것이 되겠지만 표준화 검사에서는 검사 결과를 비교해 볼 수 있는 '규준'을 마련하고 있음이 그 특징의 하나다. 채점이 표준화되어 있다면 거기에다 얻은 결과를 가지고 전국적인 수준에서 개개인의 위치를 알아낼 수 있는 것이다. 개인뿐만 아니라 전국적인 수준에 비추어 본 자기 학급의 능력 수준을 알아볼 수 있을 것이며 따라서 해석도 제대로 할 수 있을 것이다.

표준화검사의 우수성은 이러한 개인 또는 집단의 능력을 규준에 비추어 비교

가능케 하는 데 있다. 따라서 규준집단의 선정은 검사의 표준화를 위해 대단히 중요시되고 있다. 규준집단은 선정에 있어 모집단을 잘 대표할 수 있도록 표집이론이 엄격하게 지켜져야 하며 규준집단의 검사 실시 결과는 정규분포이거나, 정규분포에 가까워야 한다. 이렇게 하여 뒤따르는 통계적 절차를 거쳐 마련된 '규준'에 의해 어떤 개인의 검사 결과는 옳게 비교되고 해석되는 것이다.

(2) 표준화검사의 선택과 실시 방법

① 선택의 기준

◈ 검사 도구의 타당도

타당도는 하나의 검사 도구가 측정하려고 하는 내용이나 목표를 충실하게 측정하고 있는가의 문제이다. 이와 같은 사려 깊은 주의(thoughtful attention)는 다음과 같은 면에서 행해져야 할 것이다.

① 타당도 또는 타당성이 보고되어 있는가?
② 보고된 타당도는 어떤 준거에 의한 것이며 그것은 합리적인가?
③ 문항 제작이 잘되어 있으며, 행동 증거의 수집이 적합한가?
④ 검사 도구에 대한 전문가나 비판자들은 그 도구에 대하여 어떤 의견을 가지고 있는가?

◈ 검사 도구의 신뢰도

검사 도구가 일관성 있는 결과를 가져오지 않는다면 신뢰도는 낮은 것이다. 신뢰도의 검사상 필요한 요건은 다음과 같다.

① 무슨 형의 신뢰도가 결정되었는가?
② 측정의 표준오차는 검사 결과를 신뢰할 수 있을 정도로 작은가?
③ 신뢰도를 결정할 때에 사용된 표본 집단의 크기는 적절한가?

④ 검사 전문가나 비판가들의 의견은 어떠한가?

◈ 규준점수

표준화검사의 중요한 특징은 규준의 유용성(availability)에 있다. 그러므로 다음과 같은 면에서 규준이 살펴져야 한다.

① 어떤 규준척도가 사용되고 있으며, 또한 지역별, 성별 또는 연령별 규준이 보고되어 있는가?
② 규준의 기초가 되는 소점의 분포에 관한 기록이 있는가?
③ 표준화 집단의 표집의 방법, 크기는 적절하며, 표집 대상자의 연령, 성별이 기록되어 있는가?
④ 같은 종류의 검사 도구의 규준과의 비교도 언급되었는가?
⑤ 검사를 실시하는 학년 또는 학급과의 비교가 가능할 수 있도록 규준이 작성되었는가?

◈ 검사 실시의 용이성 문제

검사 실시의 용이성 문제, 즉 실시 방법은 미리 훈련받은 지도자만 검사를 실시할 수 있는가? 복잡한 시간의 조절 절차는 없는가? 피검자에게 주는 불필요한 지시 또는 부적당한 연습문제는 없는가? 실시에 필요한 시간은 너무 길지 않은가? 답안지는 따로 마련되어 있는가? 인쇄의 오식은 없는가 등의 면이 조사되어야 한다.

◈ 채점의 용이성

채점에 대한 설명이 자세하게 기록되어 있는가? 또는 객관적인 채점이 가능하도록 되어 있는가? 등이 살펴져야 한다.

◈ 기타 조건

검사 요강 · 검사 제작 연도 · 평판 · 해석 · 활용 · 인쇄 · 경비 등의 면이 고찰되어야 한다.

② 검사의 실시 방법

◈ 분위기 및 동기 조성

개인검사로 되어 있는 표준화검사는 전문적 소양이 있는 검사자에 의하여 검사가 시행되어야 하겠지만, 집단검사로 되어 있는 표준화검사는 보통 검사자에 의하여 실시될 수 있다. 담임교사가 시행할 경우에는 학생들의 수검 동기를 유발시킬 수 있으며 쉽게 학생들과의 관계 형성(rapport)을 잘할 수 있는 장점이 있지만, 학생들에게 최선을 다하여 검사를 받도록 동기를 유발해 주어야 할 것이다.

◈ 지시의 정확화

검사를 시작하는 데 있어 인쇄된 지시만을 읽을 때에는 문장을 빠뜨리거나 대체 첨가함이 없도록 해야 할 것이며, 지시의 불완전한 이해로 말미암아 시행이 무효화될 수도 있다.

검사 시간이 정확하게 지켜져야 할 경우에는 스톱워치(stop watch)를 사용하는 것이 바람직하겠으나 불가능할 때는 시작할 때의 '분과 초'를 기록해 두는 것이 매우 중요한 일이다. 시간을 정확하게 지키는 일을 기억에 의존하는 방법은 금물이다.

◈ 실시 시간

검사 실시의 시간은 되도록 오전 중에 택하는 것이 좋다. 피검자들이 충분히 그 능력을 발휘할 수 있도록 조용한 장소, 좋은 날씨, 피로하지 않은 시간 등 조건을 갖추어 주는 것이 바람직하다.

◈ 결과의 해석

이상과 같이 실시하여 얻은 검사의 결과는 '현재 피검자의 능력이 어느 정도인가'를 지시하는식으로 해석되어야 한다. 검사의 결과를 영구적 또는 반영구적으로 해석한다는 것은 위험한 일이다. 비교적 영구성을 띠고 있는 것으로 알려져 있는 지능지수도 변동이 있음이 연구 결과로 보고되고 있다.

또한 표준화검사는 어느 학교 어떤 교실에서도 사용될 수 있도록 최대공약수적인 내용으로 구성되어 있어 교사의 학습지도의 목표 내용을 전부 포함하지 못하는 단점이 있으므로 이 점도 해석에 있어 아울러 고려되어야 할 것이다.

◈ 검사지 처리

검사 결과의 기록 정리가 끝나면 사용했던 검사 용지를 폐기해 버리는 것이 도구 자체의 효용 기간을 길게 하는 데 도움이될것이다. 수량화된 검사의 결과는 다음에 올 교육 활동에 유효하게 사용되어야 하며 쓸데없이 학생에게 알리지 않는 것이 좋다.

◈ 유의점

마지막으로, 표준화검사의 실시는 학교 교육계획의 일환으로 계획성 있게 실시되어야 한다. 표준화검사는 그리 빈번하게 시행될 수 없는 것이므로 그 종류・횟수・시기 등이 합리적으로 연구되고 실천되어야 할 것이다.

③ 표준화검사의 활용

표준화검사가 활용되는 면은 인간행동의 이해, 동질 집단의 조직, 감별 진단 치료 및 교정학습, 생활지도와 상담, 개인차의 진단, 특수아의 발견과 연구, 심리 또는 교육연구 등이다.

④ 표준화 심리검사에 대한 인식과 오해

- 심리검사는 학생 이해의 가장 중요한 방법이다.
  학생에 대한 올바른 이해라는 심리검사의 궁극적 목적을 달성하기 위해서는 심리검사 결과를 맹신할 것이 아니라 심리검사 결과와 면담 및 행동관찰 자료를 함께 활용하여야 한다.
- 심리검사는 주어진 절차를 기계적으로 밟음으로써 시행할 수 있다. 심리검사의 궁극적 목적은 시행 그 자체가 아니라 학생에 대한 이해이다. 따라서 인

간 변화의 이론에 대한 전문적 지식과 통찰력이 필요하다. 또한 검사에 따라서는 시행 자체에서도 고도의 전문성이 필요한 경우가 있다.

- 심리검사의 목표는 기술이다.
  심리검사의 목표는 학생과 내담자에 대한 이해이며, 그들을 이해하려는 궁극적인 목표는 그들의 긍정적인 변화이다.
- 심리검사는 결과로 나온 숫자나 타입명이 가장 중요한 자료이다.
  최종 숫자나 타입명(유형) 못지않게 학생이 검사를 받는 태도, 검사 시행 시 보였던 행동특성, 또는 검사에서 답을 했던 구체적 문항 자료 등에 대한 자료 역시 중요한 정보이다.
- 심리검사 결과가 면담 및 행동관찰 결과와 상반되는 경우, 그 결과는 타당하지 않거나 무의미하다. 때로는 그러한 차이가 오히려 중요한 정보를 제공하기도 한다.
- 심리검사는 부정적인 측면, 병리적 측면의 특성을 알기 위한 것이다. 심리검사는 학생의 문제, 부정적이고 병리적인 측면뿐 아니라 학생의 변화를 촉진시키는 과정에서 알아야 할 긍정적인 측면, 강점, 활용할 수 있는 자원 등도 모두 검사의 대상이 된다.
- 검사 결과는 곧 사실이다.
  검사 결과는 사실이 아닌 하나의 가설의 형태로 받아들여져야 한다.
- 심리검사를 실시하는 과정은 학생들에게 별다른 영향을 미치지 않으며, 미쳐서도 안 된다. 심리검사를 시행하는 과정 자체는 학생들 자신의 자아개념이나 학생과 교사의 관계에 영향을 미칠 수밖에 없고 교사는 이를 고려하여 검사를 실시하고 해석해야 한다.
- 심리검사와 관련한 검사자의 전문성은 검사의 실시 및 해석 능력에 있다. 검사의 실시와 해석 능력 외에도 검사를 실시할 대상의 행동적 특성에 대한 이해, 주어진 검사 대상에게 가장 필요한 검사가 무엇인지 선택하는 능력, 특정 영역을 평가할 다양한 검사 중 현실적 상황, 검사의 측정학적 특성을 고려할 때 가장 적절한 검사가 무엇인지 선택하는 능력, 다른 사람이 시행한 검사 결

과를 이해할 수 있는 능력, 검사 결과를 대상에게 오해나 불안감을 조장하지 않고 전달하는 능력, 대상에게 가장 필요한 검사를 시행할 수 있는 가장 적절한 전문가를 선별할 수 있는 능력 등이 포함된다.

2. 진로심리검사의 이해와 활용

진로심리검사는 최근에 다양한 검사들이 개발되어 현장에서 적용되고 있다. 이러한 다양한 진로 관련 심리검사들 중에서 학교 현장에서 학생들의 진로 및 적성 탐색, 진로발달, 진로가치관검사를 소개하기로 한다.

1) 흥미 영역

(1) 직업흥미검사(H)

홍미란 어떤 종류의 활동에 대해서 개인이 가지고 있는 쾌, 불쾌, 수락, 거부의 경향성을 말한다. 특히, 직업흥미는 직업의 선택, 직업의 지속, 직업 세계의 만족감, 직업에서의 성공 등과 밀접히 관련된다. 직업흥미검사(H)는 학생, 학부모, 교사에게 친숙한 홀랜드(Holland) 이론을 바탕으로 흥미를 6개로 분류하였다. 또한 직업군을 17개로 분류하여 선호하는 직업군을 알아볼 수 있게 개발되었다. 중학생용은 127개 문항, 고등학생은 126개 문항으로, 20분이 소요된다. 교육부 산하 한국직업능력연구원이 운영하는 진로정보망 '커리어넷(www.career.go.kr)'에서 무료로 실시할 수 있다.

검사 항목은 크게 두 가지이다. '흥미 유형'은 일상생활에서 경험할 수 있는 활동 중, 선호하는 흥미를 측정한다. '선호직업'은 직업 상황의 활동 중, 선호하는 흥미를 측정한다. 검사를 진행하는 중 · 고교생은 각 문항에 답할 때 내 그 활동을 얼마나 좋아하는지를 생각하여 솔직히 답하면 된다. 답을 해 나가는 도중 혹시 평소에 생각해 보지 않았던 활동이 적혀 있더라도 그 활동에 대한 대략적인 느낌에 따

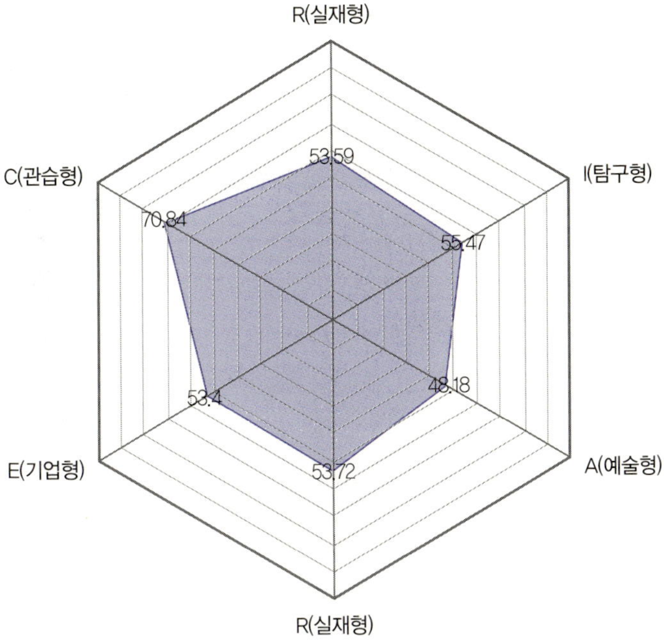

[그림 6-1] 홀랜드(Holland) 육각형 모형

라서 답하는 것이 좋다.

검사 결과는 각 흥미 영역과 선호직업군별 흥미 정도를 나타내는 프로파일이 제공된다. 그중 상대적으로 높은 흥미를 보이는 직업 영역이 제시되고, 관련 직업이 추천된다.

표 6-1 직업흥미검사(H)의 결과 예시

흥미 유형	유형 특징	직업특징	대표 직업
R유형 (실재형)	현실감각, 신체 능력, 구체성, 자연 친화성, 손재능	기계조작 · 설계하기 기구 · 기계 활용하기 동물 · 식물 키우기 제품 정비 · 수리하기 신체 능력 활용하기	동물조련사 비행기 조종사 요리사 경찰관 운동선수

I유형 (탐구형)	논리성, 합리성, 호기심, 탐구성, 분석 능력	연구 수행하기 자료 수집하기 보고서 작성하기 통계 처리 및 활용하기 특정 대상을 분석하기 실험하기	생물학자 로봇연구원 대체에너지개발연구원 경제학연구원 사회학연구원
A유형 (예술형)	예술성, 창의성, 감수성, 직관, 표현 능력	글쓰기 춤추고 노래하기 악기연주하기 옷, 물건 등을 디자인하기 연기하기	가수 화가 방송작가 연기자 영화감독
S유형 (사회형)	대인관계 능력, 사회성, 배려, 타인 이해, 봉사정신	가르치기 함께 공부하기 봉사활동하기 다른 사람 돕기	초등교사 인문계 중등학교교사 자연계 중등학교교사 사회복지사 간호사
E유형 (기업형)	리더십, 설득력, 도전정신, 목표 지향성, 경쟁심	토론하고 설득하기 발표, 연설하기 제품 소개하고 판매하기 법률, 정치적인 활동 참여하기 회의, 집단 등 이끌기	기업고위임원 고위공무원 외교관 국회의원 외환딜러
C유형 (관습형)	책임감, 계획성, 성실성, 순응성, 안전 지향	문서작성하기 회계처리하기 정보처리하기 서류작성 및 검토하기 자료분류 및 정리하기 스케쥴 관리하기	일반공무원 비서 사서 회계사 세무사

출처: 교육과학기술부, 한국직업능력개발원(2012).

① 검사 활용

직업흥미검사(H)는 중학교 1학년부터 실시 가능하지만 중학교 2학년부터 고등학교 3학년까지 실시할 때 가장 적합하다. 또 개인뿐만 아니라 학교, 각종 청소년 상담기관에서 온라인 및 오프라인을 통한 검사 실시와 해석이 가능하다. 검사 결과는 다양한 진로교육 및 상담 자료로 활용될 수 있다.

(2) 직업흥미검사(K)

쿠더(Kuder)의 직업흥미검사를 바탕으로 개발된 직업흥미검사(K)는 청소년들이 이 검사를 통해 자신이 어떤 종류의 일에 얼마나 흥미를 느끼고 있는가를 탐색할 수 있게 돕는 데 목적이 있다. 대상은 중학교 1학년부터 고등학교 3학년이며, 중학생용은 136문항, 고등학생용은 153문항으로 구성된다. 검사 시간은 약 15분이다. 교육부 산하 한국직업능력연구원이 운영하는 '커리어넷(www.career.go.kr)'에서 무료로 실시할 수 있다.

검사 항목은 3가지로 나뉜다. 다양한 직업에서 이루어지는 활동들에 대한 흥미도 검사와 일상생활에서 실제 경험해 볼 수 있는 활동들에 대한 흥미도 검사, 유사한 직업들에 대한 흥미도 검사 등이다.

검사를 실시할 때는 내가 그 활동을 얼마나 좋아하는지를 생각하여 솔직하게 답하면 된다. 답을 해 나가는 도중, 평소에 생각해 보지 않았던 활동이 적혀 있더라도 그 활동에 대한 대략적인 느낌에 따라서 답하면 된다.

① 검사의 특징

직업흥미검사는 중학생 및 고등학생들이 직업과 관련하여 자신의 흥미를 파악하고, 다양한 직업들 중에서 자신에게 적합한 직업을 탐색하는 데 도움을 주기 위해 개발되었다. 흥미는 자신의 직업을 선택할 때 제일 먼저 고려해야 하는 것 중의 하나이다. 사람은 누구나 자신이 좋아하는 일을 할 때 좀 더 잘해 보고자 하는 의욕을 느낄 수 있으며, 삶의 보람도 찾을 수 있기 때문이다. 흥미란 어떤 종류의 활동에 대해서 개인이 가지고 있는 쾌, 불쾌, 수락, 거부의 경향성을 말하며, 이는 여러 가지의 인간 행동을 결정하는 데 중요한 역할을 한다(교육부, 한국직업능력개발원, 2013a, 2013b). 특히, 직업흥미는 직업의 선택, 직업의 지속, 직업에서의 만족감, 직업에서의 성공 등과 밀접히 관련된다. 흥미의 분류는 다양하나, 국내외의 선행연구들을 분석하고, 각 직업 내에서 수행되는 활동들의 유사성 및 수준에 따

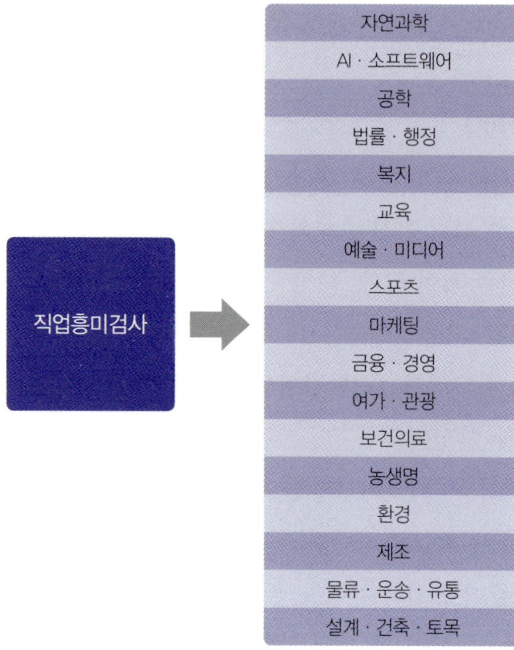

[그림 6-2] 직업흥미검사(K)의 17가지 직업흥미 영역

표 6-2 직업흥미 영역별 하는 일

분야	직업흥미 영역	하는 일
과학기술	자연과학	물리학, 화학, 지구과학, 천문학, 생명과학 등 자연계에서 일어나는 현상을 연구하거나 관련 지식을 활용하는 일을 한다.
	AI · 소프트웨어	인공지능을 갖춘 컴퓨터 시스템이나 컴퓨터를 사용하기 위한 프로그램을 연구하고 활용하는 일을 한다.
	공학	기계공학, 에너지공학, 전기전자공학 등의 분야에서 응용할 수 있는 과학적 지식과 기술을 연구하거나 활용하는 일을 한다.
행정복지	법률 · 행정	국가와 사회 운영에 필요한 법이나 제도를 만들고 적용하며, 국내 및 국제 관계를 유지 · 발전시키는 일을 한다.
	복지	사회 구성원들의 행복과 삶의 질을 개선하고, 신체적, 정신적으로 어려움에 처한 사람들을 돕기 위한 사회적, 제도적 일을 한다.
	교육	사람들에게 필요한 지식이나 기술을 가르치고 바람직한 인성을 길러주기 위해 교육, 교육상담, 교육환경 조성 등의 일을 한다.
예체능	예술 · 미디어	음악, 미술, 디자인, 영화, 방송, 문학 등의 예술 · 미디어 분야에서 개인적 재능을 발휘하고, 해당 분야와 관련된 일을 한다.

	스포츠	운동선수로 활약하거나 경기 진행, 선수 지도 및 기타 서비스 제공 등 스포츠와 관련된 일을 한다.
경영 서비스	마케팅	소비자에게 상품이나 서비스를 효율적으로 제공하기 위한 홍보 활동을 하며, 고객을 유치하고 유지 · 관리하는 일을 한다.
	금융 · 경영	기업, 조직 및 개인의 자산을 관리하거나 운용하며, 재무, 회계관리, 인사관리 등 회사 경영과 관련된 일을 한다.
	여가 · 관광	여행, 관광, 행사 등의 분야에서 상품의 기획, 개발 및 진행 등과 관련된 일을 한다.
바이오	보건의료	국민의 건강을 보호하고 증진하는 활동을 하며, 환자를 진단, 치료, 간호하거나 의료 시스템을 지원하는 일을 한다.
	농생명	농 · 축 · 수산물 등 식량 자원을 생산 · 가공 · 관리하거나 산림, 반려 동식물 관리 등과 관련된 일을 한다.
	환경	공기나 수질, 날씨, 바다 등 지구 환경을 조사 · 분석하고, 보전하거나 개선하는 일을 한다.
제조 물류 건설	제조	자동차, 가전제품, 가구 등 완제품 및 부품을 생산하거나 관리 또는 수리하는 분야에서 일을 한다.
	물류 · 운송 · 유통	사람의 이동 또는 상품의 배송을 위한 자동차, 비행기, 선박 등의 운행 및 통제에 관련된 일을 한다.
	설계 · 건축 · 토목	건물이나 구조물, 도로, 철도, 항만 등을 설계하고 만들며, 그 과정을 관리하거나 보수하는 일을 한다.

출처: 교육부, 한국직업능력연구원(2022).

라 총 17개의 직업흥미 영역을 분류하였다(교육부, 한국직업능력개발원, 2022).

② 검사 결과

각 직업 영역별 흥미 정도를 나타내는 프로파일이 제공된다. 그중 상대적으로 높은 흥미를 보이는 직업영역이 제시되고, 관련 직업이 추천된다.

검사 결과를 볼 때는 우선 백분위 그래프를 보고 흥미도의 순서를 확인한다. 그 다음 각 개인별 높은 흥미를 나타내는 상위 3개의 직업군을 확인한다. 다음 제시된 직업들의 정보를 직업사전에서 찾아보며 탐색한다. 직업흥미검사는 청소년 개인뿐만 아니라 학교, 각종 청소년 상담기관에서 온라인 및 오프라인을 통해 검사 실시와 해석이 가능하다. 검사 결과는 다양한 진로교육 및 상담 자료로 활용될 수 있다.

(3) 청소년 직업흥미검사

직업흥미검사는 청소년이 진로를 결정하고 직업 세계를 탐색하는 데 도움을 주기 위한 검사이다. 개인의 흥미 분야에 대한 분석과 직업 세계에 대한 정보를 제공한다. 이 검사는 청소년이 흥미 있고 관심 있는 활동과 분야를 측정해 일반흥미유형과 기초흥미분야 두 개의 결과를 제공한다. 고용노동부 산하 한국고용정보원에서 개발해 무료로 제공하고 있으며, 고용24(www.work24.go.kr)에 접속하면 무료 이용이 가능하다.

검사의 구성은 활동, 자신감, 직업의 세 가지 하위 척도로 구성된다. 세 가지 하위 척도를 통해 일반흥미유형과 기초흥미분야를 측정한다.

측정 내용은 3가지로 일반흥미유형, 기초흥미분야, 일반흥미유형과 기초흥미분야와의 관계 등이다. 일반흥미유형은 직업 특성을 구분 짓는 범주 중 개인에게 가장 의미 있고 이해하기 쉬운 것으로 알려진 홀랜드의 6가지 흥미유형을 나타낸다. 이는 개인의 흥미특성을 보다 일반적이고 폭넓은 관점에서 제시하는 것으로, 개인의 특성이 홀랜드의 6가지 흥미 유형에 얼마나 일치하는지를 측정한다. 기초흥미분야는 흥미의 매우 세분화된 영역을 측정하는 것으로 관련된 활동들의 매우 좁은 범위에 대한 흥미를 나타낸다(한국고용정보원, 2022).

검사 대상은 중학교 1학년부터 고등학교 3학년까지의 재학생 및 이에 준하는 연령의 청소년들에게 실시할 수 있다. 집단검사의 경우 피검사자 인원은 검사자 1인당 최대 약 50명 내외로 제한해 검사 실시가 적절히 이루어지도록 한다.

검사 방법은 검사를 실시하는 데 필요한 시간은 30~40분 정도이다. 제한 시간은 없으나 실시 방법에 따라 소요 시간에 약간 차이가 날 수 있다.

① 검사 결과의 해석

◈ 일반흥미유형

홀랜드의 직업성격유형 이론에 근거해 개인의 흥미유형을 6가지 분류로 측정한다. 개인의 직업성격유형이 실제 직업의 흥미유형과 얼마나 유사한지를 측정해

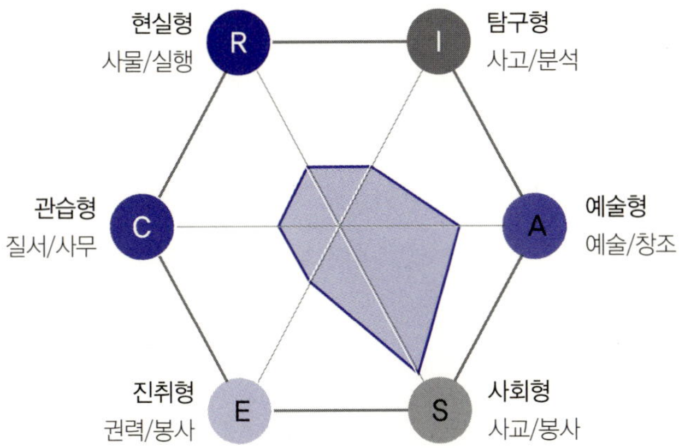

[그림 6-3] 흥미유형의 육각형

향후 직업에서의 만족도를 예측하고자 하는 것이다. 일반흥미유형을 측정해 개인의 흥미점수뿐 아니라 흥미육각형 모형 및 프로파일의 제시로 자신의 흥미를 심층적으로 이해할 수 있도록 한다. 일반흥미유형의 표준점수는 개인 외적인 흥미로 개인의 흥미가 다른 사람들의 흥미점수와 비교해 6개 흥미유형 중 어느 유형과 가장 가깝고 어느 유형과 다른지로 해석될 수 있다.

- 현실형(Realistic): 이 유형의 직업들은 대부분 도구, 기계, 사물, 동물이나 식물 등을 다루는 일들을 포함한다. 이런 직업의 사람들은 사물을 고치거나 수리하기 위해 도구나 기계 또는 손을 사용하는 일을 즐거워한다. 이 유형에서 높은 점수를 받은 사람들은 사무실에서 책상에 앉아서 하는 작업보다 밖에서 일하는 것을 더 선호한다. 여럿이 함께 일하는 것보다는 적은 그룹에서 혹은 혼자서 일하는 것을 더 선호한다.

  이런 일들은 전자기기나 가구를 고치는 것, 비행기, 자동차, 엔진 등을 다루는 것 또는 산림이나 옥외에서 활동하는 것들을 포함한다. 현실형의 사람들은 그들이 한 일의 결과를 직접 보는 것을 원하며, 그들은 인생을 복잡한 것이라기보다는 직접이고 단순한 것으로 여긴다.

이 유형 사람들의 공통적인 특징은 아이디어나 사람보다는 사물을 다루는 것을 더 좋아한다는 사실이다. 이 유형의 사람들은 기계적인 능력이나 운동 능력 등을 가지고 있으며 '기계적인', '거친', '확고한', '실제적인', '단순한' 등의 표현으로 설명된다. 이 유형의 대표적인 직업으로는 경찰관, 소방관, 기술자, 목수, 군인 등이 있다. 이들은 한마디로 '행동하는 사람'으로 명칭 지을 수 있다.

- 탐구형(Investigative): 탐구형의 사람들은 과학적이고 학문적인 활동을 좋아한다. 그들은 대학이나 연구소 등에서 일하는 것을 좋아하며 물리학자, 심리학자, 생물학자, 수학자, 컴퓨터 프로그래머, 화학자 등과 같은 직업들을 좋아한다. 이 유형의 사람들은 과학 문제를 해결하고 세계 문제 등을 조사하는 일을 좋아한다. 그들은 여러 사람들과 함께 일하는 것보다는 작은 그룹이나 혼자서 일하는 것을 선호하는데 이러한 면은 현실형 유형의 사람들과 비슷하다.

탐구형의 사람들은 그들의 내적 호기심을 충족시키기 위한 자유와 기회를 사용하는 것을 매우 중요하게 생각하며 그들은 삶을 탐구할 만한 가치가 있는 것으로 여긴다. 같이 탐구하고 연구하며 조사, 분석하고 문제 해결을 할 수 있는 사람들과 함께 일하며 때때로 복잡한 문제를 해결하기 위해 밤늦게까지 일하는 것을 좋아한다.

일반적으로 이 유형의 사람들은 감독을 받거나 다른 사람들을 감독하는 것을 매우 싫어하는데 이런 점에서 예술형의 사람들과 비슷하다. 이들의 특징은 논리적이고 합리적이며 체계적이고 과학적, 분석적이라는 표현으로 설명할 수 있다. 이들은 한마디로 '사고하는 사람'으로 명칭 지을 수 있다.

- 예술형(Artistic): 예술형의 사람들은 자신의 재능이나 기술, 독창력 등을 활용하여 독특한 예술작품을 만들거나 다른 사람들을 즐겁게 하는 일들을 좋아한다. 이 유형의 사람들은 자기표현을 위해 재능을 활용하고 예술적 가치를 추구하며 음악가, 미술가, 작가, 가수, 디자이너, 배우 등의 직업을 선호한다. 이 유형에서 높은 점수를 받은 사람들은 창조적이고, 음악적이며 통찰력이 있고, 독창적이며, 직관적이고 감각적이며 아름다움을 추구하는 특성을 가지

고 있다.

규제가 많은 직업을 좋아하지 않는다는 점에서 탐구형의 사람들과 비슷하며, 자신의 재능이 발휘되는 활동들을 추구한다. 이 유형의 사람들은 여가 시간에 그림을 그리거나 공연을 보거나 전시회에 가는 등의 활동을 즐긴다. 이들을 '창조자'로 명칭 지을 수 있다.

- 사회형(Social): 사회형의 직업은 다른 사람들을 가르치고, 개발시키며 가이드하고 치료하는 활동들을 포함한다. 이 유형의 사람들은 다른 사람들과 상호작용을 매우 잘하며 언어적 기술이 뛰어난데 이러한 면에서 진취형의 사람들과 비슷하다.

그들은 삶의 목적을 다른 사람들을 위해 봉사하는 것으로 생각하며 다른 사람들의 문제 해결을 돕고 그들의 삶을 개선시키는 데에서 보상을 느낀다. 이 유형에서 선호되는 직업들은 종교인, 사회사업가, 상담가, 교사, 간호사 등이며 이런 직업들은 다른 사람들의 활동을 계획하고 여러 활동들을 가르치며 적절한 때에 도움을 제공하는 일들을 포함한다. 사회형의 사람들은 기계를 다루거나 밖에서 노동하는 일에는 매우 관심이 적지만 대신 사람들과 함께 일하는 것을 좋아한다. 이 유형의 특징은 인간적이고, 사교적이고, 언어적이며 치료적이라는 표현으로 설명될 수 있다. 사회형의 사람들은 한마디로 '돕는 자'로 명칭 지을 수 있다.

- 진취형(Enterprising): 진취형의 직업들은 말로 다른 사람들을 설득하거나 물건을 판매하는 일들을 포함한다. 이 유형의 사람들은 다른 사람들을 이끌고 설득하는 데 유능하며, 사업가, 판매인, 관리자, 정치인처럼 리더의 위치에 있는 것을 좋아한다. 진취형의 사람들도 사회형의 사람들처럼 사람을 다루거나 조직에서 일하는 것을 좋아하지만 그들을 조직적이고 경제적인 이익관계에서 사람들을 설득시키고 관리하는 일에 훨씬 관심이 높다.

이 유형의 사람들은 삶을 원력과 지위, 물질적인 부의 관점에서 본다. 일반적으로 진취형의 사람들은 과학적이고 체계적인 사고를 싫어하고 어떤 일이 발생했을 때 오히려 성취감을 얻는다. 그들은 정치적이고 경제적인 환경을 좋아하는데 이들의 특성은 열정적이고, 경쟁적이며, 주장적이고, 확신에 차 있으며 설득적이라는 표현으로 나타낼 수 있다. 진취형의 사람들은 한마디로 '설득가'로 명칭 지을 수 있다.

- **관습형**(Conventional): 이 유형에서 높은 점수를 받은 사람들은 조직화하거나 파일을 정리하거나 기타 사무적인 일들에 관심이 높다. 그들은 리더의 위치를 추구하지는 않지만 어떤 기능들을 돕는 사무 환경에서 매우 유능하다. 그들은 정해진 규칙들을 정확히 알고 있으며 그러한 규칙대로 일하는 것을 매우 선호한다.

  관습형의 사람들은 주로 은행원, 회계사, 컴퓨터 오퍼레이터, 비서, 세무관 등의 직업을 선택한다. 이들은 정해진 시간에 편안하게 사무실 내에서 일하는 것을 선호하며 조직 내에서의 안정적인 위치를 중요하게 여기고 인생을 예견할 만하며 모든 것이 정해진 순서대로 정해진 곳에서 발생한다는 관점으로 생각한다. 관습형의 사람들은 한마디로 '조직가'로 명칭 지을 수 있다.

◈ 기초흥미분야

개인의 일반적인 흥미성격유형 외에 개인의 흥미가 실제 직업 활동에 어떻게 나타나는지에 대한 정보를 제공한다. 따라서 기초흥미분야의 해석은 14개 분야 중 높은 흥미를 보이는 직업 분야를 탐색하고, 개인의 일반흥미유형과 구체적 직업에 대한 기초흥미가 일치 하는지의 여부를 중심으로 활용할 수 있다.

- **프로파일 모양이 높낮음이 뚜렷하게 나타나는 경우**: 기초흥미분야 프로파일 모양 높낮이가 뚜렷해 특정 분야들은 높고 다른 분야들은 낮은 양상을 보이면 내담자가 구체적인 분야들에 대해 분명한 선호를 가지고 있음을 나타낸다.
- **프로파일 모양이 전반적으로 높낮음 없이 평평한 경우**: 내담자가 구체적인 분야들에 대해 분명한 선호를 갖고 있지 않음을 나타낸다. 내담자가 이런 분야들에 높낮음이 없는 비슷한 프로파일을 보이는 것은 자신이 좋아하는 것에 대한 뚜렷한 개념이 발달되어 있지 않아 모든 분야에 흥미가 있거나 모든 분야

에 흥미를 보이지 않는 것으로 해석되므로 이러한 이유에 대해 내담자의 다양한 상황들을 고려하여 깊이 있는 상담을 진행하여야 한다.

◈ 직업 추천 및 학과 정보

본 검사는 개인의 흥미분야에 대한 진로탐색을 위해 개인의 두 자리 흥미 코드에 적합한 직업을 추천하고 있다. 해당 직업들은 개인의 흥미 특성과 유사한 사람들이 종사하는 분야로, 그 분야로 진출 시 만족도가 높을 가능성이 있음을 의미한다. 추천된 직업은 고용24 직업 정보와 연계되어 있어 직업에 대한 세부적인 정보를 탐색할 수 있다.

추가로 본 검사는 구체적인 진로정보 탐색이 가능하도록 6개 일반흥미유형별 대표 직업 정보와 14개 기초흥미분야별 관련 학과 및 직업 정보를 제시하고 있다.

2) 적성 영역

(1) 직업적성검사

적성은 특정 영역(학업, 업무 등)에서 능력을 발휘하는 잠재적인 가능성을 말한다. 이 검사는 직업과 관련된 다양한 능력을 어느 정도 가지고 있는가를 스스로 진단해 자아성찰과 진로 및 직업 세계 탐색에 도움을 주기 위한 것이다. 교육부 산하 한국직업능력연구원이 운영하는 '커리어넷(www.career.go.kr)'에서 무료로 실시할 수 있다.

표 6-3 직업적성검사의 영역별 설명

적성 영역	정의
신체 · 운동 능력	기초 체력을 바탕으로 효율적으로 몸을 움직이고 동작을 학습할 수 있는 능력
손재능	손으로 정교한 작업을 할 수 있는 능력
공간지각력	머릿속으로 입체적인 물체의 위치나 모습을 상상하여 떠올릴 수 있는 능력
음악 능력	노래 부르고, 악기를 연주하며, 감상할 수 있는 능력

창의력	새롭고 독특한 방식으로 문제를 해결하고, 아이디어를 내는 능력
언어 능력	말과 글로써 자신의 생각과 감정을 표현하며, 다른 사람의 말과 글을 잘 이해할 수 있는 능력
수리 · 논리력	논리적으로 사고하여 문제를 해결하는 능력
자기성찰 능력	자신을 돌아보고, 생각과 감정을 조절하며, 자신에게 주어진 여러 자원을 관리하는 능력
대인관계 능력	조직 속에서 구성원들과 협조적이며 원만한 관계를 유지하는 능력
자연친화력	인간과 자연이 서로 연관되어 있음을 이해하며, 자연에 대하여 관심을 가지고 탐구 · 보호할 수 있는 능력
예술시각 능력	선, 색, 공간, 영상 등에 민감하게 반응하고 조화롭게 재구성할 수 있는 능력

출처: 교육부, 한국직업능력개발원(2018a).

① 검사 실시

직업적성검사는 직업과 관련된 다양한 능력을 어느 정도 가지고 있는가를 스스로 평가하는 방식이다. 검사 시간에 제한이 없으니 천천히 생각하면서 답하면 된다.

② 검사 결과

각 적성 영역별 능력 정도를 나타내는 프로파일이 제공된다. 그중 상대적으로 높은 능력을 보이는 2~3개 적성 영역이 제시되고 관련 직업이 추천된다. 또한 각 직업군별 능력 보유 정도가 5등급(낮음, 약간 낮음, 보통, 높음, 매우 높음) 중 한 가지로 제시된다.

적성검사는 자신을 이해하기 위한 많은 방법 중의 하나일 뿐이다. 따라서 적성검사 점수만을 믿고 자신의 소중한 진로를 결정하지 않도록 할 필요가 있다. 평소에 자신에 대하여 관찰한 것, 잘하는 과목, 좋아하는 일들이 무엇인지, 가치관 검사 및 흥미검사 결과 등을 검토하고, 그리고 관심 있는 직업들을 잘 알아본 후에 결정해야 한다(교육부, 한국직업능력개발원, 2018b). 이때 다른 사람(부모님, 선생님, 상담가, 친구 등)과 이야기를 나누어 보면 자신의 생각을 분명하게 하고 조언을 얻을 수 있다.

◈ 직업적성검사의 특징

- 검사 과정 및 결과의 교육적 효과: 이 검사는 검사를 치르는 과정이 교육적 경험이 되도록 구성되어 있다. 학생들은 직업 세계에서 중요한 다양한 능력들 및 각 능력에 포함되는 요소들, 나아가 각 요소와 관련된 긍정적 행동 예시들을 접함으로써, 그러한 능력들의 중요성 및 바람직한 행동 모델에 대하여 학습할 수 있다. 실제로 학생들이 검사를 실시한 후 소감을 묻는 질문에 중학생의 91.3%, 고등학생의 90.8%가 검사를 통하여 직업에서 필요로 하는 능력들이 매우 다양함을 알게 되었다고 응답했다. 또한 검사 결과를 제한된 직업만 제시하는 것이 아니라, 다양한 직업군에서 요구하는 능력과 각 직업군에 대한 개인의 적합성을 알려 주는 방식을 택함으로써, 학생들의 직업 세계 탐색의 폭을 넓히고 자기 발전의 가능성을 알려 준다.
- 다양한 적성 영역 포함: 언어 능력, 수리 · 논리력, 공간지각력과 같은 인지 능력만이 아니라, 신체 · 운동 능력, 손재능, 음악 능력, 대인관계 능력, 자기성찰 능력, 자연친화력, 창의력을 적성 영역으로 포함하고 있다.
- 자기평가 방식에 의한 능력 평정: 능력에 대한 자기 인식이 개인의 진로선택 및 수행에 영향을 미친다는 연구 결과에 기초하여 각 하위 영역에 포함되는 다양한 요소들에 대해서 자기평가 경험을 할 수 있도록 구성되어 있다. 자기평가 방식은 검사 시간이 짧고, 기본적인 언어 독해력만 있으면, 부담 없이 검사에 임할 수 있는 장점이 있다.
- 직무조사에 기초한 적성 관련 직업 분류: 직업적성검사의 유용성을 결정짓는 중요한 요인 중의 하나는 적합한 직업분류체계를 갖추는 것이다. 다시 말해, 검사 결과에 따라 특정 능력에 요청되는 직업들과 연결하기 위해서는 직업에서 요구하는 능력에 따른 직업 분류가 필요하다. 직업분류를 위해 각 직업에서 요청되는 능력에 대한 면접 조사를 실시하였으며, 재직자 조사(직무분석) 결과를 통해 43개 직업군(457개 직업)을 적성 영역별로 구분하여 제시하였다.

(2) 적성검사

① 중학생 진로적성검사

중학생 적성검사는 다양한 직업 및 학문 분야에서 요구하는 적성 요인에 대한 정보를 토대로, 개인의 적성 프로파일 분석을 통해 자신에게 가장 적합한 직업 및 학업 분야를 선택할 수 있도록 도움을 제공하기 위하여 제작된 검사이다. 이 검사를 통해 얻어진 자료는 일차적으로 학생의 적성이 어떤 학업 분야에 적합한지를 파악하고 대학 진학 시 어떤 학과를 선택하는 것이 좋을지에 대한 정보를 제공할 수 있다. 고용노동부 산하 한국고용정보원에서 개발해 무료로 제공하고 있다. 고용24(www.work24.go.kr)에 접속하면 무료 이용이 가능하다.

◈ 검사의 구성

중학생 진로적성검사는 8개 적성 요인을 측정하는 13개 하위 검사로 구성되어 있다. 적성 요인 및 하위 검사의 구성과 주요 내용은 〈표 6-4〉와 같다.

표 6-4 중학생 진로적성검사 적성 요인 구성

적성 요인	내용
언어 능력	일상생활에서 사용되는 다양한 단어의 의미를 정확히 알고 글로 표현되는 문장들의 내용을 올바르게 파악하는 능력
수리 능력	정확하고 신속하게 계산하며 응용문제와 자료를 독해하고 해석하는 능력
공간 능력	추상적 · 시각적 이미지를 생성하고 유지하고 조작하는 능력
추리 능력	주어진 정보를 종합해서 이들 간의 관계를 논리적으로 추론해 내는 능력
지각 속도	서로 다른 사물들 간의 유사점이나 차이점을 빠르고 정확하게 지각하는 능력
과학 능력	물리, 생물, 화학 등 물질세계에 대한 정보를 바탕으로, 그 원리를 이해하고 과학적 추리할 수 있는 능력
색채 능력	색을 인지하여 새로운 색을 창조하는 능력과 색의 감성적 의미를 파악하는 능력
사고 유연성	주어진 상황에서 짧은 시간 내에 서로 다른 많은 아이디어를 개발해 내는 능력

출처: 교육부, 한국직업능력개발원(2018).

표 6-5 **중학생 진로적성검사 하위 검사**

적성 요인	하위 검사	내용
언어 능력	단어 뜻 찾기	단어의 설명이 주어지고 그에 가장 적합한 단어를 빠르고 정확하게 파악하는 능력을 측정하기 위한 검사
	유사어 찾기	주어진 단어와 유사한 의미의 단어를 찾는 검사
	독해력	주어진 글을 읽고 글의 제목 또는 주제 등을 찾거나, 글의 내용과 일치, 불일치하는 단어나 문장을 찾는 검사
수리 능력	단순수리	간단한 계산 문제들로 기초적인 계산능력을 측정하기 위한 검사
	응용수리	주어진 문장을 읽고, 사칙연산, 공식의 유도 및 변형 등을 통해 문제의 해답을 끌어내는 능력을 측정하기 위한 검사
공간 능력	공간 능력	제시된 전개도를 접어서 만들 수 있는 입체도형을 찾는 검사와 평면도형을 회전했을 때 나타날 수 있는 형태를 찾는 검사
추리 능력	언어추리	주어진 단어들의 관계를 논리적으로 추론하는 능력을 측정하는 검사
	수열추리	일정한 규칙에 의해 나열되어 있는 숫자들을 보고 그 규칙을 적용해 괄호 안에 들어갈 숫자를 찾는 검사
	수변형	다양한 숫자 배열의 규칙을 찾아내는 검사
지각 속도	지각 속도	제시된 두 개의 기호, 그림, 문자 등의 크기와 형태 방향 등을 보고 같은지 다른지를 빠르고 정확하게 비교해내는 것을 측정하는 검사
과학 능력	과학 능력	기계의 원리나 물질 세계에 대한 원리 등을 이해하고 기계의 작동 및 조작 원리를 이해할 수 있는 능력을 측정하는 검사
색채 능력	색채 능력	빛의 연속 스펙트럼상에서 특정 위치에 해당하는 색상을 추론하는 능력을 측정하는 검사
사고 유연성	사고 유연성	성냥개비를 배열하여 만든 도형에서 정해진 개수의 성냥 개비를 제거해 정해진 개수의 사각형을 만드는 능력을 측정하기 위한 검사

출처: 교육부, 한국직업능력개발원(2018).

◈ 검사의 대상

만 12세~만 15세(중 1~중 3)의 중학생들을 대상으로 실시할 수 있다. 중학생은 진로탐색 과정에서 고등학교 및 대학교 진학을 위한 학과를 선택해야 하며, 학과는 앞으로의 학업 진로에 큰 영향을 미치고 미래와의 직업과도 연계된다. 이러한 선택 과정에서 본인의 적성 능력을 객관적으로 파악하고 본인에게 적합한 학업과 직업 분야를 알고 싶어 하는 중학생에게 도움을 줄 수 있다(한국고용정보원, 2022).

◈ 검사 실시

중학생 진로적성검사는 시간 제한이 있고 정답이 있는 능력검사이므로 검사 실시를 위한 준비가 필요하며, 약 63분이 소요된다. 하위 검사별로 측정 방법과 제한시간이 상이하므로 하위 검사마다 제시되는 검사 안내 및 예제 문제를 반드시 확인하고 검사를 실시해야 한다.

◈ 검사 결과 및 해석

중학생 진로적성검사의 결과는 8개 적성 요인별 점수 및 프로파일 결과, 적성 능력에 적합한 학과 계열 추천 결과, 적성 능력에 적합한 학과 관련 직업 추천 결과, 희망 학과 계열의 주요 적성 요인으로 구성된다.

② 고등학생 적성검사

이 검사의 목적 및 특징은 직업적성에 대한 정보와 함께 개인이 진로를 설계하는 데 필요한 정보들을 제공한다. 또한, 직업 추천 결과와 연계된 직업상담이 가능하다(한국고용정보원, 2014).

- 고등학생의 적성 능력을 측정하여 적합한 직업 분야를 추천한다.
- 자신의 희망직업에서 요구하는 적성 요인들과 자신의 검사점수를 비교할 수 있도록 정보를 제공한다.
- 청소년 적성검사는 고려 가능한 직업들에 대해서 보다 상세한 정보를 제공함으로써 직접적인 직업 선택뿐만 아니라 가능한 진로를 탐색하는 데 초점을 둔다.
- 기존 고등학생용 검사 및 성인용 검사와 유사한 적성 요인 구조를 측정함으로 성장발달 단계에 따른 개인의 적성발달을 파악할 수 있다.

◈ 검사 실시 및 대상

고등학교 1학년부터 3학년의 청소년을 대상으로 실시할 수 있다. 자신의 적성과 본인에게 적합한 직업 및 학업 분야를 알고 싶어 하는 청소년들에게 도움을 줄 수 있다. 시간제한이 있고 정답이 있는 능력검사이므로 검사 실시를 위한 준비가 필요하며, 하위 검사 안내 시간을 포함해 약 65분이 소요된다.

고용노동부 산하 한국고용정보원에서 개발해 무료로 제공하고 있다. 고용24(www.work24.go.kr)에 접속하면 무료 이용이 가능하다.

◈ 검사의 구성

9개 적성 요인을 측정하는 13개 하위 검사로 구성되어 있으며 각 적성 요인은 1~2개의 하위 검사로 측정한다. 하위 검사별로 측정 방법과 제한 시간이 상이하므로 하위 검사마다 제시되는 검사 안내 및 예제 문제를 반드시 확인하고 검사를 실시해야 한다.

하위 검사 순서는 어휘력검사, 과학원리검사, 색상지각검사, 단순수리검사, 심상회전검사, 집중력검사, 수열추리검사, 주제찾기검사, 성냥개비검사, 응용수리

표 6-6 9개 적성 요인에 따른 13개 하위 검사 내용

적성 요인	각 요인에 대한 설명	하위 검사	검사 내용
언어 능력	상황에 가장 적합한 단어를 파악, 사용하고 글의 핵심적인 내용을 정확하게 이해하며 언어 관계를 정확히 파악하는 능력	어휘력 검사	단어의 설명이 주어지고 그에 가장 적합한 단어를 빠르고 정확하게 파악하는 능력을 측정하기 위한 검사
		주제 찾기	글이 주어지고 글의 핵심적인 내용을 빠르고 정확하게 찾는 능력을 측정하기 위한 검사
수리 능력	간단한 계산 문제 혹은 스스로 계산식을 도출할 수 있는가를 파악하는 능력	단순 수리	간단한 계산 문제들로 기초적인 계산능력을 측정하기 위한 검사
		응용수리	주어진 문장을 읽고 사칙연산, 공식의 유도 및 변형 등을 통해 문제의 해답을 이끌어 내는 능력을 측정하기 위한 검사

추리 능력	주어진 정보를 종합해서 이들 간의 관계를 논리적으로 추론해 내는 능력	문장추리	제시된 문장을 논리적으로 재배열하고 주어진 상황에 대한 정보를 해석하여 문제의 답을 추론하는 능력을 측정하기 위한 검사
		수열추리	제시된 숫자의 논리적인 배열 규칙을 찾아내 추론하는 능력을 측정하기 위한 검사
공간 능력	추상적 시각적 이미지를 생성하고 유지하고 조작하는 능력	심상회전	하나 혹은 그 이상의 시각화된 대상물을 빠르고 정확하게 심적으로 회전하는 능력을 측정하기 위한 검사
		부분찾기	그림 속의 특정 요소, 혹은 도형의 부분을 찾아내는 능력을 측정하기 위한 검사
지각 속도	시각적 자극을 신속하게 평가하고 식별해 내는 능력	지각속도	제시된 두 개의 기호, 그림, 문자 등의 크기와 형태 방향 등을 보고 같은지 다른지를 빠르고 정확하게 비교해 내는 것을 측정하는 검사
과학 능력	과학의 일반적인 원리를 파악하는 능력	과학원리	기계의 원리나 물질세계에 대한 원리 등을 이해하고 기계의 작동 및 조작 원리를 이해할 수 있는 능력을 측정하는 검사
집중 능력	방해 자극이 제시되는 상황에서는 방해 자극의 간섭을 배제시키면서 과제를 수행하는 능력 또는 방해 자극이 제시되지 않은 상황에서는 목표 과제에 집중하는 능력	색채/도형 집중	인지적 의미(글자) 지각적 판단(색)에 일으키는 간섭을 억제하는 정도를 측정하기 위한 검사
색채 능력	백색광이 프리즘을 통과할 때 분산에 의해 나타나는 스펙트럼상에서 색상의 적절한 위치를 파악하는 능력	색상지각	빛의 연속 스펙트럼상에서 특정 위치에 해당하는 색상을 추론하는 능력을 측정하는 검사
사고 유연성	주어진 정보를 다른 각도나 방식으로 해석하거나 수정할 수 있는 능력	성냥개비	성냥개비를 배열하여 만든 도형에서 정해진 개수의 성냥개비를 제거해 정해진 개수의 사각형을 만드는 능력을 측정하기 위한 검사

출처: 교육부, 한국직업능력개발원(2018).

검사, 지각속도검사, 부분찾기검사, 문장추리검사 순으로 되어 있다.

◈ 검사 결과 해석

고등학생 적성검사의 검사 결과는 9개 적성 요인별 점수 및 프로파일 결과, 13개 하위 검사별 점수 및 프로파일 결과, 동일 성별 및 학교 특성 집단과의 점수 비교 결과, 직업 추천 결과로 구성된다.

구분	언어력	수리력	추리력	공간 능력	지각 속도	과학 능력	집중 능력	색채 능력	사고 유연성
백분위	1	25	16	11	58	14	3	21	40
변환점수	63	89	103	81	104	84	71	88	93
수준	최하	중하	중상	하	중상	하	최하	중하	중하

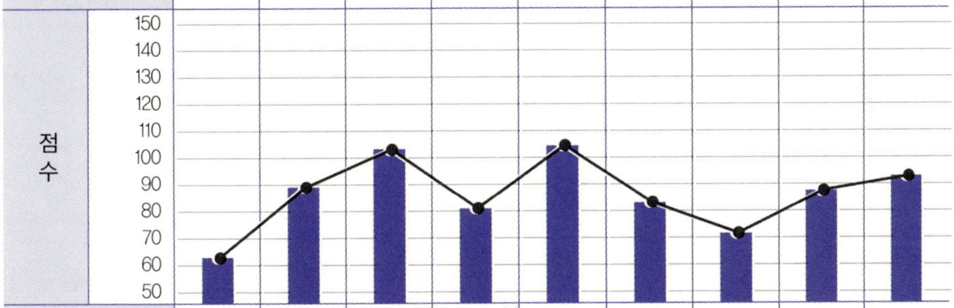

[그림 6-4] 개인별 적성 요인이 제시된 결과표 예시

출처: https://www.work.go.kr/consltJobCarpa/jobPsyExamNew/jobPsyExamList.do

먼저, 적성 요인별 점수 및 프로파일 결과는 결과표 첫 페이지에 제시되며 그래프 상단에 적성 요인별 백분위, 변환점수, 수준이 함께 제시된다. 그래프는 변환 점수를 기준으로 그려지며, 동일 학년 친구들의 평균과 비교해 어느 수준에 있는지를 알 수 있다. 그래프 가운데 굵은 선인 100점이 동일 학년 친구들의 평균이며, 100점보다 높으면 평균에 비해 우수함을, 100점보다 낮으면 보완이 필요함을 의미한다. 이는 그래프 상단에 6단계로 구분하여 제시되는 수준 정보로도 확인할 수 있다.

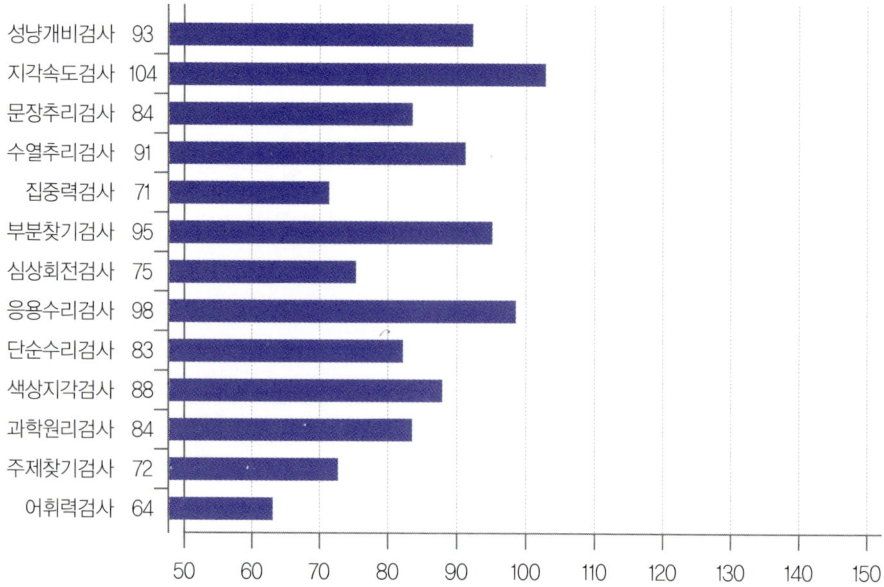

[그림 6-5] 하위 검사별 적성 능력 점수 예시

출처: https://www.work.go.kr/consltJobCarpa/jobPsyExamNew/jobPsyExamList.do

하위 검사별 점수 및 프로파일 결과도 적성 요인 점수와 동일하게 변환점수를 기준으로 제시된다. 평균이 100점이고 표준편차가 15점인 점수로 변환한 점수이며, 동일 학년의 평균 점수와 비교해서 개인의 적성 능력의 높낮음을 이해하기 쉽게 확인할 수 있다. 동일 성별 및 학교 특성 집단과의 점수 비교 결과는 9개 적성 요인의 점수에 대한 변환 점수로 제시된다. 그래프를 통해 각 집단의 점수와 비교했을 때 자신이 어떤 능력이 높고 낮은지를 추가적으로 확인할 수 있다.

개인의 능력 패턴에 따라 직업 분야를 파악하고 개인과 직업 능력을 매칭하여 가장 적합한 10개의 직업을 순서대로 추천한다. 추천된 직업과 관련한 다양한 직업을 탐색해 볼 수 있도록 관련 직업군이 함께 제시되어 있으며, 직업에서 보다 중요한 능력들과 자신의 능력을 비교할 수 있도록 직업별로 중요 적성 요인을 제시한다.

나의 적성 능력에 적합한 직업

※ 일치도: 직업과 개인의 적성 점수 차이로 점수가 적을수록 적합함

추천 순위	직업명	일치도	관련 직업군	중요 적성 요인
1	경호원	41	법률/경찰/소방/교도 관련직	지각속도, 집중 능력, 공간지각력, 추리력
2	보험설계사	44	금융/보험 관련직	언어력, 집중 능력, 추리력, 수리력
3	항해사	45	운전 및 운송 관련직	지각속도, 공간지각력, 집중 능력, 과학 능력
4	약사	45	보건/의료 관련직	공간지각력, 집중 능력. 지각속도, 언어/과학
5	화물_특수차 운전원	45	운전 및 운송 관련직	언어력, 집중 능력, 추리력, 과학 능력
6	자동차 영업직	49	영업 및 판매 관련직	집중 능력, 지각속도, 수리력, 과학 능력
7	기계조작원	49	기계 관련직	집중 능력, 지각속도, 언어력, 과학 능력
8	컴퓨터 설치 및 수리원	50	전기/전자 관련직	언어력, 추리력, 수리력, 집중 능력
9	귀금속 및 보석 세공원	50	문화/예술/디자인/방송 관련직	집중 능력, 사고유연성, 지각 속도, 언어력
10	철도차 정비원	50	기계 관련직	공간지각력, 지각속도, 언어력, 집중 능력

[그림 6-6] 나의 적성 능력에 적합한 직업 추천 예시

출처: https://www.work.go.kr/consltJobCarpa/jobPsyExamNew/jobPsyExamList.do

(3) Holland 진로적성검사

Holland 진로적성검사는 직업선호도나 직업흥미를 측정하는 기존 진로검사들의 제한점을 보완하여 성격적성을 측정하기 위하여 개발된 검사이며, 연령별로 여섯 가지로 구분되어 있다. 이들 여섯 개 검사들은 검사 영역, 문항 내용 및 결과지의 내용들이 각 학령의 시기별 진로지도의 필요성에 따라 다르게 구성되어 있다. 이 검사는 인싸이트(https://inpsyt.co.kr/)에서 유료로 이용 가능하다.

이 검사는 RIASEC 영역의 점수를 채점하고 여섯 가지의 성격유형에서 개이느이 직업적 성격을 요약하여 요약 코드를 추출해내고 궁극적으로 Holland의 직업적 성격유형, 즉 RIASEC 여섯 개의 성격유형에서 두 자리의 진로적성 코드를 찾아내고자 한다. 또한 수능이나 인・적성검사와 같은 인지 능력 평가에 치우친 국내의 진로지도 환경 속에서 직업사회 경험이 적고 학업성적이 낮거나 진로성숙이 낮은 학생들에게는 능력적 검사나 직업흥미검사들이 효과적인 진로적성을 찾아내지 못하는 문제점을 극복하고자 하였다. 이 검사의 제시하는 홀랜드 6가지 유형을 정리하면 〈표 6-7〉과 같다.

표 6-7 홀랜드 6가지 성격유형

	실재형(R)	탐구형(I)	예술형(A)
성격 특징	남성적이고, 솔직하고, 성실하며, 검소하고, 지구력이 있고, 신체적으로 건강하며, 소박하고, 말이 적으며, 고집이 있고, 단순하다.	탐구심이 많고, 논리적, 분석적, 합리적이며, 정확하고, 지적 호기심이 많으며, 비판적, 내성적이고, 수줍음을 잘 타며 신중하다.	상상력이 풍부하고, 감수성이 강하며, 자유분방하며, 개방적이다. 감정이 풍부하고, 독창적이고, 개성이 강하고, 협동적이지 않다.
대표 직업	기술자, 자동기계 및 항공기 조종사, 정비사, 농부, 엔지니어, 전기・기계기사, 운동선수	과학자, 생물학자, 화학자, 물리학자, 인류학자, 지질학자, 의료기술자, 의사	예술가, 작곡가, 음악가, 무대감독, 작가, 배우, 소설가, 미술가, 무용가, 디자이너
전공계열	공학계열, 농학, 해양수산, 이학계열	의학, 약학, 이학, 의학지원계열	예술, 음악 미술 공예, 연극영화, 무용계열, 인문계열

	사회형(S)	기업형(E)	관습형(C)
성격 특징	사람을 좋아하며, 어울리기 좋아하고, 친절하고, 이해심이 많으며, 남을 잘 도와주고, 봉사적이며, 감정적이고, 이상주의적이다.	지배적이고, 통솔력, 지도력이 있으며, 말을 잘하고, 설득적이며, 경쟁적, 야심적이며, 외향적이고, 낙관적이고, 열성적이다.	정확하고, 빈틈없고, 조심성이 있으며, 세밀하고, 계획성이 있으며, 변화를 좋아하지 않으며, 완고하고, 책임감이 강하다.
대표 직업	사회복지사, 교육자, 간호사, 유치원 교사, 종교지도자, 상담가, 임상치료가, 청소년전문가	영업사원, 상품구매인, 보험회사원, 판매원, 관리자, 연출가, 광고대행업자, 언론인, 노동조합지도자	공인회계사, 경제분석가, 은행원, 세무사, 경리사원, 감사원, 안전관리사, 사서, 법무사
전공계열	사회계열, 가정, 간호, 체육, 복지, 사범대, 심리	상경, 법정, 사회, 행정, 정치	법정, 상경, 행정, 회계, 문헌정보

출처: 인싸이트(https://inpsyt.co.kr/)

(4) CHCA 통합적성검사

CHCA 통합적성검사는 적성에서 가장 중요한 인지 능력을 측정하기 위해 21세기 들어 인지 능력의 구조에 관해 가장 널리 지지되고 사용되고 있는 CHC(Cattell-Horn-Carroll) 지능이론을 토대로 하여 만들어진 검사이다. 이 검사는 한국가이던스(http://www.guidance.co.kr)에서 유료로 검사가 가능하다.

이 적성검사는 CHC 이론에서 제시하고 있는 10개의 인지 능력 가운데 진로정보를 제공하기 위한 적성과 연계성이 높으며 동시에 지필검사 형태로 측정 가능한 5개의 요인(유동지능, 시각 및 공간지능, 처리속도, 양적 지식, 읽기 및 쓰기)을 선정하고, 기존의 적성검사 요인 가운데 이를 가장 잘 측정할 수 있는 검사(논리적 사고력, 시각 판단력, 주의 집중력, 수 이해력, 언어 이해력)를 선정하여 측정하고 있다.

이 외에 과학 분야의 적성, 생산 및 제조 분야의 적성, 그리고 예체능계 분야의 적성을 측정하기 위하여 과학 이해력, 협응 능력, 음악 적성, 미술 적성, 그리고 운동적성을 추가하여 모두 10개의 적성 요인으로 구성되어 있다.

3) 가치관 영역

(1) 직업가치관검사(커리어넷)

직업가치관은 직업 선택에 중요한 기준이 된다. 자신의 가치와 일치하는 직업을 가졌을 때 더 큰 만족감과 성취감을 느낄 수 있기 때문이다. 직업가치관검사는 청소년이 미래직업 선택에 있어 자신에게 어떤 가치가 중요한지 이해하는 데 도움을 준다. 한국청소년상담복지개발원이 개발했으며, 검사 대상은 중학교 1학년부터 고등학교 3학년이다. 총 49개 문항으로 구성되며, 검사 시간은 15~20분 정도이다. 교육부 산하 한국직업능력연구원이 운영하는 진로정보망 '커리어넷(www.career.go.kr)'에서 무료로 실시할 수 있다.

진로상담의 핵심은 개인의 성격특성이나 가치관, 흥미 등과 관련성이 높은 직업을 선택했을 때 높은 만족과 성취를 가져온다는 것이다. 그중에서도 개인의 가치가 직업 또는 조직의 가치와 얼마나 잘 맞느냐가 직업에 대한 만족도를 결정한다는 연구결과들이 있다. 직업가치관 검사에서는 직업가치관을 "개인의 가치가 일이나 조직생활에 적용된 것으로, 개인이 일이나 조직생활에 대하여 지니고 있는 가치관"이라고 정의하고 있다. 직업가치관 검사는 직업과 관련된 다양한 가치들에 대해 각 개인이 무엇을 더 중요하게 여기는가에 대한 정보를 제공함으로써 진로선택 및 진로상담 과정에서 매우 중요한 의미를 갖는다(교육부, 울산광역시교육청, 한국청소년상담복지개발원, 2019b).

표 6-8 직업가치관검사의 12가지 직업가치 영역

직업 가치	내용
안정성	'안정성' 가치가 높을수록 내가 하고 싶은 일을 계속해서 안정적으로 하는 것을 중요하게 여긴다는 것을 나타낸다.
보수	'보수' 가치가 높을수록 일을 통해 돈과 같은 경제적 보상을 얻는 것을 중요하게 여긴다는 것을 나타낸다.
일과 삶의 균형	'일과 삶의 균형' 가치가 높을수록 일과 개인 생활의 균형을 이루는 것을 중요하게 여긴다는 것을 나타낸다.

즐거움	'즐거움' 가치가 높을수록 일에서 흥미와 보람을 느끼고 즐거움을 얻는 것을 중요하게 여긴다는 것을 나타낸다.
소속감	'소속감' 가치가 높을수록 조직 또는 단체의 구성원이 되어 다른 사람들과 함께 일하는 것을 중요하게 여긴다는 것을 나타낸다.
자기계발	'자기계발' 가치가 높을수록 일을 통해서 자신의 능력을 발전시키고 성장해 나가는 것을 중요하게 여긴다는 것을 나타낸다.
도전성	'도전성' 가치가 높을수록 실패를 두려워하지 않고 새로운 일에 도전하는 것을 중요하게 여긴다는 것을 나타낸다.
영향력	'영향력' 가치가 높을수록 다른 사람에게 영향을 미치고 사람들을 이끄는 것을 중요하게 여긴다는 것을 나타낸다.
사회적 기여	'사회적 기여' 가치가 높을수록 다른 사람들의 행복과 복지에 기여하는 것을 중요하게 여긴다는 것을 나타낸다.
성취	'성취' 가치가 높을수록 목표의식이 뚜렷하고, 자신의 능력을 발휘하여 목표한 바를 달성하는 것을 나타낸다.
사회적 인정	'사회적 인정' 가치가 높을수록 다른 사람들에게 인정받고 존경받는 것을 중요하게 여긴다는 것을 나타낸다.
자율성	'자율성' 가치가 높을수록 일의 내용과 환경을 스스로 결정하고 선택하는 것을 중요하게 여긴다는 것을 나타낸다.

출처: 교육부, 울산광역시교육청, 한국청소년상담복지개발원(2019a).

① 검사 결과

12가지 직업가치관 점수가 그래프로 제시된다. 4가지 가치지향 유형 결과는 그림과 그래프로 제시된다. 선호하는 직업가치관 3가지가 제시된다. 검사 결과 예시는 [그림 6-7]과 같다.

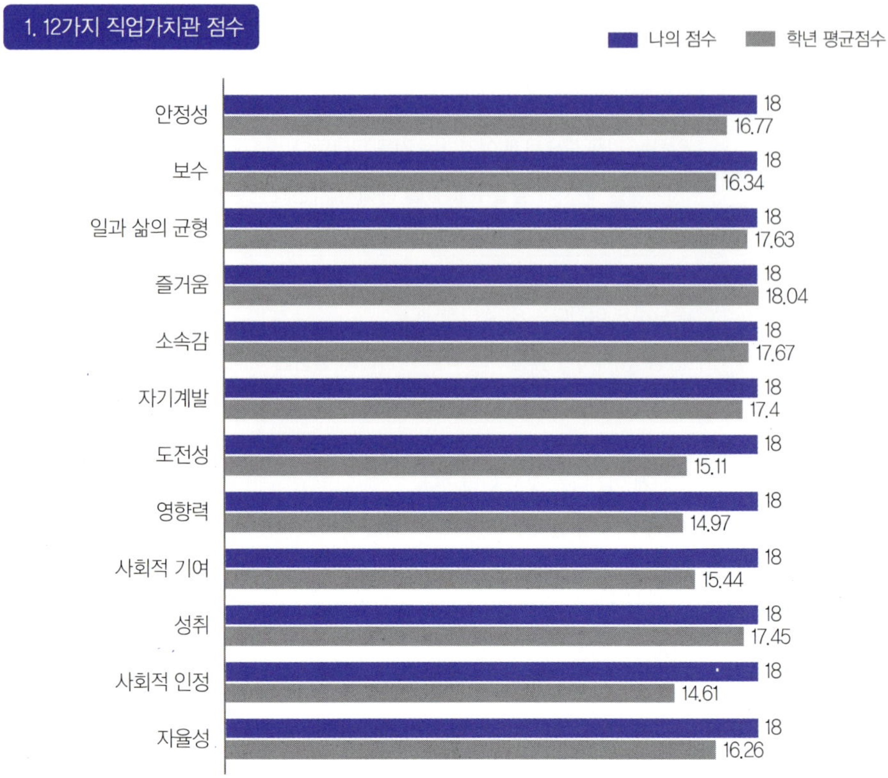

[그림 6-7] 12가지 직업가치관 점수 결과 예시

출처: https://www.career.go.kr/cloud/w/inspect/value2/intro

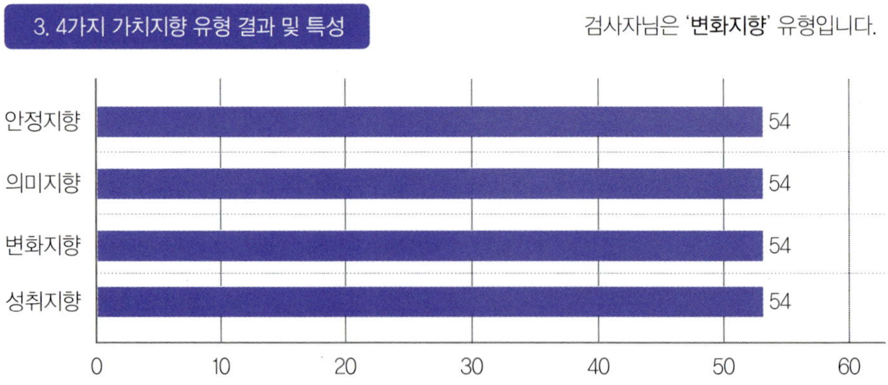

[그림 6-8] 4가지 가치지향 유형 결과 예시

출처: https://www.career.go.kr/cloud/w/inspect/value2/intro

② 검사 활용

직업가치관 검사는 기본적으로 중고등학생에 적용될 수 있는 가치들을 중심으로 구성되었으나, 대학생 이상의 성인들도 사용할 수 있다. 교사 및 상담자가 활용할 때에는 학생 및 내담자가 중요하게 생각하는 가치가 무엇이며, 어떤 가치지향 유형에 해당되는지에 대한 정보를 얻음으로써 적성검사 및 흥미검사와 함께 종합적으로 자기이해를 할 수 있도록 안내할 수 있다.

검사 결과 활용 방법은 다음과 같다. 첫째, 12가지 가치관 중 개인이 중요시하는 가치를 확인한다. 둘째, 4가지 가치지향 유형 중 어떤 유형에 속하는지 확인한다. 셋째, 자신의 가치지향 유형이 직업 선택 시 어떻게 적용될 수 있는지 생각해 본다.

(2) 직업가치관검사(고용24)

만 15세 이상 청소년을 대상으로 그들이 중요하게 생각하는 직업가치관을 측정하여 그들의 직업가치를 실현할 수 있는 직업을 안내해 주기 위해 개발되었고, 고용24(www.work24.go.kr)에서 이용할 수 있다. 검사 결과 제시되는 직업 정보는 한국고용정보원에서 제공하는 직업 정보와 연결되어 있기 때문에 검사를 실시한 다음 상세한 직업 정보를 탐색할 수 있다. 9개의 하위 척도로 구성되어 있다.

개인의 가치에 적합한 직업 영역을 파악하기 위해 개발된 검사로, 대상은 중학생과 고등학생이다. 중학생과 고등학생의 규준은 별도로 구성되어 있으며, 직업 결정과 직업 만족도를 제고할 수 있는 직업가치 수준을 측정한다. 소요 시간은 20분 정도 내로 검사의 실시, 채점, 해석까지 가능하다. 이 검사는 중고등학생의 진로지도와 직업 의사결정이 필요할 때 광범위하게 활용된다. 교과 시간 및 상담에 활용하기 용이한 형태로 개발되었고, 검사 결과를 활용할 수 있는 활용 가이드를 통해 진로교육 수업 등이 가능하다. 하위 척도는 사회적 공헌, 변화 지향, 성취, 경제적 보상, 자기계발, 일과 삶의 균형, 사회적 인정, 자율성, 직업안정으로 구성되어 있다.

4) 발달 영역

(1) 청소년용 진로개발역량검사

진로개발역량이란 청소년 개인의 삶 전체 맥락에서 진로를 성공적으로 개발하는 데 필요한 개인 내적인 특성을 의미한다(교육부, 부산광역시교육청, 한국청소년상담복지개발원, 2021). 구체적으로 자신과 환경을 이해하는 가운데 자기주도적으로 삶을 계획하고 준비하며, 이를 실현하기 위해 필요한 지식(knowledge), 태도(attitude), 기술(skill)이 포함된다(교육부, 부산광역시교육청, 한국청소년상담복지개발원, 2021). 진로교육은 청소년들로부터 진로개발역량을 함양함으로써 전 생애에 걸쳐 청소년들이 진취적이고 창의적으로 진로를 발전시켜 성숙한 민주시민으로 행복한 삶을 영위하는 데 목적으로 두고 있다. 특히, 4차 산업 혁명으로 직업 형태가 변화하고 다양해짐에 따라 미래직업 세계에 건설적으로 대처하는 역량을 길러야 한다.

교육부, 부산광역시교육청, 한국청소년상담복지개발원(2021)에서 개발한 진로개발역량검사를 중심으로 지표의 특징, 실시 방법, 결과의 해석 등을 설명하고자 한다. 교육부, 부산광역시교육청, 한국청소년상담복지개발원에서 2021년에 개발한 진로개발역량검사는 청소년들의 진로개발역량 수준을 객관적으로 진단하고, 이를 기반으로 지속적이고 효과적으로 진로개발역량을 함양할 수 있도록 돕기 위해 개발되었다. 또한 진로개발역량 도구는 청소년과 교사가 쉽게 활용할 수 있도록 커리어넷 탑재용 온라인 진단 도구로 개발되어 2021년부터 활용하고 있다. 이 검사는 중학교 1학년 이상 고등학교 3학년 이하 및 이에 준하는 청소년을 대상으로 검사할 수 있으며, 커리어넷(www.career.go.kr)에서 무료로 이용 가능하다.

① 학생 진로개발역량 지표의 특징

이 검사는 전국 단위로 모집된 규준집단의 자료를 바탕으로 중학생과 고등학생의 진로발달 수준에 따른 검사를 개발하였으며, 학교급별 규준을 마련하였다. 중학교 시기와 고등학교 시기는 역량별 차이가 있으며, 이를 충분히 고려하여 평가 방식으로 되어 있다.

역량별 개인 점수 정보 이외에 개인별로 보완하고 준비해야 하는 역량에 대한 구체적인 지침을 제공하였고, 또한 각 역량의 높고 낮음에 따라 점수를 분류하여 진로개발역량에 대한 자신의 태도를 확인할 수 있는 4가지 유형을 제시하였다. 검사 결과를 텍스트와 더불어 시각적으로 구성하여 자신의 결과를 다각적으로 확인할 수 있도록 하였다.

이 검사는 기본적으로 5점 리커트 척도로 평정된다. 총 53개 문항이며, 〈표 6-9〉와 같이 진로설계 역량과 진로준비 역량의 2가지 구인으로 나뉜다. 먼저, 진로설계역량은 자기이해, 직업이해, 진로탐색, 진로계획의 4가지 하위 역량을 포함한다. 자기이해, 직업이해, 진로탐색은 각각 5문항으로 구성되며 진로계획은 8문항으로 총 23문항으로 구성하였다. 또한 진로준비역량은 낙관성, 지속성, 호기심, 유연성, 도전성, 의사소통의 6가지 하위 역량을 포함한다. 모든 하위 역량은 각각

표 6-9 진로개발역량검사의 하위 요소

역량	하위 역량	내용
진로 설계	자기이해	진로와 관련된 자신의 특성에 대해서 이해하는 역량
	직업이해	관심 있는 직업에 대해 이해하는 역량
	진로탐색	진로와 관련된 다양한 정보를 탐색하고 활용하는 역량
	진로계획	진로목표를 달성하기 위한 계획을 수립하고 구체적인 행동으로 실천하는 역량
진로 준비	낙관성	자신의 미래와 진로에 대해서 긍정적인 관점을 유지하는 역량
	지속성	진로를 준비하는 과정에서 실패나 좌절에도 불구하고 노력을 계속해 가는 역량
	호기심	미래와 직업 세계에 대해 관심을 가지고, 새로운 기회를 끊임없이 탐색하는 역량
	유연성	불확실한 상황에서 자신의 태도와 행동을 적응적으로 변화시키는 역량
	도전성	결과가 분명하지 않은 상황에서도 계획을 행동으로 옮기는 역량
	의사소통	다른 사람을 이해하고, 자신의 의사를 효과적으로 전달하여, 타인과 협력하는 역량

출처: 교육부, 부산광역시교육청, 한국청소년상담복지개발원(2021).

5문항으로 구성되어 전체 문항 수는 30문항이다.

② 진로개발역량 유형 개발

이 검사는 진로설계역량과 진로준비역량의 하위 역량을 통합하여 4가지 진로개발역량 유형을 개발하였다. 진로설계역량은 진로를 합리적인 방식으로 결정하고 계획하여 진로를 효과적으로 실천해 나가는 데 필요한 역량을 의미한다. 진로준비역량은 자신의 진로를 효과적으로 준비하고 관리하는 데 필요한 진로개발역량을 의미한다. 4가지 진로개발역량의 유형과 정의는 〈표 6-10〉과 같다.

표 6-10 진로개발역량 유형과 정의

진로개발역량 유형	정의
자기주도 진로개발자	진로설계역량 높음, 진로준비역량 높음
실천하는 진로개발자	진로설계역량 높음, 진로준비역량 낮음
멈춰 있는 진로개발자	진로설계역량 낮음, 진로준비역량 낮음
잠재력 있는 진로개발자	진로설계역량 낮음, 진로준비역량 높음

출처: 교육부, 부산광역시교육청, 한국청소년상담복지개발원(2021).

③ 진로개발역량검사의 대상

이 검사는 중학교 1학년 이상 고등학교 3학년 이하 및 이에 준하는 청소년을 대상으로 한다.

④ 진로개발역량검사 결과의 해석

◈ 진로개발역량검사 결과지 준비와 점수 분포 확인

진로개발역량 검사 결과를 미리 살펴본 후, '높음', '보통', '낮음'에 해당하는 역량을 확인하고 활용 도움서에서 하위 역량별로 각 점수에 해당하는 해석을 살펴본다. 예를 들어, 학생의 점수가 '낮음'으로 나왔을 경우, '낮음' 수준에 해당하는 영역을 확인하고 점수 결과표의 해석에서 추천하는 사후 활동이 어떤 것인지를 살펴본다.

◈ 다른 진로 관련 검사 결과 참고

학생이 진로개발역량검사 외에 〈표 6-11〉에 제시된 다른 진로 관련 검사(직업가치관검사, 진로성숙도검사 등)를 실시하여 그 결과가 있다면 함께 비교하여 살펴볼 수 있다. 하나의 진로검사 결과가 진로와 관련된 모든 것을 설명해 주는 것이 아니기 때문에, 다양한 진로검사 결과를 통해서 학생들이 진로와 관련된 자신의 특성을 보다 종합적으로 이해할 수 있도록 도와줄 수 있다.

⑤ 검사 결과 해석 진행 지침(Guideline)

◈ 결과 해석의 진행 예시

- 학생들이 편안해할 수 있는 환경을 조성한다. 공부와 시험, 성적 등을 떠올리게 하는 교실보다는 조금 더 편안함을 느낄 수 있는 상담실과 같은 곳이 있다면 도움이 될 수 있다.
- 학생을 반갑게 맞이한다. 선생님의 표정, 몸짓 하나하나가 학생들에게 영향을 주기 때문에 선생님의 학생을 향한 반가운 표정과 따뜻한 몸짓은 학생들의 마음을 편안하게 해 줄 수 있다.
- 간단한 인사를 나누고 검사 결과로 기대하는 점, 희망직업 등에 대해 탐색하는 질문을 한다.
- 진로개발역량의 의미 및 목적을 설명하면서 검사 결과지를 먼저 살펴볼 수 있도록 한다.
- '높음', '보통' 수준에 대해서는 간단히 설명하고 '낮음' 수준에 해당하 는 영역에 대해서는 노력할 수 있는 방법과 함께 자세하게 설명한다.
- 검사해석 내용을 교사 또는 학생이 직접 요약해 본 후 느낌을 나눈다.
- 검사 결과를 활용하여 간단한 과제를 제시한다.

• 필요에 따라 다음 회기 일정을 계획한다.

⑥ 결과 해석 진행 시 유의해야 할 점

먼저, 심리검사를 실시하고 결과를 해석하는 것은 상담의 과정이라고 볼 수 있기 때문에, 진로심리검사 해석을 할 경우 수검 학생과 적절한 라포를 형성하는 것이 필요하고 중요하다는 것을 기억해야 한다. 학생들은 검사에 대해서 다소 긴장하는 경향이 있다. 따라서 학생과의 공감적 분위기 형성을 위해 자연스러운 분위기에서 시작하는 것이 중요하다.

둘째, 진로개발역량검사 실시 목적과 개념을 설명해야 한다. 학생들은 진로와 관련한 검사를 실시하게 되면, 앞으로 자신이 어떤 직업을 가지면 좋을지 알려 줄 것이라고 막연히 기대하게 된다. 그렇지만 진로검사의 목적은 학생에게 적합한 직업이나 전공을 일방적으로 알려 주려는 것이 아니다. 따라서 학생들에게 진로역량이 무엇을 의미하는지, 진로개발역량검사를 하는 목적이 무엇인지를 설명해 줌으로써 학생들이 진로개발역량검사의 결과를 잘 활용할 수 있도록 도와주어야 한다.

셋째, 검사의 타당도의 경우 해석 전 학생에게 검사 실시 태도 및 상태를 질문으로 확인하고, 검사 결과지에 해석 시 유의 사항을 참고한다. 해석 시 유의 사항은 검사에 응한 학생의 태도를 설명해 줄 수 있다. 응답점수가 제시된 점수에 포함되는 경우, 검사를 성실하게 하지 않은 경우일 수 있으므로 검사 결과를 해석하는 데 유의해야 한다. 제시된 점수에 해당되는 경우에는 학생들이 '매우 그렇다' 또는 '전혀 그렇지 않다' 등으로 일관되게 표시한 결과일 수 있기 때문에 학생들의 응답지를 확인해 볼 필요가 있다. 그리고 성실하게 응답하지 않은 경우에는 재검사를 하는 것을 고려해 볼 수 있다.

넷째, 검사 결과 해석 시간을 자기 탐색의 시간으로 활용하게 도와준다. 검사 결과를 해석하는 시간은 대부분 검사 결과를 설명해 주는 것으로 끝나게 된다. 그런데 이런 식으로 검사 결과 해석이 이루어지면, 학생들은 검사 결과를 자신에게 어떻게 적용해야 하는지, 그리고 자신과 어떤 관계가 있는지 잘 이해하지 못하게 된다. 따라서 검사 결과 해석을 단순히 결과를 설명하는 시간이 아닌, 검사 결과를 바탕으로 학생 자신에 대해 생각해 보는 시간이 되도록 해야 한다. 예를 들어, 낙관성 역량에 '낮음' 수준에 해당하는 결과가 나왔다면 낙관성 역량 수준이 낮은 것이 무엇을 의미하는지 설명해 주는 것으로 끝내지 말고, 학생에게 결과에 대해서 어떻게 생각하는지, 왜 이런 결과가 나왔다고 생각하는지, 주변 사람들은 학생에 대해서 어떤 생각을 하고 있는지 등 질문을 함으로써 학생으로부터 검사 결과와 자신을 계속 연결하고 생각해 보도록 도와주어야 한다. 이렇게 검사 결과를 통해서 학생들이 자신에 대해서 생각하기 시작하면 더 깊이 있는 자기이해를 시작하게 된다.

2. 검사 결과

● **10가지 하위 역량별 점수**

검사자님의 10가지 하위 역량별 점수와 또래 안에서의 상대적인 위치는 다음과 같습니다.
본 검사 결과의 점수는 진로개발역량검사에 참여한 사람들의 점수와 비교해서 자신의 상대적 위치를 점수화하여 알려 줍니다.

- 점수는 또래 안에서 자신의 상대적인 위치를 알려 줍니다.
- 점수 30 미만: 낮은 수준 점수 • 30 이상 50 미만: 보통 수준 • 점수 50 이상: 높은 수준

진로설계역량(평균점수: 45)		진로준비역량(평균점수: 49)	
구분	점수	구분	점수
자기이해	46	낙관성	41
직업이해	50	지속성	50
진로탐색	36	호기심	48
진로계획	48	유연성	47
		도전성	57
		의사소통	48

[그림 6-9] 청소년용 진로개발역량검사 결과 예시

출처: https://www.career.go.kr/cloud/w/inspect/able/intro

다섯째, 진로개발역량검사 해석 시 강조해야 하는 점은 검사 결과는 성적이 아니라는 점이다. 진로개발역량검사 하위 역량별로 점수가 제시되는데, 평소 시험 성적을 받는 것에 익숙한 학생들은 이 점수를 성적처럼 생각하기 쉽다. 상대적으로 높은 점수는 진로준비에 있어 해당 역량에 대해 준비가 더 되어 있는 것을 의미하고, 상대적으로 낮은 점수는 노력을 통해 발전시킬 수 있음을 학생들에게 설명해야 한다.

마지막으로, 과제를 내어 준다. 검사 결과를 해석하는 것에 그치지 말고 간단한 과제를 내어 줌으로써 진로개발역량검사 결과를 활용해 보도록 한다. 예를 들면, 검사 결과를 학부모님에게 설명하고 함께 이야기해 보기, 낮은 역량을 높이기 위한 행동 1가지 수행하기 등과 같은 과제를 내어 줌으로써 검사 결과를 끊임없이 자신의 진로 계획에 활용하도록 하는 것이다.

(2) 청소년 진로발달검사

중고등학생을 대상으로 진로성숙 수준 및 진로 미결정 수준을 동시에 확인하여 진로발달 정도를 평가하는 검사로, 고용24(www.work24.go.kr)에서 이용할 수 있다. 청소년 진로발달검사는 포괄적인 수준에서 진로발달 정도를 파악할 수 있다. 검사의 구성 및 내용은 다음과 같다.

크게 진로성숙도검사와 진로의사결정검사, 종합검사로 이루어져 있는데, 먼저 진로성숙도는 진로에 대한 태도, 진로와 관련된 지식의 정도, 진로 행동의 정도를 측정한다. 진로의사결정검사는 동기 부족, 결단성 부족과 같은 성격 요인, 직업이나 자신에 대한 지식 부족을 나타내는 정보 요인, 그리고 진로와 관련되는 내외적 갈등 요인으로 구성되어 있다. 검사 문항 간 내적 합치도(크론바흐 알파)는 .81~.49 범위로 나타났으며, 청소년 직업흥미검사, 학업적 자기조절 설문지, 한국직업능력연구원의 진로성숙도검사, 진로의사결정검사와 높은 상관이 있는 것으로 나타났다.

① 진로성숙도검사 결과

진로성숙도는 진로와 관련된 문제를 해결하고 대처하는 준비도를 의미하며, 점수가 높을수록 진로에 대한 준비도가 충분히 이루어지고 있다는 의미입니다.

• 진로성숙 수준

요인		T점수	구분
진로성숙		36	낮은
하위 요인	태도	41	보통
	정보지식	49	보통
	행동	36	낮음

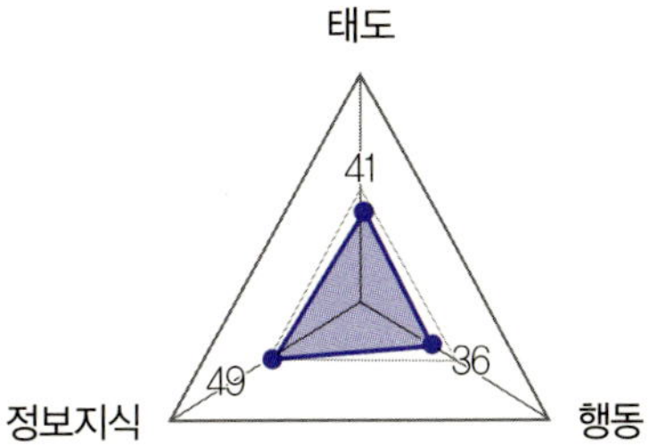

구분		3요인 형태: 비대칭 형태	3요인 형태: 정삼각형에 가까운 형태
3요인 크기	평균점선보다 큰 경우	진로에 대해 관심이 많고, 비교적 준비가 잘 이루어지고 있는 상태입니다. 그러나 진로에 대한 태도, 자기이해와 직업 정보 이해를 포함하는 정보지식, 구체적인 진로준비를 위한 행동이 균형적이지 못한 상태로 상대적으로 부족한 요인에 관심을 기울여 균형적인 진로준비를 할 수 있도록 해야 할 것입니다.	또래집단과 비교하여 진로성숙 수준이 높아 진로에 대한 준비를 충분히 하고 있는 상태로 보입니다. 현재의 태도를 유지하면서 진로를 구체화해 나가기를 권합니다.
	평균점선보다 작은 경우	진로와 관련된 태도, 진로와 관련된 자기이해와 정보의 이해, 진로를 찾아나가기 위한 실천적인 행동이 모두 부족한 상태입니다. 일상에서 진로와 관련된 것들에 보다 관심을 기울이는 노력이 필요하고, 특히 상대적으로 다른 요인들보다 점수가 낮은 요인에 대해서는 의식적인 노력을 기울여야 합니다.	자신의 진로에 대해 다각도로 생각해 보고, 정보를 구하며, 실천적 행동을 하는 것에 대해 전반적으로 소극적인 상태로 보입니다. 진로준비에 적극적으로 참여하기 어려운 부분이 있다면 적극적으로 대처하고 해결해야 하며, 전반적으로 진로에 대한 관심을 증진시킬 필요가 있습니다.

• 진로성숙 하위 요인별 프로파일

진로성숙은 진로에 대한 태도, 진로에 대한 정보나 지식에 대한 이해, 진로를 위한 다양한 탐색과 준비 행동의 정도를 통해 확인됩니다. 각 분야의 하위 요인별 여러분의 특성에 대해 살펴보시기 바랍니다.

구분	하위 요인	검사점수 (T점수)	구분	0	10	20	30	40	50	60	70	80	90
태도	계획성	42	보통										
	독립성	41	보통										
	일에 대한 태도	49	보통										
정보 지식	자기이해	46	보통										
	직업 정보 이해	52	보통										
행동	진로탐색 행동	36	보통										

2 진로성숙도검사 결과

진로의사결정검사는 개인의 진로결정에 영향을 미치는 다양한 요인들을 확인합니다. 동기, 정보지식 부족, 갈등 측면으로 구분하여 개인의 특성을 제시합니다.

• 진로의사결정 영향 요인

<table>
<tr><th>요인</th><th>점수</th><th>구분</th><th>그래프</th><th>의미</th></tr>
<tr><td>동기</td><td>36</td><td>낮음</td><td rowspan="3">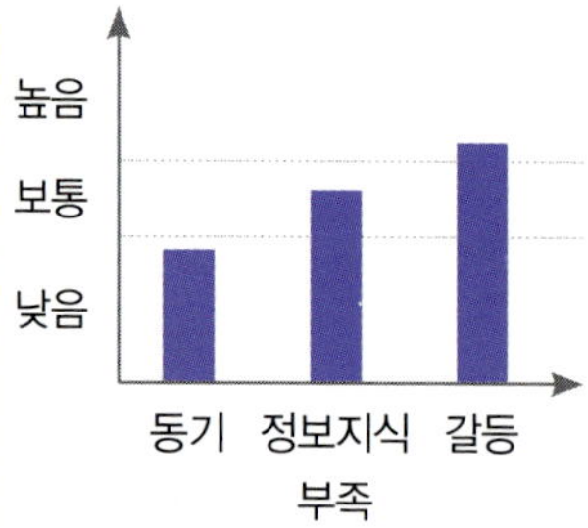
</td><td rowspan="3">또래 평균과 비교하여, 진로의사결정에 영향을 미치는 동기 요인의 영향은 낮은 수준이고, 정보지식 부족 요인은 보통 수준이며, 갈등 요인은 높은 수준입니다.

각 요인들은 하나의 진로를 확고하게 결정하고 집중하지 못하는 원인이 무엇인지 찾도록 도와줍니다. 자신에게 가장 강한 영향을 미치는 요인을 확인하시기 바랍니다.</td></tr>
<tr><td>정보지식 부족</td><td>51</td><td>보통</td></tr>
<tr><td>갈등</td><td>64</td><td>높음</td></tr>
</table>

• 진로의사결정 하위 요인별 프로파일

구분	하위 요인	검사점수 (T점수)	구분	0	10	20	30	40	50	60	70	80	90
동기	진로유연성	41	보통										
	진로개방성	51	보통										
	심리적 독립	30	낮음										
정보지식 부족	자기이해 부족	54	보통										
	직업 정보 부족	48	보통										
갈등	자기 갈등	68	높음										
	관계 갈등	51	보통										
	환경 갈등	65	높음										

각 요인별 점수는 T점수로 나타내었습니다. 요인별 T점수는 또래집단과 비교하여 변환한 점수입니다. T점수의 평균은 50점이므로, 40점 미만은 낮은 수준, 40~60점은 보통 수준, 60점 이상은 높은 수준이라고 판단됩니다.

3 진로결정 결과

진로결정 × 자기판정	결정 × 편함				결정 × 불편함				미결정 × 불편함		미결정 × 편함	
진로결정 수준	0	10	20	30	40	50	60	70	80	90	점수	평점
진로결정 수준											55	보통
종합	미래의 진로에 대한 현실적 · 구체적 방향성을 평균 수준으로 결정하고 있습니다. 현재도 어느 정도 진로의사결정을 하고 있으나 이를 높이기 위한 노력이 조금 더 요구됩니다.											

[그림 6-10] 청소년 진로발달검사 결과 예시

출처: https://www.work.go.kr/consltJobCarpa/jobPsyExamNew/jobPsyExamList.do

(3) 진로성숙도검사

진로진학상담의 목적은 일반적으로 개인의 특성에 대한 이해를 바탕으로 직업 세계를 탐색하여 합리적인 의사결정을 통해 직업 선택을 하는 것이다. 슈퍼(Super)와 같은 발달론적 입장에서는 자기이해와 직업 세계에 대한 이해에 따라 직업을 선택하기 위한 능력이 연령에 따라 변화하는 것에 주목하고, 진로 관련 문제를 해결하기 위한 준비도로서의 진로성숙을 개념화하였다. 한국직업능력연구원은 이를 바탕으로 2001년 진로성숙도검사를 처음 개발했으며, 2012년 개정판을 내놓았다. 그러나 21세기 급변하는 직업 세계의 변화 및 중학생과 고등학생의 발달 단계 특성을 반영하지 못한다는 한계가 지적됐고, 이에 한국청소년상담복지개발원은 학교급별 특성을 반영한 문항과 학년별 새로운 규준을 개발하기 위해 2019년에 진로성숙도검사를 개정했다.

검사 대상은 중학교 1학년부터 고등학교 3학년까지의 청소년이다. 교육부 산

표 6-11 진로성숙도 검사 구성 요소

구분	영역	내용
진로성숙 태도	계획성	자신의 진로방향을 설정해 보고 직업결정을 위한 계획을 수립해 보는 태도
	독립성	진로결정에 있어서 스스로 진로를 탐색하고 선택하려는 태도
	직업에 대한 태도	직업이 갖는 의미와 중요성에 대한 올바른 인식 정도
	진로낙관성	미래 사회의 직업 및 진로환경에 대한 낙관적이고 긍정적인 태도
진로성숙 능력	자기이해	능력, 흥미, 가치, 신체적 조건, 환경적 제약 등 개인이 진로 선택에서 고려해야 할 개인적 특성을 이해하는 능력
	합리적 의사결정	자신의 진로를 합리적으로 선택할 수 있는 능력
	정보탐색	자신의 진로와 관련된 정보를 활용할 수 있는 능력
	희망직업 지식	자신이 관심을 갖는 직업에 대해 구체적인 정보를 알고 있는 능력
진로성숙 행동	진로탐색 준비 활동	자신의 진로를 적극적으로 탐색하고 준비하는 능력

출처: 교육부, 울산광역시교육청, 한국청소년상담복지개발원(2019a).

하 한국직업능력연구원이 운영하는 진로정보망 '커리어넷(www.career.go.kr)'에서 무료로 실시할 수 있다. 검사는 총 63개 문항으로 구성된다. 문항은 진로성숙 태도(계획성, 독립성, 직업에 대한 태도, 진로낙관성)와 진로성숙 능력(자기이해, 합리적 의사결정, 정보탐색, 희망직업 지식), 진로성숙 행동(진로탐색 준비행동) 등 3가지 영역으로 나뉜다. 소요 시간은 15~20분이다.

① 검사 결과

9가지 영역별 진로성숙도 점수가 그래프로 제시된다. 진로태도, 능력, 행동 차원별 결과가 그림과 그래프로 제시되며, 각 차원·영역별 결과 해석이 제시된다.

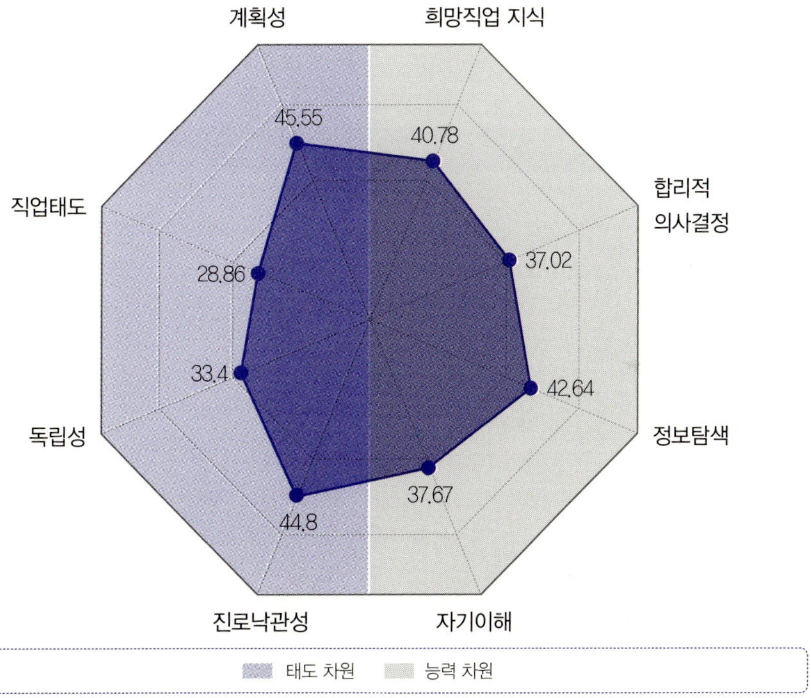

[그림 6-11] 진로성숙도검사 결과 그래프 예시

출처: https://www.career.go.kr/cloud/w/inspect/grow2/intro

② 검사 활용

진로성숙도검사는 기본적으로 중고등학생에 적용될 수 있는 영역들을 중심으로 구성되었으나, 대학생 이상의 성인들도 사용할 수 있다. 교사 및 상담자는 학생 및 내담자가 진로태도, 능력, 행동 차원에서의 준비도가 어느 수준이며, 어느 영역의 개발이 필요한지에 관한 정보를 얻음으로써 적성검사 및 흥미검사와 함께 종합적으로 자기이해를 할 수 있도록 안내하는 데 활용할 수 있다(교육부, 울산광역시교육청, 한국청소년상담복지개발원, 2019b).

검사 결과 활용 방법은 다음과 같다. 첫째, 진로성숙도의 9가지 영역 중 높은 수준의 영역과 낮은 수준의 영역을 확인한다. 둘째, 높은 수준의 영역과 낮은 수준의 영역이 진로성숙도의 차원 중 어떤 차원에 속하는지 확인한다. 셋째, 낮은 수준의 영역을 개발하기 위해 필요한 활동들을 확인한다.

표 6-12 진로 관련 검사 소개

영역	검사명	측정 대상	검사소개 및 측정 내용	문항 수	제공처
흥미	직업흥미 검사(H)	중 1~ 고 3	홀랜드(Holland) 이론을 바탕으로 흥미를 6개로 분류하였고 또한 직업군을 17개로 분류하여 선호하는 직업군을 알아볼 수 있게 개발 * 흥미유형-일상생활에서 경험할 수 있는 활동 중, 선호하는 흥미를 측정 * 선호직업-직업 상황의 활동 중, 선호하는 흥미를 측정	H형은 (중) 141문항, (고) 130문항	커리어넷 www.career.go.kr
	직업흥미 검사(K)	중 1~ 고 3	커리어넷 직업흥미검사는 쿠더(Kuder)의 흥미이론에 기초하여 16가지 직업흥미군에 대해 직업 활동, 일상생활, 직업명 등의 3가지 하위 영역을 측정 흥미 유형에 관련된 직업들을 제시함으로써 청소년들의 진로탐색을 도와줌	K형은 (중) 136문항, (고) 153문항	커리어넷 www.career.go.kr
	청소년 직업흥미 검사	중 1~ 고 3	청소년들이 자신의 직업적 흥미를 탐색하고 이를 토대로 효율적인 진로직업설계를 할 수 있도록 직업흥미에 적합한 직업과 학과에 대한 정보를 제공해 주는 검사 * 측정 내용: Holland 일반흥미(6개 유형)/기초흥미분야(14개 분야)	209문항	고용24 www.work24.go.kr

적성	직업적성 검사	중 1~ 고 3	직업과 관련된 다양한 능력을 여러분이 어느 정도 가지고 있는가를 스스로 진단하여 자아 성찰과 진로 및 직업 세계 탐색에 도움을 주기 위한 검사 * 측정 내용: 신체 · 운동 능력, 손재능, 공간 지각력, 음악 능력, 창의력, 언어 능력, 수리 · 논리력, 자기성찰 능력, 대인관계 능력, 자연친화력, 예술시각 능력	(중) 66문항, (고) 88문항	커리어넷 www.career.go.kr
	적성 검사	중 1~ 고 3	직무수행에서 요구되는 직업적 능력을 측정하여 청소년들이 적성 능력에 적합한 직업을 탐색할 수 있는 검사 * 측정 내용: 직업적성 능력의 측정(13개 하위 검사로 9개 적성 요인 파악)	(중) 157문항, (고) 182문항	고용24 www.work24.go.kr
	Holland 적성검사	중 1~ 고 3	생애 관점에서 진로의사결정을 위한 직업적 성격적성인 RIASEC 6유형을 변별도 높게 찾아내어 진로유형에 맞는 전공, 직업, 성격강점 등을 제공해 주는 검사 * 측정 내용: 성격적성, 능력적성, 직업적성 등	(중) 192문항, (고) 계열적성 209문항, 전공적성 332문항, 특성화고용 204문항	학지사 인싸이트 https://inpsyt.co.kr
	CHCA 종합적성 검사	중 1~ 고 3	적성에서 가장 중요한 인지 능력을 측정하기 위해 21세기 들어 인지 능력의 구조에 관해 가장 널리 지지되고 사용되고 있는 CHC(Cattell-Horn-Carroll) 지능이론을 토대로 하여 만들어진 검사 * 측정 내용: 유동지능, 시각 및 공간지능, 처리속도, 양적 지식, 읽기 및 쓰기 등	(중) 193문항, (고) 191문항	한국가이던스 http://www.guidance.co.kr

가치관	직업 가치관 검사	중 1~ 고 3	직업을 선택할 때 어떤 가치를 중요하게 여기는지 알아보기 위한 검사 * 측정 내용: 안정성, 보수, 일과 삶의 균형, 즐거움, 소속감, 자기계발, 도전성, 영향력, 사회적 기여, 성취, 사회적 인정	49문항	커리어넷 www.career.go.kr
	직업 가치관 검사	중 3~ 고 3	직업 선택 시 중요하게 생각하는 직업가치관을 측정하여 자신의 직업가치를 확인하고 그에 적합한 직업 분야를 안내해 주는 검사 * 측정 내용: 직업가치관(13개) 이해 및 적합직업 안내	78문항	고용24 www.work24.go.kr
발달	청소년 진로개발 역량검사	중 1~ 고 3	청소년의 진로개발역량 수준을 객관적으로 진단하고 이를 기반으로 지속적이고 효과적으로 진로개발역량을 함양할 수 있도록 돕기 위한 검사 * 측정 내용: 진로설계역량/진로준비역량	53문항	커리어넷 www.career.go.kr
	청소년 진로발달 검사	중 1~ 고 3	청소년들의 진로발달 수준을 측정하여 자신의 진로발달 수준을 이해하고 좀 더 보완하기 위하여 노력하여야 할 점이 무엇인지를 확인할 수 있는 검사 * 측정 내용: 진로성숙도검사, 진로의사결정검사, 종합검사	(중) 168문항, (고) 166문항	고용24 www.work24.go.kr
	진로 성숙도 검사	중 1~ 고 3	진로 관련 문제를 해결하고 대처해 나갈 수 있도록 준비되어 있는지를 알아보기 위한 검사 * 측정 내용: 진로성숙 태도, 진로성숙 능력, 진로성숙 행동	63문항	커리어넷 www.career.go.kr

참고문헌

교육과학기술부, 한국직업능력개발원(2012). 커리어넷 직업흥미검사(H) 활용안내서. 인천: 한국직업능력개발원.

교육부, 부산광역시교육청, 한국청소년상담복지개발원(2021). 청소년용진로개발역량검사 활용도움서. 부산: 한국청소년상담복지개발원.

교육부, 울산광역시교육청, 한국청소년상담복지개발원(2019a). 직업가치관 검사 활용도움서 중학생용. 부산: 한국청소년상담복지개발원.

교육부, 울산광역시교육청, 한국청소년상담복지개발원(2019b). 직업가치관 검사 활용도움서 고등학생용. 부산: 한국청소년상담복지개발원.

교육부, 울산광역시교육청, 한국청소년상담복지개발원(2019a). 진로성숙도검사 활용도움서 중학생용. 부산: 한국청소년상담복지개발원.

교육부, 울산광역시교육청, 한국청소년상담복지개발원(2019b). 진로성숙도검사 활용도움서 고등학생용. 부산: 한국청소년상담복지개발원.

교육부, 한국직업능력개발원(2013a). 커리어넷 직업흥미검사 중학생용 활용안내서. 인천: 한국직업능력개발원.

교육부, 한국직업능력개발원(2013b). 커리어넷 직업흥미검사 고등학생용 활용안내서. 인천: 한국직업능력개발원.

교육부, 한국직업능력개발원(2018a). 중학생 직업적성검사 활용안내서. 인천: 한국직업능력개발원.

교육부, 한국직업능력개발원(2018b). 고등학생 직업적성검사 활용안내서. 인천: 한국직업능력개발원.

교육부, 한국직업능력개발원(2022). 직업흥미검사(K) 활용안내서. 세종: 한국직업능력연구원.

한국고용정보원(2014). 고등학생 적성검사 실시요람. 충북: 한국고용정보원.

한국고용정보원(2022). 개정판 중학생 적성검사 실시요람. 충북: 한국고용정보원.

한국고용정보원(2022). 청소년 직업흥미검사 실시요람. 충북: 한국고용정보원.

Anastasi, A., & Urbina, S. (1997). *Psychological testing* (7th ed.). Prentice-Hall Inc.

제 7 장

학교 진로진학상담의 과정

1. 학교 진로진학상담의 과정
2. 학교 진로진학상담의 방향

1. 학교 진로진학상담의 과정

1) 학교 진로진학상담의 절차

진로진학상담교사 제도가 시행되기 전까지는 여러 가지 진로이론에서 제시한 상담과정이 학교의 진로상담 절차로서 활용되어 왔다. 또한 학교진로상담 내용도 구체적으로 진학의 문제가 명시되지 않은 상태에서 실제적으로 진학 문제를 포함하여 진로상담이 진행되어 온 것이다. 학교의 이러한 진로상담은 주로 담임교사나 교도교사의 몫이었다.

임은미 등(2017)은 학교 진로진학상담의 절차는 진로이론에 따라 차이가 있음을 제시한다. 즉, 특성-요인이론에서 윌리엄슨(Williamson)은 분석-종합-진단-처방-상담-추수지도의 과정으로 분류하였고, 구성주의 진로이론에서는 문제 확인-주관적 정체성 탐색-관점 확대-문제 재정의-정체성 실현을 위한 행동 정의-추수 단계로 진행한다. 제한-타협이론에서는 자기이해-직업 세계 이해-의사결정-진로준비의 단계를 거치면서 내용적인 측면을 다룬다. 자녀와 부모와의 관계에 초점을 둔 로우(A. Roe)의 직업선택이론으로 보면 협력적 관계 수립-내담자 평가 및 목표 수립-행동계획 수립 및 실행-종결하기로 진로상담 과정을 제시한다. 사회인지진로이론에서는 관계의 형성과 문제의 이해, 호소문제와 관련된 주요 변인들의 평가, 상담목표와 관련하여 개입이 필요한 변인 선택, 상담평가의 과정으로 진행된다.

김인자(2015)는 다양한 분야에 적용 가능한 현실치료상담이론에서 상담환경 가꾸기와 상담과정으로써 WDEP의 개념을 적용하고 있다. 또한 김봉환 등(2016)은 접수면접-관계 수립 및 내담자 분류-문제평가 및 목표 설정-행동계획 수립 및 행동 실행을 위한 조력의 과정이라고 보았다. 임은미 등(2017)은 상담진행과정을 평가 단계, 상담 개입 단계, 종결 단계로 나누고 있다. 사전에 개인의 진로발달 수준을 측정하여 그 결과에 대한 해석을 기초로 상담하는 것이다. 진로발달은 진로성숙도, 흥미검사, 가치관에 따라 다르기 때문이다. 따라서 여러 검사를 종합하여 갈등이나 불일치되는 점을 이해하고 수용할 수 있도록 상담을 진행하는 것이다.

학교 진로진학상담제도의 시행 초기인 2011~2012년부터 고등학교의 진로진학상담교사가 수행하는 진로진학상담 과정은 기존의 진로상담 과정과는 다름을 발견할 수 있다. 홍순도(2018)는 진로진학상담의 과정을 준비 및 관계 형성 단계-인식 및 진단 단계-개입 단계-결과 단계-지속적 돌봄 단계라는 5단계로 제시하였다. 먼저 준비 및 관계 형성 단계에서는 수업이 진행되는 과정에서 관계가 형성되어 상담 장면으로 연결될 수 있다. 물론 이러한 관계에서 관찰을 통한 정보 수집도 가능하다. 또한 학생이 또래 집단과 관계 맺는 방식이나, 동료 교사의 견해를 들을 수 있어 비교적 객관적인 평가 자료를 얻을 수 있다. 이런 과정을 통해서 수집된 정보가 상담을 위한 자료로 활용될 수 있다. 인식 및 진단 단계에서는 학생이 호소하는 문제를 알아내고 확인하며 목표를 설정하는 단계인데, 장래의 희망직업 선택, 학과와 대학의 선택, 원만한 교우관계, 가정 환경 등 복합적인 문제를 종합적으로 파악한다. 이 단계는 호소문제 해결을 돕기 위한 진단 과정으로서 진로심리검사의 결과, 학교 생활기록부, 성적 등의 자료와 학교생활에서의 관찰 기록 등을 토대로 학생과 면담을 진행하는 과정이다. 개입 단계에서는 호소문제 해결과 관련된 정보를 제공하거나 심층적으로 면담을 진행하여 내담자 스스로 해결책을 찾도록 돕는 제안 단계이다. 또한 학생이 경험한 것에서 장점과 강점을 인식하여 적용해 보거나 혹은 매우 구체적이고 현실적인 정보를 제공하여 동기 부여하는 것을 포함한 단계이다. 결과 단계에서는 호소문제에 대한 중간적 결론을 맺고 실천에 접어드는 단계이다. 진로를 결정하거나 진학할 학과 혹은 계열 그리고 대학을 선택하고 학습 방법에 대한 구체적인 대안을 찾는 과정이다. 이상과 같은 여러가지 진로상담이론적 접근법을 요약해 보면 〈표 7-1〉과 같다.

다양한 진로이론적 접근과 이러한 이론을 배경으로 여러 학자의 견해를 종합해 보면 학교의 진로진학상담 절차는 일반적으로 다음과 같은 내용이 포함되어 시간적 흐름에 따라 진행된다고 볼 수 있다.

표 7-1 진로진학상담이론적 기반 상담 절차

접근법	절차
특성-요인이론적 접근	분석-종합-진단-처방
구성주의 진로상담이론적 접근	문제 확인-관점 확대-문제 재정의-실천행동-추수 단계
제한-타협이론적 접근	자기이해-직업 세계 이해-의사결정-진로준비 단계
직업선택이론적 접근	관계 수립-평가 및 목표 수립-행동계획 수립-종결
사회인지진로이론적 접근	호소문제의 이해-변인 평가-변인 선택-평가
현실치료상담이론적 접근	상담환경 가꾸기-변화 과정(W-D-E-P)
진로발달이론적 접근	평가 단계 - 상담 개입 단계-종결 단계

① 상담 초기(관계 맺기, 자료 준비, 관계 수립, 목표 합의)

② 상담 중기(진로의사결정, 진로행동 탐색)

③ 상담 말기(구체적 행동 실천 방안 결정)

④ 추수 상담(진로행동의 지속적인 피드백)

하지만 이러한 단계적 흐름대로 진행되는 경우에도 상담은 단계적 흐름대로 진행되지 않을 수 있으며, 반복 혹은 변경될 수 있다는 점에 주목할 필요가 있다.

2) 학교 진로진학상담 과정의 특징

진로상담의 과정은 심리상담 과정과 많은 공통점을 가지고 있지만 진로선택이 상담과정 중에 이루어질 수 있다는 점은 진로상담만의 특수성이라고 볼 수 있다(이재창 외, 2017). 학교 진로진학상담도 일반적인 상담과 마찬가지로 일련의 단계를 거치면서 진행된다. 상담이 내담자의 고민을 해결할 수 있도록 적합한 기법을 사용하여 조력하는 대화의 과정이라 볼 때, 학교 진로진학상담은 학생의 인생설계와 관련된 진로 및 진학 문제를 해결할 수 있도록 돕는 의사소통 과정이다. 즉, 직업에 관한 구체적인 정보뿐만 아니라, 대학 진학과 관련된 입시 정보를 토대로

상담을 진행하여야 한다(장창곡, 2017).

이재창 등(2017)은 상담의 과정은 관계 맺기 문제평가 및 목표 설정, 문제해결을 위한 계획 수립 및 실행, 종결 및 추수지도의 과정으로 진행된다고 보고 있으며, 김봉환 등(2016)은 접수면접, 관계 수립 및 내담자 분류, 문제평가 및 목표 설정, 행동계획 수립 및 행동 실행을 위한 조력, 종결 및 추수지도라는 단계로 진행된다고 하였다. 또한 대학상담, 복지기관 상담, 청소년기관 상담, 직업상담과는 달리, 학교상담은 도움 요청, 접수면접, 신뢰관계 형성, 내담자의 이해와 목표 설정, 문제해결 단계 그리고 종결 단계, 추수상담 단계로 구분하기도 한다(정정애 외, 2017).

그런데 학교 진로진학상담은 일반 상담과는 다른 특징이 있다. 즉, 진로진학상담교사가 상담자와 교사로서 이중 역할을 한다(손은령 외, 2017). 그래서 진로진학상담이 진행되기 전에 내담자에 대한 충분한 자료를 수집할 수도 있다. 교사이면서 상담자로서 이미 학생에 대한 기본적인 정보를 수집할 수 있고, 학생을 내담자로 맞이할 기초 자료 준비 기반이 되어 있다는 점이다. 또한 학생들 간의 관계나 주변 동료 교사를 통하여 내담자의 다른 측면에 관한 폭넓은 정보를 수집할 수도 있다. 물론 이러한 특징은 내담자를 잘 이해하는 데에 도움이 될 수 있지만, 선입견을 갖게 되어 내담자를 객관적으로 이해하지 못할 가능성도 있다. 또한 진로진학상담교사의 진로진학상담은 내담자와의 관계가 수직적인 관계를 유지할 가능성이 크다는 점이다. 일반 수업도 진행하는 교사로서의 관계가 상담자로서의 관계에서 반복될 가능성이 있기 때문이다. 즉, 상담자로서 진로진학상담교사가 상담을 주도함으로써 내담자의 생각이나 감정을 소홀히 대할 가능성이 있다고 볼 수 있다.

학교에서 진행되는 진로진학상담도 상담 접수로 시작되지만, 접수면접을 상담 신청서 작성하는 것으로 대체되기도 한다. 진로진학상담의 내용이 진로갈등, 진로의사결정, 진로선택, 진학문제가 대부분이기 때문에 상담 신청서에 기록된 내용만으로도 충분하다고 판단하기 때문인 것으로 보인다. 진로진학상담의 초기 단계에서 내담자의 이야기에 경청하고, 공감하며, 수용적 태도에 익숙한 진로진학상담교사는 내담자인 학생에게 안정적인 분위기와 신뢰감을 주어 진로진학상담의 효과를 높일 수 있을 것이다.

매우 특별한 경우를 제외하고 진로진학상담의 내용이 담임교사나 학부모와 공유되는 특성도 있다. 학생의 성장과 발전을 위한 상호 협력이 필요하기 때문이다. 또한 내담자인 학생을 자주 만날 수 있기 때문에 추수상담을 할 수 있는 기회가 많고, 장소의 제약에서도 자유로울 수 있다. 그러나 진학의 문제와 관련이 깊을 때에는 상담 결과에 대한 공유에 신중을 기해야 한다. 내담자로서의 학생들이 서로 경쟁자일 수 있기 때문이다.

진로진학상담의 결과는 유동적이라는 특성이 있다. 가장 큰 원인은 진학과 관련된 새로운 정보를 습득하거나 내담자 상황의 변화에 따라 상담 결과가 번복될 가능성이 매우 높기 때문이다. 또한 부모의 영향력에 의해서 학생의 진로가 달라지는 경우도 있다. 이러한 유동성은 진로진학상담이 융통성이 있으며 가변적인 미래 상황을 반영할 수 있는 특성으로 볼 수 있다.

학교 진로진학상담 과정에는 시간적 제약이 따른다. 수업시간에 상담을 할 수는 있지만 담임교사나 교과교사, 경우에 따라서는 학부모의 허락을 받아야 하는 점에서, 학생이 필요한 시점에 상담을 받을 수 없는 가능성이 있다. 「진로교육법」 9조에 "진로전담교사는 해당 담당교사와 협의를 거쳐 수업시간에 진로상담을 제공할 수 있으며, 이 경우 진로상담시간은 수업시간으로 본다"는 점을 간과할 수 없기 때문이다. 따라서 진로진학상담이 진행되는 시간은 방과 후이거나 점심 시간의 일부를 활용하다 보니 깊이 있고 연속된 상담이 지속되기 어려운 상황도 피할 수 없다. 특히, 방과 후에 진행되는 상담은 내담자나 진로진학상담교사가 별도로 시간을 할애해야 하기 때문에 상담의 질을 유지하는 데 각별한 주의가 요구된다.

3) 학교 진로진학상담 과정의 변화

현실적으로 학교 진로진학상담의 단계가 간소화되는 경향이 있다. 상담이 대개 방과 후에 이루어지는 경우가 아니면 학생들의 수업시간에 이루어진다. 수업시간일 경우 상담이 필요한 학생은 담임교사나 교과교사의 허락을 얻는 시간이 있어야 하고, 상담 준비와 이동 시간을 고려하면 상담 시간을 확보하기가 쉽지 않다. 따라서 상담 초기 단계가 생략되거나 상담 중기나 상담 후기의 시간도 단축하여 정보의 전달이나 핵심 내용 중심으로 상담의 단계가 진행되는 경우가 많다.

내담자의 특성에 따라서 정보의 유형과 분량이 달라지며 상담 단계별 시간과 상담 회기가 달라지게 된다. 내담자 중에는 일반적인 정보는 이미 알고 있어서 매우 심층적이고 세밀한 정보가 필요한 경우도 있고 그 반대의 경우도 있기 때문이다. 또한 최근에는 진로진학상담의 내용이 더욱 심화되고 있다. 입시제도가 복잡해진 면도 있고, 진로진학상담교사 제도가 시행된 지 10여 년이 지나면서 학부모나 교사 그리고 학생들의 진로진학에 대한 의식 수준이 높아진 것도 변화의 중요한 요인이다. 결과적으로 스스로 정보를 찾고 진로를 설정하는 학생들이 증가하여, 자기주도적인 진로설정 능력이 많이 향상되고 있다는 긍정적인 변화로 볼 수 있다.

이러한 변화에 따라 진로진학상담교사의 역할도 사회와 제도의 변화와 학생들의 실질적 요구에 부응할 수 있도록 강화되어야 한다. 학생들에게 충분한 정보를 제공할 뿐만 아니라 수많은 진로정보 중에서 필요한 정보를 선별할 수 있는 역량을 향상시킬 수 있어야 하기 때문이다. 또한 정보의 가치를 판단하여 적절하게 활용할 수 있는 능력을 키워 주는 역할도 매우 중요하다.

진로진학상담이 질적·양적인 측면에서 강화되어야 한다. 미래의 직업사회에 대한 심층적인 통찰과 논리적 근거를 바탕으로 한 비전을 제시할 수 있어야 한다. 아울러 희망하는 학교 유형이나 학과의 진입에 적합한 입시 정보 제공은 물론이고, 졸업 후 직업 선택과 긴밀하게 연관지어 진로를 설계하는 내용적 변화가 있어야 하기 때문이다. 특히, 급속한 직업사회의 변화와 진학 제도의 변화를 민감하게 인식하여, 상급학교 진로진학상담 내용은 더욱 세분화되고 촘촘하게 구성되어야 할 것이다.

뿐만 아니라 진로진학상담의 시간과 공간과 내용이 효율성을 중심으로 다양하면서도 융통성 있게 운영할 필요가 있다. 학습에 진력하는 학교 분위기에서는 충분한 상담 시간이 확보되지 않을 수 있고, 그러한 경우에는 상담의 전 과정이 절차대로 진행되지 않을 수 있기 때문이다. 상황에 따라서 생략되는 상담 절차가 있을 수 있고, 짧은 시간 동안 임시적인 공간을 활용하여 상담을 제공할 수 있어야 한다. 물론 간소한 절차를 통한 상담도 학생들이 실질적으로 진로설계 및 진로행동에 도움이 되어야 함은 당연한 일이다. 예를 들어, 진학에 대한 관심이 증가하고, 특히 특정 계열이나 학과를 선택하려는 분위기에서 관련된 핵심적인 진학 정보를 얻거나 정보의 정확성을 확인하는 진로진학상담이 되어야 하고, 매우 극소수와 관련된 진로진학상담이라 하더라도 내용과 형식에서 질적인 수준이 유지되어야 하는 것이다.

진로진학상담의 양적인 면에서 상담 기회가 공식적으로 확대될 필요가 있다. 학령 인구의 감소로 학생수가 감소하고 있지만 여전히 많은 내담자를 만나야 하는 학교의 진로진학상담교사 수는 부족한 편이다. 아울러 소규모 학교에도 진로진학상담교사가 상담을 진행할 수 있는 안정적인 제도적 장치가 필요하다. 중학교 과정에서는 자유학기제의 일정 시간에 진로진학상담이 진행되거나, 고등학교에서 고교학점제가 원만하게 시행되면 일반 교과 수업이 없는 시간에 상담을 할 수 있게 된다면, 상담시간을 확보할 수 있을 것이다. 또한 상담 주제와 내용에 따라 짧은 시간에 상담함으로써 상담 기회를 확대할 수도 있다.

진로진학상담은 초고령화 사회에 접어들어 학령 인구가 감소하는 추세에 모든 학생 개인이 각기 역량을 발휘하여 삶의 행복을 향유하고, 사회 구성원으로서의 역할을 다하여 발전된 사회의 일원이 되도록 돕는 방향으로 나아가야 한다.

2. 학교 진로진학상담의 방향

1) 진로 방향 설정

학교의 진로진학상담에서 중요하게 다루는 내용은 진로 및 진학의 방향을 결정하거나, 진로진학 목표를 행동화하기 위한 전략을 구상하는 것이다. 이런 관점에서 진로설정은 맨 처음 이루어져야 하는 단계이며, 이어지는 과정이 진학목표를 정하는 일이다. 학생들에게 좁은 의미에서의 진로설정은 장래에 희망하는 직업선택을 의미하지만 넓은 의미에서는 선택한 직업을 중심으로 한 생애설계를 뜻하는 것이다. 결국 진로설정은 개인의 사회적 성취를 포함한 자아의 실현, 행복을 추구하는 것이 궁극적인 목적이다.

따라서 구체적인 진로를 결정하거나 진로 방향을 설정하는 것은 매우 중요하기 때문에 누구나 바람직하고 실현 가능한 대안을 모색하려고 노력한다. 성공 가능성을 높이고 실패 가능성을 줄이기 위하여 자신에 대한 깊은 성찰과 직업 세계에 대한 구체적인 분석을 통하여, 두 요소를 합리적으로 조율함으로써 진로를 설정한다. 진로발달 단계로 보면 초등학교 과정에서는 진로에 대한 인식 단계이며, 중학교 과정에서는 폭넓게 직업을 탐색하고, 고등학생이 되면 진학을 준비하는 진로행동의 단계로 이어진다.

진로설정에 대한 다양한 관점이 있지만 자신에 대한 이해를 바탕으로 직업 세계를 파악하여 합리적인 타협의 과정을 거치는 것은 진로이론의 공통적 맥락이다. 학교 현장에서 가장 효과적으로 할 수 있는 진로행동은 자기를 이해하는 활동이다. 직업심리검사를 실시하고 해석하거나 이러한 검사 결과와 관련된 경험과의 관련성을 살펴보는 후속 활동을 할 수 있기 때문이다. 자신을 이해한다는 것이 쉬운 일이 아닌 만큼 단시간의 프로그램이나 진로 및 직업 심리검사 결과만으로는 충분하지 않다. 따라서 학생 개인의 경험과 교사의 관찰과 진로 및 직업심리검사 결과에 대한 전문적인 해석 활동을 통하여 종합적으로 자기를 이해하는 것이다. 이런 관점에서 학부모 상담을 통하여 입체적으로 학생을 이해하는 것도 권장할 만한 활동이다.

진로를 설정하는 데에 직업 탐색 활동은 매우 긍정적이고 필요한 요소이다. 직업에 대한 이해를 돕기 위하여 각급 학교에서는 진로체험활동을 교육과정에 포함시켜 진행한다. 즉, 직업 현장을 견학하거나 간단하게 실습하는 과정에 참여하는 기회를 부여하거나, 직업인과의 만남을 통해서 관심 있는 직업 탐색의 기회를 제공하는 것이다. 학생들에게 직업체험을 할 수 있는 사회적 인프라 구성이 미흡한 현실에서 체험의 분야는 매우 제한적이다. 이러한 진로체험의 한계를 인터넷을 통한 검색 활동이나 가상현실이나 증강현실 체험을 통해 일정 부분은 극복할 수도 있다.

진로설정은 유동적인 특성을 가지고 있다. 청소년의 발달 단계에 따라 나타나는 개인적 특성이 유전적 요인일 경우 더 발현되거나 강화되더라도 변화의 폭이 적지만, 직업 세계는 늘 가변적이고 개인의 통제 영역을 벗어나는 특성이 있기 때문이다. 또한 청소년기에 설정된 진로 방향이나 목표의 설정은 주변 맥락적 대상에 의해 영향을 받거나, 사회적 추세에 따라 영향을 받기 때문이다. 인공지능의 활약, 세계 경제의 흐름, 직업 안정성의 위협, 특정 직업 선호 경향, 예측할 수 없는 미래 세계의 복잡성의 영향을 고려해야 하기 때문이기도 하다.

최근에 고용과 보수 측면에서 안정적인 전문적 직업에 대한 선호도가 높아지고 있다. 매우 간단하거나 위험한 분야의 업무에는 기계가 대신하는 모습을 쉽게 찾아볼 수 있지만, 나아가서 급속한 기술혁신이 업무의 효율성과 경제성을 획기적으로 높인다면 합당한 보수를 받는 전문가의 일이 줄어들 가능성이 매우 크다. 리처드 서스킨드와 대니얼 서스킨드(R. Susskind & D. Susskind, 2015)의 주장처럼 빅데이터, 인공지능을 비롯한 기술혁신이 새로운 전문가의 지형을 바꿀 가능성이 높다는 점을 인식하는 것이 필요하다. 진로 방향 설정은 이러한 상황을 합리적이고 논리적으로 유추하여 진로 설정 방법을 제시할 필요가 있다.

2) 진학 방향 모색

학생들이 상급학교에 진학하는 것은 매우 중대한 진로행동이다. 중학생은 고등학생이 되는 것을 당연하게 여기고, 일부 특성화고등학교 학생이나 일반고등학교의 학생 대부분은 대학에 진학하는 것을 자연스러운 과정으로 생각한다. 마찬가지로 학부모들도 가능한 한 많은 투자를 하더라도 자녀가 원하는 상급학교에 진학하도록 최선을 다해 지원한다. 일부의 부모는 자녀의 바람보다도 부모의 희망대로 진학하기를 원하기도 한다. 이처럼 자녀(교육)에 대한 부모의 투자는 한국의 교육담론에서 매우 중요한 문제이다(임성택, 2018). 흔히 '교육열'이라고 비판하는 현상도 있지만 부모에게는 자녀의 성공적인 진학이 큰 비중을 차지하는 인생의 중요한 목표 중의 하나이다. 또한 진학의 문제는 학교에서 교육목표 달성의 중요한 척도가 되기도 한다.

초등학교에서 중학교 진학하는 것에 대한 관심보다는, 중학교에서 고등학교 진학문제에, 고등학교 진학 문제보다는 대학 진학 문제에 크게 관심을 갖는 현실이다. 지역과 부모에 따라서는 초등학교에 입학하는 것이 대학교의 진학을 염두에 두고 진로행동을 설계하는 경우도 있다. 장기적인 안목에서 매우 중요한 관점이지만 중학교나 고등학교 과정에서의 있을 수 있는 진로변동에 대한 준비를 조율하는 것도 학교와 교사의 몫이며 진로진학상담의 일부 역할이다.

중학교 과정의 자유학기제 운영과정에서 자기에 대한 이해의 폭과 깊이를 더하고, 다양한 직업을 탐색하는 활동이 고등학교 진학으로 자연스럽게 연결되어야 한다. 그러한 측면에서 중학교 과정에서의 자기 이해 활동은 발달 단계를 충분히 고려해야 한다. 또한 자기 이해 수준이 다르다는 점을 인식하는 것이, 능력의 우열 문제로 인식하지 않도록 세심한 배려가 필요하다. 중학교 과정에서의 직업 탐색은 다양성에 초점을 두어야 한다. 지역적이고 문화적인 차이에 따른 불이익을 극소화하여 직업 탐색 다양성을 확보하는 것은 교사와 학교의 몫이기도 하다. 청소년들의 정보수집 능력은 기성세대보다 훨씬 빠르고 정보원이 다양할 수도 있다. 따라서 흔히 접하는 직업 탐색이나 일반적인 정보 습득을 위한 직업 탐색을 기획하는 것은 기대만큼 효과가 크지 않을 것이다. 중학교 과정에서 충분한 자기 검토를 거쳐 특별한 재능을 발견한다면 특성화고등학교나 특수목적고등학교 진학을 준비할 수도 있다.

고등학교 과정에서는 중학교 과정을 통해 습득한 자기이해 활동에 깊이를 더하고, 다양한 직업 탐색의 결과를 분석하여 비교적 압축된 진로방향을 선택하여, 그 방향에 적합한 대학 학과를 선택하여 진학하거나 취업을 고민하게 된다. 실제로 일반고등학교를 졸업하고 취업하는 경우도 있기 때문에 모든 고등학생들에게 대학 진학이 필요한 것은 아니라는 점을 인식해야 한다. 다만 진로선택의 결과, 대학 교육이 필요하다고 인식할 때 대학 입시를 위한 준비에 전념해야 하는 것이 고등학교의 일반적인 과정이다. 이러한 맥락에서 대학 입시를 준비하는 것이 거의 모든 일반고등학교나 특수목적고등학교의 주요한 교육활동이다. 물론 특성화고등학교에서도 대학 진학을 희망하는 학생이 있다는 점을 간과해서는 안 된다.

대학 입시에서 매우 중요하게 고려되는 사항은 학과 혹은 계열 선택과 대학의 선택 문제이다. 이러한 선택에 영향을 주는 요인은 직업 탐색 경험이다. 중학교 과정의 직업 탐색이 다양성을 강조했다면 고등학교 과정에서 이루어지는 직업 탐색은 범위를 압축하여 매우 구체적이고 실제적인 측면에 초점을 두어야 한다. 직업 탐색의 결과, 심층적이고 전문적 학문적 탐구가 필요할 경우 대학의 학과(전공) 혹은 계열에 대한 탐색이 필수적이다. 특히, 대학교의 학과(전공) 탐색이나 계열 탐색을 통하여 고등학교 과정에서는 관련 분야의 학문적 기초를 다지는 측면에서 과목 선택을 해야 한다. 대학 학과(전공)의 특성과 고등학교 교과 과목의 연계성을 이해하는 과정은 고등학교 저학년에서 이루어져야 효과적인 대학 입시를 준비하는 데 도움이 된다. 일부 학생들의 경우에 진로에 따른 학과(전공) 선택보다는 진학에 유리한 학과(전공) 선택이나 대학의 명성에 따라 선택하는 것도 진로선택의 한 방향으로 수용하는 현실을 직시할 필요가 있다. 학벌 중심적 대학 선택은 학생과 부모의 선택이며, 대학 진학을 위한 학업 능력의 향상 문제는 교과 교사가 도와야 할 몫이다. 하지만 한 개인의 진학이 전 생애적(life-span) 관점과 안녕의 관점에서 행복한 생애를 설계하는 과정으로 연결되는 계기가 되어야 한다(손은령 외, 2020). 나아가서는 발전적인 사회적 지향에도 부합할 수 있도록 지도하고 상담하는 것이 진학상담교사의 또 다른 역할이다.

에릭슨(Erikson)에 의하면 청소년기는 심리사회학적으로 '정체감 대 역할 혼미'(identity vs role confusion)를 경험하는 시기이다(신명희 외, 2019). 다양한 가능성을 열어 두고 진로 방향이 수시로 변할 수 있고 이에 따라 진학의 목표가 달라질 수 있다는 점을 염두에 두어야 한다. 따라서 미래의 가능성에 압도당해 정체성을 찾지 못하고 심리적 유예(pychosocial moratorium)를 겪으며 방황하는 경우도 있음을 이해해야 한다. 특히, 한국 부모들이 자녀의 진로선택에 큰 영향을 미치고 있어

일부 청소년들이 진로와 관련하여 일종의 정체감 유실 상태에 있기 때문이다(김봉환 외, 2013). 그래서 진로방향이 모호하고 진학의 방향을 정하지 못하여 일부 학생의 경우 상급학교 진학을 바로 앞둔 시점에 충분히 고려하지 못한 채 진학할 학교를 선택하는 경우도 있다. 따라서 자기 정체성에 대한 인지의 시점이 늦어지는 것이 인생에서의 실패가 아니며 또 다른 선택을 할 수 있다는 점을 인식하고 희망을 가지고 진학할 수 있도록 돕는 지혜를 발휘하는 것은 진로진학상담교사를 포함한 모든 교사의 몫이고 학교의 시스템이 채워 줄 몫이기도 하다.

3) 학교 진로진학상담의 방향

2015년도에 제정되고 2022년도에 개정된 「진로교육법」의 목적은 "학생에게 다양한 진로교육 기회를 제공함으로써 변화하는 직업 세계에 능동적으로 대처하고 학생의 소질과 적성을 최대한 실현하여 국민의 행복한 삶과 경제 사회 발전에 기여함을 목적을 한다."고 명시하고 있다. 그리고 "초·중등학교의 장은 학생의 진로 탐색 및 선택을 지원할 수 있도록 진로상담을 제공하여야 하며, 학생의 진로에 관하여 해당 학생의 보호자로부터 의견을 들을 수 있다."고도 명시되어 있다. 「진로교육법」에서 언급된 진로상담은 진로진학상담교사가 추축이 되어 진학과 관련된 내용을 교육하거나 상담하는 것을 포함한다고 볼 수 있다. 진학상담은 상급학교에 입학하여 학문적 성취와 직업적 기능을 고양시킬 수 있도록 조력하는 활동으로 정보수집, 준비행동의 지도와 독려, 의사결정 조력을 포함한다(김봉환 외, 2016).

학교 진로진학상담의 궁극적인 목적은 학생들의 미래의 삶이 행복하도록 돕는 것이다. 행복의 기준이 학부모나 교사가 정하는 것이 아니고 학생의 가치 기준에 적합해야 하지만, 경제 사회 발전에 기여해야 한다는 점에서 기준에 대한 타협이 필요하다. 학생들이 진로를 설정하고 구체적인 진로행동으로 실행하는 과정이 행복이란 관점과 사회적 기대치와 거리가 있을 수 있기 때문이다.

진로진학상담은 그 과정에서 청소년들이 감내해야 할 부분을 합리적으로 수용하고, 결과적으로 행복해질 수 있다는 의미 있는 조율의 과정에 핵심적인 역할을 해야 하며, 궁극적으로 자기 삶의 주인으로 살아가고, 직업 세계의 변화에 적응하는 데 도움이 되어야 한다(황매향 외, 2016). 직업 세계의 변화는 시대의 변화에 따른 경제 및 산업 구조의 변화와 밀접하게 연관된다. 즉, 출생률 저하, 에너지 부족, 환경오염, 교육혁명, 서비스 산업의 증대, 1인 가구의 증가, 수명의 연장, 4차 산업혁명의 확대에 따른 경제의 흐름과 환경을 고려하여 자신에게 실현 가능한 직업을 선택하는 것이 매우 중요하다(윤명희 외, 2018). 따라서 학생들의 발달 단계적 이해를 바탕으로 부모와의 상담, 학교의 체계적인 진로교육과 진로진학상담을 통한 비전을 제시하여 학생들이 스스로 효율적인 진로 선택을 할 수 있게 돕는 것이다.

학교 진로진학상담이 우선적으로 지향해야 할 목표는 청소년들이 합리적으로 진로의사를 결정하는 과정을 돕고 진로행동을 격려하는 것이다. 그 과정에서 나타나는 진로장벽, 즉 학습부진, 관계적 어려움, 발달 단계에서 오는 심리적 갈등, 부모와의 이견 등을 극복해 가도록 조력하는 것이다. 또한 학생들에게 매우 중요하고도 시급한 문제인 상급학교 진학에 현실적인 도움을 주어야 한다. 교육의 목표를 이루는 한 축으로서 진로를 진학과 합리적으로 연결하는 것이다. 다양한 양질의 입시 정보를 수집하여, 시기적절하게 학생 개개인에게 적합하도록 가공하여 제공하는 것도 진로진학상담의 중요한 부분이다.

이처럼 고유한 역할과 더불어 진로진학상담을 수행하는 교사는 조직 내에서 상담환경을 구축하는 것에도 관심을 두어야 한다. 동료 교사와의 관계나 학교 관리자나 행정지원 인력의 협력이 필요하기 때문이다. 나아가서 진로진학상담은 학생들이 공교육 체제를 벗어나 성인으로서 살아갈 때, 자신의 진로 문제를 스스로 해결하고 적응해 갈 수 있는 자기주도적인 진로 개발 역량을 키워 갈 수 있는 능력을 갖추는데 기여해야 한다. 나아가서는 직업 윤리에 대한 부분을 진로진학상담의 비중 있는 내용으로 추가해 볼 수 있다. 직업인으로서의 공동체성과 민주시민으로서의 직업인의 역할 그리고 인공지능과의 관계에 대해서도 고민해 봐야 하기 때문이다.

학교 진로진학상담에서 진로진학 문제에 심리 문제나 성격 문제에 대한 영역을 추가할 필요가 있다. 진로와 성격적인 요소들이 어떻게 내담자의 삶에 얽혀 있는지 인식하고 내담자가 겪고 있는 여러 가지 문제를 정확하게 파악(Swanson & Fouad, 2005)하는 것이 학생의 장기적인 설계에 도움을 줄 것으로 기대하기 때문이다.

참고문헌

김봉환, 강은희, 강혜영, 공윤정, 김희수, 선해연, 손은령, 송재홍, 유현실, 이제경, 임은미, 황매향(2016). 진로상담. 서울: 학지사.

김봉환, 이제경, 유현실, 황매향, 공윤정, 손진희, 강혜영, 김지현, 유정이, 임은미, 손은령(2013). 진로상담이론 한국내담자에 대한 적용. 서울: 학지사.

김인자(2015). 현실치료상담과 선택이론. 서울: 한국심리상담연구소.

손은령, 김민선, 김현정, 이혜은, 김지연, 이순희(2020). 대학생의 행복한 삶을 위한 진로 심리학. 서울: 학지사.

손은령, 문승태, 임경희, 김희수, 손진희, 임효진, 여태철, 최지영, 손민호, 고홍월, 공윤정, 허상수(2017). 진로진학상담교육론. 서울: 사회평론.

신명희, 서은희, 송수지, 김은경, 원영실, 노원경, 김정민, 강소연, 임호용(2019). 발달심리학. 서울: 학지사.

윤명희, 이정희, 서희정, 김창완(2018). 전공탐색과 생애설계. 서울: 학지사.

이재창, 조붕환, 최인하, 임경희, 박미진, 김진희, 정민선, 최정인, 김수리(2017). 상담전문가를 위한 진로상담의 이론과 실제. 서울: 아카데미프레스.

임성택(2018). 학부모 발달심리학. 강현출판사.

임은미, 강혜영, 고홍월, 공윤정, 구자경, 김봉환, 손은령, 손진희, 이제경, 정진선, 황매향(2017). 진로진학상담 기법의 이론과 실제. 서울: 사회평론.

장창곡(2017). 진로진학상담 수행역량 척도 개발 및 슈퍼비전 요구분석. 인천대학교 대학원 박사학위논문.

정정애, 윤명강, 김명희 임안숙, 최미화, 김명희, 김명숙, 이현주(2017). 학교생활적응을 위한 학교상담의 이론과 실제. 서울: 박영스토리.

홍순도(2018). 고등학교 진로전담교사의 진로상담과정 탐구. 순천향대학교 대학원 박사 학위논문.

황매향, 김연진, 이승구, 전방연(2016). **진로탐색과 생애설계**. 서울: 학지사.

Susskind, R., & Susskind, D. (2015). *The Future of the Professions: How the Technology transform the Work of Human Experts* (First Edition). **4차 산업혁명시대 전문직의 미래**. 위대선 역(2016). 서울: 미래엔.

Swanson, J. L., & Fouad, N. A. (1999). *Career theory and Practice Learning Through Case Studies*. **사례로 배우는 진로 및 직업상담**. 황매향 역(2005). 서울: 학지사.

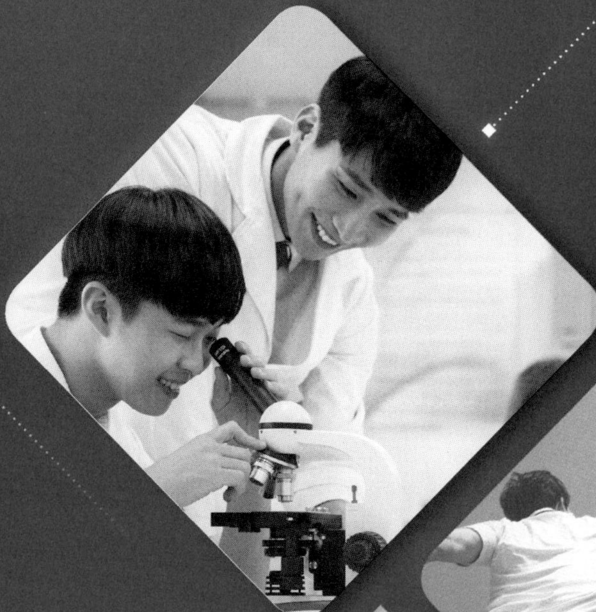

제 8 장

학교 진로진학상담의 기법

1. 학교 진로진학상담의 환경
2. 학교 진로진학상담교사의 태도
3. 학교 진로진학상담의 기법

1. 학교 진로진학상담의 환경

1) 공간적 환경

진로진학상담 과정에서 학생의 문제해결을 돕거나 고민을 줄일 수 있도록 돕는 것이 매우 중요하다. 그런 의미에서 내담자가 심적으로 안정될 수 있고 자신에게 집중할 수 있는 물리적 여건을 조성할 필요가 있다. 상담 공간은 편안하여 휴식이 가능하고, 스트레스 완화에 도움이 되며 정보 공유가 가능한 곳이어야 한다. 공간 구성 요소는 상담 예약이 가능하고, 접수상담이나 관련 검사를 실시할 수 있으며, 상담을 진행할 수 있어야 한다(박수빈, 2010). 특히, 정보를 검색하고 활용하는 데 컴퓨터나 시청각 자료를 활용할 수 있어야 한다. 따라서 교무실의 교사 옆자리에서 보조의자에 앉아 상담하는 경우라거나, 방음 시설도 없는 좁은 공간이 상담실이라면 내담자인 학생이 자신의 문제에 집중하기 어려울 것이다. 주변 환경을 민감하게 인식하는 청소년에게 쾌적한 물리적 환경을 조성하는 것은 상담자와 내담자가 바람직한 관계를 형성하는 데 매우 중요하다.

상담 공간은 학생들이 접근하기에 편리한 곳에 위치하되, 외부의 소음이 적고 채광성이 좋아야 한다. 또한 안정감을 주는 의자와 집기를 배치하고, 정보 검색할 수 있는 최신 컴퓨터, 진로직업 정보 자료, 입시 관련 자료, 상담 관련 도서 및 잡지를 비치할 수 있을 정도로 여유가 있는 공간이 확보되면 좋을 것이다. 상담 공간 내에는 개인적인 공간과 공용 공간으로 구성하여 상담자와 내담자가 상담 목적에 맞게 활용할 수 있어야 한다. 최근에 상담실 재구축에 관심을 기울이고 있는 점은 매우 긍정적인 신호이다. 따라서 기존의 공간을 재구조화하거나 별도의 공간을 상담실로 구축할 경우에 이처럼 고려해야 할 사항을 확인하는 수고가 필요하다.

2) 시간적 환경

현행 중고등학교에서 이루어지는 상담은 심리적 지원이나 학교생활의 적응을 돕기 위한 위클래스(Wee-Class)에서 진행하는 심리적 상담과 진로설정이나 진학에 관한 진로진학상담으로 구분해 볼 수 있다. 그런데 학교의 수업 시간표에 상담을 받을 수 있는 시간이 명시되어 있지는 않다. 일반적으로 상담의 효과성에 영향력을 미치는 공통 요인(common factors)인 작업동맹의 구성 요소로서 유대를 맺는 데에 적절한 시간을 배분하는 것(Gysbers et al., 2014)을 강조한다. 따라서 상담 시간의 확보는 작업동맹에 매우 중요한 부분이며 상담의 효과를 높이는 변인인 것이다. 진로진학상담의 경우에 있어서도 마찬가지이다.

그런데 현실에서는 학생들이 진로진학상담을 할 수 있는 시간은 수업 후에나 야간 시간이다. 진로진학상담교사가 일반교과 교사로서 수업도 진행하고 다른 교과교사와는 달리 수업 후에 상담을 진행하다 보니 업무가 과다할 가능성이 커서 상담의 질을 보장하기가 어려울 수 있다. 또한 학생은 일과 시간 내에 상담받을 권리를 포기해야 하는 것이다. 물론 상담 시간도 수업 시간으로 인정하고는 있지만 수업권 보장을 우선시되는 학교 분위기라면 수업을 포기하고 상담에 임하는 것은 기회 손실을 감수해야 하는 것이다. 수업 시간이 아니라면 진로진학상담교사는 점심시간을 활용하거나 일과 후 퇴근 전에 간단하게 진행하거나 야간 시간에 상담을 진행하게 된다. 따라서 학생이 편리한 시간에 상담받을 수 있도록 시간적 환경을 확보하는 지혜가 필요하다. 교과 이수 단위를 줄인다면 수업 후에 상담 시간 확보가 가능하며 고등학교의 경우 학점제가 정착하여 학생 스스로 상담받을 수 있는 시간을 확보할 수도 있을 것이다.

3) 심리적 환경

현실적 의미에서 학교의 주된 기능은 학업 활동을 통하여 학생의 성장과 발달을 돕는 것이다. 교과 지도가 교과 교사의 주된 역할이라면, 전반적인 인생의 방향을 설정하는 과정에서 어려움을 해결해 나갈 수 있도록 돕는 것이 진로진학상담일 것이다. 그 과정에서 학교 진로진학상담자나 내담자인 학생의 심리적 불편감을 최소화할 수 있는 환경 조성이 필요하다. 진로진학상담자가 업무적으로 과중하거나 관계적 어려움을 느낀다면 편안하게 상담에 임할 수 없을 것이며, 내담자인 학생 또한 필요할 때에 상담을 할 수 없는 상황이라면 심리적으로 불편할 것이기 때문이다. 심리적 환경을 조성하는 것은 학교 구성원 간의 협력이 무엇보다도 필요하다.

진로진학상담교사는 관계적인 어려움이 클 수 있다. 업무 수행 방식과 협력적 관계 측면에서 동료 교사와 상급 관리자의 관계적 어려움이 있을 수 있다. 또한 직간접적으로 학부모, 교육청 관리자, 외부 협력 및 지원 기관과 연계를 구축하기 위한 인사들과의 관계에서 어려움을 겪을 수 있다(손은령 외, 2017). 이런 관계적 어려움도 있지만 과중한 업무에서 오는 스트레스도 있을 것이다. 행정적이고 절차적인 업무와 수업 활동 그리고 전문적인 진로 및 진학상담, 네트워크 발굴 및 유지 활동 등 업무가 다양하기 때문이다. 이러한 상황에서 진로진학상담교사는 심리적 압박감을 느낄 수 있다. 따라서 진로진학상담교사의 행정적인 업무나 교과편성이 적절하여 심리적으로 안정적인 상태로 상담이 임할 수 있도록 분위기를 조성해야 한다. 또한 관계적 어려움에 대한 부분은 상호 협력적인 이해가 필요한 부분이다.

학교 진로진학상담자의 심리적 안정감도 중요하지만, 내담자인 학생의 심리적으로 안정될 수 있는 분위기를 마련해야 한다. 또한 상담의 시점도 중요한데, 학생이 교과활동 시간에 진로진학상담을 희망할 때 절차나 과정이 복잡하거나 까다롭다면 학생의 상담 동기가 낮아질 가능성도 있기 때문이다. 또한 진로진학상담 과정에서 상담자의 태도가 내담자의 심리적 안정감을 준다는 점은 강조할 필요가 있다.

상담자와 내담자의 심리적 환경에 영향을 주는 것은 시간적 환경과 공간적 환경의 역할도 매우 크다. 충분한 시간과 편안감을 주는 공간이 심리적 안정감을 주는 의미 있는 요소이다. 따라서 넓고 편리한 공간으로 구성되어 있고 마치 가정과도 같이 편안한 환경이 필요하다(박수빈, 2010). 진로진학상담자는 내담자인 학생 개인이 성장하고, 나아가서는 사회에 기여할 수 있도록 지원하는 역할을 해야 한다. 진로진학상담교사가 진행하는 상담은 행정적인 절차에 중점을 두기보다는 질적으로 내담자인 학생이 만족한 상담을 받을 수 있도록 주변의 배려와 상호적 협력이 필요한 것이다.

2. 학교 진로진학상담교사의 태도

1) 교사로서의 태도

현재 학교에서 진로진학상담교사는 교사로서 학습지도를 한다. 수업과정에서 발표를 지명하거나 협동을 요구하기도 하며 평가도 한다. 또한 수업과정에서 학생의 태도에 대하여 지적하거나 행동의 수정을 지시할 수도 있다. 이 과정에서 불편한 상황이 생길 수도 있고, 그것을 조정해야 할 경우도 있다. 교사는 수업에서의 권위가 있지만 조력자, 코치의 역할도 하며 경우에 따라서는 학생과 불편한 대화를 할 수도 있다. 교사로서의 충실성은 강조되어야 한다.

언어적 표현이나 행동이나 태도에 있어서 가르치는 교사로서의 권위는 유지해야 한다. 수업이 종료된 후에 상담실에서는 상담자로서의 정체성이 있듯이 교실에서는 교과교사로서의 정체성에 충실할 필요가 있다. 또한 교실에서 보이는 학생들의 행동을 통해 얻게 되는 학생에 대한 정보는 학생을 도울 수 있는 자료로 활용해야 하며 편견이나 선입견을 갖지 않도록 깊은 성찰이 필요하다. 하지만 교사로서의 진실성과 일관성은 상담자로서의 특성과 다르지 않음을 인식할 필요가 있다.

2) 진로진학상담자로서의 태도

학교에서 위클래스 상담교사는 학생들의 심리적 어려움을 줄여 주거나 비교육적인 행동을 수정해 주는 심리상담을 진행한다. 상담교사는 수업을 진행하지 않기 때문에 오로지 상담자로서의 역할에 충실할 수 있다. 그러나 진로진학상담교사는 진로 교과를 지도하는 교사로서의 입장과 태도, 상담을 진행하는 상담자로서의 입지와 역할을 동시에 수행하는 이중적 역할을 해야 한다. 교실에서의 교사로서의 역할과, 내담자의 의견을 경청하고 수용하는 상담자의 역할을 병행하는 것이다. 즉, 상담자로서 진로진학상담교사의 정체성에 충실해야 한다.

교실에서 만났던 학생의 모습이 아니라 내담자로서 학생을 객관적으로 보려고 노력해야 한다. 교실에서 보았던 태도에서 가질 수 있었던 편견과 선입견을 상담 장면과 연관 짓지 않도록 노력해야 한다. 설령 진로진학상담교사가 두 가지 역할에 매우 충실할 수 있어도, 내담자인 학생들은 한 교사에게서 두 가지 역할을 구분하여 인식하고 행동한다는 것은 쉽지 않을 것이다. 더구나 경우에 따라서 진로진학상담교사가 진로교과 외에 다른 교과를 지도하는 경우도 간혹 있기 때문에 진로진학상담교사로서의 정체성을 유지하는 것이 쉽지 않다.

상담자로서, 교사로서의 권위보다는 내담자인 학생을 독립된 한 인격체로서 존중하고 성장을 돕는 조력자로서의 역할에 균형을 이루는 지혜가 필요하다. 교사와 상담자로 공존하는 데에, 로저스(C. Rogers)가 언급한 공감과 일치 그리고 진정성에 대한 끊임없는 성찰이 필요하다.

3) 성인으로서의 태도

진로진학상담교사는 성인으로서 청소년에게 바람직한 생활 태도와 건전한 사회적 시각과 미래에 대한 발전적 비전을 제시해 줄 수 있어야 한다. 물론 일관되게 그러한 삶을 살아간다면 그 삶 자체가 상담자로서, 교사로서, 성인으로서의 모델이 될 것이다.

가르치는 것과 상담하는 것은 삶 자체와 다를 수 있다. 다만 진로진학상담교사는 인간으로서의 보편성을 인정하고, 진정성 있는 성찰자로서의 성인(成人)인 것이다. 진로진학상담교사는 어른의 입장에서 권고할 수도 있고, 지시할 수도 있지만 인간 존중과 배려 그리고 포용력을 가진 성인으로서의 품격을 지니고 있어야 한다.

성인은 청소년을 존중하여야 한다. 마찬가지로 학교에서 만나는, 혹은 거리에서 만나는 학생에게 존중하는 성인의 태도가 일관적이어야 한다. 한 인간으로서 교실에서, 상담실에서, 사회의 어디에서든 청소년을 인정하고 배려하는 태도를 가진 성인의 모습을 지향해야 한다.

3. 학교 진로진학상담의 기법

1) 진로진학상담의 기초

상담 과정에서 내담자와 상담자가 긴밀한 관계를 맺고 유지하는 것은 상담의 효과를 거양하는 데에 긍정적인 역할을 한다. 긴밀한 관계란 공감을 바탕으로 하여 신뢰감과 진실성이 덧붙여질 때 효율적인 상담적 관계로 발전하는 것이다. 상담자인 진로진학상담교사와 내담자인 학생 간에 이루어지는 상담 관계의 질은 상담자 요인, 내담자 요인, 상호작용 방법, 환경 및 맥락적 요인에 따라 달라질 수 있다. 긴밀한 상담 관계는 상담자와 내담자 사이의 효과적인 상담의 결과를 얻기 위한 동맹이다. 이러한 작업동맹 수준이 높을수록 상담 성과가 높아진다(유성경 외, 2017). 또한 확고한 작업동맹을 유지해야 하는 것은 상담자의 역할과 내담자의 반응과 기대하는 수준에 따라 다르기 때문이다.

일반적 상담 기법은 내담자를 지지하고, 도전하는 것이다(고기홍, 2014). 지지한다는 것은 내담자가 처한 어려움에 넘어지지 않도록 하기 위해 관심을 기울이고, 내담자의 생각이나 감정을 되돌려 주는 반영하기, 긍정적으로 지지해 주는 타당화를 말한다. 진로진학상담 과정에서 학생 입장과 의도를 충분히 이해해 주어야 하는 것이다. 지지하기를 통해 내담자와의 공감대가 충분히 형성되면 상담자는 내담자에게 도전하여 변화를 촉진하게 된다.

내담자를 이끌어 가기 위해서는 진실성이 필요하며 경우에 따라서는 상담자가 자기 개방을 하거나 내담자에게 직면시킬 수도 있다. 즉, 진로진학상담교사가 자신의 학과 선택이나 학교 선택 경험, 부모님과의 조율 경험을 소개하는 것이다. 물론 자기 개방이 내담자에게 성찰의 기회를 줄 수도 있지만 저항할 수도 있다는 점을 간과해서는 안된다. 저항한다는 것은 도전을 받거나 변화하는 것이 두렵고 불편하여 피하고 싶은 것으로 이해하여, 상담자는 수준과 정도를 융통성 있게 맞추어 가야 한다. 예를 들어, 다음과 같이 일반적 기법이 사용될 수 있다.

◈ 관심 기울이기

고개 끄덕이기, 즉각적으로 반응하기, 시선 맞추기, 재진술하기, 요약하기

상담자: 즉, 학생이 여러 가지 계획을 구체적으로 말씀드렸는데도, 부모님은 여전히 반대하신다는 의미인가요? 〈요약하기〉

내담자: 네, 그래서 답답해요.

◈ 배려하기

상담자: 많이 덥지요? 마실 것을 줄까요?

내담자: 네, 주세요. (준비된 물을 준다.)

상담자: 상담실이 어둡지 않아요?

내담자: 아뇨, 괜찮아요.

상담자: 의자는 편한가요?

내담자: 네, 좋아요.

◈ 반영하기

내담자: 선생님, 성적이 생각보다 너무 떨어졌어요.

상담자: 열심히 공부했는데 기대한 것보다 성적이 낮게 나와서 마음이 불편하

군요. 〈감정 반영〉

내담자: 네, 그래서 학교 오기가 싫어요. 그리고 친한 친구도 없어요.

상담자: 친구들과 학교생활을 즐겁게 하고 싶은데 친한 친구가 없으니 학교 오는 것이 귀찮은 것이군요. 〈내용 반영〉

◈ 타당화

내담자: 집에서 공부할 분위기가 안 돼요. TV 소리도 크고, 동생이 제 방에 수시로 드나들고요. 짜증이 나요.

상담자: 공부를 하려 해도 TV 소리도 크고, 동생도 수시로 드나드니 짜증이 나서 공부에 집중하기 정말 어렵겠군요. 〈내담자의 행동이 옳음을 지지해 줌〉

◈ 이끌어 가기

내담자: 공부는 해야겠는데, 집에서 도와주질 않네요.

상담자: 나도 고등학교 다닐 때에 한 방에서 부모님과 형제들이 함께 지냈던 적이 있었어요. 집에서 공부하기 어려워서 난 학교에 남아서 공부하곤 했었지요. ○○는 어떻게 하고 싶어요? 〈자기 개방〉

◈ 저항 다루기

상담자: 집에서 공부할 분위기가 아니면 학교에서 해도 되지 않나요?

내담자: 선생님 때에는 누구나 그러지 않았나요? 요즘은 학교에 남아서 공부하는 친구는 아무도 없어요. 〈저항〉

상담자: 네, 그렇군요. 혹시 학원이나 독서실로 가는 것을 생각해 보았나요?

내담자: 돈이 들잖아요. 집에 돈이 없대요.

상담자의 일반적이면서 매우 중요한 기법은 내담자의 문제 상황에 내용적으로나 감정적으로 공감하는 능력과 내담자를 진실하게 대하는 태도이다. 물론 이는 신뢰적 협력관계를 구축하는 데 도움이 되어야 한다. 이러한 작업동맹을 유지하기 위한 기법의 활용은 상담의 초기에만 필요한 것은 아니며 상담이 종료되는 시점 혹은 그 이후까지 이어지는 삶의 태도에서 유지된다면 상담자로서 일치적인 삶을 살게 되는 것이다. 특히, 학교 진로진학상담교사는 상담이 종료된 이후에도 내담자였던 학생과 만남이 지속되기 때문이다. 또한 상담과정에서 작업동맹이 위기를 맞게 될 경우, 위기를 잘 해결한 결과에 따라 상담의 효과가 달라질 수 있다(정선영, 2020)는 점을 상기할 필요가 있다.

2) 내담자의 특성에 따른 기법

내담자의 특성은 관점에 따라 다양하게 구분해 볼 수 있지만, 이 장에서는 진로진학 방향 결정자, 진로진학 방향 미결정자 그리고 진로진학 무관심자로 구분하여 살펴보려고 한다. 이러한 구분에 따라 적절한 상담이론을 적용하였다. 그러나 진로결정 여부에 따라 이 장에서 적용한 이론적 기법 외에도 다양하게 다른 이론적 기법이 적용될 수 있다는 점을 밝혀둔다.

(1) 진로진학 방향 결정자(현실치료상담이론적 접근)

중고등학교에서 진로진학상담 결과는 매우 유동적이며 학교급에 따라 관심도가 달라진다. 중학교의 경우에는 진로의 방향을 염두에 두고 고등학교를 선택하는 것이 진로진학상담의 중요하고도 현실적인 내용이다. 중학교 과정에서는 고등학교 과정보다 진로선택의 폭이 더 넓어서 진로 변동의 폭이 클 수 있다. 그러나 고등학교의 경우에는 대학이나 학과(전공) 혹은 계열을 선택하는 것은 진로의 방향성과 맥을 같이한다고 볼 수 있기 때문에 진로의 선택 폭이 비교적 좁고 현실성을 반영하게 된다. 진로진학 목표를 결정했거나 방향성을 선택한 경우에 현실치료상담이론적 접근을 통해 좀 더 구체적으로 실천할 수 있도록 도울 수 있을 것이다.

글라서(William Glasser)의 현실치료상담이론은 심리상담에 적용하는 것이 일반적이지만, 원리가 간단하여 누구나 익혀서 활용할 수 있고 다양한 분야의 상담에

응용될 수 있는 장점이 있다(김인자, 2015). 선택이론을 기반으로 한 현실치료상담이론적 기법을 수년간 학교 현장에 적용하여, 단기 상담에서 긍정적인 효과를 발견한 경험을 바탕으로 예시를 제시하고자 한다. 현실치료상담 기법은 내담자가 가장 희망하는 것이 무엇인지 탐색을 하고(want 탐색 질문), 그 바람을 성취하기 위해서 한 행동이 무엇인지 묻게 된다(doing 탐색 질문). 그리고 그 행동의 결과를 스스로 평가하게 하며(evaluation 질문), 결과가 원하는 것(want)과 다르다면 더 나은 선택(choice)을 하여 바라는 것을 얻을 수 있는 효과적인 행동을 선택한다는 이론이다. 물론 상담과정에서의 질문은 바람 탐색(want)－행동 탐색(doing)－평가(evaluation)－계획(plan)하기로 구성되지만, 늘 이러한 순서대로 진행하는 것은 아니다. 다만 여기서는 원리를 적용하는 것을 제시하기 위해 순서대로 서술하고자 한다.

◈ 진로진학의 목표 확인－바람(want) 확인

"구제적으로 하고 싶은 일이 무엇인가?"

상담자: ○○가 하고 장래에 싶은 일을 결정했군요.

내담자: 네, 공과 계열로 가려고요.

상담자: 공과계열로 정했네요. 공과계열인데 구체적으로 무엇을 하고 싶은가요? 〈바람(want)의 탐색〉

내담자: 컴퓨터 쪽으로 가려고요.

상담자: 음, 좋아요. 컴퓨터 분야는 매우 다양한데 어떤 분야일까요?

내담자: 컴퓨터 보안요.

상담자: 그래요, 아주 멋진 꿈이네요. 보안에서 어떤 역할을 하고 싶어요?

내담자: 역할요?

상담자: 네, 보안 중에서도 좀 더 세분화된 분야가 무엇인가요?

내담자: 그건 아직 생각해 보지 못했네요.

◈ 진로행동 확인-〈행동(doing) 확인〉

"원하는 목표에 도달하기 위해 무엇을 하고 있는가?"

상담자: 컴퓨터 보안 분야로 결정했단 말이지요? 구체적인 분야는 더 탐색해 보기로 하고…… 보안 분야로 진출하기 위해 지금 어떤 활동을 하고 있나요? 〈행동(doing)의 탐색〉

내담자: 네, 현재는 학교 활동에 충실하고 있어요.

상담자: 그렇군요. 좋아요. 학교 활동이란 어떤 활동인가요?

내담자: 네, 성적을 올리려고 수업에 집중하고요. 동아리 활동도 하고 보안업체에서 일하시는 분도 만나 보았어요.

상담자: 네, 아주 잘하고 있군요. 매우 관련된 활동을 하고 있네요.

◈ 평가-행동(doing) 평가(evaluation)

"현재 하고 있는 일이 원하는 것을 얻는 데 도움이 되는가?"

상담자: ○○가 공부도 열심히 하고, 동아리 활동도 하고 보안업체에 대한 탐색도 하고 있는 것이 보안 분야로 진출하는 데 도움이 될까요? 〈평가(evaluation)〉

내담자: 네, 도움이 될 것 같은데요???

상담자: 네. 도움이 될 것 같네요. 그런데 고등학교를 졸업한 후에 곧장 보안 분야에 진출하고 싶은가요?

내담자: 아무래도 대학에 진학해야지요?

상담자: 그렇게 생각하는군요. 그럼 대학에 진학하기 위해서 지금 하고 있는 활동이 도움이 될까요? 〈평가 (evaluation)〉

내담자: 도움은 되겠지만 원하는 대학에 진학하려면 더 노력해야겠어요.

상담자: ○○의 진로진학 목표에 다가가기 위해 현재 하고 있는 것이 충분하지 않다는 의미인가요?

내담자: 네, 생각해 보니 그렇네요.

◈ 계획 수립-바람(want) 성취를 위한 계획 수립(plan)

"계획을 어떻게 세워야 하는가?"

상담자: ○○의 진로진학 목표에 다가가기 위해 무엇을 더 해 볼까요? (선택 확장) 〈계획하기 질문〉

내담자: 대학에 진학하는 것이 급하니 공부를 더 해야겠어요.

상담자: 그렇군요. 무슨 공부를 할 생각인가요?

내담자: 아무래도 공대니까, 수학 공부를 열심히 해야겠어요. 〈단순한(simple) 계획〉

상담자: 수학이 어렵다는데, 수학 성적을 올릴 수 있을까요?

내담자: 제가 다른 것은 몰라도 수학을 좋아하거든요.

상담자: 다행이네요. 수학의 어떤 내용을 공부할 것인데요?

내담자: 음……. 통계 부분요. 〈가능한(attainable) 계획〉

상담자: 좋아요. 하루에 몇 시간이나 할 수 있을까요? 〈측정할 수 있는(measurable) 계획〉

내담자: 세 시간 정도?

상담자: 다른 과목도 있는데 하루에 세 시간을 할 수 있을까? 〈수행할 수 있는(committed) 계획〉

내담자: 하긴 그렇네요. 하루에 두 시간은 확실히 할 수 있어요.

상담자: 어느 시간에 할 수 있겠어요? 〈측정할 수 있는(measurable) 계획〉

내담자: 학교 수업 후 집에 가기 전이면 되지요. 학교에서 풀다가 어려우면 선생님께 물어볼 수도 있으니까요.

상담자: 그래 아주 좋은 생각이군요. 그런데 언제부터 할 수 있을까요?

내담자: 오늘이 금요일이니까 다음 주 월요일부터요…….

상담자: 그것도 좋은 데 즉시 할 수 있는 방법이 있을까요? 〈즉시(immediate)

실행할 수 있는 계획〉

내담자: 네. 그럼 오늘부터요. 〈측정할 수 있는(measurable) 계획〉

상담자: 그렇게 할 수 있어요? 어려우면 지금 바꾸어도 돼요. 〈수행할 수 있는 (committed) 계획〉

내담자: 아뇨, 해 보겠어요. 이렇게 구체적으로 계획을 세웠는데 할 수 있을 것 같아요.

상담자: ○○가 스스로 선택한 것이니 잘 해낼 수 있겠죠? 〈선택에 대한 책임감 인식〉

내담자: 네. 할 수 있을 것 같아요.

계획(plan)하기 단계는 성과를 얻지 못했던 행동하기(doing)보다 더 나은 결과를 얻기 위하여 새로운 선택을 구체적으로 실행하려는 과정이다. 하지만 계획이 너무 추상적이거나 지나치게 원론적인 측면과는 달리 실천 가능성에 중점을 둔 계획하기(planning)이다. 즉, 단순하고(simple), 실현 가능하고(attainable), 측정할 수 있고(measurable), 즉시 실시할 수 있고(immediate), 통제할 수 있고(controlled), 습관으로 굳어질 수 있는 일관성(consistent)이 있으며, 확고한 의지를 가지고 (committed) 실행할 수 있는 과정 중심적 계획이어야 한다. 이 단계에서 내담자의 현재 행동은 자신의 욕구를 충족시키기 위한 선택으로 간주되며, 따라서 선택에 대한 책임이 오로지 내담자 자신에게 있음을 강조한다(나항진 외, 2017).

(2) 진로진학 방향 미결정자(구성주의 진로이론적 접근)

넓은 의미에서, 진로방향을 선택하지 못했다면 진학의 목표를 결정하기가 쉽지 않다. 진로방향을 설정하지 못한 것이 학업에 전념할 수 없는 요인의 일부로 작용하기도 한다. 진로진학의 방향은 학년이 높아지면서 구체화되는 경향이 있다. 진로진학상담교사는 입학 초기에 진로진학 미결정 학생을 파악하고, 그 원인에 따라서 해결책을 함께 모색하는 데 중점을 두어야 한다. 특히, 진로진학 방향 미결정 학생이 소수라 하더라도 관심을 두어야 한다. 학교에서 진로진학 방향을 결정한 대다수 학생들을 위한 프로그램으로 진행된다면 미결정 학생들의 참여 의욕이 감소하여 미결정 상태를 공고화할 수 있기 때문이다. 또는 진로발달 지체의 기간이 길고, 진로 미결정 상태가 장기화된 학생들이 관심 밖으로 밀려날 수 있기 때문이다. 더구나 소수인 진로진학 미결정자들의 경우에는 스스로 효율적인 진로행동을 수행할 수 없거나, 도움 요청을 하지 않는 경우도 있기 때문이다.

사비카스(Savickas)의 구성주의 진로이론은, 직업적 성격, 진로적응성, 생애주제라는 세 가지 구성 요인을 포함하고 있다(이재창 외, 2017). 이러한 구성주의 진로이론에 기반을 둔 학교상담에서는 '스토리 텔링'으로 주로 다루고 있다(임은미 외, 2017). 내담자의 독특하고 주관적인 관점에서 자신의 진로 이야기를 구성해 가는 관점을 강조한다. 즉, 진로와 관련된 경험에 대하여 개인적인 의미를 부여하여 진로가 형성된다고 본다(임은미 외, 2017). 개인이 자신의 경험이나 기억 혹은 미래의 희망에 개인적인 의미를 부여하고, 그렇게 형성된 진로와 관련된 행동을 실천하면서 진로를 결정하는 것이다. 다음 예시는 진로양식 면접을 통하여 내담자의 진로 이야기를 끌어내고 있다. 진로를 결정하지 못한 학생들이라 하더라도 진로에 대한 포부와 아이디어는 있을 것이다. 다만 진로와 관련된 지식이 단편적이고 자신에 대한 이해가 부족하거나 진로에 관한 경험을 자신의 이야기로 연결하지 못한 상태일 가능성이 크다. 따라서 다양한 경험을 이야기함으로써 경험을 관통하는 축(軸)을 진로로 연결시키기에는 구성주의 진로이론적 접근이 적합할 수 있다.

◈ 준비

상담자: 지금부터 진로에 관한 이야기를 만들어 보기로 해요. 어떻게 시간을 활용할까요?

내담자: 잘 모르겠어요. 해 본 적이 없어서요.

◈ 역할 모델 탐색 질문

상담자: 그렇군요. 편하게 이야기하면 됩니다. 자라면서 가장 존경했던 사람이

있었나요?

내담자: 존경했던 사람을 생각해 본 적이 없는 것 같은데요…….

상담자: 음……. 그럴 수 있지요. 그렇다면 본받고 싶은 사람이 있었나요?

내담자: 특별히 떠오르는 사람은 없는데…… ○○라는 사람에겐 관심은 조금 있었어요.

상담자: 그래요? 그 사람은 나도 조금은 알아요. 그런데 그 사람의 어떤 면을 알고 있나요?

내담자: 네. 그 사람은 학생 때에는 말썽도 피우고 공부를 게을리해서 거의 쫓겨날 뻔했는데…… 나중에는 성공한 사람이죠.

상담자: 네. 그런 이야기를 알고 있군요. 그 사람의 어떤 면을 발견했나요?

내담자: 마음먹으면 끝까지 해내는 의지?

상담자: 그렇군요. ○○하고 그분하고 다른 점이 있다면 무엇일까요?

내담자: 그 사람은 학교에서 공부를 게을리했지만 집에 가면 자신이 좋아하는 만화를 몇 시간씩 그려서 친구들과 돌려 보았다네요. 생각해 보니 저는 집에서 아무것도 안 하고 게임만 하거든요.

상담자: 음……. 게임을 하면서 어떤 생각이 들었나요?

내담자: 그냥 재미있었지요. 특별히 생각한 것은 없어요. 음……. 가끔 게임에 관한 전문가가 되어 볼까 하는 생각도 해 본 적은 몇 번 있어요.

◈ 잡지, TV, 유튜브에 관한 질문

상담자: 그렇군요. 혹시 즐겨 읽는 잡지나 좋아하는 TV 프로그램이 뭔가요?

내담자: 잡지나 TV는 별로 안 보고요, 유튜브는 자주 보는 편이지요. 주로 보는 것이 게임 관련된 내용이지요.

상담자: 유튜브에서 어떤 것을 보는데요? 보면 어떤가요?

내담자: 시간 가는 줄 모르지요, 재미있으니까요. 그리고 인기가 높은 게임이 어떤 종류인지 흐름을 알 수 있어요. 새로운 게임이 어떤 것인지 알 수도 있어서 좋아요.

◈ 책/영화 탐색 질문

상담자: 좋아하는 책이나 영화가 있다면 무엇일까요?

내담자: 책은 별로 읽지 않고요. 가끔 판타지 영화는 보는 편이지요, 물론 영화관에 가서 보는 경우는 별로 없지만요.

상담자: 판타지 영화를 좋아하는 이유가 무엇인가요?

내담자: 현실에서 볼 수 없는 상상 세계를 보면 나도 저렇게 할 수 있었으면 좋겠다는 생각을 해 볼 수 있어서 좋은 것 같아요.

◈ 여가와 취미 활동 탐색 질문

상담자: 맞아요, 나도 가끔 그런 생각이 들어요. 취미활동으로 하는 것이 있어요?

내담자: 가끔 주말에 여행을 하거든요. 가보지 않은 곳을 가기도 하고요, 주로 버스를 타고 가요. 생소한 풍경을 보거나 처음 보는 것들이 많아서 좋아요. 먹고 싶은 것도 먹을 수 있고요.

상담자: 그럼 많은 에피소드도 있겠네요?

내담자: 그럼요, 그냥 사진으로 찍어 놓고 몇 글자 적어 놓는 정도?

상담자: 그래요? 그냥 보는 것이 아니라 메모까지? 매우 멋진 습관이네요?

◈ 명언 탐색 질문

상담자: 혹시 이것만은 지키며 살고 싶다는 명언이라든지 좌우명이 있어요?

내담자: 명언인지는 잘 모르겠지만, 누군가에서 들은 말인데 '선택한다는 것은 책임을 지는 것이다?' 이 말을 기억하고 있지요. 근데 쉽지는 않아요.

상담자: 그런 멋진 말을 기억하고 있네요?

◈ 교과목 탐색 질문

상담자: 학교에서 좋아하는 과목이나 싫어하는 과목이 있다면 그 이유는 무엇일까요?

내담자: 저는 수학 과목이 싫어요. 너무 어렵거든요. 그리고 살아가면서 어려

운 수학은 필요하지 않을 거란 생각이 들어요. 근데 미술이나 음악은 좋아요. 미술은 마음대로 그려도 되고, 음악은 듣고만 있어도 마음이 편해지거든요.

상담자: 정말 좋아하는 이유와 싫어하는 이유가 명쾌하네요?

내담자: 그런가요? 그래서 학교 성적이 좋지 않은 것 같아요. 학교 성적이 낮으니 내가 하고 싶은 것을 할 수 있을까 하는 고민이 있어요.

상담자: 네, 진로를 고민하고 있군요.

◈ 생애 초기 기억 탐색 질문

상담자: 어렸을 때, 아니면 어린이집 다닐 즈음 기억에 남는 일이 있다면 그중에 세 가지만 들어볼 수 있을까요?

내담자: 네, 어렸을 때라 기억은 잘 나지 않지만, 어린이집 가기 전인데, 벽이란 벽에는 온통 낙서를 해서 엄마에게 자주 혼났어요. 저는 혼나기는 했지만 벽에 그리는 것이 재미있었어요. 그리고 집에 친척들이 와서 노래를 시키면 잘했대요. 가끔 용돈을 주기도 하셨거든요. 음, 세 번째는 숫자 6과 9를 구분하지 못해서 유치원 때 친구들에게서 놀림당했던 기억이 나요.

진로를 결정하지 못했지만 진로진학상담교사가 질문하는 것에 따라 답변하는 과정에서 학생의 경험을 듣게 된다. 아울러 학생의 특성이나 장점을 파악하게 된다. 개인의 진로는 생애 이야기인 셈이고, 상담자는 청중이 되어 내담자의 이야기와 삶에서 의미를 성찰하는 공동 구성자 역할을 하는 것이다(손은령 외, 2020). 앞에서 제시한 예시에서 본다면 어렸을 때의 경험이 현재에는 잡지나 유튜브, 취미 활동과 관련이 있어 보이며, 선호하는 교과목에서도 연관되어 있음을 추정할 수 있다. 이러한 과정을 통해 학생 자신의 진로를 선택할 수 있을 것이며, 선택한 진로를 책임지는 긍정적인 가치관도 발견할 수 있도록 돕는 역할을 하게 된다.

(3) 진로진학 무관심자(사회인지진로이론적 접근)

진로의 의미를 삶의 과정으로 이해할 때, 어느 누구도 스스로의 삶에 무관심한 사람은 없는 것처럼, 자신의 진로 및 진학과 관련된 문제를 소홀히 여기는 학생은 없을 것이다. 외견상으로 진로진학 문제에 관심이 없는 것처럼 보이는 학생도 다양한 요인을 갖고 있다. 첫째는 학업적인 요인으로서 학업성취도가 기대하는 것에 비해 낮아서 진로 문제에 무관심한 태도로 회피하거나 또는 학업에 집중하기 위하여 진로 문제를 유보하는 경우이다. 박미선(2020)은 학업적 열등감은 학업 수준이 개인의 성공과 관계성이 없음에도 불구하고 미래를 예측하는 기준으로 작용하는 것으로 주장하며 진로탐색이나 진로결정에 불안을 호소한다고 보고 있다. 둘째, 부모의 지원과 격려가 부족하면 진로 결정에 매우 소극적인 태도를 견지할 수 있다. 부모를 포함한 주변으로부터의 적절한 사회적 지지는 자기 격려의 계기를 주어 진로결정에 긍정적인 영향을 미치는 것으로 보고한 박미선(2020)의 연구에서 적절한 사회적 지지가 진로결정에 긍정적인 영향을 줄 수 있음을 짐작할 수 있다. 셋째, 지나치게 낙관적인 가치관을 가지고 있거나, 비관적인 사회적 인식에 대한 불편감에 기인할 수 있다. 이른바 근거없는 자신감이 넘치거나 외부 현상을 비관적으로 인식하는 사고방식에 젖어서 자포자기한 경우로 이해할 수 있다. 그 밖에 진로 문제보다 놀이 문화나 취미에 심취한 경우에는 진로 무관심으로 이어질 수도 있다. 채희원(2018)은 비합리적인 진로에 무관심한 유형은 진로에 대해서 고민할 필요성을 느끼지 못하고, 미래에 대한 준비에 대한 의지와 노력이 부족한 특징을 보인다고 주장하였다.

진로진학에 무관심한 학생에게 다른 요인보다도 개인적 요인에 대한 통찰을 돕는 진로진학상담이 필요할 것이다. 이와 관련하여 우연학습이론이나 사회인지진로이론적 접근을 통한 진로진학상담을 해 볼 수 있다. 크롬볼츠(Krumboltz)는 우연학습이론의 측면에서 상담의 목표를 "끊임없이 변화하는 직업환경 속에서 내담자가 스스로 자신의 삶을 충족시키기 위하여 필요한 기술, 흥미, 신념, 업무 습관, 개인적 자질을 학습할 수 있도록 돕는 것"이라고 하였다(Swanson & Fouad, 2005). 따라서 진로진학상담교사는 내담자가 지닌 경험에서 진로적 요소를 발견하여 유사한 상황에 접할 경우 그 경험에서 얻은 적응 방식을 적용할 수 있음을 인식하게 할 수 있다. 사회인지진로이론적 관점에서 볼 때 진로진학상담은 우선 자기효능감을 높임으로써 스스로 진로문제를 해결해 갈 수 있는 역량을 키우는 데 목표를 둔다. 즉, 진로 미결정 요인을 관통하는 핵심은 자신감의 결여라고 볼 수 있기 때문이다. 내담자가 겪어 온 여러 가지 행동 중에서 성공경험을 발견하여 자기효능감을 높이려는 것이다. 또한 간접적으로 체험한 모델의 사례를 보고 긍정적인 결과를 기대하는 것도 자기존중감과 자기효능감을 높일 수 있는 것이다. 다음 예시에서는 사회인지진로이론 중에서 자기효능감 및 자기존중감을 높임으로써 진로방향을 긍정적으로 인식하는 과정을 보여 주고 있다.

상담자: 음……. ○○는 진로희망 칸이 비어 있군요. 장래에 하고 싶은 것이 있을 것 같은데?

내담자: 별로 관심이 없어요.

상담자: 진로에 큰 관심이 없는 것으로 들리는데, 하지만 학교를 졸업하게 되면 직업을 가져야 하지 않을까요?

내담자: 어떻게 되겠죠.

상담자: 물론 무슨 일이든지 하게 되겠지요. 그런 사람들도 실제로 많이 있으니까요. 그런데 그렇게 살고 싶은 것이 원래 ○○가 원하던 것이었나요?

내담자: 음……. 그건 아니죠. 저도 잘하고는 싶죠. 그런데 해도 안 되니까 저도 답답해요.

상담자: 그래요? 해 본 것이 있다고요? 시도를 해 보았다는 것만으로도 매우 희망적이네요. 〈경험 찾기〉

내담자: 솔직히 성적이 안 좋으면 할 수 있는 것이 없잖아요. 성적을 올리려고 해 보았지만 안 되더라고요.

상담자: 네……. 열심히 시도를 해 보았군요. 그런데 결과가 생각보다 좋지 않아서 실망이 컸겠어요.

내담자: 네. 그래서 포기하고 지내요. 어떻게 되겠죠…….

상담자: 맞아요. 어떻게는 되겠지요. 그런데 많이 시도해 보았던 것들 중에서 조금이라도 만족했던 일이 있었나요? 〈성공경험 탐색〉

내담자: 글쎄요……. 정확하게 생각은 나지 않지만, 중학교 때에 선생님의 질문에 대답을 했는데, 선생님께서 칭찬해 주셨던 기억이 나요. 그래서 그 이후에는 대답을 하려고 수업을 잘 들었던 것 같아요. 그 과목은 성적도 올랐죠. 〈긍정적인 성공경험 인식〉

상담자: 그때 상황을 구체적으로 듣고 싶군요.

내담자: 아마도. 과학시간이었고, 저는 확신이 없어 작은 소리로 대답했는데 의외로 선생님이 매우 흡족한 표정으로 칭찬해 주셨지요. 〈성공적 경험〉

상담자: 그런 일이 있었군요. 기분이 좋았겠어요.

내담자: 그렇죠. 근데 오래가지 못했어요.

상담자: 그런 일이 오래가지 않았다는 뜻이 무엇일까요?

내담자: 선생님이 질문을 해도 제가 아는 것이 없어서죠. 저도 대답을 잘하고 싶었죠.

상담자: 맞는 대답을 하고 싶었군요? 그래서 대답을 잘하려고 어떤 일을 했나요? 〈성공 경험 시 배운 것 찾기〉

내담자: 수업할 내용을 미리 조사해 두었거든요. 그리고 질문할 것을 적어 놓기도 했었고요.

상담자: 그래요? 어떻게 그런 생각을 다 했을까!

내담자: 지금 생각하면 그때로 돌아가고 싶어요.

상담자: 돌아갈 수는 없겠지만, 그 경험은 ○○가 능력이 있다는 의미이기도 하네요? 〈자기효능감 인식 시도〉

내담자: 그런가요? 사실 부모님도 그런 말씀은 하세요.

상담자: 부모님이 어떤 말씀을 하셨는데요?

내담자: '너는 하려고만 하면 잘할 수 있는 아이야'라고 늘 하셨죠.

상담자: 그렇죠, 부모님은 누구보다도 ○○를 잘 알고 계시겠죠. 그 부분에 ○○도 동의하시나요?

내담자: 그런 것 같아요. 〈자기효능감 인식〉

상담자: 만약 지금도 그때처럼 예습도 하고 질문을 준비한다면 어떤 일이 일어날까요?

내담자: 아마도 수업 시간에 집중을 하겠지요?

상담자: 수업 시간에 집중한다면 그 이후에는 어떤 결과가 생길까요?

내담자: 수업에 흥미를 느끼고 차츰 성적이 오르지 않을까요? 〈결과기대〉

상담자: 만약 그렇게만 한다면 충분히 그럴 것이라 믿어요. 성적이 오르면 무엇을 하고 싶어요?

내담자: 공부를 해야 한다는 것이었네요. 성적이 되면 제가 하고 싶었던 것을 할 수 있겠죠?

상담자: 무엇을 하고 싶었는데요? 〈진로탐색 시도〉

내담자: 제가 어렸을 때부터 만드는 것을 잘 했거든요. 중학교에 들어가면서 무엇을 만들 기회가 없었지만, 로봇을 만들어 보고 싶어요. 〈진로목표 탐색〉

상담자: 그래요? ○○에게 그런 꿈이 있었군요? 멋진 꿈이네요. 그럼 대학 진학도 그런 분야로 정하면 되겠네요?

내담자: 네, 사실 그 분야로 가고 싶었지만 성적도 안 되니 진로에 관심을 두지 않았죠. 아니 아예 말을 꺼내기도 싫었던 거죠. 그런데 이제 제가 무엇부터 해야 할지 알게 되었어요. 수업에 집중하기 위해 미리 공부를 해 두어야겠다고 생각했어요.

앞의 예시에서는 사회인지진로이론적 접근의 주요 개념 중에서 자기효능감, 결과기대, 흥미에 접근하는 과정을 제시하고 있다. 내담자가 지닌 과거의 성공경험을 떠올려 자기효능감을 끌어올림으로써 효능감에 대한 재평가를 하도록 돕고 있다(Swanson & Fouad, 2005). 즉, 내담자의 진로 선택을 막고 있던 낮은 성적으로 인한 좌절감에서도 성공경험을 찾아냈고, 성공경험을 통하여 자기효능감을 인식하게 된다. 결국 이야기 과정에서 스스로 진로목표로 연결해 가는 과정을 보여 준다. 즉, 우연한 기회(작은 소리로 답한 것이 큰 칭찬을 듣게 된 부분)에서 얻은 경험에서 자신감을 발견하고, 새로운 상황에 대처(수업 내용을 미리 조사)해 온 자신의 모습을 스스로 발견하게 된다.

진로에 무관심한 학생들은 관심이 없다기보다 자신이 할 수 없을 것이라는 파국적이고 비합리적인 생각에 빠져 진로문제를 회피할 수 있다. 그런 경우 스스로 진로를 탐색하거나 문제 해결하는 경험이 적을 수 있을 뿐, 역량이 없다는 것과는 다르다는 점을 간과해서는 안 된다. 실제 상담과정에서 진로진학상담교사는 학생과 함께 직접 정보를 찾아보고, 대처 방법을 시연해 보는 과정이 효과적이다. 이 이론에 포함된 사회적 요인은 내담자의 통제를 벗어난 부분이기 때문에 내담자의 개인적 요인을 상담의 목표 분야로 정하여 진행하고 있음을 보여 주고 있다.

3) 다양한 상황에 따른 기법

학교 현장에서 만나는 학생들이 겪는 진로에 관한 궁금증은 매우 다양하다. 학교급이나 성별, 문화적 배경에 의해서 더 세분화되고 구체화될 수 있다. 큰 틀에서 보면 진로결정에 관한 내용이 상담의 주요 주제이지만 세부적으로 보면 상담의 내용은 학생마다 다를 것이다. 삶의 과정과 대처 방식이 모두 다르기 때문이다. 학생들은 진로진학 정보의 내용, 진로진학 정보 탐색 방법 또는 준비 과정에 관해서도 구체적으로 도움을 받고 싶어 한다. 또는 가족과의 진로갈등, 학습방법, 경우에 따라서는 친구와의 관계가 얽힌 문제를 다루어야 할 상황도 있다. 이처럼 진로진학상담의 대상, 환경, 내용의 측면에서 효과적인 접근방법이 필요하다.

이러한 현실적인 현장성을 고려한 기법으로서 현실치료상담이론적 접근, 진로성격이론적 접근, 제한-타협이론적 접근 그리고 우연학습이론적 접근을 적용한 예시를 제시한다. 이 책 제4장(章)에서 언급한 것처럼 현실치료상담이론은 비교적 간단하여 쉽게 익혀서 활용할 수 있고 학교상담에 적합할 뿐만 아니라, 자녀양육, 교정기관, 직업, 사업경영 등과 같이 다양한 장면에서 정신건강을 위한 예방 활동에서도 활용되고 있다(정정애 외, 2017). 특히, 학교에서 이루어지는 상담이 단회기 상담으로 진행되는 현실에 적합하다. 그리고 홀랜드(J. Holland)의 진로 성격이론적 접근법은 학생들이 쉽게 접하는 커리어넷이나 고용24의 진로심리검사의 해석과 적용의 이론적 기반이 되는 점에서 현장 활용성이 높은 편이다. 또한 제한-타협이론의 기법은 진로진학상담의 특성에 매우 적합하다. 즉, 직업 경험이 없는 학생들이 교실에서 설정하는 진로선택에 현실성을 보완해 가며 구체화하는 과정에서 포기해야 하는 부분과 타협해야 하는 상황을 잘 설명할 수 있기 때문이다. 그리고 우연학습이론적 접근법은 진로설정에 관심이 적거나 불확실한 미래의 직업 세계에 적응성을 강조하는 데에 효과적이기 때문이다. 특히, 결정된 진로의 과정대로 진행되는 삶이 흔하지 않은 상황을 수용할 수 있다는 현장성을 수용할 수 있는 장점이 있기 때문이다.

(1) 진로 불안(현실치료상담이론적 접근)

선택이론에 기반한 현실치료상담적 접근법은 매우 다양한 분야와 다양한 대상에게 적용할 수 있는 구체적인 방법을 제시한다. 내담자는 WDEP(Want-Doing-Evaluation-Plan)의 상담 단계를 거치면서 목적을 달성할 수 있는 행동을 스스로 선택하여 평가하고 결과에 따라 효율적인 계획을 수립할 수 있게 된다. 특히, 원하는 목표나 행동, 결과 그리고 계획도 평가할 수 있다는 점과 구체적인 계획 수립 내용을 익힐 수 있어 진로진학상담에 유용하다.

내담자: 선생님, 제가 K학과에 진학하고 싶은데 합격할 수 있을지 걱정이에요.

상담자: 네, K학과에 진학하지 못할까 봐 걱정이 되는 모양이군요. 그런데 ○○가 그 학과에 꼭 진학해야 하는 깊은 뜻이 있는 것 같네요? 〈바람(want) 탐색〉

내담자: 네, 어렸을 때부터 꼭 하고 싶었던 일이었어요. 다른 일은 생각해 본 적이 없어요. 부모님도 원하시고요…….

상담자: 그래요? 그 일을 하게 된다면 ○○의 인생이 어떻게 되기를 바라나요? 〈바람(want) 탐색〉

내담자: 돈도 많이 벌고, 사람들이 인정해 줄 것 같아서지요.

상담자: 그렇군요. 수입도 좋고, 인정도 받는 일을 하기 위하여 K학과를 꼭 가고 싶다는 것이네요. 〈요약하기〉

내담자: 네, 꼭 K학과를 가고 싶어요.

상담자: 음……. K학과를 가기 위해 지금까지 어떤 활동을 했어요? 〈행동(doing) 탐색〉

내담자: K학과를 가려고, 동아리 활동도 열심히 하고, 그 대학의 K학과 설명회도 갔었죠. 그리고 학교의 행사와 진로탐색활동에도 모두 참여했어요.

상담자: 정말 열심히 했군요. 그런데 그러한 활동이 K학과에 진학하는 데 도움이 되었나요? 〈평가(evaluation) 하기〉

내담자: 도움은 되었다고 생각했는데 무엇인가 부족하다는 생각이 들어요. 제가 알아보니까 수능 최저 등급이 있는데, 그것을 맞출 자신이 없어요. 그래서 걱정돼요. 선생님.

상담자: 맞아요. 최저 등급이 매우 중요한 조건이기도 하죠. 그렇다면 수능 최저 조건을 맞추기 위해서 ○○는 무엇을 했는지 궁금하네요. 〈행동(doing) 탐색〉

내담자: 그냥, 학교에서 시험공부를 열심히 하고 모의고사 문제만 풀어 보았죠. 그런데 모의고사 성적이 안 나와요.

상담자: 저런, 성적이 안 나와서 실망했겠네요.

내담자: 네, 그렇게 해서 K학과에 갈 수 있을까 무지 걱정돼요.

상담자: 그래요, 걱정이 되지요. 결국 ○○가 그토록 가고 싶었던 K학과에 가려고 선택했던 학교의 활동이나 수능 최저 조건을 맞추기 위한 ○○의 전략은 도움이 별로 안 되는 것이었네요? 〈평가(evaluation) 하기〉

내담자: 그런 것 같아요.

상담자: 그렇다면 ○○가 선택한 것, 즉 학교 활동, 모의고사 풀어 보기보다 다른 선택을 해 보는 것은 어떨까요? 〈행동(doing) 탐색〉

내담자: 선생님, 그럼 동아리 활동이나, 학교 활동 대신 다른 것을 선택해야 한

다는 말씀인가요?

상담자: ○○가 바르게 이해했군요. 그럼 무엇을 선택할 수 있을까요?

내담자: 글쎄요. K학과 입학한 선배들이 동아리 활동과 학교에서 진행하는 활동에 적극적으로 참여하면 된다고 하던데요?

상담자: 물론 그런 활동도 도움이 되지만, 현재 선택한 그 활동이 도움이 덜 된다고 하였죠? 〈평가(evaluation) 하기〉

내담자: 네, 그런 것 같아요.

상담자: 그러면 어떤 활동을 선택하면 K학과에 진학하는 데 도움이 될까요? 〈행동(doing) 탐색〉

내담자: 아무래도 입시니까 성적을 올려야 하지 않을까요?

상담자: 나도 그렇게 생각해요. 그러면 어떻게 성적을 올려야 할까요? 〈계획(plan) 하기〉

내담자: 공부를 열심히 해야 하겠죠?

상담자: 좀 더 구체적으로 말한다면?

내담자: 공부하는 시간을 늘려야 하겠어요. 〈단순한 계획〉

상담자: 좋은 생각이네요. 얼만큼이나 더 늘릴 수 있을까요?

내담자: 지금 학교 끝나고 집에 가서 한 시간 공부하는데, 이제는 2시간으로 늘려 보겠어요.

상담자: 2시간이라……. 몇 시에 해 보겠어요? 〈측정할 수 있는 계획〉

내담자: 저녁 9시부터 11시까지요.

상담자: 어떤 공부를 할 건가요? 〈할 수 있는 계획〉

내담자: K학과와 관련된 K과목을 해야겠어요.

상담자: 대단해요. 그런데 어려운 K과목을 두 배로 늘리는 것인데 할 수 있겠어요?

내담자 네, 해야죠.

상담자: 오늘부터 할 수 있을까요? 〈즉시 할 수 있는 계획〉

내담자: 네. 원래 9시부터 쉬는 시간이어서 공부할 수 있어요.

상담자: 약속할 수 있을까요? 〈책임을 위한 약속하기〉

내담자: 네. 약속할 수 있어요. 제가 일주일에 한 번씩 메시지 보낼게요.

앞의 예시에서 내담자가 원하는 목표를 명료하게 확인한 후에 그 목표를 이루기 위해서 진행한 활동을 평가하고, 목표를 이루기 위하여 도움이 되는 활동을 선택하는 활동을 계획하도록 상담을 진행하고 있다. 현실치료상담이론적 기법을 적용한 상담에서는 내담자의 선택을 존중하여 스스로의 자존감을 높이도록 촉진한다. 내담자가 스스로를 평가하고, 그 결과에 따라서 계획을 매우 세밀하게 수립하도록 이끌어 목표 달성을 촉진하고 있다. 즉, 계획이 단순하고, 성취 가능성이 높으며, 숫자로 나타내어 측정할 수 있으며, 즉시 실행할 수 있고, 책임성을 가지고 실천해 가는데 도움이 되도록 이끌고 있는 점에 주목할 필요가 있다.

(2) 자기이해 부족(진로성격이론적 접근)

홀랜드(Holland)의 진로성격이론적 접근은 학교 현장에서 널리 활용되고 있으며, 우리나라의 공신력 있는 기관에서 개발 운영되고 있는 진로심리검사의 토대가 되고 있다. 특히, 커리어넷에서는 중학교 1학년부터 고등학교 3학년 학생들이 검사할 수 있는 직업흥미검사(H)와 직업흥미검사(K)로 개발되어 있고, 고용24에서는 청소년 직업흥미검사로 개발되어 중고등학생들이 활용할 수 있다. 모든 직업의 특성을 6가지로 구분할 수 있는가 하는 문제와 급속한 시대적 변화에 따른 직업 선택 요인의 다양성을 숙고해야 한다는 점은 여전히 과제로 남아 있다. 따라서 진로성격이론적 접근에 근거한 검사 결과에 대한 회의적 반응을 보이는 학생들에게 진로진학상담교사는 무엇보다도 합리적인 해석과 적용에 신중을 기해야 한다.

내담자: 선생님, 직업흥미검사의 결과에서 제시한 직업이 제가 하고 싶은 것과 달라서 검사 결과가 저와 안 맞는 것 같아요.

상담자: 기대한 것과 다르니 그렇게 생각할 수도 있겠네요. 검사 결과에서 추

천한 직업과 ○○가 원하는 직업이 달라서 혼란스러운 것 같군요. 좀 더 구체적으로 말해 줄 수 있어요?

내담자: 네, 검사 결과는 관습형으로 나왔는데, 저는 어려서부터 노래 부르기를 좋아해서 가수가 되려고 했거든요. 가수는 예술형이 적합한 것으로 알고 있거든요.

상담자: 가수가 되고 싶었는데, 검사 결과를 보고 당황했겠네요.

내담자: 맞아요. 선생님, 그러면 저는 가수를 하면 성공할 수 없나요?

상담자: 직업흥미검사의 결과만으로 성공 여부를 예측하기는 쉽지 않아요. 직업을 선택하는 데는 적성이나 가치관 그리고 주변 환경도 고려해야 해요. 〈추가적인 해석〉

내담자: 그러면 흥미와 적성이 다르면 어느 것에 맞추어야 하나요?

상담자: 음, 어느 한 요소에 맞춘다기보다는 종합적으로 고려해야 해요. 흥미는 상황과 발달 시기에 따라 변화할 수 있어요. 노래 부르는 것을 언제부터 좋아했나요? 〈흥미 탐색〉

내담자: 초등학교 4학년 때쯤인 것 같아요.

상담자: 어려서부터 좋아했네요. 그런데 지금도 좋아하나요?

내담자: 지금은 부르는 것보다는 듣는 것을 더 좋아해요. 거의 매일 듣지요.

상담자: 초등학교 때에 주로 어떤 상황에서 노래를 불렀나요?

내담자: 집안 식구들이 모여 있을 때 부르면 잘 부른다고 칭찬을 많이 받았어요. 용돈도 받고요.

상담자: 노래를 잘 불렀던 기억이 있군요. 학교에서나 친구들은 반응이 어땠어요? 〈흥미에 대한 재평가〉

내담자: 잘한다고는 했는데, 언제부턴가 노래를 잘 부르지 않았던 것 같아요.

상담자: 네, 초등학교 저학년 때에는 노래 부르는 것을 좋아했는데 최근에 들어서는 노래 부르는 것보다는 듣는 것이 더 좋다는 의미군요?

내담자: 그래서 제가 노래를 정말 좋아하기는 하나? 정말 잘하는 것일까? 가수가 될 수 있을까 하는 생각을 많이 하고 있어요.

상담자: 음, 그래요……. 흥미와 적성에 대하여 진지하게 고민하고 있는 것 같네요. 가수가 되려면 노래 부르는 것을 좋아해야 하고, 노래를 잘 불러야 한다는 것을 알았다는 것으로 이해해도 될까요?

내담자: 네, 단순히 좋아해서만 가수가 될 수는 없을 것 같아요.

상담자: 음, 아주 귀중한 깨달음이네요. 그렇다면 가수가 되려고 노력했던 것이 무엇이 있을까요?

내담자: 특별하게 노력한 것은 없는 것 같아요. 노래를 듣는 것 외에는……. 〈흥미에 대한 각성〉

상담자: 그래, ○○가 정말로 가수가 되고 싶다면 지금 무엇을 해야 할까요?

내담자: 정말로 제가 노래를 잘하는지 알아봐야 겠어요.

상담자: 매우 좋은 생각이네요. 그래서 어떻게 하고 싶은데요?

내담자: 우선 친구들의 반응이나 음악 선생님의 의견을 들어 보고 싶어요.

상담자: 좋은 아이디어네요.

내담자: 선생님, 그런데 친구들의 반응이 별로거나, 선생님의 평가가 아니다 싶으면 어쩌죠?

상담자: 그럴 수도 있겠지요?

내담자: 선생님, 제가 음악에 대한 능력이 부족하다고 해도, 음악이 좋은데 어쩌죠?

상담자: 물론 흥미도 있고 재능도 있다면 진로 선택하기가 쉽죠? 부모님은 ○○가 가수가 되겠다는데 뭐라고 말씀하셔요? 〈진로결정의 맥락 요인 탐색〉

내담자: 우리 부모님은 저한테 공무원하래요…….

상담자: 부모님의 의견에 ○○은 어떻게 생각하나요?

내담자: 저를 가장 잘 아는 분이 부모님이잖아요. 어쩌면 제가 음악에 재능이 많지 않다는 것을 아시고 계셨을 수도 있다는 생각이 들어요. 제가 관습형이니까 부모님의 의견대로 공무원이 되는 것도 싫지는 않아요. 성격도 맞고요. 저도 안정적인 게 좋아요. 가수는 뜨지 않으면 수입도 일

정하지 안 잖아요. 그리고 가수로 데뷔하기까지 상당히 긴 세월을 가난하게 연습생으로 살아야 한다고 하더라고요. 〈직업 환경 탐색〉 그런데요 가수는 하고 싶어요.

상담자: 그럼 ○○의 말은, 노래 부르는 것에 재능이 없다면 공무원이 되겠다는 의미인가요?

내담자: 우선은 그래야 할 것 같아요. 제가 음악에 재능이 정말 있는 것인지 아는 것이 진로를 결정하는 데에 중요한 것 같아요. 공무원도 나쁘지 않은 것 같아요. 〈진로대안 모색〉

상담자: 음……. 그렇죠. 공무원의 직무에는 예술분야를 담당할 수도 있다는 것을 알고 있겠지요?

앞의 예시는 흔히 학생들이 진로성격이론에 근거한 직업심리검사 결과를 가지고 상담하는 경우이다. 적성과 가치관에 대해서도 탐색하여 종합적으로 진로 설정에 접근하도록 상담을 진행하고 있다. 흥미와 적성 그리고 가치관에 더하여 가족적 맥락도 진로선택에 매우 중요한 요인임을 인식할 수 있도록 돕고 있다. 내담자는 개인의 역량과는 별도로, 사회적 기대에 따라서 그리고 경제적 여건에 따라서 진로의 방향이 달라질 수 있음을 알게 되었다. 따라서 홀랜드(J. Holland)의 진로성격이론에서 제시한 장르는 진로 설정의 광범위한 카테고리로써의 기능으로 이해할 필요가 있다. 이 예시에서 내담자의 흥미는 재능과 거리가 있는 진로선택 요인으로 작용하고 있으며 대안으로서 관습형과 관련된 분야로 진로를 설정할 가능성을 열어두고 있다. 나아가서 내담자는 노래 부르기에 재능이 없을지라도 음악을 듣는 흥미를 직업과 연결될 수 있음을 깨닫게 된다.

(3) 진로 자신감 결여(제한-타협이론적 접근)

진로발달과정에 초점을 둔 제한-타협이론적 접근 방식은 발달과정에서 진로대안을 제한하거나 선택과정에서 타협을 통해서 자신에게 적합한 진로가 구체화된다고 보고 있다. 진로발달과정에서 진로대안의 제한과 타협의 기초가 되는 것은 인지적 발달과 자기창조, 즉 학습과 경험이다. 제한의 과정에서의 과업은 서열 획득, 성역할 획득, 사회적 가치 단계 인식, 내적 자아확립 단계를 거쳐 획득되는 자기 통찰이다. 또한 타협의 과정은 우선순위 정하기, 최고가 아닌 최선을 선택하기, 좋지 않은 대안 버리기, 타협에 적응하기의 원칙들을 적용하는 자기 투자 활동이다(임은미 외, 2017). 진로진학상담 과정에서 상담자는 효율적으로 학습이 이루어지도록 하거나 경험을 풍부하게 하거나, 자신에 대한 특성을 이해하게 함으로써 진로대안을 정하는 일을 도와야 한다. 다음 예시는 진로타협을 하는 상담의 과정이다. 진로타협은 진로대안을 확정하고 목표를 이루기 위한 자기 투자를 포함한 활동이다.

내담자: 선생님, 제가 교사가 되려고 하는데 잘할 수 있을지 모르겠어요.

상담자: 그래, ○○가 진로를 결정했다니 축하해요. 그런데 여러 가지 직업 중에서 교사가 되려고 데에는 특별한 이유가 있나요? 〈진로선택 확인〉

내담자: 네, 친구들이 제게 수업 내용에서 물어볼 때마다 친구들이 '너 선생님 하면 잘하겠다'는 말을 자주 들어요. 그리고 조카들이 묻는 것을 알려 줄 때에 애들의 반응이 좋아요.

상담자: 오, 그래요? ○○는 가르치는 것을 잘하기도 하고 또 좋아하기도 하는군요. 교사가 될 소질이 있는 것으로 들리네요. 그런데 ○○가 교사 말고 다른 직업에 대해 생각해 본 것이 있나요? 〈포기한 직업 탐색〉

내담자: 네, 교사 말고 상담사에 대해서도 생각해 보았어요. 어려운 사람을 돕는 것도 좋긴 한데 그래도 교사라는 직업이 더 안정적인 것 같아요.

상담자: 그렇군요. ○○의 선택에 대해 충분히 이해를 했군요. 혹시 상담사 외에 또 다른 직업을 생각해 보았나요? 〈타협에 적응 탐색〉

내담자: 네, 학원 강사도 생각해 보았는데요. 강사라는 직업도 안정적이진 않은 것 같아요. 물론 일타강사가 된다면 수입은 많을 수 있지만 일타강사가 된다는 것이 쉽지도 않고요.

상담자: 즉, 안정성이란 기준에 따라서 직업을 선택한다고 볼 수 있을까요? 〈진로타협 기준 탐색〉

내담자: 네, 그런 것 같아요.

상담자: 음……. 그렇다면 초등학교 교사와 중고등학교 교사 중에 어떤 교사를 하고 싶은데요? 〈우선순위 정하기〉

내담자: 고등학교에서 가르치고 싶어요.

상담자: 초등학교와 중학교를 제외한 데에는 어떤 이유가 있을까요?

내담자: 초등학교는 여러 과목을 해야 하고, 중학교 교사는 요즘 어렵다고 해서요. 〈진로타협의 기준 탐색〉

상담자: 음……. ○○가 고등학교에서 가르치려고 하는 데에는 그런 의미가 있었군요. 그렇다면 고등학교에는 여러 가지 과목 중에서 어떤 과목을 가르치고 싶나요?

내담자: 과학 과목 중에서 물리 과목을 가르치고 싶어요. 제가 제일 좋아하는 과목이고, 성적이 잘 나오는 것은 아니지만…… 더 노력해야죠.

상담자: 물리 과목이 어려워서 피하는 학생들도 있는데, ○○가 하고 싶은 일을 하기 위해 어려움을 이겨내려는 모습이 정말 멋있어요.

내담자: 제가 선택한 것을 후회하지 않아야 하니까 열심히 해야죠.

상담자: 좋아요. 그러면 물리 교사가 되기 위해 무엇을 해야 할까요? 〈자기 투자 활동 탐색〉

내담자: 먼저 성적을 올려야 할 것 같아요.

상담자: 음, 좋은 생각이네요. 생각하고 있는 계획이 있나요?

내담자: 네, 제가 계획을 세운 후에 선생님의 조언을 듣고 싶어요. 도와주실 거죠?

상담자: 물론이지요. 그런데 성적을 올리는 것에 집중하느라 친구들과 관계가 멀어질 수도 있고, 좋아하는 취미 생활을 못할 수도 있을 텐데요……. 〈포기한 것에 대한 대안 탐색〉

내담자: 네, 그렇네요. 하지만 제가 하고자 하는 일을 위해서 감수해야 할 일이지만, 친구들과 잘 지내기 위해서는 방법을 찾아야 할 것 같아요.

상담자: ○○는 정말 진로에 대하여 포기할 부분을 과감하게 정리하고 선택한

것에 최선을 다하려는 멋진 학생이네요.

앞의 예시에서 상담자는 내담자가 다른 진로방향을 선택함으로써 잃을 수 있는 기회손실에 관한 문제를 생각하게 한다. 즉, 상담사나 초등학교 교사가 되기보다는 고등학교의 물리 교사를 선택한 내담자의 방향을 확고하게 다지고 있다. 그런 절차를 거쳐 내담자가 현재 선택한 것에 더 집중하도록 상담을 이끌어 간다. 그리고 선택한 진로목표에 다가가기 위해 자기 투자가 필요함을 인식시키고자 하였다. 마찬가지로 현실적으로 필요한 학업에 집중함으로써 간과할 수 있는 친구 관계나 개인 취미 활동 문제도 관점을 확대하는 계기를 부여하였다. 여기서 제한-타협이론적 접근은 우선순위 정하기, 최선을 위한 대한 선택 그리고 선택한 대안을 실현하는 데 필요한 자기 투자 활동을 보여 주고 있다.

(4) 문제해결 방식 탐색(우연학습이론적 접근)

진로를 결정하고 발달 단계에 따라 적합한 행동으로 구체화함으로써 진로목표에 다가가도록 상호 협력하는 과정이 진로진학상담의 중요한 목표 중의 하나이다. 그러나 진로를 결정했어도 행동으로 실행하는 과정에서 애초에 계획했던 진로목표가 변경되는 경우가 매우 빈번하다. 또한 기질적인 요인으로 혹은 정보의 부족으로 진로를 선택하지 못하는 경우도 있다. 사실 중고등학교 과정에서 뚜렷한 진로를 설정하지 않았지만 주어진 환경에 적응하면서 만족한 삶을 사는 경우도 많다. 전혀 예상하지 못한 기회를 맞아 적절하게 대응한 결과로 볼 수 있다.

우연학습이론적 접근에서는 진로결정에 초점을 두는 것보다 끊임없이 변화하는 세상 속에서 어떻게 자신의 일을 찾아가며 적응할 것인가에 중점을 두고 있다(임은미 외, 2017). 진로진학상담 과정에서는 내담자가 살아온 과정을 성찰하는 것에서 출발한다. 이 과정에서 우연히 닥친 어려운 일이 무엇이었고, 그때 어떻게 대처했으며, 그러한 일이 닥친다면 어떻게 할 것인지 생각해 보도록 하는 것이다.

상담자: ○○가 지금까지 살아오면서 뜻하지 않게 겪은 힘들었던 경험은 무엇

이 있었나요?〈성찰 유도〉

내담자: 중학교 2학년 때인데 친구들이 저를 따돌림시켰을 때요. 그때는 정말 학교 가기도 싫고 차라리 어디론가 사라져 버리고 싶었어요.〈성찰하기〉

상담자: 그런 일이 있었어요? 얼마나 힘들었을까!

내담자: 정말이지 지금도 그때가 떠오르면 화가 치밀어요.

상담자: 친구들이 어떻게 했는데요?

내담자 : 자기들끼리 이야기하다가 제가 가면 아무 일도 없었다는 듯 말을 안 해요. 말을 걸어도 대꾸도 없고요. 제가 떠나면 큰 소리로 웃고요. 뒤에다 대고 욕설을 퍼부어요. 가서 따지면 네게 한 것 아니라고 말해요, 아주 빈정거리면서도…….

상담자: 그래……. 이유도 모르고 그런 대우를 받으니 참으로 억울했겠어요.

내담자: 그뿐만이 아니었어요. 제가 한 일도 아닌데 저를 모함하기도 하고, 잘난 척한다고 소문을 내기도 했어요.

상담자: 정말 혼자 견디기 힘들었을 텐데, 선생님이나 부모님께 말씀드려 보았나요?〈대처 방식 탐색〉

내담자: 네, 선생님께 말씀드렸지만, 친구들끼리 그렇게 하면서 크는 거라고 별거 아닌 듯이 말씀하셨어요.

상담자: 선생님으로부터 그런 말을 들으니 더 실망했겠어요.

내담자: 네, 몇 차례 말씀드렸지만 오히려 저를 이상하다는 듯이 여기는 것 같아 더 이상 말씀드리지 않았어요.〈대처 방식〉

상담자: 저런, 선생님도 ○○에게는 도움이 안 되었군요. 부모님께는?

내담자: 네, 부모님께 말씀을 드렸죠. 아빠는 '네가 얼마나 친구들과 관계를 못 맺었으면 그런 취급을 받냐'고 하셨고, 엄마는 '그냥 참고 지내라'고만 말씀하셔서, 그 이후로 말씀을 안 드렸죠.〈대처 방식〉

상담자: 그래서 어떻게 했어요?

내담자: 생각해 봤죠. 청소 당번인데 청소를 안 하고 갔길래, 그 친구에게 따진 일, 숙제한 것을 보여 주지 않은 일, 친구들이 놀러 가자고 했는데 가

지 않은 일…… 등을 떠올려 보았어요. 내가 잘못한 일이 무엇인지요. 〈대처 방식 성찰〉

상담자: 오~~정말 대단하네. 어떻게 그런 생각을 할 수 있었을까요?

내담자: 저는 모든 일에는 원인과 결과가 있다는 생각을 해 왔어요. 친구들과의 관계가 그렇게 된 것이 저의 잘못도 있다는 생각을 한 것이지요. 〈대처 방식 성찰〉

상담자: 굉장한 성찰이네요. 정말 생각이 깊어요. 그래서 그다음에 어떻게 했어요?

내담자: 친구들도 나에게 원하는 것이 있을 수 있겠다 싶었어요. 그런데 그것을 알 수가 있어야죠. 내게 말을 안 하니까. 그래도 물어는 봐야겠다고 결심했어요. 〈도전〉

상담자: 큰 용기가 필요했겠어요.

내담자: 그래서 그 아이들이 있는 곳에 가서 물었죠. '도대체 왜 그러는데? 내가 어떻게 하면 되는데?' 하고 물었죠. 그랬더니 처음에 말도 안 하다가 계속해서 물으니, '네가 뭘 잘못했는지 생각해 봐' 하는 것이었어요. 그리고 가버리는 거예요. 〈실행〉

상담자: 와, 그렇게 말했단 말이지요? 정말 용감했네!!

내담자: 어느 날 다시 그 아이들에게 가서 말했어요. 숙제 보여 주지 않은 것, 청소 땡땡이 쳤다고 따진 것은 내가 잘못했다고 했어요. 지금 생각하니 제가 잘못한 것은 아니지만, 그 당시에는 친구들이 바라는 대로 해 주고 싶었죠. 〈대처 경험〉

상담자: 그래서 다시 친구들과 잘 지내게 되었어요?

내담자: 그때부터 조금씩 풀리기 시작해서 지금은 괜찮은 편이지요. 〈적응〉

상담자: 참 잘했네요. 그 당시 ○○가 여러 가지 행동을 할 수 있었는데, 친구들에게 직접 말하기를 선택한 것이 좋은 결과를 가져왔네요.

내담자: 맞아요, 만약 그때, 제가 혼자 고민만 하고 있었다면 그 친구들과의 관계는 단절되었을 것 같아요. 〈대처 경험 평가〉

상담자: 정말 잘 대처했어요. 앞으로 살아갈 미래에는 예측할 수 없는 불확실함이 더 많을 거예요. ○○가 그와 비슷한 상황인 온다면, 긍정적인 결과를 가져올 수 있는 선택을 하기 위해서 어떤 점을 향상시키고 싶어요? 〈미래 대처 방식 탐색〉

내담자: 다른 사람을 그 사람의 입장에서 생각해 보는 능력이 더 필요할 것 같아요. 누구나 자신이 원하는 것과 다르면 갈등이 생기는 것 같아요. 그리고 솔직한 의사 표현을 하는 것도 필요할 것 같아요. 〈문제해결 역량 인식〉

앞의 예시에서 누구나 어려운 일을 겪는다는 것, 대처할 수 있는 행동은 다양하다는 것, 어떻게 행동할 것인가 하는 것은 개인의 선택이라는 것, 그 선택에 따라 결과가 달라진다는 것을 내담자가 자각하도록 상담이 진행된다. 진로진학상담교사는 내담자가 불확실한 상황에서 긍정적이고 발전적인 행동을 선택하기 위해 역량을 키워야 한다는 것으로 상담을 마치고 있다. 내담자는 자신의 처한 문제를 해결하기 위해서 친구들의 반응 무시하기, 선생님이나 부모님에게 도움 청하는 선택은 문제해결에 도움이 되지 못했다고 성찰한다. 그런데 상담자는 내담자가 직접 대면하여 솔직한 의사 표현하기, 진정으로 사과하기의 방식을 선택한 것은 긍정적인 결과를 가져왔다는 경험을 떠올리게 하였다.

이러한 선택의 경험을 통하여 이와 유사한 상황에 대처할 수 있는 역량이 필요함을 인식하게 한 것이다. 우연학습이론적 접근은 진로를 결정하는 것보다 불확실한 진로에 효율적으로 대처할 수 있는 역량을 함양하는 데 도움이 되는 진로진학상담 접근방식이다.

참고문헌

고기홍(2014). 통합적 자기관리 모형을 통한 개인상담. 서울: 학지사.

김인자(2015). 현실치료상담과 선택이론. 서울: 한국심리상담연구소.

나항진, 강갑원, 권희완, 김경미, 박서희, 송선희(2017). **성인학습 및 상담**. 경기: 양서원.

박미선(2020). 청소년 열등감, 지연행동과 진로미결정의 관계에 사회적 지지와 자기 격려가 미치는 영향. 강남대학교 대학원 박사학위논문.

박수빈(2010). 가족치료중심의 심리치료공간 계획: 치료 및 예방을 위한 실내정원 도입. 홍익대학교 도시건축대학원 석사학위논문.

손은령, 김민선, 김현정, 이혜은, 김지연, 이순희(2020). **대학생의 행복한 삶을 위한 진로심리학**. 서울: 학지사.

손은령, 문승태, 임경희, 김희수, 손진희, 임효진, 여태철, 최지영, 손민호, 고홍월, 공윤정, 허창수(2017). **진로진학상담 교육론**. 서울: 사회평론.

유성경, 손은영, 성하은, 김문정(2017). 작업동맹과 상담성과의 관계에 대한 메타분석: 1993년-2016년 국내연구를 중심으로. **한국심리학회지 상담 및 심리치료, 29**(3), 527-552.

이재창, 조봉환, 최인화, 임경희, 박미진, 김진희, 정민선, 최정인, 김수리(2017). **상담전문가를 위한 진로상담의 이론과 실제**. 서울: 아카데미프레스.

임은미, 강혜영, 고홍월, 공윤정, 구자경, 김봉환, 손은령, 손진희, 이제경, 정진선, 황매향(2017). **진로진학상담 기법의 이론과 실제**. 서울: 사회평론.

정선영(2020). 상담에서의 작업동맹, 불만족개입과 상담성과간의 관계 연구. **상담복지경영연구**, Vol(5), 25-37.

정정애, 윤명강, 김명희, 임안숙, 최미화, 김명희, 김명숙, 이현주(2017). **학교적응을 위한 학교상담의 이론과 실제**. 서울: 박영스토리.

채희원(2018). 청소년의 학업적 자기효능감, 역기능적 진로사고, 사회적 지지에 따른 진로관심유형 분석. 경기대학교 대학원 박사학위논문.

Gysbers, N. C., Heppner, M. J., & Johnson, J. A. (2014). *Career Counseling: Holism, Diversity, and Strengths* (4th ed.). **진로상담의 실제**. 김봉환 역(2017). 서울: 학지사.

Swanson, J. L., & Fouad, N. A. (1999). *Career theory and Practice Learning Through Case Studies*. **사례로 배우는 진로 및 직업상담**. 황매향 역(2005). 서울: 학지사.

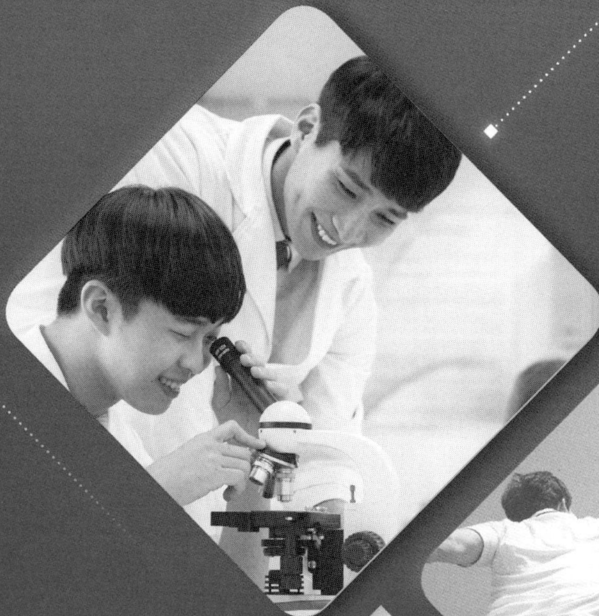

제 9 장

학교 집단 진로진학상담 프로그램 운영

1. 학교 집단 진로진학상담 프로그램의 개념과 필요성
2. 학교 집단 진로진학상담 프로그램의 구성
3. 학교 집단 진로진학상담 프로그램의 과정과 기법
4. 학교급별 집단 진로진학상담 프로그램

학교 진로진학상담은 크게 개인별 진로진학상담과 집단 진로진학상담으로 구분할 수 있다. 학생 개인에게 맞춤형으로 제공되는 1:1 진로진학상담은 학생 개별의 특성과 상황을 깊이 있게 다룰 수 있다는 장점이 있다. 그러나 발달 단계상 유사한 고민과 갈등을 지닌 또래 학생들과 함께 상호작용하며 진로를 탐색하는 집단 진로진학상담 프로그램 역시 중요한 의미를 지닌다. 이에 이 장에서는 집단 진로진학상담 개념과 필요성을 시작으로, 프로그램의 구성 요소, 운영 과정과 주요 기법, 그리고 학교급별로 적용 가능한 집단 진로진학상담 프로그램 사례까지 구체적으로 살펴보고자 한다.

1. 학교 집단 진로진학상담 프로그램의 개념과 필요성

1) 학교 집단 진로진학상담 프로그램의 개념

학교 진로진학상담은 일반적으로 1:1 상담 형태로 이루어지지만, 집단상담은 또래 학생들과의 상호작용을 통해 자기이해와 진로탐색의 동기를 증진시킬 수 있다는 점에서 매우 중요한 상담 방식으로 주목받고 있다. 특히 발달 시기가 유사한 학생들이 함께 고민을 나누며 진로와 진학에 대한 정보를 공유하고, 상담자의 지도로 의미 있는 통찰을 얻을 수 있다는 점에서 교육적 효과가 크다.

진로라는 개념은 단순한 직업 선택을 넘어 삶의 방향성과 의미, 자아실현의 경로를 포괄하는 넓은 의미를 가지며, 진학 역시 진로의 중요한 하위 요소로 포함된다. 학문적으로는 이러한 진로 관련 집단상담을 통칭하여 '진로집단상담'이라 부르지만, 이 장에서는 제1장에서 언급한 바와 같이 진로상담과 진학상담이 유기적으로 연계되어야 한다는 관점을 반영하여 '진로진학상담'이라는 포괄적 개념을 사용한다. 따라서 '집단 진로진학상담'과 '진로집단상담'은 동의어로 간주하여 사용한다.

집단상담이란 참여자들이 일정한 목표 아래 모여 상호 피드백, 모델링, 공감, 토론 등 집단역동을 통해 심리적·행동적 변화를 경험하도록 하는 상담 형태이며(Corey, 2011), 이를 진로상담 영역에 적용한 것이 진로집단상담이다. 특히, 학교에서의 집단 진로진학상담은 진로진학상담자 1인이 다수의 학생을 효과적으로 지원할 수 있는 장점과 함께, 구조화된 집단 경험을 통해 학생들이 자기이해, 진로탐색, 진학정보 습득 및 의사결정력 향상 등의 효과를 얻을 수 있다.

강윤경(2017)은 학교 집단 진로진학상담 프로그램을 "학교 현장에서 학생의 진로발달과 진로결정을 돕기 위해 집단상담의 형태로 운영되는 상담활동 전반"으로 정의하며, 학교 교육과정과 연계된 상담 형태로서 실천 가능성과 교육적 적합성이 높은 방식임을 강조하였다.

이러한 활동이 체계적으로 이루어지기 위해서는 프로그램이 필요하다. 프로그램이란 참여자의 변화와 성장을 목표로 요구 사정에 근거한 교육 내용과 절차, 활동 방법 등을 구조화한 실행 지침을 말한다(김성현, 2012). 진로집단상담 프로그램은 이러한 구조 속에서 학생들이 자신과 직업 세계를 이해하고, 진로선택과 준비 행동을 합리적으로 실행할 수 있도록 돕는 목적으로 설계된다(배소정, 2004).

문진희(2018)는 진로집단상담 프로그램을 "진로 주제를 중심으로 상담적 원리와 기법을 적용하여 운영되는 구조화된 집단상담"으로 정의하고, 이를 통해 학생들은 자기이해, 진로탐색, 진로의사결정 능력 등을 향상시킬 수 있는 것이라 하였다. 조중현(2013)은 학교 현장에서 진로집단상담 프로그램이 주로 활용되는 현실을 고려해, 진로지도 프로그램과 진로교육 프로그램도 이 개념에 포함될 수 있다고 제시하였다.

2) 학교 집단 진로진학상담 프로그램의 필요성

학교 집단 진로진학상담 프로그램은 학생이 자기 자신을 이해하고 주변 환경과 직업 세계를 인식하며, 이를 바탕으로 자신의 진로를 탐색·계획·결정하려는 태도와 능력을 기르는 것을 목적으로 한다. 이러한 프로그램에 참여하는 과정을 통해 학생들은 자신의 진로 문제를 주체적으로 탐색하고 해결할 수 있으며, 또래 집단 구성원들과의 상호작용을 통해 유용한 진로진학 정보를 공유하고 정서적 지지를 경험하게 된다(허은영, 2014).

교육부(2022)의 통계 자료에 따르면, 학생들이 가장 많이 참여하는 진로활동은 교과 수업 중 진로탐색(85.9%), 진로심리검사(84.3%), '진로와 직업' 교과 수업(82.4%) 순으로 나타났지만, 만족도가 가장 높은 활동은 진로상담(3.82점), 진로심리검사(3.80점), 진로동아리(3.80점)였다. 특히, 학부모가 자녀에게 가장 필요하다고 인식한 활동 역시 '진로 및 진학에 관한 상담'이 가장 높게 나타나(교육부, 2022), 학생과 학부모 모두가 상담 중심의 진로지원을 원하고 있음을 보여 준다.

그럼에도 불구하고 현재 학교 현장에서는 진로상담이 진로지도나 진로교육과 명확하게 구분되지 않고 혼용되는 경우가 많다. 진로지도나 진로교육이 주로 교과 중심의 활동과 진로 체험을 중심으로 이루어진다면, 진로상담은 내담자의 자기이해와 직업 세계에 대한 탐색을 통해 보다 깊이 있는 진로결정을 돕는 상호작용적이고 전문적인 조력 활동이다(에드워드 누크럭, 2017; 김봉환 외, 2018). 진로상담은 학생의 흥미, 성격, 가치관 등을 반영해 학생 스스로 진로를 결정할 수 있도록 돕는 과정을 핵심으로 하며, 단순한 정보 전달이나 체험 중심의 진로지도 활동과는 그 성격이 다르다(임은미, 2022).

이명희와 이제경(2012)은 학생들이 학년이 올라갈수록 교사의 진로지도 전문성 부족과 진로교육 프로그램에 대한 실질적 지원 부족을 인식하고 있으며, 이에 따라 진로상담을 보완·강화할 수 있는 프로그램 개발과 외부 기관과의 연계 필요성을 강조하였다. 또한 정철영 등(2015)은 학교 진로교육의 실효성을 높이기 위해 진로상담 전문 인력 배치, 학교 현장에서 활동 가능한 현장 중심의 진로상담 프로그램 및 매뉴얼 등의 제작 및 보급의 필요성을 강조했다.

이러한 상황 속에서 학교 집단 진로진학상담 프로그램은 단지 선택 가능한 활동이 아니라, 교육 현장에서 반드시 필요하고 실행 가능한 상담 방식으로 기능할 수 있다. 그 이유는 다음과 같은 효과를 통해 뚜렷하게 드러난다.

첫째, 학교 집단 진로진학상담 프로그램은 상담 자원의 효율적 활용이라는 측면에서 효과적이다. 비슷한 연령과 시기의 진로 문제는 대부분 학생이 공통적으로 직면하는 과제이기 때문에, 교사가 학생 한 명 한 명과 개별 상담을 진행할 경우 시간과 에너지 소모가 매우 클 수밖에 없다. 반면 집단 진로진학상담은 동일한 시간 내에 여러 학생을 동시에 지원할 수 있어, 학교 현실에 적합한 형태로 진로상담을 운영할 수 있게 해 준다(허은영, 2014).

또한 학교 집단 진로진학상담 프로그램은 풍부한 또래 간 상호작용을 가능하게 하여, 학생들이 다양한 시각을 경험하고 정서적 지지를 받을 수 있는 장을 제공한다. 특히, 내향적인 학생들은 일대일 상담보다는 또래와 함께하는 집단 환경 속에서 자신의 진로고민을 보다 편안하게 표현하고 공유할 수 있으며, 이는 자기표현력과 진로의식 함양에도 긍정적인 영향을 준다.

더불어, 학교 집단 진로진학상담 프로그램은 직접 상담에 참여하지 못한 학생들에게도 간접 체험의 기회를 제공하는 독특한 장점이 있다. 진로탐색에 대한 준비가 부족하거나 표현이 어려운 학생이라 하더라도, 또래의 상담 과정을 관찰하면서 유사한 상황을 학습하고 내면화할 수 있다. 이러한 관찰 기반 간접 체험은 실제 진로탐색의 출발점이 될 수 있으며, 학생 개인의 성찰 기회를 확대시켜 준다.

마지막으로, 학교 집단 진로진학상담 프로그램은 다양한 진로정보의 교환과 객관적 자기이해의 증진에 기여한다. 참여 학생들은 자신이 관심 있는 진로 주제에 대해 정보를 공유하고, 타인의 시선과 피드백을 통해 자신을 다각도로 이해할 수 있는 기회를 얻는다. 이는 단순한 진로정보 습득을 넘어 자기 이해를 기반으로 한 진로의사결정 능력의 향상으로 이어질 수 있다.

결론적으로, 학교 집단 진로진학상담 프로그램은 학생 개인의 진로발달을 돕는 동시에 교육 현장의 현실적인 여건에 적합한 전략으로써, 교육적 · 정서적 · 실천적 측면 모두에서 높은 효과성과 필요성을 지니고 있다. 따라서 모든 학교급에서 학교 집단 진로진학상담 프로그램이 보다 활성화될 수 있도록 체계적인 지원과 현장 기반의 실행 매뉴얼 개발이 함께 이루어질 필요가 있다.

2. 학교 집단 진로진학상담 프로그램의 구성

1) 집단원 구성

학교 집단 진로진학상담 프로그램 진행을 위해 집단원을 선정하는 경우 구성원들의 성별, 연령, 과거의 배경, 성격 차이 등을 충분히 고려해야 한다. 집단은 비슷한 특성을 가진 구성원으로 이루어지기도 하고, 서로 다른 특성을 가진 사람들로 구성될 수 있다. 비슷한 특성을 가진 사람들이 모인 집단을 동질 집단, 서로 다른 특성을 가진 사람들이 모인 집단을 이질 집단이라고 한다. 일반적으로 진로진학상담 집단은 유사한 진로고민이나 문제를 공유하는 학생들이 함께 참여하기 때문에 연령대나 과거의 경험 면에서 동질 집단으로 구성되는 경우가 많다. 하지만 집단상담의 핵심 효과 중 하나는 다양한 배경의 사람과의 상호작용을 통해 진로에 대한 새로운 관점과 다양한 가능성을 탐색할 수 있다는 점이다. 따라서 성별이나 성격 등 일부 측면에서 이질적 특성을 갖는 구성원이 함께하더라도 크게 문제가 되지 않는다.

집단상담자는 진로집단의 목적과 기능을 충분히 고려하여 적합한 집단원을 구성해야 하며, 이를 위해 사전 면담을 실시하는 것이 바람직하다. 집단을 구성하기에 앞서 예비 집단원들과 개별 면담을 진행하여, 그들의 동기 수준, 집단에 대한 기대, 성격 특성, 적응 수준 등을 파악함으로써 집단 구성의 효과성을 높일 수 있다.

2) 집단의 크기

일반적으로 집단의 크기는 집단원들의 연령, 집단상담자의 경험 정도, 집단의 형태, 집단에서 다루고자 하는 진로문제 등에 따라 달라질 수 있다. 진로집단의 경우 일반적으로 비구조화된 집단보다는 구조화된 프로그램의 형태를 갖추는 경우가 많으며, 이로 인해 집단의 규모도 상대적으로 커지는 경향이 있다. 일반적인 집단상담 연구에서는 효과적인 집단의 크기를 8~10명 정도로 제안하고 있으며, 집단원들의 연령이 낮을수록 소규모 구성을 권장하고 있다. 그러나 실제 우리나라 학교 현장에서는 집단 진로진학상담 프로그램이 주로 학급 단위로 운영되기 때문에, 11~20명 규모의 집단이 일반적이고, 경우에 따라 30~40명 규모의 대규모 집단으로 진행되기도 한다. 이처럼 집단의 크기가 커질수록, 회기당 운영 시간과 회기별 목표에 대한 고려가 더욱 중요해진다. 따라서 집단원이 많은 경우, 회기당 수행할 활동이나 목표를 보다 작고 구체적으로 조정하는 것이 효과적인 집단 운영을 위한 전략이 될 수 있다.

3) 회기의 빈도와 기간

진로진학상담 집단의 회기 빈도는 집단을 구성하는 목적과 목표에 따라 달라질 수 있다. 집중적인 운영이 필요한 경우에는 일주일에 여러 차례 만나는 방식으로 진행되며, 일반적으로 주 1회 만남이 가장 보편적인 형태이다. 이는 학생들이 집단활동을 통해 탐색한 자신의 진로와 현재 상황을 충분히 숙고할 수 있는 시간을 확보하는 데 유리하기 때문이다.

특히, 우리나라에서는 진로진학상담 프로그램이 학교 교육과정 안에서 운영되는 경우가 많아, 주 1회 창의적 체험활동 시간이나 정기적인 특별활동 시간을 활용하여 10~15주간 진행되는 사례가 일반적이다. 다만, 학교 진로교육과정이나 행사의 일환으로 단기간에 집중적으로 운영되는 프로그램도 있으며, 이 경우에는 일주일에 4~5회 이상 회기를 배치하기도 한다. 결국 진로진학상담 집단 회기 빈도와 운영 기간은 집단의 목표와 상담 장면의 운영체계를 종합적으로 고려하여 결정할 필요가 있다.

4) 개방 집단과 폐쇄 집단

집단의 목표에 따라 집단의 운영을 폐쇄형으로 할 것인가 혹은 개방형으로 할 것인가를 미리 정해야 한다. 폐쇄 집단이란 상담 시작 시 참여한 인원이 마지막까지 유지되는 형태를 말한다. 도중에 탈락자가 생겨도 새로운 집단원을 채워 넣지는 않는다. 개방 집단은 집단의 운영 방침 내에서 새로운 사람을 받아들이는 집단 형태이다. 처음부터 다소 작은 크기로 출발한 집단이나 중간에 탈락한 집단원의 자리를 메우기 위해 새로운 집단원이 들어오게 되는 경우가 대부분이다. 폐쇄 집단은 인원이 고정되어 있어 집단의 안정성이 개방 집단에 비해 높다. 안정된 분위기에서는 집단원 상호 간의 호혜성과 집단 응집력이 높다고 볼 수 있다. 하지만 집단원이 도중에 탈락할 경우 집단의 크기가 너무 작아질 염려가 있다. 개방 집단에서는 새로운 집단원이 들어옴으로 인해 집단원들 간의 의사소통이나 수용, 지지 등이 부족해지거나 갈등이 일어날 수 있다. 집단 진로상담의 경우에도 개방 집단과 폐쇄 집단이 모두 가능하다.

3. 학교 집단 진로진학상담 프로그램의 과정과 기법

1) 학교 집단 진로진학상담 프로그램의 과정

(1) 시작 단계

학교 집단 진로진학상담 프로그램에서 첫 회기의 시작은 프로그램 전체 흐름과 분위기를 결정짓는 중요한 출발점이 된다. 참여하는 구성원들은 첫 회기에 자신들이 이 집단에서 안전하게 보호받을 수 있는지, 그리고 프로그램을 통해 기대하는 목표를 달성할 수 있는지 탐색하게 된다. 따라서 상담자는 신뢰감과 안정감을 형성하고, 프로그램의 방향성을 명확히 제시하기 위해 첫 회기 운영에 특히 신중을 기해야 한다. 학교 집단 진로진학상담 프로그램뿐만 아니라 대부분의 집단상담에서 첫 회기는 매우 중요하다. 약간의 긴장감과 호기심을 갖고 상담을 시작하기 위해 찾아오는 구성원들에게 상담자는 개방적이고 수용적인 태도로 반응하면서 집단 구성원들이 안도감을 느낄 수 있게 해 주어야 하고, 집단 규칙에 관해서도 분명하게 명시함으로써 집단이 서로 신뢰할 수 있는 분위기임을 알려야 한다.

상담자는 학교 집단 진로진학상담 프로그램과 관련된 전문적인 지식을 갖추고, 집단 구성원들이 상담자에 대한 신뢰를 형성할 수 있도록 준비해야 한다. 첫 회기 시작 단계에서 제일 먼저 해야 할 일은 상담자 자신의 소개이다. 이 경우 상담자의 친밀감과 전문성이 집단원들에게 자연스럽게 전달되도록 하는 것이 중요하다. 상담자의 자기소개가 끝나면, 이어서 집단원들이 서로 소개하고 인사를 나누는 시간을 갖는다. 이때 집단원들이 긴장하거나 다소의 불안을 느낄 수 있기 때문에 상담자는 집단원들이 편안한 분위기 속에서 소개할 수 있도록 돕는 역할을 해야 한다. 집단원들이 소개를 마치면, 상담자는 프로그램의 주요 내용과 구성, 목표를 안내한다. 이때 주의할 점은 집단원들이 프로그램에 대한 기대감을 갖도록 유도하는 것이다. 마지막으로, 집단의 목적, 향후 집단의 방향, 집단 규칙과 약속 등을 충분히 설명하여 모든 참여자가 공감하고 동의할 수 있도록 하는 과정이 중요하다.

시작 단계에서 구성원들 간 자기소개 시간을 충분히 주는 것은 구성원들 사이의 라포 형성에 도움이 된다. 학교 집단 진로진학상담 프로그램이라고 하더라도 구성원마다 진로 관련 관심도가 다르고 진로발달 단계가 다르기 때문에 각각의 구성원들이 어떤 목적을 갖고 집단상담 프로그램에 참여하게 되었는지 이야기해 보는 것이 바람직하다.

시작 단계에서 중요하게 다루어야 할 사항 중 하나는 집단 규칙이다. 학교 집단 진로진학상담 프로그램에 참여할 경우 집단의 분위기에 따라 개인적인 이야기들이 많이 나올 수 있는데 이러한 부분과 관련하여 집단원들이 지켜야 할 비밀 유지에 관한 규칙이나 집단에서 지각이나 결석 시 발생할 수 있는 문제점을 미리 이야기하고 집단 참여를 적극적으로 할 것에 대한 규칙을 정해서 알려 주어야 한다.

(2) 탐색 단계

학교 집단 진로진학상담 프로그램 초기 단계가 지나면 집단원들이 서로를 탐색하는 탐색 단계에 들어간다. 탐색 단계에서 집단원들은 다른 집단원은 어떤 생각을 갖고 있는지 귀 기울이고, 자신에 대해서는 어느 정도까지 개방할 것인지 고민하게 된다.

탐색 단계에서 집단원들은 새로운 사람들과의 만남이 주는 어색함과 긴장감을 갖고 있고, 적극적인 참여를 주저하기 때문에 상담자는 집단원들이 신뢰감을 가질 수 있도록 관심을 기울이고 집단원들의 이야기에 적극적인 경청과 공감 반응을 하면서 신뢰감을 향상시켜야 한다.

탐색 단계에서는 집단원들이 소극적으로 참여할 가능성이 높다. 다른 구성원들에 대한 정보도 부족하고 자신의 이야기를 타인이 어떻게 받아들일지 걱정하기 때문에 적극적으로 참여하는 것이 어려울 수 있다. 이때 상담자는 집단원들의 마음 상태를 강요해서도 안 되고, 집단원들이 말할 때까지 막연하게 기다리고 있어도 안 된다. 상담자는 이러한 상황에 대해 미리 예상하고 집단상담을 진행해야 한다.

탐색 단계에서 상담자는 집단원들 사이의 긴장감과 불안감을 덜어 주고 집단원들 간의 상호작용을 촉진시키기 위해 노력을 해야 한다. 상담자는 집단원들의 이야기에 공감하고 집단원들 상호 간의 대화를 연결하여 반응하며, 어느 한 집단원에게 치우치게 반응하지 않도록 주의해야 한다(강진령, 2019).

(3) 작업 단계

학교 집단 진로진학상담 프로그램의 중기에 접어들면 집단원들은 탐색 단계에서 주저하던 불안감이나 긴장감이 해소되면서 본격적으로 집단 작업을 시작한다. 라포가 형성된 집단원은 자기개방을 하면서 적극적으로 참여한다. 그러나 이 시기에도 여전히 불안함을 지니고 라포 형성을 못하는 구성원들이 있을 수 있다. 이때 상담자는 초조해하지 말고, 여유 있게 참여할 수 있도록 기다리고, 자연스럽게 집단에 참여할 수 있도록 이끌어야 한다.

집단상담이 활발하게 진행되는 중기 단계에서는 집단원이 일상생활에서의 모습을 집단상담 장면에서도 그대로 드러내는 경향이 있다. 예를 들어, 어떤 집단원에게 우호적인 반응을 드러낸다든지, 집단에서 오랫동안 자신의 이야기를 한다든지, 집단 참여를 불편해한다든지, 특정 집단원에게 경계심을 갖는다든지 등 다양한 반응을 할 수 있다. 이때 상담자는 지나치게 오래 이야기하는 구성원을 적절히 제지하고, 소극적으로 참여하는 집단원들에게는 참여의 기회를 주며, 경계하고 있는 모습이 역력한 집단원의 태도에 대해서는 현명하게 다룰 수 있어야 한다.

학교 집단 진로진학상담 프로그램에서도 일반적인 집단상담 프로그램에서와 같은 집단원의 다양한 반응이 충분히 나타난다. 가르치려고 하는 태도, 주도하려고 하는 태도, 침묵하는 태도, 공격적인 태도 등 그 사람의 특성이 드러나는데, 이러한 개인적인 특성이 진로와 관련하여 어떤 장점과 단점을 가지고 있는지도 직면해 볼 수 있도록 한다.

(4) 생산 단계

학교 집단 진로진학상담 프로그램에서 생산 단계와 작업 단계를 명확하게 구분할 수는 없으나, 작업 단계에서 어느 정도 작업 동맹이 맺어진 후 신뢰감을 바탕으로 집단상담이 진행되는 단계를 생산 단계라고 한다.

생산 단계의 특징은 깊은 신뢰감 형성, 강한 집단 응집력, 피드백 교환의 활성화, 개인차 존중, 적극적인 집단 참여, 갈등 상황 인정과 해결 등이다. 생산 단계에 들어선 집단원들은 자기개방을 적극적으로 하고 피드백을 얻으면서 변화하려는 의지를 보이고, 집단원들 간의 친밀감이 강한 응집력을 형성한다(강진령, 2019). 또한 집단상담자가 개입하지 않아도 집단원들 사이의 상호작용이 원활하게 이루어지며, 갈등 상황이 초래되었을 때에도 해결해 보려는 자세를 취한다. 생산 단계에 도달한 집단원들은 그동안의 회기를 통해 자기표현을 적절하게 할 수 있고, 다른 사람의 이야기도 경청하면서 들을 줄 알며, 지지와 공감 반응은 물론 진솔한 피드백과 지지를 아끼지 않는다.

상담자는 이 단계에서 자신의 역할이 줄어든 것에 대해 불안해하지 않아야 한다. 상담자는 민감한 관찰력으로 집단원의 대화와 태도, 반응 등을 살피면서 집단원 각자가 초기에 목표로 정했던 것을 달성할 수 있도록 조력해야 한다.

(5) 통합 및 종결 단계

학교 집단 진로진학상담 프로그램이 통합 단계에 이르면 집단원들은 그동안 친밀함을 나누었던 동료들에게 아쉬움을 느끼고, 집단상담이 종결되는 것에 대한 서운함과 아쉬움을 느끼기도 한다.

학교 집단 진로진학상담 프로그램에서의 종결은 또 다른 시작을 알리는 것이다. 그동안 각자 목표로 했던 진로목표에 대해 통합하고, 일상생활로 나아가서 새롭게 삶을 살아야 하는 것이다. 이때 집단원들에게 받았던 지지와 공감이 더 이상 주어지지 않음에 아쉬움을 느끼고, 새로운 세상에 나가는 것에 대한 어색함이 예상될 수 있으나, 삶의 단락 단락에서 잘 통합하고 다시 시작할 수 있는 기회가 되도록 해야 한다(김봉환 외, 2018).

통합 단계에서 상담자는 집단원 개개인이 처음에 목표로 했던 상담목표에 대해 되돌아보고 그동안 집단상담을 통해 얼마나 진로목표에 도달했는지 확인해 보도록 한다. 학교 집단 진로진학상담 프로그램은 진로진학과 관련해서 자신이 원하는 목표가 있고, 그 목표를 이루기 위한 실천 계획들이 수반될 수 있다. 이때 상담자는 그동안 집단상담에 꾸준히 임한 태도에 대한 격려를 보내고, 앞으로 각자 잘 해 나갈 수 있으리라는 희망을 주어야 한다. 집단을 종결하는 시점에서 상담자는 집단원들이 집단경험을 평가하는 시간을 갖는다. 집단원들은 평가서를 작성하고, 집단 경험에 관한 소감문을 발표한다.

(6) 추수지도 단계

추수지도 단계는 학교 집단 진로진학상담 프로그램이 완전히 종결된 후 일정 시간이 경과한 뒤에 실시되는 사후 점검 단계이다. 이 단계의 목적은 집단원들이 일상생활에서 진로진학과 관련하여 설정했던 실천 지침이나 목표를 실제로 이행하고 있는지를 확인하고, 지속적인 실천을 독려하며 정서적 · 행동적 지지를 제공하는 데 있다. 상담자는 추수지도 단계를 통해 일상생활에서 계획대로 잘 추진해 나갈 수 있도록 점검하고 지지한다.

2) 학교 집단 진로진학상담 프로그램의 기법

학교 집단 진로진학상담 프로그램은 집단원들이 상호작용함으로써 변화가 산출되는 형태를 띠기 때문에 개인상담에서 사용되는 기법 외에 연결, 차단, 피드백, 보편화, 촉진, 지지, 진단, 종결, 평가와 같은 새로운 기법들을 필요로 하게 된다.

(1) 변화 촉진 분위기 조성을 위한 기법

① 적극적 경청

집단원들의 대화 내용에 집중하면서 제스처나 음성, 표정의 변화 등에 주목하는 것을 통해 언어적·비언어적 행동에 대해 민감하게 반응하는 것을 말한다. 집단상담자 자신이 이해한 내용을 상담자 자신의 말과 행동으로 집단원에게 되돌려 주는 것이다. 적극적 경청의 방해 요소로는 집단원에게 집중하지 않는 경우, 다음 말할 것에 대해 너무 신경을 쓰는 경우, 집단상담자의 가치관으로 집단원을 판단하고 평가하는 경우 등이 있다.

② 공감적 이해

역지사지의 심정으로 집단원의 내면 감정을 가슴으로 느끼고 이해하는 것을 말한다. 공감이 과도하여 자칫 집단원에게 동조하게 되는 역효과를 조심해야 한다.

③ 반영하기

집단원의 말과 행동에서 표현된 기본적인 감정 생각 및 태도를 집단 상담자가 자신의 언어로 재구성하여 다시 전달하는 것을 말한다. 내용에 대한 반영과 감정에 대한 반영으로 구분한다.

④ 초점 맞추기

집단상담자는 집단의 초점이 어디에 맞추어져 있으며 그것이 집단의 목적과 일치하는지에 대해 지속적으로 관심을 가지고 관찰해야 한다.

– 초점 설정

예: 앞으로 5분 동안 ○○의 진로계획에 대해 들어보기로 하지요.

– 초점 유지

예: ○○이가 진로동기에 대해 충분히 털어놓을 수 있도록 조금만 기다려 주겠니?

– 초점 이동: 현재의 초점이 더 이상 유지될 필요가 없을 때 사용한다.

– 초점 심화: 집단원에게 자신의 사적인 문제나 처해 있는 상황에 대해 재고해 볼 수 있도록 돕기 위해 질문이나 집중적인 활동을 하게 된다.

⑤ 모델링

모델링은 행동주의 상담이론에서 사용하는 용어로, 집단상담자의 시범을 보고 배우는 것을 의미한다. 초기 단계에서 모델링은 집단 규칙을 교육하는 효과가 있지만 지나친 모델링은 집단원의 참여 기회를 감소시키기도 한다. 집단상담자의 언어적 반응, 다른 사람에 대한 이해와 배려, 집단 안에서 도전과 갈등을 처리하는 모습 등을 집단원들은 하나의 모델로 삼게 된다.

⑥ 참여 유도하기

참여 유도하기는 집단원의 집단 참여를 이끌어 내는 기술이다. 서로에 대한 개방적인 태도를 형성하고 함께하는 상담이라는 정서적 유대를 갖게 하는 것으로 결국 집단상담의 발전을 유도하는 데 중요한 역할을 한다. 아직 자신의 이야기를 할 준비가 되어 있지 않은 집단원의 경우 집단 상담자의 권유나 지목은 압박으로 느껴질 수 있으므로 주의가 필요하다. 짝지어 말하기, 순서대로 말하기, 손들기 등 구조화된 활동을 활용하기도 한다.

⑦ 피드백 주고받기

피드백이란 다른 사람의 행동 사고, 감정과 관련하여 개인의 생각과 감정을 언어적 표현으로 되돌려 주는 것을 의미한다. 모호한 일반적인 것보다는 집단상담 장면에서 벌어지고 있는 지금–현재에 초점을 두는 게 좋다. 긍정적 피드백은 학교 집단상담에서 유용하다. 긍정적 피드백이란 집단원의 강점을 드러내어 언어 · 비언어 행동으로 되돌려 주는 것을 의미한다.

(2) 과정적 기법

① 구조화

집단을 시작하면서 집단원들에게 집단상담 참여에 필요한 제반 규정과 한계에 대해 설명해 주어야 한다(강진령, 2019).

- 집단에 대한 구조화: 집단활동에 적극적 참여, 상담시간 준수, 불참하거나 늦게 되는 경우에 취해야 할 조치, 위급 상황 시 연락 방법 등이 그 예가 된다.
- 집단의 한계에 대한 구조화: 집단상담자와 집단원 사이에 가능한 사항과 그렇지 않은 사항을 명백히 구분 짓는 것을 집단의 한계라고 한다.
- 비밀보장에 관한 구조화: 집단 안의 사적인 이야기에 대해서 비밀보장이 된다는 것을 확실히 하되, 위험 상황이 있는 경우, 상황이 임박했다고 판단되는 경우에는 예외 상황이 됨을 알려야 한다.

② 진단

집단원의 행동과 감정 및 사고 유형을 분류하고 증상 유무를 확인하여 적절한 개입 전략을 선택하는 것이다.

③ 연결

특정 집단원의 행동이나 말을 다른 집단원의 관심사와 연결시키는 것이다. 집단원들의 공동 관심사에 주의하여 연결해 주게 될 때 집단원들의 상호작용과 집단의 응집력을 증가시키게 된다.

④ **저지**(차단, blocking)

집단원이 집단 과정에 부정적인 영향을 주거나 적절치 않은 행동을 한다고 판단될 경우 집단상담자는 직접 개입하여 집단원의 말과 행동을 가로막게 된다. 이러한 저지를 통해 다른 집단원들을 보호하게 된다.

저지(차단)의 시기로는 다음과 같다. 첫째, 질문 공세를 할 때, 둘째, 집단원 간 논쟁할 때, 셋째, 과거의 '거기 그때' 형식의 논의를 할 때, 넷째, 집단의 초점을 옮기고 싶을 때, 마지막으로, 다른 집단원의 비밀을 누설 또는 험담하거나 사생활을 침해하는 행위를 할 때이다.

⑤ **피드백**

집단의 응집력을 높이고, 서로를 좀 더 객관적으로 탐색해 가기 위해 집단원 간 상호 신뢰를 바탕으로 생산적인 피드백을 교환할 수 있도록 해야 한다. 이때 충고나 판단 없이 상대방이 자신에게 어떤 영향을 주는지에 대해 구체적이고 솔직하게 자신의 느낌을 표현하도록 유도해야 한다. 피드백에는 집단원의 감정이나 장점을 드러내어 언어적 · 비언어적 행동을 되돌려주는 긍정적 피드백과 집단원의 문제행동이나 비생산적인 사고를 드러내어 언어적 · 비언어적 행동으로 되돌려주는 부정적 피드백이 있다.

⑥ **보편화**

다른 집단원들도 자신과 유사한 감정과 어려움을 갖고 있다는 사실을 깨닫게 함으로써 변화를 촉진하는 방법이다.

⑦ **지지와 격려**

집단원들이 새로운 환경에 적응하게 되면서 생기게 되는 불안에 대처하고 자신의 생각이나 감정을 다른 집단원들과 나눌 수 있도록 돕는 역할을 한다. 비생산적인 지지(격려)는, 첫째, 집단원이 갈등이나 고통스런 감정을 충분히 경험하기도 전에 지지하는 경우, 둘째, 집단원이 장황하게 이야기를 늘어놓거나 다른 집단원들을 방해할 때 지지하는 경우, 셋째, 집단원의 게임 행동에 대해 지지하는 경우이다.

⑧ 지금-여기 상호작용 촉진

강진령(2019)은 집단상담에서의 상호작용 촉진 방안을 다음과 같이 제시하고 있다.

- 집단상담자에게 의존하는 경향을 줄인다.
- 갈등과 대립을 공개적으로 표현하도록 격려한다.
- 직접적인 의사소통의 장애물을 극복하도록 돕는다.
- 집단 참여를 적극 유도하여 모든 집단원을 참여시킨다.
- 집단 참여에 대한 두려움과 기대를 공개적으로 표현하도록 격려한다.
- 사적인 문제를 탐색하거나 새로운 행동을 시도할 때 지지하고 격려한다.
- 서로 신뢰하고 생산적인 의견 교환을 할 수 있는 안전하고 수용적인 분위기를 조성한다.
- 나를 주어로 말하는 '나-전달법'을 활용하는 것도 상호작용 촉진에 도움이 된다.

(3) 집단활동 촉진을 위한 기법

학교 집단 진로진학상담 프로그램은 일반적으로 구조화된 집단으로 구성되는 경우가 많다. 따라서 구체적인 집단활동을 통해 진행되는 경우가 많은데, 집단 초기에 활동을 진행할 경우에는 전체 집단원 간의 상호작용에 앞서 2~4명의 소집단 활동을 먼저 하여 집단원들이 부끄러움과 위협감을 덜 느끼게 진행할 수 있다. 이후 이러한 소집단 활동을 전체 활동으로 넓혀 가면서 집단 전체가 서로 알아갈 수 있는 기회를 제공하는 것이 좋다.

집단 진로진학상담 프로그램의 활동은 상당 부분 교육적인 내용이 많이 포함되어 다소 지루함이 느껴질 수도 있으므로, 청소년 집단의 경우 특히 각 활동이 재미있으면서도 유익할 수 있도록 진행해야 한다. 이를 위해 개인 작업 시간이나 소

집단별 연습 시간은 타이트하게 진행하는 것도 방법이 될 수 있다. 일반적으로 이러한 구조화된 집단 진로진학상담 프로그램의 진로활동은 설명하기, 시범 보이기, 연습하기, 집단 피드백 받기 순으로 진행된다. 설명하기란 활동의 내용은 무엇이고, 왜 이런 방식을 하는지, 왜 이것이 개인의 진로발달에 중요한지를 설명하고 안내하는 과정이다. 시범 보이기는 집단원들이 집단과정에서 하기 바라는 바에 대해 집단상담자 혹은 보조상담자가 직접 시범을 보이는 과정이다. 연습하기는 시범 보인 활동을 집단원들이 해 보거나 특정 기술을 연습하도록 요청하는 과정이다. 그리고 집단 피드백 받기는 집단원들의 연습이 끝난 후 그 결과를 전체 집단원들에게 시연하고 서로의 진로발달에 도움이 되는 방식으로 피드백을 주고받는 과정이다.

(4) 학교 집단 진로진학상담에서 만나는 어려운 집단원을 위한 기법

① 지나치게 관심이 없는 집단원

학교 진로진학상담에서 자주 만나게 되는 내담자 중 자신의 진로에 대해 관심이 거의 없거나 전혀 없는 내담자들이 있다. 이러한 내담자가 집단원으로 들어오게 되면 자신의 꿈에 대한 열정도 없이 기껏해야 한두 가지 관심거리를 말하는 정도로만 집단에 참여한다. 일반적으로 이러한 집단원은 주변 사람들로부터 진로진학에 대한 압박을 많이 받아 집단에 오기는 했지만 뚜렷한 목표가 없는 경우가 대부분이다. 자신의 진로에 대한 관심이 지나치게 없는 경우는 집단원 선별과정에서 개인 진로상담을 추천해 볼 수도 있지만, 정체성의 혼란이나 심각한 심리적 문제를 갖고 있는 것으로 예상되는 경우가 아니라면 집단활동을 통해 관심의 영역을 확장해 보는 것을 목표로 잡고 집단상담을 진행할 수도 있다(김봉환 외, 2018). 이러한 집단원들의 대부분은 자기 자신과 직업 세계에 대한 정보가 부족한 경우가 많기 때문에 집단활동을 통해 이러한 정보를 제공하여 깊이 있는 자기 모색의 기회를 갖도록 조력해 줄 수 있다.

② 진로대안에 대한 관심사가 자주 바뀌는 집단원

자신의 진로에 대해 지나치게 관심이 없는 집단원도 상담자를 당황하게 하지만, 너무 다양한 흥미를 갖고 있고 다양한 재능이 있는 집단원 역시 진로진학상담자에게 새로운 의미의 도전을 요구한다.

경험에 대한 개방성과 문제 해결에 대한 강한 관심을 표명하면서 강한 호기심과 완벽주의적 성향이 있는 집단원들의 경우 이 같은 어려움을 호소하기도 한다. 역설적이게도 집단활동을 통해 이들 집단원을 돕기 위해서는 그들이 진로진학에 대해 보다 자유로운 생각을 갖도록 해 주어야 한다. 즉, 자신의 다양한 관심사가 우유부단함에서 비롯되기보다는 체계적인 자기 탐색이나 진로진학에 대한 정보수집이 부족했기 때문에 발생하는 것임을 인식시키고 그동안 확인하지 못했던 다양한 선택 사항을 확인하는 기회를 제공해 줌으로써 합리적인 선택이 가능하도록 도와 줄 수 있다. 다만, 이러한 집단원을 집단에서 다루기 위해 상담자는 그들의 다양한 관심사에 대한 표현이 집단원들로부터 배척당할 수 있는 형태로 이루어지면 집단에서 희생양 혹은 공격의 대상이 될 수 있음을 주의하여 살펴볼 필요가 있다.

③ 비현실적인 직업포부를 가진 집단원

어느 한 시점에서 자신에게 최고의 진로대안이라고 보는 직업을 보통 직업포부라고 한다. 학교 집단 진로진학상담에서는 종종 직업포부를 너무 높거나 혹은 낮게 잡는 집단원들을 만날 수 있다. 혹은 자신의 능력과 흥미 사이의 적절한 타협을 통한 현실적인 직업포부를 갖고 있지 못한 집단원들도 있다. 이들 집단원들은 자신의 능력에 대한 효능감이 낮거나, 직업적인 관심 사항들을 확인하는 것을 좋아하지 않거나 확인할 수 없는 경우일 것이다. 이러한 집단원들을 만나게 되면 우선 상담자들은 자신의 주관적인 견해가 영향을 미치지 않도록 하기 위해 집단원이 가지고 있는 목표의 현실성에 대해 성급한 판단을 내리지 않도록 주의해야 한다. 그리고 구체적인 진로진학정보 탐색활동을 통해 자신의 능력과 흥미에 대한 객관적이고 현실적인 기대를 갖도록 조력할 수 있다.

④ 저항적인 집단원

학교 집단 진로진학상담 프로그램에서 저항이 나타나는 방식은 매우 다양하다. 과제를 해 오지 않다든지, 계속해서 집단시간에 늦는다든지, 집단상담자와 다른 집단원들을 비판한다든지, 집단활동에 참여하기를 거부한다든지, 집단원들에게 불합리한 요구를 한다든지, 집단활동에 대한 비관적인 태도를 나타낸다든지, 다른 집단원들의 피드백에 부적절하게 화를 내는 등이 포함된다.

집단에서 저항하는 집단원들에 대한 효과적인 개입은 상담 이론별로 조금씩 다르다. 저항은 일반적으로 자신의 변화에 대한 불안이 원인되기도 한다. 이러한 다양한 집단원의 저항 행동에 대한 기저 원인을 확인하는 것이 상담자의 중요한 과제일 것이다. 저항을 다루는 두 가지 일반적인 접근방법을 보면, 분명한 목표들을 확립하고 집단활동의 속도를 적절하게 조절한다면 비협조는 예방될 수도 있다. 또한 집단원의 개인 특성에 의해 야기된 저항은 허용적이어야 하며, 이러한 방어를 함께 이야기하고 갈등을 해석하는 보다 발전적이고 직접적인 개입이 필요하다고 본다.

4. 학교급별 집단 진로진학상담 프로그램

1) 중학교 집단 진로진학상담 프로그램

중학생 대상 집단 진로진학상담 프로그램은 자기 이해와 관련한 활동 비중이 가장 높고 그다음에는 진로계획이 높은 비중을 차지한다. 중학생은 자기이해를 토대로 진로탐색을 하고, 고등학교 진학에 앞서 구체적인 진로계획이 이루어져야 하기 때문이다(안세지 외, 2012). 또한, 집단 진로진학상담 프로그램은 주로 학생을 선별하여 시행하기 때문에 정규 수업 시간 외의 방과후 시간이나 방학 캠프에서 많이 이루어진다. 학교 정규 수업시간에 실시할 경우는 창의적 체험활동 시간이나 교과 시간을 통해 학급 단위로 실시된다. 집단 진로진학상담 프로그램은

12회기로 구성된 경우가 많다(김미란, 2022; 김미영, 2011; 이용섭, 2014; 이혜경, 이윤주, 2010; 최봉주, 김희정, 2010; 형남출, 2017).

2010년대는 집단 진로진학상담 프로그램에 대한 연구 결과가 많은 시기였다. 그 이유는 2009 개정 교육과정의 창의적 체험활동 중 진로활동 운영, 진로전담교사 배치 시작(2011), 진로적성검사 및 심리상담 확대(2011), 학교 진로교육 목표와 성취기준 마련(2012), 온·오프라인 진로상담 활성화(2013), 「진로교육법」 제정 및 시행(2015), 중학교 자유학기제 전면 시행(2016), 진로진학상담대학원 개설(2016), 국가진로교육센터 설치(2017) 등으로 학교 진로교육과 상담이 활성화되기 시작한 시기이기 때문이다. 따라서 학교 진로진학상담의 양적 팽창과 경제적 효율성을 위해 집단 진로진학상담이 각광 받았다. 그러나 최근(2020년대)에는 장애학생 진로·직업교육 활성화 방안 마련(2020), 소외계층 진로교육 방안 제시, 학생 및 지역 특성을 고려한 진로상담 지원(2018~2022), 진로상담 활성화 및 질 제고(2021~2022), 개인 맞춤형 진로설계 지원을 위한 진로상담 강화(2023~) 등 다양한 배경과 특성을 가진 학생 증가와 고교학점제 운영으로 개별 맞춤형 학교 진로진학상담이 늘어나고 있는 추세이다.

따라서 다음에 제시되는 〈표 9-1〉과 〈표 9-2〉를 분석해 보면, 소단위 희망자 중학교 집단 진로진학상담 프로그램은 일반 학생을 대상으로 한 과거에 개발된 프로그램이 많고, 최근에는 다양한 배경을 가진 학생을 대상으로 한 희망자 단위나 학급 단위 진로진학상담 프로그램이 확산되고 있는 추세이다.

(1) 소단위 집단 진로진학상담 프로그램

중학교 집단 진로진학상담 프로그램의 효과를 극대화하기 위해서는 집단원 수를 10~14명 정도로 구성하면 좋다. 이는 배소정(2004), 조중현과 김진숙(2014)의 연구 결과와도 일치한다. 이 책에서는 학교 현장에서 활용할 수 있도록 시대 흐름에 맞는 프로그램을 제시하기 위해 2010년부터 최근까지의 연구를 제시하였다.

표 9-1 중학교 소단위 집단 진로진학상담 프로그램 연구 개관

학자	연도	프로그램 명	대상	집단원 수	회기
이혜경, 이윤주	2010	독서활동을 통한 진로집단상담 프로그램	중 2	15	12
최봉주, 김희정	2010	영상매체를 활용한 중학생의 진로 자기효능감 향상 집단상담 프로그램	중 3	11	12
김미영	2011	독서치료를 활용한 진로집단상담 프로그램	중 3	8	12
정창훈	2012	진로탐색 집단상담 프로그램	중 2	7	6
심지혜	2013	진로집단상담 프로그램	중 2	9	8
강한구	2013	현실요법을 적용한 진로집단상담 프로그램	중 3	8	10
최선영, 홍지영	2013	독서활동을 활용한 진로집단상담 프로그램	중 3	10	10
이용섭	2014	진로탐색 집단상담 프로그램	중 2	12	12
김지혜	2013	진로집단 프로그램[청소년 직업 및 취업설계 프로그램(TOP)을 중심으로]	중 2	8	15
형남출	2017	청소년을 위한 학교기반 진로가치명료화 집단상담 프로그램	청소년 (중 · 고)	12	12
장창곡	2020	사이코드라마 기법을 활용한 재외한국학생 진로진학 집단상담 프로그램	초 · 중 · 고	20	초 · 중 8회기/고 12회기
김미란	2022	홀랜드 진로집단상담 프로그램	중 1, 2, 3	3	12
신윤정 외	2022	북한 배경 청소년 대상 온라인 생애진로설계 집단상담 프로그램	중 · 고	5	4
이동혁 외	2022	저연령 학교 밖 청소년 진로탐색 프로그램	만 9~15세 청소년	6~8명 내외	4

앞의 프로그램들을 분석해 보면 총 14건의 프로그램 중 중학교 1학년만을 대상으로 한 프로그램 0건, 중학교 2학년을 대상으로 한 프로그램 5건, 중학교 3학년을 대상으로 한 프로그램 4건, 초 · 중 · 고 대상 1건, 초 · 중 대상 2건, 중 · 고 대상 2건으로 분류되었다. 이는 중학교 1학년은 아직 학교 적응이 최우선 순위이고 진

로진학에 앞서 자기이해가 더욱 필요한 시기이기 때문으로 보인다. 반면 중학교 2학년과 중학교 3학년은 각각 프로그램이 많다. 이때는 학생들이 여러 고등학교 유형에 대해 관심을 갖고, 진로진학을 결정해야 하는 중요한 시기이기 때문이다. 또한 중학교 2학년과 3학년은 혼합 학년이 아닌 단일 학년으로 집단 진로진학상담 프로그램을 주로 운영하였다. 이는 강윤경과 선혜연(2017) 등의 메타연구에서 집단 구성원이 동질한 경우, 프로그램의 효과가 높다는 연구와 일맥상통한다. 2022 중학교「진로와 직업」교육과정의 영역은 3가지로 'I. 진로와 나의 이해', 'II. 직업 세계와 진로 탐색', 'III. 진로 설계와 실천'으로 이루어져 있다. 위 프로그램들을 2022 중학교「진로와 직업」교육과정의 영역으로 분석해 본다면, 비중의 차이가 조금씩 있긴 하지만 모든 프로그램들이 3가지 영역을 다 포함하고 있기 때문에 현재 학교 교육과정에서도 활용 가능성이 높다.

(2) 학급 단위 집단 진로진학상담 프로그램

학교 집단 진로진학상담 프로그램은 실질적으로 학급 단위로 빈번하게 실시되는 것을 감안하여, 이 장에서도 조중현(2013)과 같이 '진로집단상담 프로그램'과 혼용되는 '진로교육 프로그램', '진로지도 프로그램', '진로상담 프로그램'도 유사성이 높다고 판단하여 모두 집단 진로진학상담 프로그램으로 보았다. 한국직업능력연구원(한국직업능력개발원), 한국고용정보원, 한국청소년상담복지개발원(한국청소년상담원), 한국청소년정책연구원(한국청소년개발원) 등에서 개발한 프로그램은 대부분 개별 상담, 소단위 및 학급 단위 집단 진로진학상담 프로그램에서 모두 사용할 수 있기 때문에 이 책에서는 이를 학급 단위로 분류해 제시하였다. 또한, 소단위 프로그램과 마찬가지로 여러 사회 변화를 고려하여 2010년 이후의 자료를 설명하였다.

일반적인 집단상담 프로그램은 시작 단계에서부터 추수지도 단계까지 일련의 단계를 거치며, 꼭 포함되는 요소들이 있다. 예를 들어, 집단상담 프로그램 시작 단계에서 집단원들 간 규칙을 확실히 공유하고, 프로그램은 전문 상담자가 진행하는 등 여러 필수 요건이 있다. 그러나 학교 집단 진로진학상담 프로그램을 학급 단위로 진행할 때는 주로 수업과 비슷하게 진행하기 때문에 일반적인 집단상담 프로그램 과정이나 절차와는 약간의 차이가 있을 수 있다.

〈표 9-2〉에 제시한 프로그램들은 전문 상담자보다는 주로 학급을 대상으로 가르치는 교사가 수업 시간에 프로그램을 진행하기 때문에 일반적인 수업 절차와 거의 비슷하다고 볼 수 있다. 따라서 아래 프로그램을 직접 찾아보고, 그 활동지와 절차를 확인해 보면 회기라는 용어보다 차시라는 용어를 사용하고 있으며, 집단상담의 효과를 내기 위해 수업 시간에 모둠활동을 많이 하고 있음을 알 수 있다. 또한, 〈표 9-2〉에서 *을 표시한 프로그램은 중학교뿐만 아니라 고등학교 프로그램도 함께 개발되어 있으니 진로진학상담 프로그램 활용 시 학교급 간 연계를 고려할 때 참고할 수 있다.

표 9-2 중학교 학급 단위 집단 진로진학상담 프로그램 연구 개관

학자	연도	프로그램 명	대상	집단원 수	회기
정봉성	2011	학급단위 중학생용 진로지도 프로그램(CDP-M)	중 2	학급	21
*이지연 외	2013	고등학교 입학을 앞둔 중3 학생을 위한 전환기 진로지도 프로그램(STP-M)	중 3	4~6명/학급	14
김순자, 장성화	2015	직업카드를 활용한 중학생의 진로집단 상담 프로그램	중 1, 2, 3	36	13
*손유미 외	2017	창의적 체험활동 기반 진로교육 프로그램(중학교)	중 1	학급	7
			중 2	학급	5
			초 · 중	소 단위/학급	6
			중 1	학급	5
			중 3	소 단위/학급	17
			중 1	학급	7
			중 1, 2, 3	학급	7
*전세경 외	2017	중학교 다문화학생 진로진학 지도 프로그램	중 1, 2, 3	개별/소 단위/학급	5

학자	연도	프로그램 명	대상	집단원 수	회기
이지연 외	2018	3종 진로카드를 연계한 진로지도(상담) 프로그램	초 · 중 · 고	소 단위/학급	4
		알쏭달쏭 카드(미래직업트렌드)를 활용한 진로지도(상담) 프로그램	초 · 중 · 고	소 단위/학급	5
		반짝반짝 카드(진로가치)를 활용한 진로지도(상담) 프로그램	초 · 중 · 고	소 단위/학급	5
		으쓱으쓱 카드(진로효능감)를 활용한 진로지도(상담) 프로그램	초 · 중 · 고	소 단위/학급	5
권미경	2019	자유학년제 진로탐색 프로그램	중 1	학급	16
김덕경 외	2021	진로미결정 학생을 위한 진로지원 프로그램	중 · 고	개별/소 단위/학급	19
백선아 외	2022	진로기초교육 프로그램	중 1, 2, 3	개별/소 단위/학급	10
이지연 외	2022	중학교 진로활동 프로그램 UP4	중 1, 2, 3	소 단위/학급	16
*방혜진 외	2022	중학교 블렌디드 진로상담 프로그램	중 1, 2, 3	개별/소 단위/학급	5
양효선	2022	창의적 진로개발 학교진로교육 프로그램(SCEP)	중 3	학급	8
강서현	2024	CDP-M 프로그램을 활용한 진로지도 프로그램	중 3	학급	6

2) 고등학교 집단 진로진학상담 프로그램

고등학교 집단 진로진학상담 프로그램은 학생들이 자신을 합리적으로 평가하고, 다양한 진로대안을 탐색하며, 진로결정에 필요한 기술을 향상시키고 정보 공유를 공유할 수 있도록 돕는 데 목적이 있다(유현실 외, 2020). 과거 고등학교 집단 진로진학상담은 주로 진로이론이나 상담이론에 기반한 구조화된 프로그램이 중심이었으며, 심리검사 결과 해석이나 워크북 활용, 매체 기반 활동 등의 정형화된 방식이 일반적으로 사용되었다. 그러나 최근에는 학생 개인의 다양성과 교육 환경 변화에 따라, 보다 맞춤형이고 유연한 상담 프로그램으로 전환되는 추세이다. 고교학점제 운영, 대입 제도의 복잡화, 특수한 교육적 요구를 지닌 학생 증가 등 사회적 요구가 반영되면서, 학생 참여 중심의 개별화된 접근과 진로와 진학을 통합적으로 다루는 프로그램이 강조되고 있다.

이러한 변화는 프로그램의 구성에도 반영된다. 고등학교 집단 진로진학상담 프로그램은 중학교와 달리 진로결정과 진학 실행에 초점을 두고 구성된다. 학생들은 자신의 흥미와 적성, 가치관을 바탕으로 다양한 진로대안을 탐색하고, 입시 제도와 연계된 진학 계획을 수립하는 실천적인 활동에 참여하게 된다. 이 과정에서 진로의사결정 능력 향상, 전공 및 대학 탐색, 학습 전략 수립, 생활기록부 관리, 포트폴리오 작성 등 실질적이고 전략적인 내용이 포함된다. 또한 직업인 인터뷰나 진로 프로젝트와 같은 현실 기반 활동을 통해 진로 세계에 대한 이해를 확장하며, 또래와의 상호작용을 통해 자기효능감과 진로정체감을 심화시킬 수 있는 경험도 제공된다. 결국 이러한 프로그램 내용 구성은 고등학생들이 진로결정과 진학 실행이라는 구체적인 과제를 실천할 수 있도록 돕는 실천 중심의 상담 방식으로 이어진다.

이러한 프로그램은 운영 형태에 따라 소단위 집단과 학급 단위로 구분되며, 각각의 특성과 목적에 따라 다양한 방식으로 적용되고 있다. 다음에서는 소단위 집단 진로진학상담 프로그램과 학급 단위 프로그램의 구성과 운영 양상을 살펴보고자 한다.

(1) 소단위 집단 진로진학상담 프로그램

〈표 9-3〉에 제시되어 있는 '소단위 집단 진로진학상담 프로그램'은 2015년부터 현재까지 국내 학술지에 발표된 고등학생 대상 집단 진로진학상담 프로그램 관련 논문들을 바탕으로 분석한 결과이다. 고등학교를 대상으로 한 소단위 집단

진로진학상담 프로그램 또한 '진로교육 프로그램', '진로지도 프로그램', '진로상담 프로그램' 등 다양한 용어로 혼용되고 있다는 점을 고려하여, '진로집단', '진로교육', '진로 프로그램', '진로상담'과 '고등학생', '고등학교'를 주요 검색어로 설정하였다. 그중에서도 집단원 수가 10명 내외인 소규모 형태로 실시된 소단위 집단 진로진학상담 프로그램을 소개하고자 한다.

최근 10년간 고등학교를 대상으로 실시된 소단위 집단 진로진학상담 프로그램

표 9-3 고등학교 소단위 집단 진로진학상담 프로그램 연구 개관

학자	연도	프로그램 명	대상	집단원수	회기
박세화	2015	직업흥미 기반 진로독서 프로그램	고 1, 고 2	16	10
이정수	2015	사진치료 기법을 활용한 진로집단상담 프로그램	고 1, 고 2	15	8
함선규	2015	이야기치료를 활용한 진로집단상담 프로그램	고 1	12	4
현아람	2015	영상매체를 활용한 진로집단상담 프로그램	고 1	12	12
고지연	2016	토론을 활용한 진로프로그램	고 1	12	10
장혜윤	2016	진로집단상담 프로그램	고 2	15	12
신하영	2017	진로준비 집단상담 프로그램	고 1	10	10
이지아	2017	직업카드를 활용한 진로상담 프로그램	고 1~고 3	8	12
김주현	2018	진로준비행동 촉진 집단상담 프로그램	고 1	8	8
류은희	2018	진로독서 프로그램	고 1	14	10
권현석	2019	강점기반 진로집단 프로그램	고 1~고 3	9	10
이가영	2019	진로성숙도 향상 프로그램	고 1	11	12
김다혜	2021	Big6 Skills 모형을 적용한 진로독서 프로그램	고 3	14	7
김유진	2022	MSCI 진로상담 프로그램	고 3	15	6
강남숙	2023	생태 체계적 관점을 기반으로 한 진로탐색 프로그램	고 2	15	10
이수현	2023	진로탐색 프로그램	고 1, 고 2	9	8
이태리	2023	진로와 직업 교과 연계 직업 프로그램(지적장애 학생)	고 1~고 3	3	19
최세훈	2023	진로진학상담 프로그램	고 2	5	5
유지연	2024	진로구성 집단상담 프로그램	고 1	12	3

은 총 19편의 연구로 확인되며, 2015년 5편, 2016년 1편, 2017년 2편, 2018년 2편, 2019년 2편, 2021년 1편, 2023년 3편, 2024년 1편으로 나타났다. 특히, 코로나19의 영향으로 연구가 일시 중단된 2020년을 제외하고는 거의 매년 지속적으로 프로그램이 개발 및 운영되어 왔다는 점에서, 고등학생을 위한 소단위 집단 진로진학상담 프로그램의 교육적 필요와 관심이 꾸준히 유지되어 왔음을 알 수 있다.

대상 학년별로는 고등학교 1학년을 대상으로 한 프로그램이 8편으로 가장 많았으며, 다음으로는 혼합 학년(1~3학년 혼합 또는 특정 학년 + 희망자) 대상이 6편, 2학년 대상 3편, 3학년 대상 2편 순이었다. 이는 고교학점제의 전면 시행과 맞물려 1학년 시기에 학생들이 자신의 희망 전공에 맞는 진로선택 과목을 결정해야 한다는 교육과정의 특성을 반영한 것으로, 고등학교 1학년 시기가 진로 설계의 핵심 시기임을 잘 보여 준다. 이에 따라 현장에서는 1학년을 대상으로 하는 소단위 집단 진로진학상담 프로그램이 가장 활발히 운영되고 있는 것으로 해석할 수 있다.

뿐만 아니라, 프로그램의 내용 구성 측면에서도 최근 10년간의 연구를 2022 개정 교육과정의 진로 영역인 'I. 진로와 나의 이해', 'II. 직업 세계와 진로탐색', 'III. 진로 설계와 실천'의 세 가지 범주로 분류한 결과, 모든 프로그램이 공통적으로 'I. 진로와 나의 이해' 영역을 포함하고 있는 것으로 나타났다. 이는 고등학생들이 자기이해를 통해 긍정적인 자아개념을 형성하고, 진로에 대한 태도를 성숙하게 변화시킬 수 있다는 선행연구 결과(조희진, 2012)와도 일치한다.

이러한 결과는 향후 고등학교 대상 소단위 집단 진로진학상담 프로그램을 설계할 때, 학생들이 자신의 흥미, 강점, 가치관 등 개인적 특성을 충분히 이해할 수 있는 활동 구성이 필수적임을 시사한다. 자기이해는 진로설계와 실천의 기초가 되며, 이후 진로결정과 진학 실행 과정에서도 지속적인 탐색과 조정의 기준으로 작용하기 때문이다.

(2) 학급 단위 집단 진로진학상담 프로그램

〈표 9-4〉의 '학급 단위 집단 진로진학상담 프로그램'도 2015년부터 현재까지 국내에서 연구된 고등학생 대상 집단 진로진학상담 프로그램 관련 학술지 논문을

바탕으로 분석한 결과이다. 분석을 위해 앞에서 언급된 소단위 집단 진로진학상담과 동일하게 '진로집단', '진로교육', '진로 프로그램', '진로상담', '고등학생', '고등학교' 등을 주요 검색어로 설정하였다. 소단위 집단 진로진학상담 프로그램과 달리 학급 단위 집단 진로진학상담 프로그램은 집단원 수가 20명 이상으로 실시된 프로그램으로 소개하고자 한다.

최근 10년간(2015~2023년) 국내에서 연구된 고등학생 대상 학급 단위 집단 진로진학상담 프로그램은 총 12편으로 확인되었다. 연도별로 살펴보면, 2015년 1편, 2017년 2편, 2019년 1편, 2020년 4편, 2022년 3편, 2023년 1편으로, 특히 2020년을 전후로 다양한 주제와 형태의 프로그램이 집중적으로 개발되었음을 알 수 있다. 이는 진로교육 정책과 고교학점제 운영 확대 등 고등학교 교육 환경의 변화에 따라 학급 단위 프로그램의 필요성이 증가했음을 보여 준다.

대상 학년별로는 고등학교 1학년을 대상으로 한 프로그램이 7편으로 가장 많았고, 2학년 대상이 2편, 3학년 대상이 2편, 전 학년을 포함한 혼합 학년 대상이 1편

표 9-4 고등학교 학급 단위 집단 진로진학상담 프로그램 연구 개관

학자	연도	프로그램 명	대상	집단원 수	회기
허보영	2015	강점기반 진로훈련 프로그램	고 1	20	10
김성길	2017	진로독서 프로그램	고 1~ 고 3	56	6
김수지	2017	진로탐색 집단프로그램	고 1	57	12
하봉남	2019	커리어 스토리 인터뷰 기반 진로상담 프로그램	고 2	20	7
김수정	2020	SCEP 프로그램	고 2	26	10
박한길	2020	학교 활동 연계형 집단상담 프로그램	고 1	24	12
장여진	2020	전환기 진로지도 프로그램(STP-H)	고 3	30	8
홍혜영	2020	체험중심 진로탐색 프로그램	고 1	20	12
김정연	2022	창의적 진로개발 프로그램(SCEP)	고 1	20	10
김해든	2022	영어 교과연계 진로 프로그램	고 1	21	6
이유나	2022	자기선택적 진로독서 프로그램	고 1	28	8
서정희	2023	생활과 과학 교과 연계 진로교육 프로그램	고 3	30	8

으로 나타났다. 이는 소단위 프로그램 분석 결과와 마찬가지로, 고등학교 1학년이 진로 설계 초기 단계로서 중요한 시기임을 다시 한번 확인시켜 주는 결과이다.

또한 프로그램의 회기 수를 살펴보면, 가장 많은 회기는 12회기(3편), 10회기(3편)이며, 그 외에 8회기(3편), 7회기(1편), 6회기(2편)로 구성된 것으로 나타났다. 이는 학급 단위 프로그램이 정규 수업 시간 또는 창의적 체험활동 시간과 연계되어 비교적 짧은 기간 안에 운영되며, 단기간 내에 실질적인 진로 탐색 및 설계 경험을 제공하려는 목적을 지니고 있음을 시사한다.

마지막으로, 분석된 학급 단위 프로그램들은 교과 연계, 진로독서, 체험활동, 강점 기반, 전환기 대응 등 다양한 주제와 접근 방식을 통해 학생들의 진로 역량을 강화하고 있으며, 특히 진로 및 진학 의사결정에 필요한 자기이해, 정보 탐색, 의사소통, 계획 수립 능력 등을 향상시키는 데 초점을 맞추고 있다. 이는 진로에 대한 학생들의 주체적인 탐색과 실천을 돕기 위한 실천 중심의 집단상담 프로그램으로서의 역할을 잘 보여 주는 결과이다.

참고문헌

강남숙(2023). 생태 체계적 관점을 기반으로 한 진로 탐색 프로그램 개발과 효과 연구: 마이스터고 학생을 대상으로. 울산대학교 대학원 박사학위논문.

강서현(2024). 농어촌 중학생을 대상으로 한 진로지도프로그램이 진로개발역량에 미치는 효과. 전북대학교 대학원 석사학위논문.

강윤경(2017). 진로집단상담 프로그램이 고등학생의 진로발달에 미치는 효과에 대한 메타분석. 한국교원대학교 대학원 석사학위논문.

강윤경, 선혜연(2017). 진로집단상담 프로그램이 고등학생의 진로발달에 미치는 효과에 대한 메타분석. **진로교육연구**, 30(1), 1-20.

강진령(2019). **집단상담의 실제(3판)**. 서울: 학지사.

강한구(2013). 현실요법을 적용한 진로 집단상담프로그램이 농촌 중학생의 진로성숙도와 내적통제성에 미치는 효과. 경북대학교 대학원 석사학위논문.

고지연(2016). 토론을 활용한 진로프로그램이 고등학교 동아리 학생의 진로성숙도에 미치는 영향. 인천대학교 대학원 석사학위논문.

교육부(2022). **2022 초 · 중등 진로교육 현황조사 결과**. 교육부.

권미경(2019). 자유학년제 진로탐색 프로그램이 중학생의 진로개발역량에 미치는 효과. 공주교육대학교 대학원 석사학위논문.

권현석(2019). 강점기반 진로집단프로그램이 특성화고등학생의 진로성숙도 및 자기결정성에 미치는 효과. 경성대학교 대학원 석사학위논문.

김나연, 유형근, 조용선(2012). 중학생의 진로성숙도 향상을 위한 기술 가정교과 연계 집단상담 프로그램 개발. **한국직업교육학회**, 31(2), 167-192.

김다혜(2021). Big6 Skills 모형을 적용한 진로독서프로그램이 특성화 고등학생들의 진로형성에 미치는 영향. 신라대학교 대학원 석사학위논문.

김덕경 외(2021). **중 · 고등학교 진로미결정 학생을 위한 진로지원 프로그램**. 교육부, 한국청소년정책연구원.

김미란(2022). 홀랜드 진로집단상담프로그램에 참여한 다문화 청소년들의 진로결정 자기효능감에 관한 귀납적 연구. 수원대학교 대학원 석사학위논문.

김미영(2011). 독서치료를 활용한 진로집단상담 프로그램이 중학생의 진로태도성숙에 미치는 효과. 경북대학교 교육대학원 석사학위논문.

김봉환, 강은희, 강혜영, 공윤정, 김영빈, 김희수(2013). **한국상담학회 상담학 총서 6: 진로상담**. 서울: 학지사.

김봉환, 강은희, 강혜영, 공윤정, 김영빈, 김희수, 선혜연, 손은령, 송재홍, 유현실, 이제경, 임은미, 황매향(2018). **진로상담(제2판)**. 서울: 학지사.

김성길(2017). 진로독서프로그램이 고등학생의 진로의식성숙에 미치는 영향. 경기대학교 대학원 석사학위논문.

김성현(2012). 중학생용 관용성 증진 프로그램 개발. 경북대학교 대학원 박사학위논문.

김수정(2020). SCEP 프로그램이 일반계고등학생의 진로결정자기효능감에 미치는 효과. 한국교원대학교 대학원 석사학위논문.

김순자, 장성화(2015). 직업카드를 활용한 중학생의 진로 집단상담 프로그램개발 효과 연구. *The Journal of Child Education, 24*(3), 117-130.

김유진(2022). MSCI 진로상담 프로그램이 특성화고등학교 학생의 진로탄력성과 진로결정자기효능감에 미치는 영향. 전북대학교 대학원 석사학위논문.

김정연(2022). 창의적 진로개발 프로그램(SCEP)이 일반고등학생의 진로성숙도에 미치는 영향. 순천향대학교 대학원 석사학위논문.

김주현(2018). 진로준비행동 촉진 집단상담 프로그램이 일반계 고등학생의 진로준비행동, 진로의식수준, 진로결정자기효능감에 미치는 효과. 연세대학교 대학원 석사학위논문.

김지혜(2013). 진로집단프로그램이 중학생의 진로성숙도와 진로결정 자기효능감에 미치는 영향: 청소년직업 및 취업설계 프로그램(TOP)을 중심으로. 이화여자대학교 대학원 석사학위논문.

김해든(2022). 영어 교과연계 진로교육이 일반고등학생의 진로성숙도 및 진로결정자기효능감에 미치는 영향. 순천향대학교 대학원 석사학위논문.

류은희(2018). 진로독서 프로그램이 고등학생의 진로성숙도와 직업가치관 향상에 미치는 영향: 경기도 J고등학생을 중심으로. 대진대학교 대학원 석사학위논문.

문진희(2018). 초중고등학교 진로집단상담 관련 연구동향 분석: 최근 10년간(2008-2017) 발행된 국내 학술지 논문을 대상으로. 신라대학교 대학원 석사학위논문.

박세화(2015). 직업흥미 기반 진로독서 프로그램이 고등학생의 진로성숙도와 독서태도에 미치는 영향. 가톨릭대학교 대학원 석사학위논문.

박한길(2020). 학교 활동 연계형 집단상담 프로그램이 일반계 고등학생의 진로개발역량 향상에 미치는 효과. 아주대학교 대학원 석사학위논문.

방혜진 외(2022). **중학교 블렌디드 진로상담 프로그램**. 교육부, 한국직업능력연구원.

배소정(2004). 진로집단상담프로그램의 효과에 대한 메타분석. 한국기술교육대학교 대학원 석사학위논문.

백선아 외(2022). **진로기초교육프로그램**. 교육부, 한국청소년정책연구원.

서정희(2023). 생활과 과학 교과와 연계한 진로교육 프로그램이 일반계 고등학생의 진로개발역량에 미치는 효과. 한국교원대학교 대학원 석사학위논문.

손유미 외(2017). **창의적 체험활동 기반 진로교육 프로그램(중학교)**. 교육부, 한국직업능력개발원.

신윤정, 지은, 윤효정, 김지선, 전주람(2022). 북한배경 청소년 대상 온라인 생애진로설계 집단상담 프로그램 개발 및 효과. **문화와융합, 44**(7), 473-493.

신하영(2017). 진로준비 집단상담 프로그램이 특성화고등학교 학생의 진로정체감, 진로결정자기효능감, 진로준비행동에 미치는 효과. 연세대학교 대학원 석사학위논문.

심지혜(2013). 진로집단상담 프로그램이 중학생의 진로성숙도에 미치는 효과. 제주대학교 대학원 석사학위논문.

안세지, 김세일, 강은주(2012). 중학생 진로집단상담 프로그램의 활동내용 분석. 인문학논총, 29, 345-386.

양효선(2022). 창의적 진로개발 학교진로교육프로그램(SCEP)이 중학생의 진로개발역량에 미치는 효과. 한국교원대학교 대학원 석사학위논문.

에드워드 누크럭(2016). 전문상담자의 세계. 서울: 사회평론아카데미.

유지연(2024). 고등학생을 위한 진로구성 집단상담 프로그램 효과성 검증. 아주대학교 대학원 박사학위논문.

유현실, 강성현, 안진아, 이아라, 이은설, 이항심(2020). 고등학교 진로교육의 실제. 서울: 사회평론아카데미.

이가영(2019). 상업계 특성화고등학교 신입생을 위한 진로성숙도 향상 프로그램 효과성 검증. 이화여자대학교 대학원 석사학위논문.

이동혁, 김재은, 박종옥, 이수연(2023). 저연령 학교 밖 청소년의 진로탐색 프로그램 개발 및 효과성 검증. 청소년학연구, 30(9), 21-48.

이명희, 이제경(2012). 진로프로그램 연구에서 실행연구의 적용 가능성. 진로교육연구, 25(2), 129-158.

이수현(2023). 진로스트레스가 높은 청소년을 위한 진로탐색 프로그램 개발과 효과성 검증: 자기조절이론을 중심으로. 단국대학교 대학원 석사학위논문.

이용섭(2014). 진로탐색 집단상담 프로그램이 농촌지역 중학생의 진로결정 자기효능감에 미치는 효과. 경북대학교 대학원 석사학위논문.

이유나(2022). 자기선택적 진로독서 프로그램이 일반고등학생의 진로결정자기효능감에 미치는 영향. 순천향대학교 대학원 석사학위논문.

이정수(2015). 사진치료 기법을 활용한 진로 집단상담 프로그램이 고등학생의 진로성숙도와 진로정체감 및 진로자기효능감에 미치는 효과. 단국대학교 대학원 석사학위논문.

이지아(2017). 직업카드를 활용한 진로상담프로그램이 지적장애 고등학생의 진로성숙도에 미치는 효과. 전남대학교 대학원 석사학위논문.

이지연 외(2013). 고등학교 입학을 앞둔 중3 학생을 위한 전환기 진로지도 프로그램(STP-M). 교육부, 한국직업능력개발원.

이지연 외(2018). 반짝반짝 카드(진로가치)를 활용한 진로지도(상담) 프로그램. 교육부, 한국직업능력개발원.

이지연 외(2018). 알쏭달쏭 카드(미래직업트렌드)를 활용한 진로지도(상담) 프로그램. 교육부, 한국직업능력개발원.

이지연 외(2018). 으쓱으쓱 카드(진로효능감)를 활용한 진로지도(상담) 프로그램. 교육부, 한국직업능력개발원.

이지연 외(2022). 중학교 진로활동 프로그램 UP4. 교육부, 한국직업능력연구원.

이태리(2023). 진로와 직업 교과 연계 직업프로그램이 고등학교 지적장애학생의 직업준비도와 진로성숙도에 미치는 효과. 가톨릭대학교 대학원 석사학위논문.

이혜경, 이윤주(2010). 독서활동을 통한 진로집단상담이 중학생의 자존감과 진로장벽에 미치는 효과. 청소년상담연구, 18(1), 173-187.

임은미(2017). 진로진학상담 기법의 이론과 실제. 서울: 사회평론아카데미.

임은미(2022). 우리나라 학교진로상담의 현황과 개선 방안. *Korean Journal of Counseling, 23*(1), 53-66.

장여진(2020). 전환기 진로지도 프로그램(STP-H)이 일반계 고등학교 3학년 학생의 진로성숙도에 미치는 효과. 한국교원대학교 대학원 석사학위논문.

장창곡(2020). 사이코드라마 기법을 활용한 재외한국학생 진로진학 집단상담프로그램 개발. 학습자중심교과교육연구, 20(23), 105-130.

장혜윤(2016). 진로집단상담 프로그램이 특성화고등학교학생의 진로성숙도와 자립준비도에 미치는 효과. 군산대학교 대학원 석사학위논문.

전세경 외(2017). 다문화학생 진로 · 진학 지도를 위한 교사용 매뉴얼. 교육부, 국가평생교육진흥원, 중앙다문화교육센터.

정봉성(2011). 학급단위 중학생용 진로지도 프로그램(CDP-M)이 여중생의 진로성숙도와 자기효능감에 미치는 효과. 전북대학교 대학원 석사학위논문.

정창훈(2012). 진로탐색 집단상담 프로그램이 여중생의 진로결정수준 및 진로결정 자기효능감에 미치는 효과. 제주대학교 대학원 석사학위논문.

정철영, 정진철, 이종범, 정동열, 임효신, 이서정, 임정훈(2015). 우리나라 진로교육 현황 및 발전 방향 연구. 진로교육연구, 28(3), 155-171.

조중현(2013). 중학생 대상 진로집단상담 프로그램의 효과에 대한 메타분석. 경북대학교 대학원 석사학위논문.

조중현, 김진숙(2014). 중학생 대상 진로집단상담 프로그램의 효과에 대한 메타분석. 상담학연구, 15(6), 2291-2310.

조희진(2012). 자기이해를 통한 진로집단상담프로그램이 여자고등학생의 자아정체감과 진로태도성숙도에 미치는 영향. 연세대학교 대학원 석사학위논문.

최봉주, 김희정(2010). 영상매체를 활용한 중학생의 진로 자기효능감 향상 집단상담프로그램 개발. **중등교육연구**, 58(2), 127-156.

최선영, 홍지영(2013). 독서활동을 활용한 진로집단상담 프로그램 개발 및 효과: 여자 중학생의 진로정체감과 진로준비행동을 중심으로. **청소년 문화포럼**, 33, 62-87.

최세훈(2023). 진로진학상담프로그램이 특성화고 학생의 진로성숙도에 미치는 영향. 전북대학교 대학원 석사학위논문.

하봉남(2019). 커리어 스토리 인터뷰 기반 진로상담프로그램이 특성화고등학생의 진로정체감과 진로결정자기효능감에 미치는 효과. 숙명여자대학교 대학원 석사학위논문.

함선규(2015). 이야기치료를 활용한 진로집단상담 프로그램이 일반계고등학교 학생의 진로정체감에 미치는 효과. 평택대학교 대학원 석사학위논문.

허보영(2015). 강점기반 진로훈련프로그램이 고등학생의 진로결정 자기효능감과 학교적응에 미치는 영향. 영남대학교 대학원 석사학위논문.

허은영(2014). **행복한 교육 진로나침반: 집단상담으로 풀어가는 진로지도**. 교육부.

현아람(2015). 영상매체를 활용한 진로집단상담이 일반계 고등학교 1학년 학생의 진로자기효능감에 미치는 효과. 영남대학교 대학원 석사학위논문.

형남출(2017). 청소년을 위한 학교기반 진로가치명료화 집단상담 프로그램 개발. 계명대학교 대학원 박사학위논문.

홍혜영(2020). 체험중심 진로탐색 프로그램이 고등학생의 진로탄력성과 진로의사결정 수준에 미치는 영향. 숙명여자대학교 대학원 석사학위논문.

Corey, G. (2011). *Theory and Practice of Group Counseling* (8th ed.). Belmont, CA: Brooks/Cole.

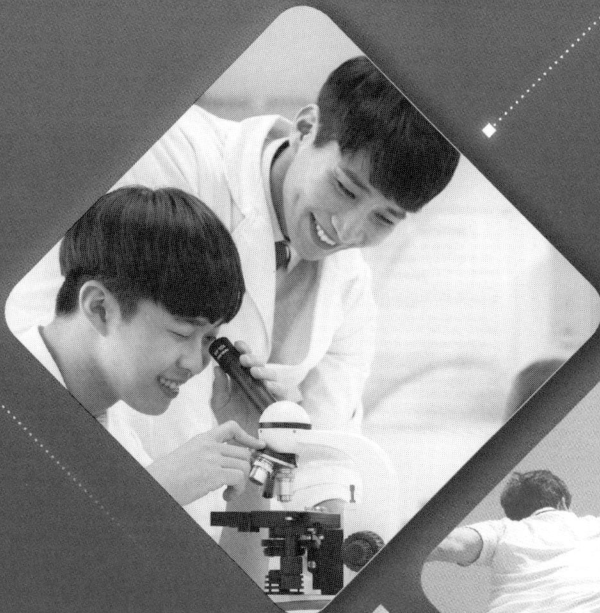

제 10장

중학생 대상 진로진학상담의 실제

1. 진로진학 방향 미결정
2. 진로진학 방향 결정

진로결정은 진로교육 및 진로진학상담 분야에서 핵심적인 주제로 많은 연구자에 의해 다양한 이론과 모형이 제시되었다(교육부, 한국청소년정책연구원, 2021). 이 장에서는 진로결정 유무를 중심으로 중학교 개별 학생 진로진학상담 사례를 진로 이론 및 기법과 연결하여 제시하였다. 중학생의 집단 진로진학상담에 대해서는 제9장을 참고하길 바란다. 일반적으로 진로진학상담 시에는 한 가지 진로 이론보다 다양한 이론을 가지고 통합적 관점으로 상담을 진행하지만, 이 장에서는 각 진로 이론의 실제 적용 사례를 뚜렷하게 보여 주기 위해 한 사례당 한 가지 진로진학상담 이론을 중심으로 설명하였다.

1. 진로진학 방향 미결정

1) 진로진학에 관심이 없는 경우

> 저는 하고 싶은 게 하나도 없어요. 그런데 부모님이랑 담임선생님께서 진로선생님께 한번 다녀오라고 해서 왔어요. 딱히 좋아하는 것도 없는 것 같고 저는 그냥 아무 생각 없는데 다른 사람들이 저를 더 걱정하는 것 같아요.

- 적용 이론: 진로성격이론적 접근
- 주 호소문제: 진로진학 무관심
- 전략: 진로심리검사를 활용한 진로탐색

상담자: ○○이, 상담실에 잘 왔어요. 어서 와요. 요즘 학교생활 어때요?

내담자: 그냥 그래요. 보통이에요.

상담자: 오~ 그래도 학교생활이 나쁘거나 힘들지 않아서 다행이에요. 우리 이

제 한 달 뒤면 고등학교 입학 희망 조사를 할 예정인데, ○○이는 어느 고등학교를 가고 싶은지 생각해 본 적 있나요?

내담자: 아뇨.

상담자: 그렇군요. 고등학교 진학에 관심이 없었던 것 같네요.

내담자: 음……. 뭐 고등학교를 꼭 가야 되는지 생각도 안 해 봤고, 전 고등학교 안 가도 될 것 같기도 하고요. 아니면 그냥 다른 애들도 다 가니까 가야 되나 하기도 하고요. 모르겠어요.

상담자: 고등학교를 가지 않는다면 따로 계획이 있나요?

내담자: 아뇨……. 고등학교 가지 않는다고 따로 특별한 계획은 없어요.

상담자: 그럼 고등학교를 진학하지 않았을 때 ○○에게 좋은 점이 있다면 무엇일까요?

내담자: 글쎄요, 생각해 본 적이 없네요.

상담자: 그렇다면 어떤 점이 불편할까요?

내담자: 새로운 친구를 사귀기도 쉽지 않고, 원래 친하던 친구들과 연락하기도 쉽지 않고, 집에서 혼자 대충 보내게 될 것 같고……. 음……. 혼자서 이것저것 알아보고 지내겠죠..

상담자: 네, 맞아요. 혼자 계획하고 실행하는 것이 쉽지는 않을 거예요. 혹시 ○○이는 요즘 관심사가 무엇일까요?

내담자: 관심 있는 것이 없어요.

상담자: 그럼 하루 중에 ○○이가 가장 시간을 많이 투자하거나 일주일 중에 가장 시간을 많이 투자하는 것이 있을까요? 〈직업흥미 탐색〉

내담자: 모르겠는데요?

상담자: 그럼 선생님과 같이 ○○이의 하루와 일주일을 어떻게 보내는지 한번 같이 생각해 볼까요?

내담자: 해 본 적은 없는데…… 한번 해 보고는 싶네요.

상담자: 좋아요, 그렇다면 여기 시간표에 ○○이의 일과를 한번 적어 볼까요?

내담자: (자신의 일과를 시간별로 적어 본다.)

상담자: 아~ ○○이는 학교 다녀와서 집에서 게임을 3시간씩 매일 저녁마다 하는군요. 또 복싱 학원을 평일 20시부터 21시까지 항상 다니네요.

내담자: 네, 맞아요.

상담자: 게임이 e-스포츠라는 것은 알고 있지요?

내담자: 네.

상담자: 그렇다면 ○○이는 스포츠 활동에 관심이 있네요?

내담자: 음……. 그런 것 같아요. 주말에는 비가 오지 않는 한 친구들이랑 항상 축구도 해요.

상담자: 그래요? 꾸준히 운동하는 것은 쉽지 않은 일인데, ○○이 정말 대단해요. 운동을 꾸준히 하는 건강한 삶을 살고 있네요. ○○이는 운동에 흥미가 있군요. 아! 혹시 우리 4월 초 창의적 체험활동 진로활동 시간에 직업흥미검사를 했는데, 검사 결과지 받은 것 한번 봤나요? 〈직업흥미검사 결과와 연관 짓기〉

내담자: 네, 한번 쓱 봤어요. 근데 기억은 잘 안 나요.

상담자: 그렇군요, 선생님과 결과지를 같이 살펴볼까요?

내담자: 네.

상담자: 오~ 6가지 성격유형 중에 ○○이는 실재적 유형(R)의 점수가 가장 높게 나왔네요. 〈홀랜드 검사 결과 제시〉

내담자: 그게 뭐예요?

상담자: 실재적 유형은 현실형, 현장형이라고도 불리고, 명확하며 체계적이고 질서정연한 일을 선호해 구조화된 작업을 잘하는 성격유형을 말해요. 또 사물을 잘 다루고 신체활동을 즐기며 솔직하고 성실하며 말이 적은 편이에요. 주로 이런 성향을 갖춘 사람들은 기계나 도구 조작, 신체활동 등과 관련된 전기기사, 소방관, 군인, 운동선수 등의 직업 분야에 종사를 많이 하지요. ○○이가 게임을 잘하고 복싱을 하고 축구를 한다는 점은 실재적 유형에 가깝다는 의미지요. 〈홀랜드 검사 결과 해석〉

내담자: 아~ 선생님 설명을 듣고 나니 검사 결과지에 첫 번째로 R이라고 나와

있는 부분이랑 저랑 좀 일치하는 게 많이 있는 것 같아요.

상담자: 그렇지요? 검사 결과지에 실재형(R)과 관련한 추천 직업도 많이 제시되어 있어요. 혹시 관심이 가는 직업이나 잘 모르는 직업이지만 관련 정보를 더 알아보고 싶은 직업이 있어요? 〈검사 결과의 확장〉

내담자: 저는 군인이 좀 끌려요.

상담자: 오~ 그렇군요. 직업 군인이라는 직업에 관해 알고 있는 정보가 있나요?

내담자: 아니요. 그냥 한국에 사는 남자면 누구나 가야 하는 것이 군인이라는 것? 이 정도요.

상담자: 그럼 다음 상담에서는 직업 군인과 관련한 정보를 구체적으로 같이 찾아보기로 해요. 군 관련 특성화고등학교로 진학할 수도 있고, 일반고등학교에 진학해 졸업 후 군인을 할 수도 있고, 군무원이라는 직업도 있어요. 〈진로 관심 유도〉

내담자: 네, 좋아요.

상담자: 오늘 ○○이가 신체적 활동에 관심이 많고, 실재형 성격과 군인이라는 직업에 대한 관심이 있다는 걸 알게 되어 좋은 시간이었어요.

내담자: 네, 저도요. 선생님. 저에 대해 좀 더 알게 되어 좋았어요.

홀랜드 직업성격유형 이론의 가장 핵심은 한 개인의 성격이 특정 직업 분야와 연결될 수 있다는 것이다. 이 이론에 의하면 대부분 사람은 6가지 성격 중 하나로 분류될 수 있고 직업환경 유형도 6가지로 분류될 수 있다. 홀랜드 이론에 기초한 진로진학상담은 내담자가 자신의 특성에 일치하는 직업을 선택할 수 있도록 돕는 것이다. 6가지 모든 유형에 흥미가 없거나 자기 능력을 낮게 평가하는 경우, 진로진학상담을 할 때 의기소침함과 낮은 자존감에 대해 다룰 필요가 있으며, 그간 내담자의 취미, 직업 관련 경험, 여가 시간 등에 대한 이야기를 나누며 홀랜드의 성격유형에 맞춰 내담자를 개념화할 수 있다(Niles & Harris-Bowlsbey, 2005). 앞의 예시에서도 처음에 내담자는 본인이 어떤 것을 좋아하는지, 관심이 있는지 잘 몰랐지만, 상담을 통해 자기가 하루를 어떻게 보내고 있는지, 취미나 여가활동은 무엇인지 등을 파악해 보고, 진로심리검사 결과지를 활용하여 자신과 잘 맞을 것 같은 직업에 대해 생각해 보는 모습을 보였다. 홀랜드 검사 결과를 활용하여 상담할 때는 검사 결과의 해석도 중요하겠지만, 내담자가 자신의 흥미와 성격적 특성을 중심으로 본인 스스로를 잘 이해하고 진로발달을 할 수 있도록 돕는 것이 가장 중요하다.

2) 다양한 분야에 관심이 있는 경우

안녕하세요? 진로를 고민하는 중학교 3학년이에요. 패션 쪽이나 미용 쪽을 하고 싶은데, 진짜 하고 싶은 것이 어떤 것인지 모르겠고, 또 잘할 수 있을지 고민이 돼요. 정말 제 선택이 맞는 건지도 모르겠고요. 이와 관련한 고등학교가 몇 개나 되는지, 또 고등학교는 미용 쪽으로 가고 대학은 패션 분야로 갈 수 있는지도 알고 싶어요. 재직자 전형이란 것이 있다는데, 다른 전형은 없나요?

- 적용 이론: 구성주의 진로이론적 접근
- 주호소문제: 진로선택에 대한 확신 결여
- 전략: 경험 탐색 및 재구성을 통한 진로방향 설정

상담자: ○○은 패션 분야와 미용 분야 중에서 어느 분야로 진로를 설정할지 고민을 하고 있군요.

내담자: 네, 정말 고민이 커요. 빨리 결정해야 어느 고등학교에 갈지 정할 수 있잖아요.

상담자: 그래요, ○○이 생각하는 것처럼 진로의 방향을 결정하고 진학할 학교를 선택한다는 것은 매우 합리적인 생각이지요. 음. 그렇다면 ○○이 패션이나 미용 분야에 관심이 있었는데, 그동안 이 분야들과 관련해 해봤던 활동은 무엇일까요? 〈경험 탐색〉

내담자: 평소 옷에 대한 관심이 많아서 시간 되면 쇼핑센터에 자주 들렀어요. 미용은 제가 자격증을 따기 위해 현재 미용학원에 다니고 있고요.

상담자: 잘하고 있었네요. 그런데 쇼핑센터에 가면 주로 무엇을 하나요? 〈경험 재구성-행동〉

내담자: 둘러보다가 멋있는 옷을 보면 다른 옷들과 비교를 해 보죠. 어떤 점이 멋있게 보이는지, 가격도 보고, 상표도 보고, 소재도 보죠. 시간 가는 줄도 몰라요.

상담자: 정말 ○○은 패션에 관심이 많네요. 언제부터 그런 생각을 했을까요? 〈경험 재구성-시간〉

내담자: 제가 아주 어렸을 때, 문구점에서 산 인형 그림에 종이를 오려서 옷을 만들어 주는 것이 재미있었어요. 오리고 색칠하고 인형에 옷을 입히면 그 인형이 행복해하는 느낌을 받기도 했어요. 또 나중에 인형을 사면 실제 천으로 옷을 만들어 입히기도 해 보았고요. 그러던 어느 날 친구들이 미용학원을 같이 다니자고 하는 거예요. 공부도 재미없고, 그래서 미용학원에 다니게 해달라고 부모님께 졸랐죠. 그래서 미용학원을 다니게 되었는데, 재미있는 거예요. 그래서 지금은 어떻게 할까 고민인 거죠. 〈경험 재구성〉

상담자: 그럼 미용학원은 친구들이 가자고 하여 가게 된 것이네요? 부모님께서는 뭐라고 말씀하시던가요?

내담자: 친구들이 가자고 하여 갔지만 지금은 아주 재미있어요. 그리고 실제로 실습도 해 보니까 지루하지도 않고요. 아빠는 탐탁지 않게 생각하시는데, 엄마는 미용 쪽을 희망하셔요. 나중에 직업 갖기도 낫다고 하시거든요.

상담자: 그렇다면 패션과 미용 분야에 대하여 ○○는 어떻게 생각해요?

내담자: 솔직히 제가 미용실에 갈 수도 있고, 직접 미용사를 만나 볼 수도 있잖아요. 그리고 그 직업이 어떤지도 알 수 있잖아요. 그런데 패션하는 분은 어떤 일을 하는지 직접 만나 보기는 쉽지 않거든요. 그렇지만 그냥

제가 생각해 볼 때 미용실은 어디에나 있고 그래서 직업의 안정성 부분은 미용사가 더 나은 것 같아요.

상담자: 음, ○○의 생각에도 충분히 일리가 있어요. ○○이는 다른 사람들과 어울리는 것이 편한가요?

내담자: 네, 저는 처음 보는 사람들과 이야기를 하는 것도 즐기는 편이에요. 저는 쇼핑센터에 가면 궁금한 것을 잘 물어보거든요.

상담자: 누구에게 물어보는데요?

내담자: 물건을 고르는 사람에게도 물어보고, 판매하시는 분에게도 물어보거든요.

상담자: 주로 어떤 질문을 하는지 궁금하네요! 〈경험 재구성 촉진〉

내담자: 구매자에게는 물건 고를 때 어떤 점을 중점으로 보는지……. 판매자에게는 물건을 사려다가 그냥 가는 손님을 보면 어떤 생각이 드는지…… 등이요.

상담자: 우와~정말 그런 질문을 한다는 게 쉽지 않은데, 대단해요. 그런 질문을 하면 그분들의 반응은 어땠던가요?

내담자: 이상하게 보시는 분도 계시고, 친절하게 대답해 주시는 분도 계시고…… 재미있어요.

상담자: 그런 질문을 하면 ○○은 어떤 생각을 해요?

내담자: 글쎄요……. 지금 생각해 보니 사람들이 물건 고르는 심리도 짐작해 볼 수 있고, 사람 대하는 방법에 관해서도 조금 알게 된 거 같아요.

상담자: 그래요. 미용 분야가 안정적이지만, 패션 분야는 ○○의 호기심을 채울 수 있고, 새로운 점을 발견할 수 있고, 또 사람을 이해하게 되는 분야, 즐거움을 주는 분야인 셈이네요?

내담자: 네, 그런 것 같아요.

상담자: 수입도 고려해 봐야겠네요?

내담자: 네, 그렇죠. 수입도 아주 중요하죠. 그런데 수입이 어떨지는 잘 모르겠어요. 차차 알아봐야겠죠?

상담자: 그래요, 그 부분은 나중에 알아보면 되죠. 오늘 ○○이 패션 분야와 미용 분야에 대한 이야기를 아주 흥미 있게 들려주어 고마워요. 잘 들었어요.

내담자: 네, 저도 하고 싶었던 이야기를 맘껏 해서 좋았어요. 그리고 저는 단순히 사람들에게 궁금한 점을 물어보았는데, 아까 선생님과 대화하다 보니 패션이나 미용이 사람의 심리와도 연결되는 것 같아서 심리 공부도 해야겠다는 생각을 하게 되었어요. 〈자기인식〉

상담자: ○○은 정말 생각이 깊군요. ○○은 지금까지 패션에 대한 주제를 중심으로 이야기하고 있었네요. 어렸을 때 종이 인형옷 오려 붙이기, 인형옷 만들어 입히기, 쇼핑센터에서 관심 있는 질문으로 궁금증을 해결한 것 등등. 혹시 생활해 가면서 옷이나 패션에 관한 에피소드가 있을까요?

내담자: 음……. 생각해 보니, 최근에 엄마께서 외출하시며 옷을 고르실 때, 어떤 옷이 잘 어울리는지 저에게 종종 물어보는 경우가 있었던 것 같아요.

상담자: 그럼 ○○은 어떻게 해요?

내담자: 제가 기분이 좋거나 덜 피곤할 때는 원피스가 더 나은지 아니면 바지가 나은지 말해 드리고, 액세서리를 골라드리기도 하죠.

상담자: 그렇군요, 어머니께서 ○○이에 대해 무척 자랑스럽고 흡족해하시겠어요.

내담자: 엄마가 저의 의견대로 할 땐 저도 뿌듯하죠.

상담자: 그렇다면 ○○은 어느 분야로 진로를 설정하려고 하나요? 그런 선택이 ○○의 인생에 만족감을 줄 것으로 기대하나요?

내담자: 제가 미용과 패션 중에서 고민했는데, 지금까지 해 온 활동과 경험으로 보니 패션 분야가 제게 더 의미 있는 것 같아요. 〈경험 탐색과 재구성을 통한 진로방향 설정〉

상담자: ○○이 그렇게 생각한다니 좋은 선택이라 믿어요. 그럼 다음 시간에는 구체적으로 고등학교 선택과 진학에 관한 이야기를 하면 어떨까요? 〈진로 행동 계획 수립 예고〉

구성주의 진로이론적 접근에서 강조한 것은 내담자의 이야기 재구성을 통해 진로에 대한 희망을 갖도록 하는 것이다. 앞의 사례에서 상담자는 내담자의 미용 및 패션 분야에 대한 활동과 친구 및 부모님과의 관계가 담겨 있는 이야기를 듣게 된다. 그 후 내담자와 대화를 통해 패션과 미용에 관한 이야기를 탐색하여 현실적이고 구체적인 관점을 갖게 하고 있다. 내담자는 상담을 통해 미용 분야와는 다른 패션 분야에 대해 새롭게 인식한다. 또한 패션 관련 활동을 하면서 자기가 즐겁다는 것과 인간에 대한 심리 분야도 패션과 관련이 있다는 것을 알게 된다. 이를 통해 내담자는 진로에 대한 새로운 시각과 관점 확대 기회를 갖게 된다. 그리하여 내담자가 긴 시간 동안 패션과 관련한 활동을 해 왔으며, 최근에 한 행동들도 진로와 관련된다는 것을 자각하고 있다.

구성주의 진로이론적 접근은 개인의 이야기를 구성하고 해체하여 새로운 시각을 갖도록 이야기를 재구성하여 진로로 수용할 수 있도록 돕는다. 즉, 상담자의 역할은 내담자의 특성에 따라 진로를 결정하기보다는 내담자가 살아온 이야기를 중심으로 주관적인 삶의 패턴의 연장선에서 스스로 만들어 가는 진로형성 과정을 돕는 것이다.

3) 자기이해 정보가 부족한 경우

제가 아무리 제 미래에 대해 혼자 계속 생각해 봐도 답이 전혀 나오지 않아 선생님께 상담을 신청했어요. 제가 무엇을 좋아하는지, 무엇을 잘하는지도 잘 모르겠고요. 제 성향이나 성격이 어떤 분야에 맞는지 어떤 직업이랑 잘 맞는지도 모르겠어요. 또 어떤 고등학교를 가야 할지도 모르겠고, 나중에 어떤 사람이 되고 싶은지도 잘 모르겠어요.

- 적용이론: 현실치료상담이론적 접근
- 주 호소문제: 자기이해 정보 부족
- 전략: RWDEP

내담자: 선생님, 저는 진짜 요즘 안개 속에 있는 것 같아요.

상담자: ○○이 정말 힘들었겠네요. 진짜 이해 가요. 선생님도 중학생 때 엄청 고민이 많아서 머리도 아프고 매우 힘들었던 기억이 있거든요. 외국어고를 가야 할지 일반고를 가야 할지, 또 일반고를 간다면 내신 성적을 잘 받을 수 있는 고등학교를 가야 할지 아니면 내신 성적을 얻기는 어렵지만 명문고등학교를 가야 할지 너무 고민됐어요. 또 어떤 어른이 되고 싶은지 어떤 직업을 갖고 싶은지도 결정하기 힘드니까 고등학교 결정도 하기 어려웠던 것 같아요. 〈R 관계 형성하기〉

내담자: 아~ 선생님께서도 중학생 때 고민이 있으셨군요.

상담자: 맞아요, 그렇게 중학교 때 여러 가지 고민을 해서 지금의 선생님이 있게 된 것 같아요. 아까 안개 속에 있는 것 같다는 말이 무슨 말인지 구체적으로 이야기해 줄 수 있어요? 〈W 원하는 것 탐색〉

내담자: 그냥 제 미래에 대해 하나도 모르겠어요. 제가 나중에 어떤 일을 하면서 살아야 할지, 어떤 어른이 되고 싶은지, 어떤 고등학교를 가야 할지 등등 그냥 모든 게 다 불투명하고 도대체 어떻게 해야 할지 모르겠어서 상담하러 왔어요. 저 혼자 계속 생각해 봐도 답이 안 나오더라고요. 〈W 확인〉

상담자: 그렇군요, 상담 잘 왔어요. 혼자 계속 생각해도 답을 찾기 어려워서 많이 답답했을 것 같아요. 혼자 생각하는 것보다는 함께 생각해 보면 좀 더 좋은 방법을 찾을 수 있겠지요. ○○이가 스스로 자기 미래에 대해 진지하게 생각해 보는 모습을 보니 감동적이네요. ○○이는 관심 있는 분야가 있나요? 〈내담자의 자기 특성 자각하도록 돕기〉

내담자: 그냥 노래 부르는 거 좋아하고, 케이팝 안무 따라 추는 거 좋아해요. 그래서 작년까지는 아이돌을 해 볼까 생각하기도 했는데, 춤이랑 노래를 잘하는 아이들이 너무 많아서 아이돌은 안 될 거 같아요. 그리고 노래, 춤, 둘 다 좋아해서 노래 쪽으로 가야 할지, 춤 쪽으로 가야 할지도 모르겠어요. 제가 예술고등학교를 간다면 실용무용 쪽을 지원해야 할지

실용음악 쪽을 지원해야 할지도 모르겠더라고요.

상담자: 그럼 노래와 춤을 좋아하는 비율을 100에서 양쪽으로 나누면 어떻게 될 것 같아요?

내담자: 춤 55, 노래 45인 것 같아요.

상담자: 정말 거의 비슷하군요. 노래나 춤을 하루에 얼마나 연습하나요? 〈D 행동 탐색〉

내담자: 노래는 제가 부를 때 진성이 잘 안 되고, 음이 잘 안 맞아서 3개월째 보컬학원을 다니고 있고요. 일주일에 2번 정도 가니까 노래는 일주일에 2시간? 정도 연습하는 것 같아요. 그래서 아주 조금은? 나아진 것 같아요. 춤은 그냥 제가 추고 싶을 때 추는데, 따로 학원을 다니지는 않아요. 〈D 행동 확인〉

상담자: 춤에도 장르가 여러 가지 있어요. 순수무용인 발레, 한국무용, 현대무용이 있고, 실용무용인 힙합, 브레이킹, 왁킹, 락킹 등등이 있어요. 춤을 좋아하는 친구들은 주 전공을 선택해 연습하기도 하던데 혹시 관심 가는 장르가 있나요?

내담자: 아니요, 저는 그냥 케이팝 노래 안무 보고 따라서 추는 게 좋아요. 안무를 보고 외우는 것은 좋은데 제가 따로 노래에 맞춰 춤을 창작하는 것은 스트레스 받아서 하기 싫어요.

상담자: 그렇군요. 가수나 안무가 등은 춤과 노래로 자신의 감정, 생각 등을 자기만의 색깔로 표현하는 것을 좋아하는 편인데, ○○이는 그렇지가 않군요.

내담자: 네, 저는 정해지고 규칙적인 게 좋아요. 그래서 그냥 제가 따로 생각하지 않고 안무도 이미 정해져서 짜여 있는 거 따라 연습하는 게 재밌더라고요.

상담자: 아~ 그럼 안무가나 작곡·작사가처럼 창작을 하는 것보다는 누군가가 콘셉트 잡아 둔 것을 실행하는 것을 좋아하는 것 같네요?

내담자: 네, 맞아요.

상담자: 음…… 그러면 춤이나 노래를 취미로도 할 수 있는데 ○○이는 다른 일을 하면서 춤이나 노래를 취미로 하고 싶어요? 아니면 춤이나 노래 관련 직업을 가지고 돈을 벌며 살고 싶어요?

내담자: 저는 직업으로 가지고 싶어요.

상담자: 춤이나 노래 분야로 처음부터 돈을 금방 많이 벌기는 쉽지 않고, 공연을 위해 하루 종일 연습하고 무대에 서야 해서 힘들 수도 있는데 괜찮을까요? 아니면 춤이나 노래를 직업으로 삼고 싶은 이유가 있을까요?

내담자: 저는 무대에 서는 그 느낌이 정말 좋아서 하루 종일 연습할 수 있을 것 같아요. 취미로 하면 자주 무대에 서지 못하잖아요. 저는 박수받고 사람들에게 인정받고 그러는 게 너무 좋아서 매일매일 무대에 서면서 돈도 벌고 싶어요. 〈욕구 확인〉

상담자: ○○이와 이야기를 나누다 보니 ○○이는 춤과 노래에 관심이 많고 지속적으로 무대에 서고 싶은 것 같은데 맞나요?

내담자: 네, 선생님이랑 상담하다 보니 제가 아직 아이돌이라는 꿈을 포기하지 못한 것 같아요. 아이돌을 하고 싶은데 제 노래 실력이 그만큼 안 되니까……. 그리고 제 성적도 엄청 낮은 것 같아서 ○○예술고등학교에도 못 들어갈 것 같고요……. 그래서 그냥 아이돌을 포기했는데…… 실제로는 포기가 안 되었던 것 같아요. 그래서 제 머릿속이 너무 복잡했던 것 같아요. 저는 딱 고등학교 3학년 때까지 제가 아이돌이 될 수 있을지 최선을 다해 노력해 보고 싶어요. ○○예술고등학교에 들어갈 수 있는 방법이 있을까요? 〈Real Want 진짜 원하는 것 탐색〉

상담자: 그럼 ○○예술고등학교 입학 전형과 ○○이의 학교생활기록부를 함께 살펴볼까요? 전형 요강을 보면 1차로 성적을 보는데, 내신 성적 중 음악 과목 내신 성적을 많이 보네요. 그리고 2차로 인성 면접이랑 3분 장기자랑이 있어요.

내담자: 앗……. 저는 성적이 엄청 낮아요. 음악도 B가 있네요.

상담자: 일단 2학년 성적에 음악 B가 있었는데, 춤과 노래를 좋아하는 ○○이는

성적이 B였네요? 〈E 평가 질문〉

내담자: 그때는 꿈이 확실하지도 않고 그래서 수행평가도 다 안 했어요.

상담자: 그렇군요. ○○이가 원하는 예술고등학교에 들어가려면 이제부터 어떻게 하면 좋을까요? 〈P 계획하기 질문〉

내담자: 3학년 음악 과목의 성취도를 A로 높이면 좋을 것 같아요. 3학년 성적 비율이 더 높으니, 올 한해는 수행평가도 열심히 참여하려고요. 그리고 면접 준비 겸 3분 장기자랑을 위해 학교 댄스 자율 동아리도 조직해서 활동하려고요.

앞의 예시에서 내담자는 진로진학상담을 하기 전에는 자신이 진짜 원하는 것이 무엇인지를 깨닫지 못했다. 그러나 계속 자신의 이야기를 하면서 자기가 진정 좋아하는 것이 무엇인지, 어떤 삶을 살고 싶어 하는지 생각하다가 아이돌이라는 목표와 그 목표를 이루기 위해 예술고등학교에 진학하고 싶음을 스스로 깨닫게 된다. 현실치료 상담과정은 관계 형성 단계와 행동변화 단계로 이루어진다(임명진, 2019). 관계 형성 단계는 따뜻하고 친밀한 관계를 형성하는 것으로 앞의 사례에서는 상담자가 내담자의 말에 적절한 관심 기울이기와 공감을 하며 자기개방을 활용하였다. 행동변화 단계에서 상담자는 내담자의 진정한 바람(Want)을 찾도록 질문하고, 바라는 것을 얻기 위해 현재 어떤 행동(Doing)을 하고 있는지 탐색할 수 있도록 돕는다. 또한, 선택한 진로행동에 대해 스스로 평가(Evaluation)해 볼 수 있도록 안내한다. 앞 예시의 내담자는 자신의 노래 실력을 높이기 위해 보컬학원을 수강하고 있고, 2학년 때는 꿈이 정해져 있지 않아 성적이 낮았지만 자신의 바람(Want)을 이루기 위해 앞으로는 수행평가 및 자율동아리 활동을 열심히 할 것을 계획(Plan)하고 있다.

4) 의사결정 기술이 부족한 경우

일반고를 가야 할지 외국어고(외고)를 가야 할지 너무 고민돼요. 집 주변 일반고는 외고보다 학생 수가 훨씬 많으니까 부모님께서는 일반고가 내신 성적이 더 잘 나오지 않겠냐고 추천하시고, 또 제가 마음이 여리니까 일반고 가는 것이 외고 가는 것보다 덜 스트레스 받을 거라고 하셔요. 저는 통역사에 관심이 있어서 외고가 제 미래에 더 맞는 것 같기도 해요. 그런데 저도 외고에 가면 일반고보다 성적이 안 나올 것 같아 걱정되기도 하고, 또 일반고에 간다고 해서 상위권이 될 거란 보장도 없어 진짜 결정을 못하겠어요.

- **적용 이론**: 진로의사결정이론적 접근
- **주 호소문제**: 진로 미결정
- **전략**: 인지적 정보처리이론에 의한 진로문제 해결

내담자: 선생님, 저는 외국어고를 가고 싶은 것 같기도 하고, 일반고를 가고 싶은 것 같기도 하고 잘 모르겠어요. 어쨌든 고등학교 지원을 해야 하니까 둘 중 하나를 선택해야 하는데 말이에요. 답을 잘 모르겠으니까 답답하기도 하고 빨리 선택해야 하는데……? 이런 마음도 들어요. 〈의사소통 단계 C〉

상담자: 그렇군요. 일반고와 특수목적고인 외국어고의 특징이 다르니까 선택할 때 정말 고민이 많이 되겠어요. 구체적으로 어떤 부분이 고민이 되나요? 〈공감적 이해와 경청, 문제 확인, 첫 번째 질문〉

내담자: 학교 분위기랑, 친구 구성이랑 뭔가 너무 다르니까 선택하기가 힘들어요. 일단 외고는 공부 잘하는 애들이 많을 것 같아서, 제가 그 학교에 가서 잘 못 하면 어떨지 걱정도 되고 고민돼요. 그런데 근처 일반고는 저희 중학교 애들이 대부분 가는 곳이니까 지금 친구들이랑 같이 경쟁하는 건데 그래도 제가 지금 학교에서 상위권이니까 조금 덜 걱정되는

것 같기도 해요. 그러다가도 또 중학교랑 고등학교는 공부량도 다르고, 다른 중학교 전교 1등이 제가 가는 일반고에 여럿 올 수도 있는 거고…… 어쨌든…… 일반고 가서 생각보다 성적이 안 나올까 봐 걱정되기도 해요.

상담자: 그럼 외국어고나 일반고나 어딜 가든 성적이 안 나올까 봐 걱정하는 거네요?

내담자: 아……. 얘기하다 보니 그런 것 같네요.

상담자: 또 고민하는 이유가 있을까요? **〈분석 단계 A-진로 미결정 이유 파악 질문〉**

내담자: 저는 외국어 공부하는 걸 좋아하고 통역사라는 직업에 관심이 있어서 성적이 좀 안 나오더라도 제가 좋아하는 공부를 할 수 있는 외고를 가면 어떨까 하는데, 부모님께서는 제가 여리고 성적에 스트레스를 많이 받는 편이니까 오히려 외고 가서 성적이 안 나올 때 멘탈이 무너지거나 무기력해질까 봐 일반고를 더 추천해 주세요. 그리고 일반고를 가더라도 통역사가 될 수 있는 길이 있으니까 제가 부모님 뜻을 거스르고 선뜻 '저 외고 가고 싶어요.' 이렇게 결정을 못하겠어요. 또 요즘 이공계열 및 의약계열이 뜨고 있으니까 부모님께서는 이공계열이나 의약계열로 진로가 변경될 수도 있으니 일반고를 더 추천하고 계세요. 저도 약사가 되어 보고 싶기도 하고요.

상담자: 아~그렇군요. 통역사는 왜 되고 싶고, 약사는 왜 되고 싶나요? 혹시 이유가 있을까요?

내담자: 통역사는 제가 외국어를 좋아하니까 좋아하는 일을 하면서 돈도 벌고 그래서 행복할 것 같아서 생각해 봤고요. 약사는…… 음……. 저의 꼼꼼한 성격이랑 잘 맞을 것 같아서 해 봐도 괜찮겠다고 생각했어요.

상담자: 그럼 통역사나 약사가 되는 방법이나 하는 일 등에 대해 어느 정도 알고 있나요? 여기 학습지에 내용을 한번 적어 볼까요? **〈분석 단계 A-진로의사결정에 필요한 정보 파악 여부 확인, 두 번째 질문〉**

내담자: ……. 적을 수 있는 게 별로 없네요.

상담자: 외국어고를 갈지, 일반고를 갈지 생각하기 전에 내가 정말 하고 싶은 것이 통역사인지 약사인지를 먼저 고민해 보면 좋을 것 같아요. 통역사와 약사의 연봉, 직무만족도, 필요한 능력, 사회 공헌 여부 등 직업 정보에 대해 구체적으로 알아보다 보면 내가 통역사가 더 끌리는지 약사가 더 끌리는지도 파악할 수 있게 되거든요. 일단 진로의 큰 목표가 먼저 정해지면 그다음에 고등학교를 선택하는 데도 많은 도움이 될 것 같아요. 외국어고에 진학해도 약사의 길을 갈 수 있긴 하지만 교육과정이 대부분 외국어 학습에 많은 초점이 있기 때문에 수시보다는 정시로 대학을 가고 그 길이 매우 좁다고 외고 입학 담당 선생님께서 말씀해 주시더라고요. 대신 통역사를 꿈꾼다면 외국어고는 많은 도움이 되겠죠. 〈통합 단계 과제 요청 S〉

내담자: 네, 무슨 말인지 알 것 같아요. 제가 나중에 어떤 직업을 가지고 싶은지, 무엇을 더 하고 싶은지 명확히 생각해 봐야겠어요.

상담자: 커리어넷, 고용24 등 여러 사이트를 활용해 약사와 통역사에 대한 정보를 구체적으로 찾아보고 다음 시간에 학습지에 적어 오면 좋을 것 같아요. 〈합의된 목표 수립〉

내담자: 네, 좋아요.

상담자: 직업정보를 찾아보면서 '지금 나에게 최선의 선택은 무엇인가?', '내 선택이 나의 미래 삶과 주변 사람에게 어떤 영향을 줄 것인가?' 등의 질문을 해 볼 수도 있어요. 또는 나의 인생에서 여러 진로 선택지를 하나씩 평가해 보며 우선순위를 정해 볼 수도 있을 거예요. 〈평가 단계 과제 요청 V〉 그다음 상담에는 해당 진로를 가지고 외국어고와 일반고에 진학했을 때 차이를 비교해 보는 활동을 하고요. 〈실행 단계 안내 E〉

내담자: 네, 알겠습니다. 선생님.

인지적 정보처리 접근에서 사용되는 의사결정 기술 CASVE를 진로진학상담 시

사용할 수 있다. 본 사례처럼 진로 미결정자에 대한 개입을 할 때는 진로를 결정하지 못하는 것이 단순 정보 부족인지 아니면 심층적 심리 문제인지 여러 질문을 통해 확인한다. 일단 첫 질문을 통해 학생은 외국어고를 진학하든 일반고를 진학하든 성적에 대해 걱정하고 있으나 심각한 정도의 불안을 보이지 않다는 것을 알 수 있다. 두 번째 질문을 통해 학생은 진로 미결정자로 직업에 대한 지식, 의사 결정을 위한 지식이 부족한 것으로 보인다. 따라서 학생이 관심 있어 하는 통역사나 약사에 대한 지식을 알아볼 수 있도록 과제를 내주었다. 또한, 의사 결정을 위해서는 장기 목표를 먼저 구체화한 후 단기 목표를 정하는 것이 진로의사결정에 수월함을 알려 주었다. 즉, 통역사나 약사라는 자신의 진로목표를 먼저 세우고 나면 일반고나 외국어고 중 어디가 본인의 진로와 더 관련 있는지를 스스로 파악하는 데 도움이 된다.

2. 진로진학 방향 결정

1) 진로진학 정보가 부족한 경우

중학교 1학년 학생인데요, 주변에서 사람들이 어떤 직업을 가지고 싶냐고 물어볼 때마다 제과제빵사가 되고 싶다고 말은 하는데…… 진짜로 갖고 싶은 직업이 제과제빵사인지 잘 모르겠어요. 실제로 해 본 것은 모든 재료가 담겨져 있는 것을 사서 빵을 만들어 본 적은 있지만, 관련하여 알아본 직업도 없고, 그런 고등학교가 있는지 찾아본 적은 없어요. 제가 제과제빵사 직업을 가질 수 있나요?

- 적용 이론: 진로발달이론적 접근
- 주 호소문제: 진로진학 정보 부족
- 전략: 진로탐색 명료화 및 진로탐색의 확장

상담자: ○○는 이 상담을 통해 어떤 점을 도움받고 싶나요?

내담자: 제과제빵사가 되는 것이 제가 정말 원하는 것인지 알고 싶어요.

상담자: 그래요, 목표가 명확하군요. 제과제빵사가 되려는 계기가 무엇이었는지 말해 줄 수 있을까요?

내담자: 어렸을 때 방송에서 제과제빵사에 대한 내용을 보고 그렇게 생각했었어요. 제가 빵을 좋아하거든요.

상담자: 음, ○○가 빵을 좋아하는군요. 그래요. 그런데 빵을 만들어 본 적은 있어요?

내담자: 네, 딱 한 번 마트에서 재료를 사서 만들어 본 적은 있어요.

상담자: 빵을 만들어 보니 어땠어요?

내담자: 그냥 사용법대로 해서 큰 어려움은 없었어요. 신기하기도 하고요.

상담자: 음, ○○는 직접 실천해 볼 정도로 적극적인 면이 있군요. 제과제빵사가 되고 싶었던 계기는 방송에서 본 장면을 통해서였고, 직접 해 본 일은 빵을 한번 만들어 본 경험이 있네요. 〈요약〉 다른 활동은 없었나요?

내담자: 그래서 정말 제과제빵사가 저의 장래 희망인지 모르겠어요.

상담자: 음, ○○의 말을 이해할 수 있어요. 제과제빵사가 된다면 어떤 점이 ○○에게 만족감을 줄까요? 〈명료화 과정 진행〉

내담자: 재미있을 것 같아요.

상담자: 그래요, 재미있겠지요. 좋아요, 또 무엇이 있을까요?

내담자: 돈을 벌 수 있어요.

상담자: 맞아요, 중요한 문제지요. 돈을 벌 수 있죠. 얼마나 벌까요?

내담자: 나름이겠죠?

상담자: 그렇죠, 그러면 제과제빵사가 언제 어떻게 일하는지 알고 있나요?

내담자: 방송에서 보니까, 새벽에 나와서 준비하고, 혼자서 하니까 쉴 틈이 없던데요?

상담자: 음, 잘 보았네요. 그렇다면 ○○가 본 것은 방송에서 보여 준 몇몇 장면이니까 제과제빵사의 모든 면을 본 것은 아니네요? 〈탐색 확장 시도〉

내담자: 그렇네요. 좀 더 알아봐야겠어요.

상담자: 좋은 생각이에요. 지금 ○○가 중학교 1학년이죠? 지금은 진로를 딱 결정하는 것보다 관심 있는 진로에 대해 충분히 정보를 알아보는 것이 좋을 것 같은데, ○○의 생각은 어때요? 〈**탐색 확장 시도**〉

내담자: 맞아요. 동네에 빵집이 있으니까 한번 가서 궁금한 점을 여쭤 봐야겠어요.

상담자: 역시 현명하네요. 중요한 진로를 결정하는 데 여러 가지 측면을 자세하게 알아본 후 결정하게 되면 진로가 더 명확해질 것 같군요. 혹시 만드는 것을 좋아하나요? 〈**탐색 확장 시도**〉

내담자: 만드는 거요? 음…… 종이접기, 조립하기, 인형 옷 만들기 등을 좋아하고 잘했던 것 같아요. 지금도 제 방엔 그런 것들이 아직 있어요.

상담자: 그래요? 손재주가 있는 것 같은데요?

내담자: 네, 엄마께서도 제가 무엇을 만들면 야무지다는 말씀은 여러 번 하셨어요. 선생님, 제가 제과제빵사를 해도 잘할 수 있을까요?

상담자: 손재주가 좋아 잘할 것 같아요. 그럼, 제과제빵사가 되려면 어떻게 해야 할까요?

내담자: 글쎄요…….

상담자: 그러면 제과제빵사란 직업에 대해 좀 자세하게 찾아보고, 또 동네 빵집에서 제과제빵사도 만나 본 후에 무엇이 더 필요한지, ○○가 정말 제과제빵사를 할 것인지 결정해도 되겠지요. 더구나 ○○는 손재주가 좋으니 다른 무언가를 더 잘할 수도 있어요. 그때 다시 이야기하면 어떨까요? 〈**진로 발달적 관점-요약**〉

내담자: 네, 그런데 제과제빵사에 대한 정보는 어디서 찾아보죠?

상담자: 좋은 질문이에요. 커리어넷 사이트나 고용24 사이트를 보면 다양한 정보를 볼 수 있고, 요즘 유튜브 영상도 많이 있으니까 비교해 보면 좋은 정보를 찾을 수 있을 거예요.

내담자: 거기서 무엇을 찾아보나요?

상담자: ○○가 제과제빵사에 대해 궁금해하는 것을 찾아보면 되어요. 예를 들면, 일하는 환경은 어떤지, 돈은 얼마나 버는지, 쉬는 날은 얼마나 되는지, 앞으로 전망은 어떤지, 주로 어느 곳에서 일하는지, 자영업으로 적합한지 등등을 알아보면 되겠지요? 〈실행 정보 제공〉

앞의 사례는 진로발달이론적 접근임을 알 수 있다. 제4장에서 언급한 것처럼 긴즈버그(Ginzberg)는 개인의 발달과정에서 진로탐색, 진로 명료화, 진로 구체화의 단계를 언급하고 있다. 중학교 1학년 학생이라면 진로에 대한 호기심이 많은 발달과정에 있다는 점을 이해해야 한다. 앞의 사례는 중학교 1학년인 내담자에게 학년이 올라갈수록, 진로선택이 달라질 수 있다는 전제를 하고 진행하는 상담이다. 따라서 진로를 선택하기 전에 충분한 탐색이 있어야 하고, 그 과정 이후에 진로를 명료화하는 단계, 그리고 구체화하는 단계로 이어져야 한다는 것을 염두에 두고 있다. 또한 상담자는 내담자가 결정을 합리적으로 유보할 수 있도록 진로탐색과 확장을 돕고 있다. 즉, 제과제빵사에 대한 다양한 정보를 스스로 탐색해 보고, 제과제빵사라는 진로뿐만 아니라 손으로 할 수 있는 다른 여러 진로에 대해서도 생각해 볼 수 있도록 상담하는 것이다. 이는 진로 명료화 단계와 구체화 단계가 고등학교 과정에서 이루어질 수도 있기 때문이다.

2) 진로갈등이 있는 경우

> 중학교 1학년 학생인데요. 초등학교 6학년부터 댄스학원을 다니기 시작하여 지금까지 열심히 다니고 있어요. 요즘은 춤 실력이 느는 것을 느끼고, 춤출 때는 스트레스도 없어지고 정말 행복해요. 그래서 안무가나 댄서가 되고 싶은데, 부모님께서 많이 반대하세요. 어쩌면 좋을까요?

- 적용 이론: 진로발달이론적 접근
- 주 호소문제: 부모와의 진로 불일치로 인한 갈등
- 전략: 진로인식 확장을 통한 진로대안 모색

상담자: ○○은 춤에 흥미가 많아 댄서가 되거나 나아가서는 안무가가 되고 싶은데 부모님께서 반대하셔서 고민이 되는군요. 〈문제 확인〉

내담자: 네, 저는 일찍 꿈을 찾고, 또 키워 가고 싶어요.

상담자: 좋은 생각이네요. 더구나 춤을 추면 행복하기도 하고 실력이 늘어가는 것이 눈에 보인다니 그 방면으로 진로를 정하고 싶은 마음이 간절한 것 같네요. 그 마음 이해해요.

내담자: 정말 하고 싶어요. 그런데 부모님께서 너무 반대하셔요.

상담자: 그렇군요. 일찍 찾은 꿈이어서 부모님께서 지지해 주시기를 바랐는데 그렇지 않아 실망이 크죠? 부모님께서 어떻게 해 주셨으면 좋겠어요? 〈목표 확인〉

내담자: 부모님께서 다른 것은 다 잘 들어주시거든요? 그런데 댄서나 안무가 같은 무용가는 안 된대요. 제가 무용가가 되도록 지원해 주셨으면 좋겠어요. 선생님, 좋은 방법이 없을까요?

상담자: 함께 찾아볼까요? ○○은 초등학교 6학년 이전에는 무엇이 되고 싶었어요? 〈진로발달 시점 파악〉

내담자: 그때는 배우가 되고 싶었죠. 그래서 연기학원을 다녀 볼까 생각도 했었는데, 부모님께서 반대하셔서 못했죠.

상담자: 저런, 부모님께서 찬성해 주셨으면 지금 연기 공부를 하고 있었겠네요.

내담자: 그래서 지금도 배우가 되고 싶은 생각이 가끔 들기도 해요.

상담자: 그런데 지금은 댄서가 되고 싶다고 했네요? 〈진로방향 변경 파악〉

내담자: 네 맞아요. 댄서가 더 되고 싶은 것 같아요. 저는 하고 싶은 것이 너무 많은 것 같아요.

상담자: 배우와 댄서 외에 또 되고 싶은 것이 있어요? 〈진로 관심 분야 인지〉

내담자: 제가 유치원 다닐 때는 노래를 잘 불렀어요. 동요 대회에서 상을 탄 적도 있거든요. 그땐 부모님께서도 칭찬을 많이 해 주셨어요.

상담자: 그래요? ○○은 재능이 참 많네요.

내담자: 그래서 한 가지로 정할 수 없는 것 같아요.

상담자: 맞아요. 한 가지로 정하기 어려울 것 같아요. 그런데 꿈은 지금 한 가지로 정해야 할까요? **〈진로인식 확장〉**

내담자: 그래야 꿈에 맞게 고등학교도 정하고 대학교 학과도 정할 수 있지 않나요?

상담자: 물론 그렇긴 하지요. 그런데 ○○이 되고 싶었던 가수나 배우라는 직업, 그리고 지금 꿈꾸는 댄서라는 직업에 대해 좀 더 알아봐야 하지 않을까요?

내담자: 댄서에 대해 조금은 알아보았어요. 재미는 있는데 진출할 수 있는 기회가 적더군요. 취업하기도 어렵고, 프리랜서로 활동하려면 능력을 인정받아야 되는데…….

상담자: ○○이 중요한 부분을 잘 조사해 보았어요. 각각의 직업마다 다른 특성이 있는데 살펴봐야 할 중요한 면 중 하나에는 수입도 있겠죠? 부모님께서 반대하시는 이유가 무엇일까요?

내담자: 춤추는 것으로 직업을 구할 수 있겠느냐고 말씀하셨어요. 그리고 춤추는 것은 젊었을 때 하는 직업이지, 나이 들어서는 못한다고 말씀하셨어요. 아마도 돈을 벌기 어렵다는 걸 말씀하신 것이 아닌가 생각해요.

상담자: 부모님께서 그렇게 말씀하셨군요. 그것에 대하여 ○○은 어떻게 생각하나요?

내담자: 부모님 말씀이 잘못된 것은 아니지만, 저의 장래 직업은 제가 하고 싶은 것을 해야 하잖아요?

상담자: 물론 흥미 있는 것을 선택하는 것도 매우 중요하지요. 하지만 생각해야 할 여러 점도 있어요. 예를 들어, 관련 능력도 있어야 하고, 주변 여건도 고려해야 하고, 부모님의 지지가 있으면 더 좋은 일이지요. **〈진로**

인식 확장〉

내담자: 그래서 생각해 보니까 제가 춤을 좋아하기도 하고, 실력이 느는 것을 보니까 재능도 있는 것 같아요. 다만 부모님께서 반대하는 게 문제죠.

상담자: 그렇군요. ○○이 실력이 느는 것을 느낀다고 했지요? 춤을 시작한 지 1년 정도 됐네요. ○○의 춤을 보고 학원 친구들은 어떤 반응을 보였나요?

내담자: 그다지……친구들은 몇 년 더 봐야 안다고 하더라고요.

상담자: ○○의 생각과 친구들의 반응은 차이가 있었네요. 하지만 스스로 자신의 발전을 느끼고 있다는 것은 매우 좋은 조짐이죠. 음……. ○○의 꿈이 가수, 배우, 댄서로 계속 변하였어요. 그러면 앞으로 고등학교에 가고 대학교에 갈 때면 꿈이 변할 수도 있을까요? **〈진로발달 과정 안내〉**

내담자: 물론 변할 수도 있겠지요. 하지만 지금은 댄서를 하고 싶어요.

상담자: ○○의 마음을 이해할 수 있어요. 그렇다면 지금 성급하게 댄서라는 직업을 갖기로 결정하는 것이 좋을까요? 아니면 ○○도 만족하고 부모님께서도 지지할 수 있는 직업에 대해 좀 더 알아보고 결정하는 것이 좋을까요? ○○의 이야기를 들어보니 예술 · 체육 분야에 대한 흥미와 재능이 있는 것으로 보이는데요?

내담자: 그러네요. 그런데 그런 직업이 무엇이 있을까요? **〈진로방향 변경 지각〉**

상담자: 노래도 잘 불러야 하고, 춤도 잘 추어야 하며 연기력도 필요한 직업이라면? 뮤지컬 배우일 수도 있고, 뮤지컬이나 어린이집 선생님? 공연 감독도 가능하지 않을까요? 고용24나 커리어넷 직업정보를 참고할 수도 있을 것 같네요.

내담자: 그렇네요, 제가 지금 굳이 댄서라는 직업을 정하지 않고 다른 직업도 알아본 후, 나중에 뮤지컬 감독을 한다고 하거나 아니면 진짜 왜 댄서가 되고 싶은지 정보를 구체적으로 찾아 의견을 제시하면 부모님께서도 지지해 주실 수도 있을 것 같아요.

학생들은 조기에 진로결정을 하면 직업정보 탐색이나 관련 분야로 진학 준비할 시간적 여유가 충분하여 성공할 가능성이 높은 것으로 인식하는 경향이 있다. 선천적 재능이 중요 요소인 직업 분야에서는 타고난 재능을 조기에 발견할수록 성공할 가능성이 높다. 그러나 후천적 노력에 의해서도 직업적 능력을 발견하고 준비해 가는 과정을 돕는 일반적인 중학교의 진로진학상담에서는 다양하게 직업을 탐색하는 것이 서둘러 진로의사를 결정하는 것보다 우선적으로 해결할 과제이다. 설령 타고난 능력이 탁월하여도 다양한 직업에 대한 구체적인 정보와 지식을 탐색하는 것이 필요하다. 긴즈버그의 진로발달이론에 따르면 중학교 과정은 잠정기(11~17세)에 속하여 흥미나 능력, 그리고 가치 등을 고려하여 현실적으로 진로를 선택하는 과정이다. 앞의 예시에서 내담자는 초등학교 6학년 때부터 댄스에 흥미가 있고 적성이 있음을 알고 있다. 또한 상담 과정을 통하여 자신의 춤에 대한 재능을 재평가하고 서둘러 진로결정을 하지 않아도 됨을 인식하게 되었다. 이를 통해 부모님과의 진로갈등 상황에서도 한 발자국 벗어나 자신의 진로에 대해 더 구체적이고 객관적이며, 진지하게 생각해 볼 수 있게 되었다. 또한, 진로선택은 한 가지 요소로 한 시점에 결정하는 것이 아니라 지속적인 의사결정 과정이라는 것을 알 수 있다.

3) 실천 행동이 결여된 경우

피아니스트를 하고 싶은 중학교 2학년이에요. 초등학교 1~6학년 때까지 열심히 피아노를 연습하다가 연습이 너무 힘들어서 중학교로 진학하기 전 피아노를 취미로만 치기로 부모님과 상의하여 결정했는데, 또 1년 쉬고 나니까 다른 걸 하고 싶은 것 같지 않고 다시 피아노를 치고 싶은 것 같기도 해요. 중 1 겨울방학 때 집에 있는 피아노를 하루에 2시간 정도씩 쳤었는데 다시 재밌었거든요. 지금부터 피아노 전공을 하려고 해도 괜찮겠죠? 예술고등학교도 지원하고 싶어요.

- **적용 이론**: 사회인지진로이론적 접근
- **주 호소문제**: 진로선택에 따른 행동 결여
- **전략**: 성공경험 탐색, 모델 탐색, 실제 실행 연습 제안, 실행 연습

내담자: 선생님, 제가 겨울방학 때 집에 있는 피아노를 하루에 1~2시간씩 쳤는데 피아노가 다시 재미있더라고요. 그리고 ☆반 ○○이도 피아노 전공한다고 열심히 연습하는 것을 보니까 저도 다시 피아노 레슨도 받고 싶고 피아노 전공으로 예술고등학교도 진학하고 싶어졌어요. 〈주변인을 통한 간접체험〉 그래서 꿈도 피아니스트고요.

상담자: 그렇군요. 그럼 ○○이는 어떤 피아니스트가 되고 싶어요?

내담자: 다른 사람한테 피아노 소리로 행복함을 주는 피아니스트가 되고 싶어요.

상담자: 멋진 목표네요. 어떻게 피아니스트가 되고 싶다는 생각을 하게 되었어요? 〈진로결정에 영향을 미치는 요인 확인 요청〉

내담자: 저희 어머니께서도 대학 때 피아노 전공을 하셔서 잘 치시고, 지금은 학원에서 피아노랑 바이올린을 가르치시거든요. 그래서 저도 피아노를 잘 치는 것 같고, 또 초등학교 5학년 때 대회를 나갔는데 처음 나간 대회에서 바로 상을 받았어요. 많은 사람 앞에서 박수받았던 장면이 아직도 생생하게 기억나요. 〈주변인을 통한 간접체험, 성공경험〉

상담자: 우와~ 처음 나간 대회에서 상을 받았다니 정말 대단하네요. 피아니스트가 되려면 피아노 연습을 엄청 많이 해야 한다고 들었는데 ○○이도 혹시 아나요? 〈진로 과업의 수행 질문〉

내담자: 맞아요, 연습 엄청 많이 해야 돼요. 제가 그래서 초등학교 때 피아노 전공하다가 반복 연습을 너무 많이 해야 하니까 지루하기도 하고 힘들기도 하고 그래서 그만두기로 한 거거든요. 그래서 다시 피아노 전공한다고 해도 되나…… 또 중간에 포기할 수도 있는데 이런 생각도 들어요.

상담자: 초등학교 때 대회에 나가서 상을 받기 전에는 연습을 어느 정도 했어요? 〈성공경험 확인〉

내담자: 하루에 5~6시간은 했을걸요? 학교 다녀와서 남는 시간은 그냥 매일 피아노 연습을 했어요.

상담자: 오~ ○○이가 열심히 노력하고 연습해서 상을 받은 거네요. 〈**성공경험의 내적 귀인을 통한 자기효능감 향상**〉 혹시 피아니스트가 꿈인 사람들이 평균 몇 시간 정도씩 연습하는지 아나요?

내담자: 음……. 정확히는 잘 모르겠어요.

상담자: 그래요? 그럼 혹시 존경하는? 아니면 좋아하는 피아니스트가 있나요?

내담자: 음……. 아직 한 명을 딱 정하지 않았어요.

상담자: 그럼 ○○이가 아는 피아니스트 중에 아무나 이야기해 볼 수 있을까요?

내담자: 아……. 잘 모르겠어요.

상담자: 그렇군요. 지금부터 조금씩 알아가면 되지요. □□ 피아니스트는 다섯 살부터 밥 먹거나 자는 시간 빼고는 다 연습을 했다고 해요. 하루에 약 10시간씩은 꼭 연습을 했다고 하네요. △△ 피아니스트도 평균 하루에 6시간 정도는 항상 연습하고, 앨범을 준비할 때는 하루에 12시간씩은 연습했다고 해요. 아! 그리고 ■■ 예술중학교 피아노 전공에 합격한 초등학교 6학년 학생은 매일 8시간씩 연습을 했다고 하더라고요. 혹시 본인도 연습을 그 정도 할 수 있을 것 같나요? 〈**역할모델 및 주변인을 통한 간접체험**〉

내담자: 음……. 근데 제가 벌써 중2니까 엄청 바쁘거든요. 매일 영어 수학 학원도 가야 하고 친구랑 독서실도 가야 하고, 수행평가도 해야 되고 그래서 사실 피아노 연습할 시간이 별로 없을 것 같아요.

상담자: 아~ 피아니스트는 되고 싶지만 연습할 시간이 많이 없다는 말이군요?

내담자: 네, 그래도 초등학교 때는 하루에 약 2~5시간 정도 연습했어요.

상담자: 초등학교 때에는 연습할 시간이 있었네요. 지금도 피아니스트가 되고 싶은 것이지요? 어떻게 하면 좋을까요?

내담자: 연습을 해야 할 것 같긴 해요. 근데 학교랑 학원 갔다 와서 피아노 연습하려면 시간이 늦어서 다른 집에 방해되니까 집에서는 연습 못할 거 같

아요.

상담자: 그럼 언제 연습할 수 있을까요?

내담자: 음……. 제가 주말에는 친구랑 오전 10시에 만나 도서관 가서 자습하기로 약속했거든요. 그래서 주말에도 연습 시간이 많을 것 같진 않아요. 그리고 가족들이랑 주말 여행을 자주 가고요.

상담자: 그렇군요, 할 일이 매우 많네요. 현재 그런 활동을 하는 것이 피아니스트가 되는 데 많은 도움이 될까요?

내담자: 생각해 보니 그렇지 않은 것 같아요. 피아니스트가 되고 싶은데, 그와 관련된 행동은 하지 않고 있었네요.

상담자: 그럼 피아니스트가 되기 위해서 지금부터는 어떻게 하고 싶어요?

내담자: 실제로 제가 연습할 수 있는 현실적 상황을 만들어야겠어요. 평일에는 최대한 시간을 만들어 1~2시간 정도 연습해 보고, 주말에는 5시간 정도 연습해야겠어요.

상담자: 가능하겠어요?

내담자: 해 보려고요. 일단 제가 평일에는 1시간, 주말에는 5시간 정도 연습할 수 있는지 한번 시도해 봐야겠어요. 〈진로목표 설정〉

상담자: 다시 시작하는 거라, 혼자 피아노 연습하기가 쉽지 않을 수도 있으니까 피아노 연주에 대해 잘 아시는 어머니나 피아노 전공 친구에게 도움을 요청해 보는 것도 좋을 것 같아요. 예를 들어, 정해진 시간에는 꼭 어머니 피아노 학원에 들러 연습한다든지 아니면 피아노 전공 친구랑 하루에 어느 정도 연습했는지 공유한다든지요. 〈사회적 지지 자원 파악 요청〉

내담자: 아~ 그런 방법도 있었네요. 엄마 퇴근하기 1시간 전에 피아노 학원에 가서 연습해 보는 것도 괜찮을 것 같아요.

상담자: 그리고 ○○이가 초등학교 때 대회에 나가서 상을 받은 적이 있잖아요. 그때 5~6시간은 연습했다고 했고요. 초등학교 때 연습해 봤던 경험이 있으니까 ○○이가 다시 계획을 짜서 연습을 잘해 볼 수 있을 것 같아요. 〈사회적 지지, 자기효능감〉 4주 정도 현실적으로 ○○이가 얼마만

큼 피아노 연습을 할 수 있을지 실행 및 분석해 보고 다시 얘기를 나누어 볼까요?

내담자: 네, 좋아요. 선생님.

진로결정에 중요한 영향을 미치는 능력이나 흥미의 발달은 성장 과정에서 경험하는 다양한 학습경험에 의해 영향받는다(임은미 외, 2017). 특히, ○○학생의 어머니도 피아노 전공을 하고 피아노를 가르치고 있다. 이러한 경험이 ○○의 진로선택과 발달에 영향 미쳤을 확률이 높다. 사회적 지지는 교사, 부모, 친구, 상담자 등이 학생의 진로탐색 및 의사결정을 정서적으로 지지하면서, 필요 정보를 제공하거나, 원하는 진로에서 역할모델을 만날 수 있도록 도움을 주는 등의 다양한 지원을 하는 것이다. 따라서 학생이 실천 행동을 하기 어려워할 때는 진로진학상담교사가 상담을 통해 학생 주변에 심리적 · 정보적 · 물리적 도움을 줄 수 있는 사람이 누구인지, 어떻게 도움을 요청할 것인지 등을 구체적으로 확인할 수 있도록 안내하며, 쉽게 행동으로 옮길 수 있도록 도움을 줄 수 있다. 본 사례에서는 학생이 어머니 학원에 정해진 시간에 들러 함께 연습할 수 있게 도움을 요청한다든지, 피아노 전공을 선택한 친구와 함께 연습 시간을 서로 체크해 준다든지 등의 다양한 방법을 사용할 수 있도록 상담자가 함께 아이디어를 제시하고 있다. 과거와 관련해 여러 수행 경험이 있는 경우, 실패경험보다는 성공경험에 대해 확인하고 부각하는 방식을 사용하면 좋다. 또한 성공경험의 귀인을 운 등의 외적 요인으로 두지 말고 자기 노력과 능력 등의 내적 요인으로 둘 때 자기효능감이 높아질 수 있다. ○○은 초등학교 때 피아노 전공을 하다가 힘들어서 포기했던 경험이 있어 자기효능감이 낮아졌으나, 열심히 연습하여 나간 첫 피아노 대회에서 성공한 경험이 있으므로 자기 노력과 능력으로 성공할 수 있음을 알도록 진로진학상담교사가 인지적 재구조화를 도와 자기효능감 향상에 도움을 줄 수 있다. 학생은 피아니스트라는 진로목표가 있지만 목표 달성을 위한 구체적인 행동인 연습은 하고 있지 않다. 즉, 피아니스트가 되고 싶지만 연습할 시간이 없다고 얘기하며 실천 행동이 결여된 상태이다. 이때 진로진학상담교사는 학생이 하고 싶은 일을 하기 위해 노력하고 있는지 탐색 질문을 해 보며, 설득을 통해 학생 스스로 성공 가능성이 높은 일련의 학습경험을 계획하여 순차적으로 수행 및 실천할 수 있도록 도울 수 있다.

4) 진로 변경이 있는 경우

안녕하세요. 중학교 3학년입니다. 어렸을 때부터 캐릭터 그리는 것을 좋아하기도 했고 자주 그리기도 해서 꿈이 일러스트레이터가 되는 것이었어요. 그런데 최근 AI가 그림을 학습하고 짧은 순간에 많은 그림을 만들어 낼 수 있다고 해요. 그래서 장래 희망을 바꾸어야 할지 생각 중이거든요. 어떻게 하면 좋을까요?

- 적용 이론: 제한-타협이론적 접근
- 주 호소문제: 자아 갈등으로 인한 진로변경
- 전략: 자기 명료화 및 진로대안 탐색, 자기인식 강화

내담자: 선생님, 저의 꿈이 일러스트레이터였는데 진로희망을 바꾸어야겠어요.

상담자: 아, 그래요? 꿈이 정해졌다고 알고 있었는데, 진로희망을 바꾼다니 그 이유가 궁금하네요.

내담자: 앞으로 AI가 일러스트레이터의 일을 대신할 것 같아서요.

상담자: 그래요, 미래에는 AI가 있어서 편리한 점도 많지만 그로 인해 수많은 직업이 사라질 것이란 뉴스를 선생님도 보았어요.

내담자: 그래서 다른 직업을 찾아야 할지 아니면 AI보다 매력적인 일러스트레이터가 되는 방법을 찾아야 할지 고민이 돼요.

상담자: 그렇군요. 좋은 고민이에요. AI에 대해 이야기하기 전에 먼저 ○○의 진로적성에 대해 이야기해 볼까요? ○○는 그리는 것에 흥미도 있고 재능도 있다는 것을 알고 있나요? 〈자기이해 명료화〉

내담자: 네, 어려서부터 그런 말은 자주 들었어요. 그리고 글의 콘셉트에 맞는

그림을 그리는 것이 즐겁기도 해요.

상담자: ○○는 그림 그리기에 재능이 있고, 미술의 여러 분야 직업 중에서 일러스트레이터가 되기를 선택하였군요. 〈명료화〉

내담자: 네, 맞아요. 저희 아빠가 그 일을 하고 계시기에 어려서부터 익숙했던 것 같아요.

상담자: 아, 그래서 미술과 관련된 다른 직업은 생각하지 않고 있었군요. 음…… 그런데 미술과 관련된 직업이 무엇이 있는지 알고 있나요? 〈진로대안 탐색〉

내담자: 진로를 바꾸려고 최근에 찾아본 직업이 몇 개 있긴 한데, 화가, 제품디자이너, 웹툰 작가, 게임 원화가, 미술 평론가, 미술품경매사, 미술심리상담가, 문화재보존원? 등이요. 〈대안 확장〉

상담자: 그래요, 역시 많이 알아보았군요. 좋아요. 그런 직업들을 갖게 되면 일러스트레이터가 아니어도 만족할 수 있을 것 같나요?

내담자: 네, 오히려 저의 재능을 살릴 수 있으면서 새로운 분야라 해 보고 싶기도 해요.

상담자: 좀 더 축소해서 선택한다면 어떤 직업을 선택할까요?

내담자: 웹툰 작가?

상담자: 그래요? 관련 활동을 해 본 적이 있나요?

내담자: 사실, 일러스트 작업을 할 때, 가끔 쉬는 틈을 이용하여 웹툰을 그려 보곤 했었거든요. 표현하고자 하는 특성을 드러내는 점도 비슷하고요.

상담자: 그랬군요. 웹툰 작가가 된다고 가정하면 무엇을 더 해야 할 까요? 〈행동계획 탐색〉

내담자: 음……. 아마도 사물이나 사건에 대한 세심한 관찰이 필요할 것 같아요. 아무래도 스토리가 있어야 하니까요.

상담자: 동의해요. 스스로 생각해 본 것인가요? 부모님은 뭐라고 하실까요?

내담자: 네, 제가 스스로 생각해 본 거예요. 부모님께서는 제가 원하는 것을 하라고 늘 하셨으니까, 제 뜻을 지지하실 것 같아요.

상담자: 참 잘됐군요. 그렇다면…… 관찰력을 키워야겠다고 했는데, 어떤 방법이 있을까요? 〈행동계획 탐색〉

내담자: 친구들이 말하는 것 잘 들어보기? 잘 모르겠어요. 선생님, 어떤 방법이 있을까요?

상담자: 웹툰 작품을 많이 접해 보거나 웹툰 대회에 출품하거나 또, 관심 있는 분야의 작가를 만나 보거나, 그 작가에 대해 검색해 보는 경험도 좋을 것 같네요.

내담자: 네, 그게 좋을 것 같아요. 동아리 활동을 해 보는 것도 좋겠죠?

상담자: 그럼요, 좋지요. 관심을 가지니 좋은 아이디어가 떠오르나 보네요. 동아리뿐만 아니라 학교에서 진행하는 진로체험 및 대학이나 고등학교 학과 체험에 참여해 보는 것도 좋을 거예요. 〈행동계획 탐색〉

내담자: 제가 아는 친구 중에 웹툰을 인터넷 사이트에 올리는 친구가 있는데 그 아이와 얘기해 보는 것도 좋겠죠?

상담자: 그럼요, 아주 좋은 생각이에요. 이제 AI에 대해 말해 보자면, AI가 등장했다고 해도 빠른 시일 내에 일러스트레이터란 직업이 사라지기는 쉽지 않아요. AI에게 그림과 관련한 세밀한 명령을 내리는 사람이 꼭 필요하거든요. 또 명령을 통해 얻은 AI가 그린 그림을 평가하는 사람이 필요하고요. 그 일을 하는 사람이 일러스트레이터가 될 수도 있어요. ○○가 직업을 갖는 시기에는 어떤 또 다른 수단이 등장할 수도 있고요. 그래서 미술과 관련된 직업 변화에 늘 관심을 갖는 노력도 필요해요. 그리고 웹툰 작가 외에 또 다른 미술 관련 직업에 관해서도 탐색해 보았으면 좋겠어요. 〈대안 확장〉

진로설정은 한순간에 결정되는 것이 아니라 성장하면서 자신에 대한 이해가 깊어지고 직업환경을 구체적으로 파악하는 단계를 거쳐 이루어지는 진로발달의 일부이다. 제한-타협이론에서 진로발달과 진로선택이란 서열, 성역할, 사회적 가치, 내적 자아 획득, 성취 가능성 등을 포기하거나 타협하면서 진로대안을 찾아가는 과정이라고 할 수 있다. 제4장에서 언급한 것처럼 진로결정이란 자신과 직업 세계를 이해한 후, 의사 결정하여 진로행동을 하는 것이다. 진로진학상담을 통해, 학생의 진로선택 과정에서 필요 이상으로 축소된 진로대안들은 없는지, 제한–타협 과정에서 제외했던 진로대안에 대해서도 재검토할 수 있도록 지도하는 것이 필요하다.

앞의 사례에서 내담자는 일러스트레이터가 되려고 확정적으로 결정했기 때문에, 지금까지 전혀 생각하지 않았던 분야, 즉 화가, 제품 디자이너, 웹툰 작가, 게임 원화가, 미술 평론가, 미술품 경매사, 미술 심리상담가, 문화재 보존원 등에 대해 재검토하고 있다. 또한, 그중 웹툰 작가를 진로대안으로 설정하는 과정을 보여주고 있다. 내담자는 AI가 등장한 직업적 환경에서 웹툰 작가라는 비슷한 진로로 변경하게 됨으로써 자기주도적 진로탐색 역량을 키워 가고 있다.

참고문헌

김덕경 외(2021). **중 · 고등학교 진로미결정 학생을 위한 진로지원 프로그램 교사용 매뉴얼**. 교육부, 한국청소년정책연구원.

임명진(2019). 현실치료상담(Reality Therapy)을 적용한 집단프로그램이 보육교사의 자아존중감과 교사–영유아의 상호작용에 미치는 영향. 중앙대학교 대학원 석사학위논문.

임은미, 강혜영, 고홍월, 공윤정, 구자경, 김봉환, 손은령, 손진희, 이제경, 정진선, 황매향(2017). **진로진학상담 기법의 이론과 실제**. 서울: 사회평론아카데미.

Niles, S. G., & Harris-Bowlsbey, J. (2005). *Career development interventions in the 21st century* (2nd ed.). Upper Saddle River, NJ: Pearson Education.

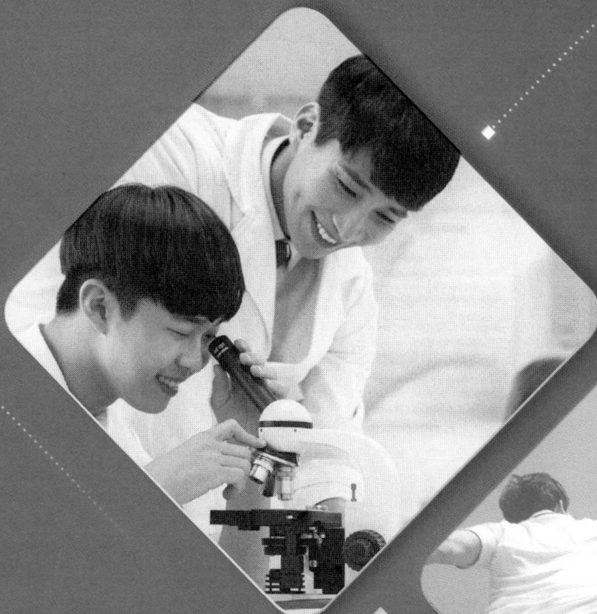

제 11 장

고등학생 대상 학교 진로진학상담의 실제

1. 진로진학 방향을 결정한 경우
2. 진로진학 방향을 미결정한 경우
3. 진로진학에 무관심한 경우
4. 진로갈등이 있는 경우
5. 진로장벽이 있는 경우

고등학교 현장에서 실제로 이루어지는 진로진학상담은 저학년의 경우에는 진로와 관련된 내용이, 고학년에 이르면 진학과 관련된 내용이 큰 비중을 차지한다. 미국의 경우 초등학교에서는 진로에 대한 인식을 높여 주는 현장학습을, 중학교에서는 고등학교에서 경험하게 될 진학 및 진로계획활동을 준비하는 탐색활동을 하고, 고등학교에서는 진학을 포함한 진로계획과 관련된 자기인식을 높이는 활동을 한다(Amundson et al., 2009). 이러한 점은 우리나라의 경우도 비슷하다고 볼 수 있다.

우리나라의 대부분 고등학교에서 진학과 관련된 진로진학상담이 이루어지는 것은 공통적이다. 간혹 진로갈등과 관련하여 가족과의 관계나 진로활동과 관련된 대인관계가 상담의 내용의 내용이 되기도 한다. 그러나 대부분의 경우, 진로 설정의 어려움, 결정한 진로에 대한 확신 부족, 진로 및 진학정보에 관한 심층적이고 현실적인 측면 확인, 진로갈등, 진학에 필요한 활동 점검, 학과 선택이나 대학 선택과 관련된 진학정보의 해석 등이 주류를 이룬다.

진로진학상담의 내용이나 결과를 담임교사나 학부모와 공유하는 경우가 많다는 점은 일반상담과는 다른 측면이다. 학생들이 진로진학상담을 통하여 해결하고자 하는 내용이 개인의 사적인 영역을 침해하여 개인의 삶에 부정적 영향을 주는 경우는 흔치 않기 때문이다. 그만큼 보편적인 내용이며 경우에 따라서는 상담 내용을 공유하는 것이 문제해결에 도움을 줄 수도 있는 것이다.

고등학교의 진로진학상담은 행복하고 만족한 일생을 위해 장기적인 설계를 돕는다는 점에서 매우 중요하기 때문에 더욱 신중하고 철저한 상담의 과정이 필요하다. 이런 측면에서 학교 현장에서는 좀 더 체계적인 상담을 위해서 진로상담이론적 접근을 적극적으로 활용하여 학생의 진로문제 해결을 돕는 데 초점을 두어야 한다. 다음 예시는 학생의 고민을 적절한 진로진학상담이론적 접근 방법을 적용하여 구성한 것이다. 여기에 적용한 이론은 절대적인 것은 아니며 다른 이론적 접근도 충분히 가능하다.

1. 진로진학 방향을 결정한 경우(일반고)
–사회인지진로이론적 접근–

저는 고등학교 1학년 학생인데 의예과에 가는 것이 목표예요. 요즘 성적이 좋은 애들은 모두 의대 가려고 하잖아요. 부모님도 의대에 가면 좋겠다고 하셔요. 또 의사가 되면 돈도 많이 벌 수 있고 명예도 높잖아요. 저는 돈을 많이 버는 것도 제 목표거든요. 대학에서 의대생 수를 늘린다고 발표도 했잖아요. 의대생을 많이 뽑으면 제가 의사가 될 가능성이 크잖아요……. 근데 지금부터 무엇을 어떻게 해야 할지 고민이 커요.

- **주 호소문제:** 진로선택에 따른 불안
- **전략:** 자기효능감 강화, 경험 탐색 촉진

상담자: ○○는 의예과에 진학하기로 결정했네요. 부모님도 매우 좋아하시겠어요. 〈생리적 반응 촉진〉

내담자: 네, 무척 좋아하세요. 그런데 무엇부터 해야 할지 모르겠어요. 성적이 좋은 편이긴 하지만 정말 의대에 갈 수 있을지도 확신도 없고요.

상담자: 그렇지요. 의대에 가려면 성적이 좋아야 하는 것은 맞아요. 그런데 ○○는 입학 성적도 매우 좋았잖아요?

내담자: 네, 그런데 막상 의대에 가려고 결정하니 자신감이 없어요.

상담자: ○○가 최고의 성적을 낼 때는 언제였어요? 〈성공경험 탐색〉

내담자: 중학교 3학년 기말고사 때였죠. 거의 모든 과목에서 만점을 받았었죠.

상담자: 그래요? 대단했네요. 그때에는 어떻게 공부 했어요?

내담자: 철저한 복습과 그 과정에서 이해못한 점을 스스로 찾아 해결했던 것 같아요.

상담자: 그래서 좋은 성적을 얻었단 말이지요? 그런 방법을 스스로 찾아낸 방

법인가요? 〈**모델 탐색**〉

내담자: 아뇨, 의대에 진학한 제 옆집 형이 도서관에서 공부하는 것을 보았어요. 그 형은 복습하면서 이해하지 못하는 것은 별도로 기록하고, 해결책과 방법을 철저하게 적어 두는 것을 보았어요. 저도 그렇게 해 보았는데 성적이 올랐거든요.

상담자: 옆집 형이 ○○의 모델이었네요?

내담자: 그런 셈이죠. 지금도 그렇게 하고는 있어요.

상담자: 그렇게 하면 좋은 결과가 있을 거라고 믿는 것이군요?

내담자: 그렇죠. 그런데 불안해요. 의대에 진학하려고 결정하니까요. 〈**결과 기대**〉

상담자: 의대에 진학한 다른 사람들의 학습경험을 알아보는 것은 어떨까요? 마치 옆집의 형이 공부하는 것을 본 것과는 또 다른 좋은 방법을 찾을 수도 있을 것 같은데?

내담자: 그렇네요. 근데 아는 사람이 없어요. 주변에 의대생이…….

상담자: 합격 후기를 공개하는 경우도 있어서 인터넷을 찾아보면 후기를 공유하는 곳도 있을 텐데요?

내담자: 아, 그런 방법이 있었네요. 그러면 좀 더 효율적인 방법을 발견할 수도 있을 것 같아요. 〈자기효능감 기대〉

상담자: 음, 맞아요. 그래서 옆집 형이 사용한 방법과, 합격 후기를 통해 알아낸 방법을 ○○에 맞게 적용하면 어떤 결과가 있을까요?

내담자: 성적에 대한 불안감은 줄어들 것 같아요. 〈결과기대〉

상담자: 성적에 대한 확신이 들면 무엇을 기대하는데요?

내담자: 제가 공부하는 내용과 방법에 믿음이 생기니까 더 자신감을 가지고 공부에 집중할 수 있어서 더 나은 성적을 얻을 것같아요. 〈자기효능감 기대〉

상담자: 그러면 성적에 대한 측면에 대하여 걱정은 줄어들 수 있는데, 의예과에 가기 위해 준비할 다른 것은 없을까요?

내담자: 있죠. 전형에 관해서도 걱정이 있어요. 수시전형으로 갈까 아니면 정시전형을 갈까, 아직 결정을 못했어요.

상담자: 음, 그것도 불안한 요인이 되겠네요. 평소에 결정을 할 때 어떻게 하나요?

내담자: 저는 비교표를 만들어 비교해 보면 결정하기 쉬워요. 지금까지 경험으로 보면 나쁘지 않았어요.

상담자: 그것이 ○○에게 효과적인 방식이었군요. 그럼 지금 그런 방법을 적용하여 비교해 볼까요? 〈실제 실행 연습 제안〉

내담자: 네, 수시전형과 정시전형을 구분한 후에 저의 강점과 단점을 구분하여 적어 넣으면 되거든요. 〈실행연습〉

상담자: 잘했어요. 그리고 지금 생각나지 않는 것은 상담 후에 추가로 적어 넣으면 비교하기 쉽겠죠?

내담자: 그게 좋겠어요. 그럼 전형 유형도 그렇게 결정하면 될까요?

상담자: 물론이죠. 그 방식이 ○○에게 좋은 결과를 가져왔었으니까. 실제로 해 보니까 어때요? 〈자기효능감 확인〉

내담자: 자신감이 생긴 것 같아요. 그리고 입시 유형을 선택하여 수업에 집중해야 할 것 같아요. 제가 해 왔던 방식에 대한 믿음이 생겼어요. 〈자기효능감 지각〉

사회인지진로이론적 접근에서는 흥미를 평가하고, 자기효능감을 높임으로써 긍정적인 결과를 기대하게 한다. 이 예시에서는 학습에 대한 성공경험을 기억하여 자기효능감을 높임으로써 성적 향상에 대한 긍정적인 결과를 기대하는 데 초점을 두고 있다. 자기효능감과 결과기대는 현실에 대한 개인의 자각에 기인한다. 현실에 대한 자각이 객관적인 현실보다 행동을 결정을 확고하게 해 준다(Swanson & Fouad, 2005).

이 예시에서처럼 상담과정에서 진로진학상담교사와 내담자가 실제로 관련된 활동을 실행해 보는 것은 상담의 효과를 높이는 데 기여하며, 렌트(Lent)는 수행성취도, 언어적 설득, 대리학습, 생리적 반응이 자기효능감을 변화시킬 수 있다고 제안하였다(임은미 외, 2017). 실제로 의예과에 진학하려는 학생들은 성적이 우수

하지만 경쟁이 치열한 만큼 불안함도 크고, 그만큼 자신감도 위축될 수 있다. 상담자는 학생이 자신의 수행성취도, 즉 과거에 수행해 온 긍정적이고 성공적인 성적향상 경험을 통하여, 모델을 통한 대리학습 경험, 그리고 부모님의 칭찬에 대한 생리적 반응과 같은 요인을 자각하게 함으로써 내담자의 자기효능감을 높이는 데 초점을 두고 있다.

2. 진로진학 방향을 미결정한 경우(일반고)

– 진로의사결정이론적 접근 –

저는 고등학교 1학년 남학생입니다. 원래 중고등학교 교사가 되고 싶었지만, 아직도 확실하게 결정하지 못하고, 정말 교사가 되는 것이 저의 꿈인가 망설여지네요. 요즘 교사가 힘들잖아요. 그래서 상담가도 생각해 보았습니다. 평소에 친구의 고민을 들어주는 것을 좋아했고 잘 알지는 못하지만 심리학이나 철학에 관심이 있습니다.

- **주호소문제:** 진로 미결정
- **전략:** 인지적 정보처리 기법(CASVE)

내담자: 제가 교사를 해야 할지 상담사를 해야 할지 결정할 수가 없어요. 잘 알진 못하지만 철학에도 관심이 있어요.

상담자: 그렇군요. ○○가 교사가 되고 싶었던 동기가 무엇이었나요? 〈문제의 명확화 시도〉

내담자: 내가 아는 것을 친구에게 알려 주는 것이 재미있었고, 흡족해하는 친구들을 보면 내가 인정받는 것 같은 느낌이 좋았어요. 〈자기 정보 확인〉 그리고 안정적인 직업이잖아요. 〈외부 환경〉

상담자: 그런데 어떤 점에서 결정하기가 어려웠어요?

내담자: 최근에 뉴스나 인터넷을 보면 학생들이 교사를 무시하거나, 심지어는 폭행하는 경우를 보니까 교사가 된다는 것이 두려워요. 〈바라는 것과 현실의 간극 확인〉

상담자: 그래서 실망을 했군요.

내담자: 네, 그리고 교사가 되어 교단에 선다고 해도 학생 수도 줄어들고, 그러면 안정적이지도 않을 수 있잖아요.

상담자: 환경적인 면에서도 교사로서의 입지가 흔들린다는 것이네요?

내담자: 네, 그러다 보니 최근에 상담사란 직업에 관심을 갖게 되었어요. 〈외부 환경〉

상담자: 그랬군요. ○○가 흥미 있는 것은 사람과 관련된 일이네요. ○○는 어떤 일을 할 때 더 가치 있다고 느끼나요? 〈자기 정보 인식 질문-의사소통 단계〉

내담자: 제가 다른 사람들에게 의미있는 일을 한다고 느낄 때죠. 그리고 교사는 제자가 있으니까 보람도 있죠. 〈자기 정보 확인-의사소통 단계〉

상담자: 그래서 가르치는 일과 상담하는 일을 한다면 ○○가 가치 있는 일을 한다고 여긴다는 것이군요?

내담자: 네.

상담자: 가르치는 일을 한다면 ○○는 학생에게 어떤 입장일까요?

내담자: 학생은 배우는 위치이고 제가 주도적인 역할을 하게 되겠죠. 평가하고 판단하는 것에서 저의 견해가 존중받는다고 보거든요. 〈자기 정보-의사소통 단계〉

상담자: 그렇죠. ○○가 상담자라면 내담자에게는 어떤 입장일까요?

내담자: 아무래도 내담자가 고객이므로 내담자의 입장이 우선해야 할 것 같아요. 〈직업 환경 탐색-분석 단계〉

상담자: 그렇지요. 교사나 상담사나 사람들과의 관계가 상당히 중요하지요. 직장의 개념에서 보면 교사와 상담사는 매우 다른 조직 속에서 일하게 되지요?

내담자: 교사는 다른 선생님들이나 학생들과의 빈번한 교류가 있지만 상담사는 그런 면이 부족하네요? 〈**직업 환경 탐색–분석 단계**〉

상담자: 잘 짚었어요. 교사든 상담사든 일을 한 후에 여가가 필요하죠. 그 점에 대해서는 어떻게 생각해요?

내담자: 여가가 매우 중요하죠. 저도 일만 하는 것보다는 여가가 매우 중요하다고 여겨요. 직업을 선택할 때 반드시 고려해야 한다고 생각하고 있어요. 〈**통합 단계**〉

상담자: 최근의 추세를 보면 여가가 굉장히 중요한 직업 선택의 요소인 것은 맞는 것 같아요. 보수에 대해서는 어떻게 생각하나요?

내담자: 여가를 즐기려고 해도 돈이 필요하죠. 교사는 일정한 보수가 있지만 상담사는 조금 다른 것으로 알고 있어요. 일정한 보수를 받을 수도 있지만, 그렇지 않는 경우도 있는 것 같아요.

상담자: 네, 잘 알고 있군요. 진로목표로 삼는 교사와 상담사에 대하여 ○○가 추구하고 있는 가치, 관심 있는 일, 직장 조직, 보수, 전망, 여가의 측면에서 이야기를 나누었어요. ○○가 한 가지 직업을 선택한다면 가장 우선적으로 고려할 사항이 무엇일까요? 〈**통합 단계**〉

내담자: 한 가지를 선택해야 하나요?

상담자: 그렇지는 않지만, 중요하게 여기는 요소가 있다면 순서는 정해 볼 수 있겠지요?

내담자: 결정하기 어렵네요.

상담자: ○○의 선택이 자신의 미래와 가장 아끼는 사람들에게 영향을 줄 수 있는 직업이 무엇일까요? 그 직업이 ○○가 속한 가족과 친한 사람들에게 어떤 영향을 미칠까요?

내담자: 많은 사람들에게 영향을 줄 수 있는 직업은 교사일 것 같아요. 〈**평가 단계**〉

상담자: 직업을 선택할 때에 영향력을 우선적인 기준으로 삼는다는 의미인가요?

내담자: 네, 그런 셈이죠.

상담자: 그럼, 장래 희망직업으로 교사를 선택한다는 말인가요? 〈평가 단계〉

내담자: 네.

상담자: 좋아요. ○○의 선택을 존중해요. 물론 교직을 그만두고 상담사 과정을 밟을 수도 있어요. 하지만 지금의 선택은 교사군요?

내담자: 네.

상담자: 좋아요. 그럼 다음 시간에는 교사가 되기 위해 현재 무엇을 해야 할지 이야기해 보기로 하지요. 〈실행 단계 예고〉

진로의사결정은 진로상담과 진로교육의 최종적인 결과로 나타나기 때문에 진로상담의 핵심적인 개념이다(김봉환 외, 2006). 고등학교 과정에서 진로의사를 결정하면 진학의 방향과 진로설계의 방향을 결정하는 것이기 때문에 효율적인 진로행동으로 이어질 수 있다. 진로의사결정은 여러 가지 진로대안 중에서 실현 가능성이 있는 대안을 선택하는 과정으로써 수집한 정보의 해석에 따라서 이루어진다. 또한 진로의사를 결정하는 과정에 개인의 진로발달과 심리적인 요인이 영향을 미친다.

임은미 등(2017)에 의하면, 진로의사결정에 대하여 겔라트(Gelatt)는 직업 선택과 진로발달의 순환과정으로, 캐츠(Katz)는 개인이 목적을 이루기 위한 특징에 의해서 이루어진다고 보았다. 또한 티드맨과 오하라(Tiedeman & O'Hara)는 분화와 통합의 과정으로, 하렌(Harren)은 의사결정이 필요한 과제를 인식하고 그에 반응하는 개인의 특징적 유형에 따라 진로를 결정한다고 보았다. 그리고 페터슨(Peterson, 1991) 등은 인지적 정보처리 접근방식을 개발하였다고 정리하였다.

이 예시는 진로의사결정이론의 인지적 정보처리 접근방법을 적용하였다. 즉, 개인이 진로에 대해 어떻게 생각하고, 진로정보를 어떻게 처리하는지와 사고과정이 진로의사결정에 어떻게 영향을 미치는지에 초점을 맞추고 있다(이재창 외, 2017). 인지적 정보처리이론에서는 의사결정을 할 때 의사소통, 분석, 통합, 평가, 실행의 과정이라는 CASVE(communication-analysis-synthesis-valuing-execution) 주기를 적용한다. 의사소통 단계(C)에서 내담자의 내적인 요구와 외적인 환경과의 갈등을 짚고 있다. 자기 정보, 즉 내담자는 자신이 진로를 선택함에 있어 가치를 중요시하고 있다는 자신을 발견한다. 즉, 자기 정보를 확인하고, 외적인 환경으로서 교사와 상담사라는 직업의 차이를 명확하게 인식한다. 분석 단계(A)에서는 직업에서 현재의 미결정 상태와 바라는 상태 간의 차이가 무엇인지 발견한다. 즉, 내담자가 인지하지 못한 문제들을 상담자와 대화를 통해 내담자가 추구하는 가치와 직업의 여건, 보수, 여가 등에 관해 꼼꼼히 탐색한다. 그리하여 간극을 제거할 수 있는 정보와 학습, 인지적 전략을 얻는 것이다. 통합 단계(S)에서 두 직업적 정보를 통합한다. 즉, 개인적인 특성과 가치와 교사와 상담사라는 직업환경과의 조건을 결합하여 최종적으로 한 직업을 선택한다. 이어서 선택한 직업에 대한 영향력을 인식하게 하여 평가의 과정(V)을 거친다. 물론 진로변경의 가능성도 언급하고 최종적으로는 실행 단계로 이어진다. 앞의 예시에서 마지막 과정인 실행 단계(E)를 다음 회기로 미루고 있다.

진로결정은 변동될 수 있다. 발달 단계에 따른 심리적 변화나 직업환경의 변화 혹은 가족 맥락의 변동에 따라 달라질 수 있는 것이다. 이러한 점에서 볼 때 진로의사결정은 '자신의 전공과 직업의 선택과 관련된 확신의 정도'(김봉환 외, 2016)라는 견해를 주목할 필요가 있다.

3. 진로진학에 무관심한 경우(일반고)

– 현실치료상담이론적 접근 –

저는 일반계 고등학교 1학년 남학생입니다. 학교도 재미없고 시간 만 낭비하는 거 같아요. 차라리 자퇴하고 제가 잘하는 일 찾아서 돈도 벌면서 경력 쌓는 게 더 나을 거 같아요……. 중학교 때 공부를 열심히 하지 않아서 이제 와서 공부하자니 더 힘들어요. 공부를 어떻게 하는지 모르겠어요. 하고 싶지도 않고 자신이 없어요. 제가 뭘 해야 할지 모르겠어요. 일상에 재미있는 게 하나도 없어서 너무 답답하고 힘이 들어요.

- **주호소문제:** 진로 무관심에 대한 불안
- **전략:** 소망 및 행동 탐색, 평가, 계획 세우기

상담자: ○○가 입학한 지 한 학기가 거의 다 되어 가는데 무슨 고민이 있는 것 같아서 불렀어요. 〈관계 맺기(relationship)〉

내담자: 고민은 없어요……. 학교 다니는 것이 재미도 없고, 차라리 학교를 그만두고 싶기도 해요.

상담자: 그래서 친구들과 어울리지도 않고 조용히 지냈군요.

내담자: 아무것도 하고 싶지 않거든요. 누구와 말하기도 싫고요.

상담자: 말하기도 싫을 정도로 ○○가 많이 외로웠군요. 혹시 ○○에게 말을 걸어 주는 친구가 있었나요?

내담자: 반장이 가끔 말을 걸어왔지만 자기가 필요해서 그런 거였어요.

상담자: 그렇게 생각했군요……. ○○는 방과 후에 무엇을 하나요?

내담자: 다른 학교 다니는 친구 만나서 오락실에 가요.

상담자: ○○가 오락실에 가는 것을 좋아하는 모양이군요.

내담자: 좋아한다기보다 친구가 가니까 따라가는 거지요.

상담자: 그 친구가 ○○에게 잘 해 주는 것 같네요. 〈관계(relation) 확인〉

내담자: 네, 그 친구는 부담도 없어요. 저의 말을 잘 들어주고, 나에게 부담스런 말을 하지 않거든요.

상담자: 좋은 친구를 두었네요. 그런데 어떤 말이 부담스러운데요?

내담자: '네가 그렇게 공부 안 하면 나중에 무얼해서 먹고 사니? 너는 하고 싶은 것도 없니?' 이런 말은 정말 듣기 싫거든요.

상담자: 그렇군요. 그 말이 ○○에게는 부담스러웠군요. 그럼 ○○는 어떤 말을 듣고 싶나요? 〈바람(want) 탐색〉

내담자: 어떤 말을 듣고 싶다기보다, 내버려 두었으면 좋겠어요.

상담자: 내버려둔다는 것은 무슨 의미일까요?

내담자: 모든 것은 때가 있는 것 아닌가요? 모든 사람들이 공부를 잘하는 것도

아니고, 장래에 무엇을 해야 하는지 지금 결정하지 않아도 되는 것 아닌가요? 학교에서도 집에서도 친구들도 모두 그런 얘기 하는 게 싫어요. 저도 잘하고 싶다고요, 행복하게 살고 싶지 않은 사람이 누가 있겠어요.

상담자: 네, ○○가 그렇게 깊은 생각하고 있었네요. ○○의 말을 충분히 이해할 수 있어요. 오락실에 함께 가는 친구는 ○○의 말을 잘 들어주는 것 같네요? 부담도 주지 않고…….

내담자: 그런 편이죠. 중학교 때 친구들은 몇 명 있어요. 그 친구들하고는 편하게 이야기해요. 〈**관계**(relation) **확인**〉

상담자: ○○, 만약 지금 ○○에게 ○○가 하고 싶은 것을 할 수 있는 능력을 준다면 무엇을 하고 싶어요? 〈**바람**(want) **탐색**〉

내담자: 그렇다면 세계여행을 떠나고 싶어요.

상담자: 세계여행을 떠나면 ○○에게 어떤 점이 좋아요? 〈**평가**(evaluation)**하기**〉

내담자: 자유롭죠. 가고 싶은데도 가고, 먹고 싶은 것 먹고, 쉴 수도 있고. 누구의 제재도 없잖아요. 〈**바람**(want) **확인**〉

상담자: ○○는 자유롭게 살고 싶어 하는군요. ○○가 생각하는 자유는 무엇인가요? 마음대로 하는 것? 〈**자유 욕구 확인**〉

내담자: 물론 모든 것을 마음대로 할 수 있는 것은 아니죠. 어느 정도의 제약은 있겠지요.

상담자: 음, 그렇다면 제한된 자유라는 의미네요? 그럼 현재의 ○○의 입장에서 제한된 자유를 누리는 상황은 어떤 모습인가요? 〈**진정한 바람**(real want) **탐색**〉

내담자: 기다려 주는 것이죠. 선생님이든, 친구든, 부모님이든……. 독촉하지 말고, 이래라저래라 하지 않는 것이죠. 저도 생각이 있으니까요. 〈**5가지 욕구 중 자유 욕구 피력**〉

상담자: ○○도 생각이 있는데 주변에서 간섭을 하니까 오히려 하고 싶지 않고, 반응을 보이고 싶지 않았단 것이네요?

내담자: 네, 중학교 때엔 그랬거든요.

상담자: ○○는 자신에 대해서 아주 잘 알고 있네요. 그런데 ○○가 스스로 알아서 할 때까지 기다리라는 표현을 어떻게 했나요? 〈행동(doing) 탐색〉

내담자: 아뇨, 아무 말도 안 했어요.

상담자: 말을 안 했더니, 알아서 기다려 주셨나요? 부모님이나 선생님이? 〈평가 (evaluation)하기〉

내담자: 아뇨, 오히려 저에게 뭐라 했죠. 답답하다느니, 생각이 없다느니…… 그래서 저도 더욱 말을 안 하게 된 거죠.

상담자: 그랬군요. 그럼 앞으로 어떻게 하고 싶은데요? 〈계획(plan) 하기〉

내담자: 표현을 해야겠다는 생각은 했어요. 그런데 갑자기 말을 걸기가 어색하니까, 말은 하지 않아도 제가 할 일은 조금씩 해 나가야겠어요. 책도 보고, 친구들의 말에 반응도 하고…….

상담자: 좋은 생각이네요. 무슨 책을 볼 거예요? 친구들의 말에 어떻게 반응할 것인가요?

내담자: 제가 관심이 있던 역사 소설을 틈틈이 읽고 싶고, 친구들이 물어보는 것을 성의 있게 대답하는 것으로 시작하려고요. 〈계획 수행 탐색〉

선택이론을 기본으로 한 현실치료상담이론적 접근에서 인간은 기본적인 욕구의 일부를 충족시키기 위하여 행동한다고 보고 있다(김인자, 2015). 욕구 충족 가능성이 있을 때는 유기체는 왕성한 활동을 하지만 욕구가 좌절되면 실망하여 행동을 주저하게 된다. 이 예시에서 내담자는 학교 성적도 낮아(힘과 성취의 욕구 좌절) 공부도 하기 싫고, 학교도 가기 싫어한다. 학교에서 친구들과 어울리는 것도 없으니 소속의 욕구 또한 좌절된 상태이다.

상담자는 상담환경 만들기의 중요한 요소인 관계 맺기로 시작한다. 현실치료상담에서 진실하고 따뜻하며 신뢰로운 관계를 발전시키는 것은 효과적인 상담의 필수적이라고 여기고 있다(Wubbolding & Brickell, 2015). 이러한 관계 맺기가 이루어진 후에 내담자가 원하는 것이 있다는 것에 착안하여 바람(want)을 구체적으로 탐색하는 것으로 상담을 진행하고 있다. 내담자가 원하는 것(want)은 친구들과 어울리는 것과(소속의 욕구) 스스로 목표를 정할 때까지 기다려 주기를 바라는 자유의 욕구였다. 글라서(Glasser, 1998)는 자유의 욕구를 타인이 자신에게 강요하는 것과 내가 타인에게 강요하는 것과의 균형을 잡는 진화의 의지라고 말하였다. 앞의 예시에서 내담자는 무엇인가를 강요하는 부모나 외부의 요구에 무응답 혹은 회피로서 대응하여 자유를 추구하고 있었다. 이어서 자유롭고 싶은 바람(want)을 충족시키는 데 시도한 행동을 탐색하였으며, 그 행동이 바람(want)을 충족시키는 데 효과적이었는가를 평가하고 있다. 평가의 결과가 긍정적이면 선택했던 행동을 유지하고, 결과가 부정적이라면 더 효과적인 방법을 선택하게 된다.

앞의 예시에서 내담자가 원하는 것은 자유로운 생활이었으며 간섭하지 않고 기다려 주는 것이었다. 자유의 욕구가 충족되지 않아서 학교도 가기 싫고 친구들에게도 반응을 보이지 않는 선택을 하였고 그 결과 무기력한 태도로 나타났다. 상담과정을 통하여 내담자는 새로운 선택, 즉 책 보기, 친구들에게 반응하기를 선택할 수 있다는 것을 배우게 되었다. 진로진학에 무관심한 학생들에게도 윌리엄 글라서(W. Glasser, 1984)가 제시한 기본적인 욕구는 행동으로 이끄는 강력한 힘이 된다. 인간에게는 기본적인 5가지 욕구인 생존, 힘과 성취, 소속과 친밀감, 즐거움, 자유의 욕구 중에서 어느 욕구든 충족시키고 싶은 욕구가 있다고 보기 때문이다(김인자, 2015). 상담자는 내담자의 좌절된 자유의 욕구의 일부를 인정함으로써 우호적인 관계 맺기를 하였다. 그 결과 내담자가 스스로 가장 원하는 자유의 욕구를 충족시킬 수 있는 더 나은 선택을 위한 계획하기로 상담을 진행되고 있음을 볼 수 있다.

4. 진로갈등이 있는 경우(특목고)

– 현실치료상담이론적 접근 –

저는 외국어고등학교 영어과에 재학 중인 2학년 여학생입니다. 입학 당시에는 저는 항공승무원이 되려고 했었어요. 다른 친구들은 외교관, 동시통역사, 국제기구 사무원을 꿈꾸며

인기 있는 학과에 관심을 가지고 있더라고요. 저도 자연스럽게 스페인학과에 관심을 가지게 되었습니다. 그래서 부전공으로 스페인어를 재미있게 공부하고 있어요. 승무원은 생각보다 힘든 직업이라는 말도 들었어요. 그리고 선생님이나 부모님은 특목고에 다니는 장점을 살리지 못한다며 반대하세요. 더구나 보통 일반고 애들은 승무원 학원을 병행하고 있던데, 저는 기숙사에 있어 학원과 병행할 시간도 충분하지 않아요……. 항공 승무원을 포기해야 할까요? 진짜 되고 싶은 건 항공 승무원이어서 꿈을 쉽게 포기하지 못하겠어요. 어쩌죠?

- **주 호소문제**: 진로갈등
- **전략**: 좋은 세계 탐색 및 진로탐색 대안 확대

상담자: 정말로 항공 승무원이 되고 싶은데 부모님이 반대하셔서 걱정이 많군요.

내담자: 맞아요, 선생님. 그래서 요즘은 공부에 집중이 안 돼요.

상담자: 네, 그렇군요. 공부 집중도 못하고, 부모님과 선생님까지 반대하시니 고민이 크시지요?

내담자: 네, 저는 정말 승무원을 포기해야 할까요?

상담자: 음. ○○가 그토록 간절하게 항공 승무원이 되고 싶어 하는 이유를 들을 수 있을까요? 〈바람(want) 탐색〉

내담자: 세계 여러 나라를 다닐 수 있잖아요. 저는 어렸을 때부터 여행 다니는 것을 무지 좋아했거든요.

상담자: 여행 다니면 ○○에게 어떤 점이 좋은가요? 〈바람(want) 평가〉

내담자: 다양한 것도 먹고, 새로운 사람들도 만나 보고, 새로운 것들을 경험할 수 있잖아요. 누구의 간섭도 받지 않고 제 마음대로 할 수 있고요.

상담자: 그렇죠. 아주 자유로운 활동을 좋아하시는군요. 〈좋은 세계 탐색 확인〉

내담자: 맞아요. 항공 승무원은 그런 기회가 있어서 더욱 하고 싶어요.

상담자: 그렇군요. 항공 승무원이 되려고 영어과에 진학했고, 공부도 열심히 하고 있군요. 그런데 다른 활동을 하신 것은 없나요? 〈행동(doing) 탐색〉

내담자: 다른 활동이라뇨? 동아리 활동요?

상담자: 물론 그런 활동도 필요하지요. 또 다른 활동은 없을까요? **〈바람(want) 탐색〉**

내담자: 네? 부모님이 지지해 주시면 좋지요.

상담자: ○○가 항공 승무원이 되는 것을 부모님이 지지해 주시면 좋겠다는 의미인가요? **〈진정한 바람(real want) 탐색〉**

내담자: 네.

상담자: 그럼 부모님의 지지를 얻기 위해 어떤 일을 하셨을까요? **〈행동(doing) 탐색〉**

내담자: 그냥, 한번 엄마한테 말을 했는데, '그러려고 외고에 갔니?' 라며 마땅찮은 반응을 보이셨어요.

상담자: 엄마한테 한 번 말한 것이 지지를 받는 데 도움이 되었나요? **〈행동(doing) 평가〉**

내담자: 도움이 안 됐죠.

상담자: 그렇다면 이제 무엇을 달리 해 보시겠어요. **〈계획(plan) 세우기〉**

내담자: 아빠에게 말해 봐야겠어요. 엄마는 아빠 말을 잘 들으시거든요.

상담자: 그러시군요. 그러면 아빠에게 우선 장래의 꿈을 말씀드린다는 것이네요? **〈단순한 계획〉**

내담자: 네. 아빠는 제 말을 잘 들어주시거든요.

상담자: 무엇이라고 말씀드릴 것인가요? **〈할 수 있는 계획〉**

내담자: 제가 항공 승무원이 되고 싶다고 진지하게 말씀드리는 것이죠. 먼저 전공하고 있는 영어를 잘하는 것이 국제선 진출에 도움이 크다는 점을 말하고 싶어요.

상담자: 미루지 않고 오늘 말씀드릴 수 있나요? **〈즉시 할 수 있는 계획〉**

내담자: 그럼요. 오늘 저녁에 아빠가 퇴근하시면 말씀드릴 거예요.

상담자: 저녁이라면 몇 시 정도 될까요? **〈측정할 수 있는 계획〉**

내담자: 대략 8시에서 9시 사이?

상담자: 아빠에게 그렇게 할 수 있을까요? 〈확약할 수 있는 계획〉

내담자: 그럼요. 저는 아빠가 말씀드리기 더 편해서 말할 거예요.

상담자: 좋아요. 잘할 수 있을 거라고 믿어요. 그런데 항공 승무원 말고 다른 직업을 생각해 본 것이 있을까요? 〈선택지 확장〉

내담자: 외교관?

상담자: 그래요? 외교관이라면 승무원과는 다른 직업인데요? 〈선택지 탐색〉

내담자: 물론 다르지요. 외교관이 되려면 공부도 엄청 잘해야 하잖아요. 그리고 영어 외에도 법에 대한 것도 잘 알아야 하고요. 그래서 많이 생각해 보진 않았지만, 나름대로 가치 있는 직업이란 생각은 들어요. 〈선택지 탐색〉

상담자: 잘 알고 있군요. 그래도 아직 시간이 많으니까, 지금부터 준비해도 가능성은 있지 않을까요?

내담자: 맞아요. 영어는 기본적으로 열심히 하면서 다른 공부를 병행한다면 좋은 선택이 될 수 있겠네요? 유엔기구에서 근무해도 좋을 것 같아요.

상담자: 이제 승무원이 아니어도 갖고 싶은 직업을 잘 생각해 내고 있군요. 〈선택지 확장〉 이제 정리하면 승무원의 꿈에 대해서 아빠와 이야기하는 동시에 유엔기구 종사원이나 외교관에 대해서도 탐색해 보겠다는 것인가요?

내담자: 맞아요. 그렇게 해 보겠어요. 생각해 보니 승무원도 좋지만 더 좋은 직업도 많네요.

상담자: 그렇죠? ○○는 의욕도 많고, 긍정적인 태도가 돋보여요. 그럼 다른 직업의 탐색은 아빠와의 대화 후에 그 결과를 가지고 다시 상담하면 어떨까요?

내담자: 좋아요, 선생님. 감사합니다.

앞의 예시는 현실치료상담이론에서 언급되는 내담자의 좋은 세계(quality world)와 내담자의 선택 폭을 확장시키는 과정을 보여 주고 있다. 글라서(W. Glasser,

1998)는 사람마다 현실을 다르게 받아들이는 이유가 바로 각자에게 독특하고 중요한 좋은 세계가 있기 때문이라고 보았다. 좋은 세계에는 인간의 기본 욕구의 일부가 충족되는 그림들로 채워져 있다. 그 그림은 가장 함께 있고 싶은 사람들이나, 가장 갖고 싶거나 경험하고 싶은 일, 우리의 행동을 주관하는 신념의 체계들인 것이다.

내담자의 좋은 세계의 그림에는 비행기 승무원이 들어 있다. 즉, 내담자가 원하는 것은 승무원이 되는 것이다. 부모님이 자신의 꿈을 지지해 주는 것이 내담자의 좋은 세계 그림이었다. 하지만 부모님이 자신이 승무원이 되는 것을 반대하기 때문에 갈등하고 있다. 내담자는 부모님의 지지를 얻기 위해 다른 선택(아빠에게 허락을 받는 일)을 계획한다. 그리고 진로대안을 찾는 과정에서 부모님이 권했던 외교관이나 국제기구 사무원도 매우 좋은 직업임을 깨닫게 된다. 상담자는 원하는 것에도 여러 가지 수준이 있음을 알게 도와준다. 우볼딩(Wuboldding)은 일시적 바람(weak whim), 추구하는 목표(pursued goal), 희망(wish), 환상적인 꿈(fantasy dream) 등 소망의 수준(levels of wants)은 다양하고 또 변할 수 있다고 하였다(Wuboldding, 2014). 따라서 영속적인 것도 아니고 표준화되어 있지도 않다고 언급하였다. 이 사례에서 내담자의 소망(want)은 항공기 승무원이었지만 외교관이나 국제기구 사무원으로 변경될 가능성을 짐작할 수 있다.

상담 초기에 내담자는 항공기 승무원이 되기 위해서 하는 활동을 탐색은 외국어를 공부한다는 것이었다. 내적 동기가 높아서 열심히 외국어를 공부하는 것은 승무원이 되는 데 효과적인 행동(doing)이었다. 부모의 지지를 받는 것이 바람(want)이었고 첫 번째로 선택한 행동(doing)이 엄마의 지지를 얻는 것이었지만 효과가 없었다(evaluation). 그래서 다른 선택으로 아빠와 상의하는 활동을 찾게 되었고, 아빠와 상의하기 위한 구체적인 그 구체적인 계획(plan)을 수립하는 것으로 현실치료상담이론을 적용하고 있다.

5. 진로장벽이 있는 경우(특성화고)
(① 우연학습이론적 접근/② 제한-타협이론적 접근)

저는 특성화고 2학년 재학 중인 남학생입니다. 어중간하게 대학에 가는 것보다 일찍 좋은 직장에 가고 싶어서 특성화고에 왔는데, 선배들의 이야기를 들어 보니 대기업이나 공기업 문이 점점 좁아지고, 중소기업에 가면 월급도 적고 복지도 별로라고 하여 걱정입니다. 그리고 특성화고 나와서 취업을 해도 차별도 받고 무시당한다는 소리도 들었어요. 이제 와서 되돌릴 수도 없고 그래서 그냥 대학에나 갈까 하는 생각도 들고…… 고민이 커요.

- **주 호소문제**: 진로장벽 극복
- **전략**: 장애물 극복 경험을 통한 진로대안 탐색

내담자: 저…… 선생님, 제가 취업을 하는 것이 맞을까요? 선배들 얘기를 들어 보면 취업하기도 어렵고, 취업해도 차별이 있다는데 제가 열심히 한다고 해서 좋은 직장을 구할 수 있을까요? 대기업이나 공기업에 갈 수 있을까요?

상담자: 선배들의 말에 일리가 있다고 보고 있군요. 그래서 지금 갈등이 생겼네요?

내담자: 그럼요. 제가 특성화고에 올 때에는 나름대로 꿈이 있어서 왔는데, 지금은 어떻게 해야 할지 혼란스럽기만 하네요.

상담자: 그래요. 미래를 예측할 수 없으니 누구나 불안할 수밖에 없어요. 누구나 자신의 진로를 정하고 목표를 이루려고 열심히 노력을 하지만, 사람들은 본인이 의도하지 못한 우연성에 의해 영향을 받게 되죠. 〈① 상담 동기 부여〉

내담자: 그러면 구태여 진로를 설정하지 않고 되는대로 해도 된다는 뜻인가요?

상담자: 그런 의미는 아니죠. 살면서 의도하지 않게 겪는 많은 경험이 있지요. 과거의 경험을 통해서 배운 것을 당면한 문제에 잘 활용할 수 있는 방법을 배워서 불확실한 미래에 대처할 수 있다는 의미예요.〈① **상담 동기 부여**〉

내담자: 그렇군요. 그런데 제가 그런 경험에서 배운 것을 활용하려면 취업을 해야 하는데, 취업 자체가 어려운데 어떻게 활용해요?

상담자: 그럼, 한 가지 물어볼게요. 지금까지 살아오면서 에너지가 넘친다고 느꼈던 활동이 있었나요? 〈① **성공경험 탐색**〉

내담자: 글쎄요…….

상담자: 그러니까, ○○가 보람도 있었고 능력이 있다고 느꼈던 활동이랄까요?

내담자: 네, 한번은 친구와 자전거를 타고 나갔는데, 친구의 자전거가 고장 난 거예요. 기어에서 체인이 벗겨져 갈 수가 없었죠. 몇 차례 시도한 끝에 겨우 고쳤던 기억이 나요. 그 친구는 무척 고마워했죠. 〈① **성공경험 탐색**〉

상담자: 다행이네요. ○○는 어떻게 그런 능력을 발휘했던 것을 알아낼 수 있었나요? 〈① **성공적 경험에서 교훈 찾기**〉

내담자: 예전에도 집에 물건이 고장 나면 뜯어보다가 고장 내어 혼나기도 했지만 고친 적도 있었던 것 같아요.

상담자: 그런 경험을 통해서 무엇을 배우게 되었나요? 〈① **성공적 경험에서 교훈 찾기**〉

내담자: 원리를 생각해 보면 방법이 생긴다는 거?

상담자: 오, 대단하네요. 그렇죠, 어떤 사람들은 문제가 생기면 해결하려고 시도도 하지 않고 도움부터 청하는 사람들도 많은데, ○○는 원리를 발견하려고 하는군요.

내담자: 그런 것 같아요.

상담자: 혹시 다음에 그와 비슷한 일이 생길 때를 대비하여, 어떤 기술이 필요할 거라고 생각하나요? 〈① **성공적 경험에 대한 민감성 알아차리게 하기**〉

내담자: 평소에 관찰하고 그 원리를 찾아보는 습관을 가지면 좋을 것 같은데요?

상담자: 만약 ○○가 그런 습관에 익숙하게 된다면 ○○의 삶이 어떻게 달라질까요?

내담자: 새로운 문제가 생겨도 해결할 수 있을 것 같아요.

상담자: 물론 그럴 수 있지만 해결되지 못할 경우에는 어떻게 할 것인가요? 〈② 장애물 극복 대안 찾기〉

내담자: 그럼, 해결할 가능성이 있는 사람을 찾아봐야 하겠지요.

상담자: 어떻게?

내담자: 평소에 다양한 인간관계를 맺으면 좋을 것 같아요.

상담자: 그렇군요. 만약, ○○가 아무런 활동도 하지 않는다면 삶이 어떻게 달라질까요?

내담자: 어려운 일이 닥치면 해결할 수 없겠지요.

상담자: 해결할 수 없다면 ○○의 삶이 어떨까요?

내담자: 아주 불행한 인생이 되겠죠.

상담자: 네, 그래서 평소에 관찰도 하고, 원리를 찾아보는 활동도 하며, 인적 네트워크를 구축해 가면 만족한 삶을 살 수도 있죠. 그런데 ○○가 생각하기에 그런 행동을 막는 장애물이 있나요? 〈② 제한 요인 찾기〉

내담자: 제가 어찌할 수 없는 것이 취업문이 좁다는 것이지요. 국가나 기업에서 직원을 뽑지 않으면 어쩔 수 없는 것 아닌가요?

상담자: 물론 그렇지요. 아까 문제해결을 위해서 평소에 관찰하고 원리를 찾아보는 것이 필요하다는 것을 배웠지요?

내담자: 네~

상담자: 그렇다면 ○○가 원하는 것은 대기업이나 공기업에 취업하는 것이군요.

내담자: 맞아요.

상담자: 그러면 ○○가 대기업이나 공기업에 취업을 하기 위해서 지금 할 수 있는 첫 시도가 무엇이라고 생각하나요? 〈① 성공경험 적용하기〉

내담자: 관찰하고 원리를 찾아보는 것인가요?

상담자: 네, 맞아요. 그렇다면 좋은 직장에 취업하기 위해 무엇을 관찰하고 어떤 원리를 찾을 수 있을까요?

내담자: 대기업에서 지금까지 어떻게 직원을 뽑았는지 기준을 알아야 겠네요.

상담자: 그것도 좋은 방법이네요. 그렇다면 기준을 알아내는 첫 시도를 어렵게 하는 것은 무엇일까요?

내담자: 지금, 금방 생각이 떠오르지 않네요.

상담자: 그러면 다음 시간에는 첫 시도를 할 수 있는 것을 찾아보기로 하죠. ○○도 생각해 오세요.

내담자: 네, 알겠어요, 선생님. 그러면 대학 진학은 포기할까요?

상담자: 사실, ○○는 특성화고에 입학했을 때 가장 우선적으로 고려했던 진로 방향은 무엇이었나요? 〈② 포기했던 대안 검토〉

내담자: 취업이었죠. 그런데 취업이 힘들다 하니까 대학 진학을 생각했었지요.

상담자: 그럼 취업이 우선이었고, 그다음이 대학 진학이네요. 〈② 우선순위 정하기〉

내담자: 네, 그런 셈이죠. 그런데 고등학교를 졸업하자마자 대기업에 취업하지 못해도 최종적으로는 대기업에 취업하고 싶어요.

상담자: 그럼 대기업이 아니어도 취업을 할 생각이 있다는 의미인가요? 〈② 대안 제시를 통한 타협〉

내담자: 네, 제가 듣기엔 선취업 후진학제도가 있다던데요? 먼저 취업했다가 경력을 쌓아서 대기업에 가든가, 아니면 대학에 진학한 후 대기업에 취업해도 될 듯한데요.

상담자: 맞아요. 매우 좋은 생각이네요. 그러면 가장 우선적인 선택이 대기업 취업하기, 그다음 순위는 선취업 후진학으로 대기업에 취업하기, 세 번째 순위는 고등학교 졸업하고 대학에 진학하기로 정리할 수 있을까요? 〈② 우선순위 정하기〉

내담자: 맞아요. 선생님께서 정리해 주시니 진로가 좀 더 명확해진 것 같아 뿌듯해요.

상담자: 잘 되었네요. 하지만 아까 말한 것은 기억하세요. 앞으로의 경험에서 관찰하고 원리를 찾는 습관에 익숙하기를 잊지 마셔요.

내담자: 네, 선생님. 감사합니다.

앞의 예시에서는 우연학습이론과 제한-타협이론을 적용하였다. 취업을 목표로 하여 입학한 특성화고 학생들의 취업률이 낮은 것이 현실이다. 현장실습의 제한과 대기업과 중소기업 간 보수와 복지에서의 격차가 크며, 또한 특성화고 졸업생들에 대한 사회적 편견으로 인하여 고졸 취업을 기피하는 것이다. 내담자는 자신이 해결할 수 없는 사회적 통념을 진로장벽으로 인식하고 있다. 자신의 능력으로 극복할 수 없는 현실적 장벽이다.

미첼(Michell), 레빈(Levin)과 크롬볼츠(Krumboltz, 1999)는 삶의 과정에는 예상치 않게 우연히 나타나는 사건이 한 사람의 진로에 긍정적 혹은 부정적으로 작용하다고 보았다. 우연히 겪게 되는 사건에 대응 방식을 배울 수 있도록 하는 것이 우연학습이론의 요체이다. 우연히 겪게 되는 사건에 대한 효과적인 대응 방식은 저절로 갖게 되는 것이 아니고 교육하고 가르칠 때 갖춰지는 것이다(김봉환 외, 2013).

이 예시에서 상담자는 '지금까지 살아오면서 에너지가 넘친다고 느꼈던 활동이 있었나요?'라는 질문을 통하여 내담자 스스로도 인식하지 못했던 적응적으로 대처한 경험을 떠올리게 함으로써 우연학습이론을 적용하고 있다. 물론 우연학습이론을 적용하는 것은 진로장벽을 해결하도록 돕는 것이라기보다는 만족스러운 자신의 삶에 도달하기 위해서 실천해야 할 행동을 배우는 것이다(임은미 외, 2017).

설정된 진로는 계획한 대로 진행되기보다는 우연적 조건에 의해 왜곡되거나 달라질 수 있는 것이 현실이다. 따라서 내담자는 자신의 장점 혹은 강점이 발휘되었던 경험을 찾아내고, 경험을 통해 배운 기술을 미래에 적용하기 위한 첫 걸음을 배우게 된다. 내담자는 자전거 수리 경험과, 집안에서의 물건 고친 경험에서 관찰과 원리 탐색이란 기술을 익히고, 그를 통해 대기업에 취업하기 위한 작은 행동의 필요성을 인식하고, 무엇을 할 것인지를 배워야 함을 깨닫게 된다.

내담자는 고등학교 입학 당시에 대기업에 취업하는 것이 꿈이었다. 그런데 갓프레드슨(Gottfredson, 1981)이 언급한 것처럼 진로대안으로 원했던 대기업 취업을 현실적인 여건으로 포기할 수밖에 없었다. 그래서 내담자는 타협(compromise)하게 되는 과정으로 제한-타협이론의 '우선순위 정하기, 최고가 아닌 최선을 선택하기'를 한다. 상담과정을 통하여 내담자는 가장 우선적으로 대기업 취업하는 것으로 목표를 설정하였고, 그것이 현실적인 어려움으로 가능하지 않을 경우에 그다음 순위는 대기업이 아닌 곳이어도 취업을 한 후에 대학을 진학하는 것으로, 마지막으로는 고등학교 졸업하고 대학에 진학하기로 순서를 정하였다. 최선은 아니지만 차선을 선택하는 과정을 보여 주고 있다.

앞의 예시에서 제시한 첫 회기 상담 이후에는 우연한 경험을 통해서 배운 점을 습관화한 내용을 중심으로 진행할 수도 있다. 크롬볼츠(Krumboltz)의 우연학습이론은 불확실한 미래에 더 유용할 수 있는 적용성을 발견하고 향상하는 데 도움이 된다는 점을 보여 주고 있다. 그리고 제한-타협이론의 우선순위 정하기 기법을 통하여 진로대안을 찾는 과정을 볼 수 있다. 이 외에 관찰하기, 원리 탐색하기 활동이 효과적이었는지, 효과가 적었다면 더 효과적인 방법을 선택할 수 있도록 현실치료상담이론적 기법의 평가(evaluation)와 계획(plan)하기 기법을 일부 적용한 것이다.

참고문헌

김봉환, 강은희, 강혜영, 공윤정, 김희수, 선해연, 손은령, 송재홍, 유현실, 이제경, 임은미, 황매향(2016). **진로상담**. 서울: 학지사.

김봉환, 이제경, 유현실, 황매향, 공윤정, 손진희, 강혜영 김지현, 유정이, 임은미, 손은령(2013). **진로상담이론 한국내담자에 대한 적용**. 서울: 학지사.

김봉환, 정철영, 김병석(2006). **학교진로상담(2판)**. 서울: 학지사.

김인자(2015). **현실치료상담과 선택이론**. 서울: 한국심리상담연구소.

이재창, 조봉환, 최인화, 임경희, 박미진, 김진희, 정민선, 최정인, 김수리(2017). **상담전문**

가를 위한 진로상담의 이론과 실제. 서울: 아카데미프레스.

임은미, 강혜영, 고홍월, 공윤정, 구자경, 김봉환, 손은령, 손진희, 이제경, 정진선, 황매향 (2017). 진로진학상담 기법의 이론과 실제. 서울: 사회평론.

Amundson, N. E., Harris-Bowlsbey, J. A., & Niles, S. G. (2009). *Essential Elements of Career Counseling: Processes and Techniques* (2nd ed.). 진로상담 과정과 기법. 이동혁, 황매향, 임은미 공역(2013). 서울: 학지사.

Glasser, W. (1984). *Control theory: A new Explanation of How We control Our Lives.* NY: Harper & Row.

Glasser, W. (1998). *Choice theory: A new psychology of personal freedom.* New York: Harper Collins.

Gottfredson, L. S. (1981) Circumscription and compromise: A developmental theory of occupational aspirations. *Journal of counseling psychology, 28*(6), 545-579.

Michell, K. E., Levin, A. S., & Krumboltz, J. D. (1999). Planned happenstance: Constructing unexpected career opportunities. *Journal of Counseling & Development, 77,* 115-123.

Peterson, G. W., Samson, J. P. Jr., & Reardon, R. C. (1991). *Career development and services:A typological approach.* Pacific Grove, CA: Brooks/Coke.

Swanson, J. L., & Fouad, N. A. (1999). *Career theory and Practice Learning Through Case Studies.* 사례로 배우는 진로 및 직업상담. 황매향 역(2005). 학지사.

Wubbolding, R. E. (2014). *Reality Therapy.* Washington, D.C: American Psychological Association.

Wubbolding, R. E., & Brickell, J. (2015). *Counseling with Reality Therapy* (2nd ed.). UK: Speechmark Publishing LTD.

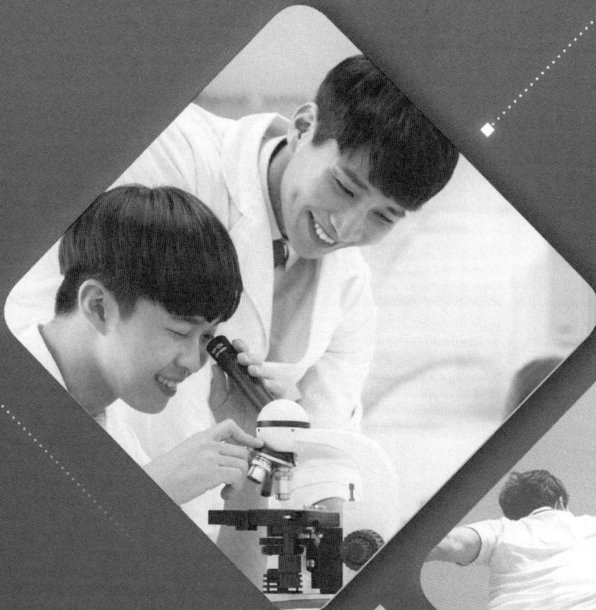

제 12 장

특수 대상 진로진학상담의 실제

1. 다문화 청소년 진로진학상담
2. 장애 청소년 진로진학상담
3. 탈북 학생 진로진학상담

1. 다문화 청소년 진로진학상담

1) 다문화 청소년의 개념과 특성

다문화 청소년에 대한 정의는 다양한 조직과 법률에 따라 다르게 해석된다. 우리나라의 법률은 일반적인 의미와는 다르게 다문화 청소년을 구분하여 지칭하고 있으며 이를 기반으로 기관들은 대상을 지원하고 있다. 교육부의 구분에 따르면 다문화 청소년들 중 학교에 재학 중인 경우를 다문화학생이라 지칭한다(장한업, 2019). 다문화학생은 국제결혼가정의 국내출생 자녀, 국제결혼가정의 중도입국 자녀, 외국인가정의 자녀로 세분하여 구분하고 있다. 한국 국적을 가진 이와 결혼한 외국인 배우자 사이에서 출생한 자녀를 국제결혼가정 자녀 중 국내출생 자녀라고 한다. 외국인 결혼 이민자가 한국인과 재혼한 후 본국에서 데려온 자녀나, 외국인 부모의 본국에서 성장하다가 입국한 자녀를 국제결혼가정 자녀 중 중도입국자로 부른다. 외국인 부모 사이에서 출생한 자녀를 외국인가정 자녀라고 한다. 법률에서도 다문화가정을 다르게 정의하고 있다. 「다문화가족지원법」 제2조에서 다문화가족은 「재한외국인 처우 기본법」의 결혼 이민자와 「국적법」의 규정에 따라 대한민국 국적을 취득한 자로 이루어진 가족만을 의미한다. 주로 결혼 이민자 가족의 구성원을 아동이나 청소년, 학생과 같은 구분 없이 함께 묶어 다문화가족이라 부른다. 「다문화가족지원법」은 다문화 청소년들이 국가의 지원을 받을 수 있는 근거가 된다(법제처, 2008).

다문화가정 부모의 진로 관련 행동에 따른 진로결정에 대해 연구한 연은모와 최효식(2019)의 연구에서는 다양한 부모의 진로 관련 행동 패턴을 비교하여 진로결정에 대해 살펴보았는데 이 중 부모의 높은 진로지지와 낮은 간섭, 관여 부족의 집단이 자녀가 진로결정성과 진로장벽 인식에 긍정적인 영향을 미쳤다. 부모의 간섭이 부정적으로만 여겨져 왔지만 높은 지지와 관여가 전제될 때는 자녀에게 간섭이 행해진다고 하더라도 부정적 효과가 상쇄될 수 있는 것이다.

다문화 청소년에게 청소년기의 성공적인 발달과업의 성취는 성인기 사회적응과도 연결된다고 볼 수 있다. 청소년기에는 진로결정을 하면서, 대학 진학을 하여 보다 전문적인 교육을 받을 것인지, 빠른 취업을 할 것인지를 정하여, 자신에게 알맞은 발달과업을 성취하는 것이 중요하다(차한솔, 이호수, 김주일, 2019). 나아가서 청소년들이 성인기로 접어들면서 겪게 되는 문제들에 대해서도 적절하게 대처할 수 있는 자신의 역량을 개발하고 독립적으로 살아갈 수 있도록 진로지도 및 직업교육 등을 강화할 필요가 있다(김소라, 2019). 이처럼 청소년들에게 진로결정은 진로에 대한 문제를 해결해 나가면서 앞으로 다가올 사회적 문제에도 대처할 수 있는 역량을 갖게 되므로 청소년기의 진로결정은 중요하다.

다문화가정에서 나타날 수 있는 여러 가지 문제는 다문화가정 청소년에게 스트레스 변인으로 나타날 수 있다(최윤미, 임성택, 2012). 대표적으로 다문화가정의 주 호소문제인 문화적 충돌에서 오는 스트레스에 대해 보면, 부모의 이질적 문화와 생활습관은 부부간의 갈등을 갖게 하고 이러한 긴장은 가정을 불안정하게 만들 수도 있다. 이러한 불안정은 다문화 청소년들이 자아정체성을 형성하는 과정에서 가치관의 혼란을 가져올 수도 있다.

또한 류성창(2015)도 다문화 청소년들의 진로지도 실태에 관심을 가지고 연구를 하였다. 그의 연구 결과에 따르면, 다문화 청소년들은 자신의 미래에 대해 생각은 많이 하고 있지만 결정을 하지 못하는 무기력 상태에 있는 경향이 높게 나타났다고 하였다. 이것은 자신의 진로와 진학에 대해 무관심하기 때문이며, 이러한 태도는 향후 진로를 선택하는 데 있어 장애 요소로 작용할 수 있다고 하였다. 그리고 다문화 청소년들은 선생님으로부터 진로에 대한 도움을 가장 많이 받고는 있지만, 입시 위주의 몰입 교육이 진행되어 진로와 관련한 도움을 받아 본 경험이 별로 없는 것으로 체감하고 있었다. 무엇보다도 다문화 청소년의 경우, 직업과 관련된 기술이나 지식뿐 아니라 한국에서 성공적으로 취업하여 생활하기에 필요한 기초적인 능력이 충분히 학습되지 않아서 야기되는 다양한 어려움을 경험하는 것으로 나타났다.

2) 다문화 청소년의 진로진학 특성

다문화 청소년에게 청소년기의 성공적인 발달과업의 성취는 성인기 사회적응과도 연결된다. 청소년기에 어떤 지식을 습득하느냐, 어떤 능력을 키우느냐에 따라 성인기의 삶에도 영향을 미칠 수 있다(김지은, 정혜린, 박혜준, 이순형, 2017). 따라서 청소년기에는 진로결정을 하면서, 대학 진학을 하여 보다 전문적인 교육을 받을 것인지, 빠른 취업을 할 것인지를 정하여, 자신에게 알맞은 발달과업을 성취하는 것이 중요하다(차한솔, 이호수, 김주일, 2019). 나아가서 청소년들이 성인기로 접어들면서 겪게 되는 문제들에 대해서도 적절하게 대처할 수 있는 자신의 역량을 개발하고 독립적으로 살아갈 수 있도록 진로지도 및 직업교육 등을 강화할 필요가 있다(김소라, 2019). 이처럼 청소년에게 진로결정은 진로에 대한 문제를 해결해 나가면서 앞으로 다가올 사회적 문제에도 대처할 수 있는 역량을 갖게 되므로 청소년기의 진로결정은 중요하다.

문화적응 스트레스가 높은 다문화 청소년은 진로장벽을 현실보다 높게 경험할 수 있다. 다문화 청소년 중 자존감이 높은 집단에서는 문화적응 스트레스를 경험한 청소년들의 진로장벽에 큰 영향을 미치지 않았지만, 자존감이 낮은 집단에서는 문화적응 스트레스를 경험한 청소년에게 진로장벽은 유의미한 영향을 미치고 있다(성윤희, 장은영, 2020).

문화적응 스트레스를 겪는 다문화 청소년을 대상으로 한 진로상담이나 진학지도를 할 때는 문화적응 스트레스를 고려할 필요가 있다. 이아라 등(2018)의 질적 연구를 통해 알아본 결과, 다문화 청소년은 자기이해가 부족하고, 다수의 다문화 청소년이 정보 부족, 불안이나 자신감 부족을 호소하고 있다. 따라서 다문화 청소년을 위한 전문적 진로상담이 필요하다고 볼 수 있다.

한국어를 사용하여 외국인 어머니와 다문화 청소년의 원활한 소통이 이루어진다면 진로결정성에 긍정적인 영향을 미칠 수 있다고 한다. 이와 관련된 선행연구의 내용으로는 어머니의 한국어 능력 수준이 다문화 청소년의 자아존중감에 긍정적인 영향을 미쳤고, 진로장벽에는 부정적인 영향을 미쳤다. 그리고 어머니의 한국어능력 수준은 자아존중감과 진로장벽이 진로결정성에 유의미한 매개효과를 나타냈다(김효선, 2020).

다문화 청소년이 겪게 되는 심리적 변인 중 사회적 위축은 사회적응을 살펴볼 수 있는 중요한 변인이다(조혜영, 오민아, 2020). 하렌(Harren, 1979)의 진로의사결정유형에서 사회적 위축이 높은 다문화 청소년의 경우 진로의사결정유형 중 의존적 유형으로 분류되어 자신의 결정에 대한 책임을 부정하고 타인에 영향을 많이 받아 수동적이고 제한을 크게 지각하게 되어 진로결정에 대한 만족감이 낮고 진로결정성도 낮아지게 된다고 한다. 이 이론과 일맥상통한 연구 결과로 사회적 위축은 진로결정성에 부적으로 유의미한 결과가 나타났다. 사회적 위축이 높을수록 진로결정성은 낮아진다는 것이다(정나은, 김원영, 2020).

다문화가정 부모의 진로 관련 행동에 따른 진로결정에 대해 연구한 연은모와 최효식(2019)의 연구에서는 다양한 부모의 진로 관련 행동 패턴을 비교하여 진로결정에 대해 살펴보았는데 이 중 부모의 높은 진로지지와 낮은 간섭, 관여 부족의 집단이 자녀가 진로결정성과 진로장벽 인식에 긍정적인 영향을 미쳤다. 부모의 간섭이 부정적으로만 여겨져 왔지만 높은 지지와 관여가 전제될 때는 자녀에게 간섭이 행해진다고 하더라도 부정적 효과가 상쇄될 수 있는 것이다.

정하성(2009)은 다문화 청소년들은 다양한 문화적 자산을 가지고 있어 우리 사회를 다양하고 풍요롭게 만드는 데 기여할 수 있는 장점이 있지만, 반면에 다문화 청소년들은 다른 청소년들에 비해 심각한 정체감 혼란을 경험할 수 있고, 사회적응에 어려움을 겪을 수도 있다고 하였다. 실제로 문화적 차이로 인한 국제결혼 가정의 자녀 문제 등이 발생되고 있으며, 국제결혼 가정의 청소년들은 서로 인종적으로 다른 부모들 사이에서 문화적 갈등을 경험하게 된다고 하였다. 또한 정하성 등(2007)은 다문화 청소년들의 문제점으로 '비전부재의 문화'를 언급하였다. 그들에 따르면, 다문화 청소년들은 경험하고 있는 여러 가지 적응의 어려움으로 인하여 미래에 대한 비전 없이 자포자기하고 체념하면서 원대한 꿈과 비전을 갖고 있지 않으며, 현실의 벽이 높아 이를 극복하기 어렵게 될 경우 포기하는 경향이 있다고 하였다.

다문화 아동 및 청소년들의 진로발달(조붕환, 2012)과 진로성숙(윤아름, 2013; 최인숙, 2010)에 관심을 가지고 연구들이 진행되고 있다. 여러 연구 결과 안타깝게도 다문화가정 자녀들은 일반가정 자녀들에 비해 진로발달 및 진로성숙도가 낮게 나타났다. 하지만 다문화가족 자녀 서비스 지원 요구 통계에서도 드러났듯이 다문화 청소년들은 일자리 소개나 직업기술훈련, 진로교육 및 진로상담에 관한 요구가 가장 많았다. 이와 같은 다문화 청소년들의 진로고민과 미래에 대한 긍정적 인식에도 불구하고, 일반 학생에 비해 진로발달 및 진로성숙도 연구 결과가 낮게 나타나는 이유는 다문화 청소년들의 특성을 고려한 진로에 대한 구체적인 계획이나 미래 가능성을 실행해 나갈 수 있게 도와주는 체계화된 교육과 프로그램이 부재하기 때문이라고 생각할 수 있다.

최인숙(2010)은 현실요법을 적용한 진로상담이 다문화가정 학생의 진로의식 성숙에 미치는 영향에 대해 연구하였다. 이 연구를 통해 다문화가정 학생들은 낮은 진로의식 수준을 가지고 있으며 그 이면에는 편견과 정체성 혼란으로 인한 자기이해의 부족, 한국말과 한국 문화에 서툰 어머니의 영향으로 인한 문화지체 및 문화결핍 현상, 학습부진, 전반적인 자신감 부족 등의 이유가 있음을 알게 되었다. 또한 다문화가정 학생들은 장애요인을 극복해야 하는 과제를 더 부담하면서 진로의식을 향상시켜야 하는 어려움이 있다고 하였다. 그래서 그러한 장애 요인을 극복하여 다문화가정 학생으로서의 정체성 형성을 통해 자신을 이해하도록 하고, 다양한 문화체험을 통해 문화의 갈증을 해소시켜 주며, 학습에 대한 동기를 부여하여 학교생활에 자신감을 심어 주는 과정을 포함시켰다.

최현주(2015)는 다문화가정 고학년을 대상으로 진로집단상담 프로그램이 다문화가정 아동의 진로인식과 진로결정자기효능감에 미치는 효과를 연구하였는데 유의미한 효과가 나타났다고 하였다. 그러면서 연령별, 성별, 대상별을 구분한 비교연구가 필요하며, 짧은 회기의 성과보다는 단계별로 진로인식과 진로자기효능감을 향상시킬 수 있는 진로집단상담 프로그램 개발이 필요하다고 하였다.

3) 다문화 청소년의 진로진학상담의 실제

다문화 청소년의 진로진학상담을 진행할 때는 그들의 언어적 · 문화적 배경 및 경험을 고려하여 특별한 주의가 필요하다고 볼 수 있다. 다문화 청소년의 학교진로진학상담의 내용을 정리하면 [그림 12-1]과 같다. [그림 12-1]의 내용들을 참고하여 다문화 학생을 위한 진로진학상담에서 효과적인 기법들을 정리하면 다음과 같다.

첫째, 문화적 민감성 강화이다. 진로진학상담교사는 학생의 문화적 배경에 대한 이해를 갖고 있어야 하는데 학생의 문화적 특성을 존중하고 인정하는 태도는 신뢰관계를 형성하는 데 중요하기 때문이다.

둘째, 언어 지원 제공이 필요하다. 언어적 도전을 겪고 있는 학생들에게는 효과적인 언어 지원이 필요하다. 진로진학상담교사는 학생의 모국어를 사용하거나, 통역 서비스를 활용하여 의사소통을 원활하게 할 수 있도록 노력해야 한다.

셋째, 다문화가족과의 협력 강화이다. 학생의 가족은 종종 중요한 역할을 하기도 한다. 진로진학상담교사는 가족과의 원활한 소통을 도모하고, 가족의 의견 및 기대를 고려하여 진로진학상담을 진행해야 한다.

넷째, 진로탐색에 다양한 옵션을 제시해야 한다. 다문화 학생들에게는 다양한 진로 및 직업 옵션을 고려할 수 있도록 도와야 한다. 다양한 진로에 대한 정보를 제공하고, 학생들이 자신의 흥미와 능력을 고려하여 선택할 수 있도록 돕는 것이 중요하다.

다섯째, 학문적 지원 및 보충 교육 제안이 필요하다. 언어적으로 도전을 겪고 있는 학생들에게는 학문적인 도움이 필요할 수 있고, 보충 교육이나 프로그램 등을 제안하여 학문적 성과를 높일 수 있도록 도움을 제공하도록 한다.

여섯째, 커뮤니케이션 능력을 강화하는 것이다. 다문화 학생들에게는 커뮤니케이션 능력이 중요하다. 진로진학상담교사는 학생들이 자신의 의견을 표현하고 다양한 상황에서 소통할 수 있도록 지원할 필요가 있다.

일곱째, 다양성 강화 프로그램 참여 유도하는 것이 필요하다. 학교나 지역 내에

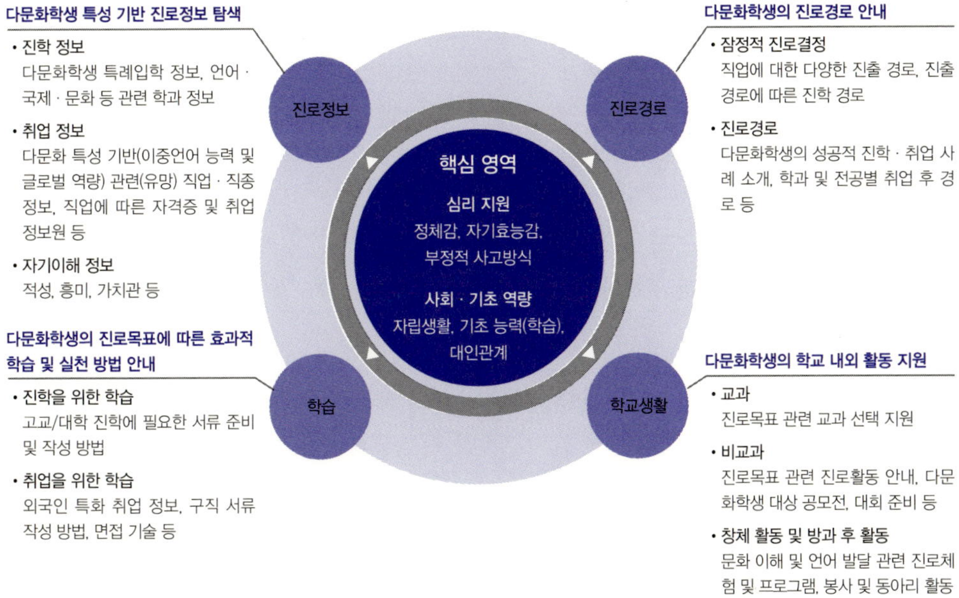

[그림 12-1] 다문화 청소년의 학교 진로진학상담의 내용 영역

출처: 이지연 외(2016a).

서 제공되는 다양성 강화 프로그램에 학생을 참여하도록 유도해야 한다. 이를 통해 학생들은 자신의 정체성을 발전시키고, 다양성을 인정하는 태도를 갖출 수 있기 때문이다.

마지막으로, 학문적 도전에 대한 지원이 필요하다. 언어적인 도전과 학문적 도전을 경험하는 학생들을 위해 추가 지원을 제공하도로 한다. Tutoring 서비스나 특별한 교육 프로그램을 활용하여 학업적인 어려움을 극복할 수 있도록 도움을 주도록 한다.

다문화 청소년의 학교 진로진학상담 사례

다음에 제시된 사례들은 이지연 등(2016a)이 연구한 다문화학생을 위한 학교진로상담(지도) 운영 매뉴얼에서 발췌하였다.

① 진로정보 사례

◈ 사전 확인

- 1단계: 진로희망 확인

◈ 진로상담(지도) 과정

- 2단계: (잠정적 결정인 경우)–진로결정 이유(동기, 계기) 및 진로정보 탐색 여부 확인
  (미결정인 경우)–진로미결정 원인 및 (과거) 진로심리검사 결과 확인
- 3단계: (잠정적 결정인 경우)–부족한 진로정보 요소 확인
  (미결정인 경우)–관련 직업 분야 확인
- 4단계: (잠정적 결정인 경우)–진로정보 제공 및 정보원 안내
  (미결정인 경우)–진로정보 탐색 지도

◈ 목표(지향점) 확인 및 마무리

- 5단계: (자기주도적) 진로정보 탐색 및 활용

다문화학생, 특히 중도입국학생의 경우 자신의 진로에 대한 인식 수준이 낮고 진로에 대한 동기가 부족하다고 볼 수 있다. 그리고 일반 학생에 비하여 상대적으로 적은 사회적 관계 등으로 인하여 진학 및 취업 등과 관련된 정보를 획득하는 데 어려움이 있는 경우가 많다. 특히, 한국 문화에 익숙하지 않은 외국인 부모를 둔 경우에는 이러한 정보력을 획득하는 수준이 더 낮을 수 있기 때문에 다문화학생들이 자신의 진로에 대해 고민할 수 있는 기회를 제공하고, 진로 관련 정보를 풍부하게 탐색할 수 있도록 돕는 진로진학상담(지도)가 필요하다.

1-1 진로정보

• 학생의 인적 사항 및 이해 정보 확인

<table>
<tr><td>성명/연령</td><td colspan="3">월○○/14세</td></tr>
<tr><td>성별</td><td colspan="3">남</td></tr>
<tr><td>학생 유형</td><td colspan="3">다문화</td></tr>
<tr><td>학교급/학년</td><td colspan="3">중학교/1학년</td></tr>
<tr><td>일반적인 특성</td><td colspan="3">• 국내 출생 다문화학생(부: 나이지리아, 모: 한국)
• 피부색이 검어 학기 초에는 놀림을 많이 받았지만, 성격이 명랑하고 쾌활하여 지금은 친구들과 잘 어울려 지냄
• 자신의 진로에 대한 탐색, 준비, 선택 과정을 스스로 하는 데에 어려움을 느낌</td></tr>
<tr><td rowspan="9">학교생활 기록부 사항</td><td rowspan="3">진로희망 및 사유</td><td>특기(흥미)</td><td>• 그림 그리기</td></tr>
<tr><td>진로희망</td><td>• 카레이서, 자동차 관련 직업</td></tr>
<tr><td>희망 사유</td><td>• 자동차 운전하는 것이 멋있어 보여서</td></tr>
<tr><td colspan="2">교과 성적(특이 사항)</td><td>• 언어 이해력 부족으로 학습에 어려움이 있음</td></tr>
<tr><td colspan="2">방과 후 활동</td><td>• 없음</td></tr>
<tr><td rowspan="4">창의적 체험 활동</td><td>자율 활동</td><td>• 학급의 일원으로서 학급회의에 적극적으로 참여</td></tr>
<tr><td>동아리 활동</td><td>• (만화 그리기반) 만화 그리기에 관심을 가지고 열심히 활동</td></tr>
<tr><td>봉사 활동</td><td>• ○○장애인종합복지관에서 운동실 교구 정리, 청소 활동 등의 봉사 활동에 참여</td></tr>
<tr><td>진로 활동</td><td>• 공업계 고등학교를 방문하여 자동차의 구조와 관련된 기초 상식을 이해함
• 자동차 관련 학과의 진학 정보를 알아봄</td></tr>
</table>

• 학생의 진로유형 및 주요 고민 사례

<table>
<tr><td rowspan="2">해당 진로유형</td><td>1순위</td><td>2순위</td></tr>
<tr><td>동기촉진형</td><td>목표수립형</td></tr>
<tr><td>주요 고민</td><td colspan="2">“자동차 관련 직업에 대해 알고 싶어요.”</td></tr>
</table>

구체적 고민 사례	"저는 몇 년 전에 〈카(Cars)〉라는 애니메이션을 보고 자동차가 멋있다는 생각을 했어요. 처음에는 카레이서가 되고 싶어서 네이버, 유튜브, 위키백과 등 인터넷에서 카레이서 관련 자료를 찾아봤어요. 그런데 카레이서는 사고가 나면 크게 다칠 수 있어서 위험할 것 같고, 안정적이지 않은 것 같아요. 그래서 저는 자동차와 관련된 다른 직업을 갖고 싶은데, 카레이서 말고는 어떤 직업이 있는지 잘 모르겠어요. 그리고 관련 정보를 어디서 찾아봐야 하는지도 잘 모르겠어요."

출처: 이지연 외(2016a).

- **학교진로상담(지도) 내용 영역별 단계별 접근 절차 적용**
  - 진로고민 1-1: "자동차 관련 직업에 대해 알고 싶어요."
  - 상담 영역 1-1: 진로정보(잠정적 결정)

단계	항목	진로상담(지도) 예시	필요 도구 및 정보
1	진로희망 확인	• 선생님: 오늘은 어떤 고민 때문에 선생님을 찾아왔는지 궁금하구나. • 학생: 이번 주 진로수업 시간에 직업에 대해서 배웠는데 저는 어떤 직업을 선택해야 하는지 잘 모르겠어요. • 선생님: 직업을 어떤 걸 선택해야 하는지 고민이구나. 요즘 특별히 관심 있는 직업이 있니? • 학생: 심각하게 생각한 건 아니지만, 카레이서가 되고 싶다는 생각을 했어요.	
2	진로결정 이유 및 진로 정보 탐색 여부 확인	• 선생님: 와~ 멋있는데? 어떻게 해서 그 직업에 관심을 가지게 되었니? • 학생: 애니메이션 〈카(Cars)〉를 보고 자동차 경주가 너무 멋있었어요. 그래서 카레이서가 되고 싶다는 생각은 했어요. • 선생님: 그렇구나. 애니메이션 장면들이 ○○에게 많은 영감을 주었구나. 그럼 카레이서 직업에 대해 알아봤니? • 학생: 네. 유튜브나 위키백과에서 카레이서의 인터뷰를 찾아봤어요. 근데 막상 보니까 위험할 것 같고, 수입도 안정적이지 않은 것 같아요. 그래서 자동차와 관련된 다른 직업을 찾으면 좋겠다는 생각을 했어요.	

		• 선생님: 그래. 카레이서라는 직업이 아무래도 사고의 위험성이 있기는 하지. 그렇다면 자동차 관련 다른 직업들에 대해 더 알아본 정보가 있니? • 학생: 찾아보려고 했는데, 그렇게 다양한 정보가 나오지는 않았어요.	
3	부족한 진로정보 요소 확인	• 선생님: 자동차 관련 직업에 꾸준히 관심을 갖고 고민하는 모습이 보기 좋구나. 진로나 직업 관련 자료를 찾아보는 것은 중요한 활동이란다. 어떤 정류의 직업이 있는지 알아야 선택할 때 결정을 확실하게 할 수 있어. 지금 ○○가 직업에 대해 궁금해하고 고민하는 것이 너에게 도움이 될 거라고 믿어. • 학생: 직업 관련 정보를 좀 더 쉽게 찾을 수 있으면 좋겠어요. 자동차 관련된 직업들이 무엇이 있는지 한눈에 알아볼 수 있으면 좋을 것 같은데……. • 선생님: 직업 정보 검색 방법은 주로 인터넷을 활용하고 있니? • 학생: 네. 주로 인터넷 포털 사이트에서 직업명을 검색해서 찾아요. 그런데 어떤 일을 하는 건지, 필요한 자격증이 무엇이고 어느 학교를 가야 하는지 자세한 정보는 찾을 수가 없었어요. • 선생님: 직업 정보를 탐색하는 데 인터넷 말고도 책자, 체험 활동 등을 활용할 수 있는데, ○○가 인터넷을 자주 활용한다고 하니까 인터넷을 통해서 좀 더 효과적으로 직업 정보를 찾아보는 방법을 확인해 보자.	
4	진로정보 제공 및 정보원 안내	• 선생님: 우선 직업의 종류가 무엇이 있는지 찾아보자. 〈커리어넷〉 사이트에서 직업학과정보를 찾아볼 수 있는데 키워드로 '자동차'를 넣어 보자. 자동차공학기술자, 자동차영업원, 자동차조립원, 자동차정비원 등 다양한 직업명이 나오지? • 학생: 네. 이렇게 직업을 검색할 수도 있는지 몰랐어요.	커리어넷 http://www.career.go.kr/cnet > 직업학과정보 키워드로 찾기 > 진로교육자료

		• 선생님: 여기서 각 직업명을 클릭하면 핵심 능력, 관련 학과, 관련 자격, 하는 일, 임금, 전망 등을 확인할 수 있어. 그리고 적성, 흥미와 맞는 일인지도 살펴볼 수 있단다. • 학생: 직업이 이렇게 많은 줄 몰랐어요. 자동차와 관련된 직업 중에 제가 할 수 있는 일이 있는지 궁금했는데, 저한테 맞는 직업을 찾아볼 수 있겠네요. • 선생님: '커리어넷 > 직업학과정보 > 인터뷰' 메뉴에서는 다양한 직업인들의 인터뷰 영상을 볼 수도 있고, '자료실 > 진로교육자료 > 정보' 메뉴에서는 미래의 직업 세계에 관련된 책자를 PDF로 찾아볼 수 있게 되어 있단다. PDF 파일에서도 키워드 검색이 되니까 필요한 정보를 찾아볼 수 있을 거야.	
5	(자기주도적) 진로정보 탐색 및 활용	• 선생님: 오늘 찾아본 직업 정보가 너한테 도움이 되었니? • 학생: 네. 직업의 종류가 이렇게 많은지 몰랐어요. 너무 많아서 결정하기가 어려울 것 같아요. • 선생님: 직업의 종류에 대해서 알아보는 방법을 한 가지 배웠으니 앞으로도 이렇게 진로를 적극적으로 찾아보면 좋을 것 같아. 우선 다양한 정보를 가지고 있는 것이 중요해. 조급하게 생각하지 말고 차근차근 관련 직업 정보들을 꼼꼼하게 확인해 보렴. 깊이 있게 직업 정보들을 탐색하다 보면 ○○가 정말로 하고 싶은 것들을 찾을 수 있게 될 거야. • 학생: 맞아요. 다른 정보나 체험 활동도 찾아보고, 책도 읽어 보면 좋을 것 같아요. 궁금한 게 있으면 또 찾아올게요.	

출처: 이지연 외(2016a).

② 진로경로 사례

◈ 사전 준비

• 1단계: 진로희망 확인

◈ 진로상담(지도) 과정

- 2단계: 희망 진로의 진로경로 정보 인식 수준 확인
- 3단계: 다양한 커리어 패스 정보 안내 및 진학/취업 사례 탐색
- 4단계: 적합 진로경로 탐색 지도

◈ 목표(지향점) 확인 및 마무리

- 5단계: (자기주도적) 진로 · 학업 경로 설계

단계	항목	진로상담(지도) 내용 예시
1	진로희망 확인	• ○○는 △△에 관심이 있다고 했네. • ○○는 △△가 되고 싶은가 보구나? • ○○는 어떤 계기로 △△에 관심을 가졌는지 선생님께 이야기해 주겠니?
2	희망 진로의 진로경로 정보 인식 수준 확인	• 그 꿈을 이루려면 어떻게 해야 하는지 알고 있니? • 어떤 과정을 밟아야 그 꿈을 이룰 수 있는지는 알고 있니?
3	다양한 커리어패스 정보 안내 및 진학/취업 사례 탐색	• 그 꿈을 이루기 위해서 ~~한 방법도 있단다. • △△가 되는 방법은 ○○가 알고 있는 것 이 외에도 여러 가지 경로가 있단다. 함께 알아볼까? • 이 분야에서 성공한 직업인 사례를 알아보는 것도 네가 진로를 찾아나가는 데 큰 도움이 될 거야. • 성공 직업인의 사례를 보면서 느낀 점이 있니? • 너의 진로에 참고할 만한 것들은 무엇일까?
4	적합 진로경로 탐색 지도	• 지금까지 알아본 여러 가지 경로 중에서 ○○는 어떤 경로가 너에게 가장 적합하다고 생각해? • 어떤 방법이 ○○에게 제일 좋은 것 같니? • 꿈을 이루기 위해 여러 가지 경로가 있다는 생각을 가지고 너의 진로를 창의적으로 계획해 보자.
5	(자기주도적) 진로 · 학업 경로 설계	• 그럼, ○○는 이제부터 그 꿈을 이루기 위해 어떻게 준비해 볼 생각이니? • △△가 되기 위해 얼마나 많은 노력과 시간을 쏟을 수 있다고 생각하니? • 도중에 얼마든지 계획이 바뀔 수도 있으니깐 너무 한 가지 길만 고집하지는 않아도 된다는 것을 잊지 말자.

출처: 이지연 외(2016a).

2-1 진로경로

• 학생의 인적 사항 및 이해 정보 확인

<table>
<tr><td>성명/연령</td><td colspan="3">하○○/16세</td></tr>
<tr><td>성별</td><td colspan="3">남</td></tr>
<tr><td>학생 유형</td><td colspan="3">다문화</td></tr>
<tr><td>학교급/학년</td><td colspan="3">중학교/3학년</td></tr>
<tr><td>일반적인 특성</td><td colspan="3">• 중도입국 다문화학생(부: 파키스탄, 모: 파키스탄)
• 한국 거주 기간 약 6년
• 부모님이 이태원에서 할랄음식점 운영
• 부모가 모두 외국인이라 학습적인 도움을 거의 받지 못함
• 학교 공부와 관련하여 고민이 많이 있지만, 도움을 받을 수 있는 마땅한 경로를 찾지 못하고 있음</td></tr>
<tr><td rowspan="9">학교생활 기록부 사항</td><td rowspan="3">진로희망 및 사유</td><td>특기(흥미)</td><td>• 무선조종 비행</td></tr>
<tr><td>진로희망</td><td>• 비행기 조종사, 항공기 관제사</td></tr>
<tr><td>희망 사유</td><td>• 비행기를 조종해 보고 싶음</td></tr>
<tr><td colspan="2">교과 성적(특이 사항)</td><td>• 전 교과 학업성취도 낮음</td></tr>
<tr><td colspan="2">방과 후 활동</td><td>• 영어독해반 수강</td></tr>
<tr><td rowspan="4">창의적 체험 활동</td><td>자율 활동</td><td>• 농촌체험 활동 참여</td></tr>
<tr><td>동아리 활동</td><td>• 배드민턴반(개인 레슨 및 복식경기 시합 실시)</td></tr>
<tr><td>봉사 활동</td><td>• 교내 도서관의 도서 정리 활동</td></tr>
<tr><td>진로 활동</td><td>• 대학교 탐방, 게임제작회사 견학</td></tr>
</table>

• 학생의 진로유형 및 주요 고민 사례

<table>
<tr><td rowspan="2">해당 진로유형</td><td>1순위</td><td>2순위</td></tr>
<tr><td>목표수립형</td><td>동기촉진형</td></tr>
<tr><td>주요 고민</td><td colspan="2">"다문화 학생이 비행기 조종사가 될 수 있을까요?
비행기 조종사는 어떻게 될 수 있나요?"</td></tr>
</table>

구체적 고민 사례	"저는 파키스탄에 살다가 한국에 온 지 6년 되었어요. 저는 비행기 조종사가 되고 싶은데, 공부를 잘해야 될 것 같아 걱정이에요. 그리고 저는 외모도 한국 사람들이랑 많이 다르잖아요. 다문화 학생들도 비행기 조종사가 될 수 있는지 궁금하고, 공부를 얼마나 잘해야 하는지, 어떤 학교를 가야 하는지 궁금해요."

출처: 이지연 외(2016a).

- **학교진로상담(지도) 내용 영역별 단계별 접근 절차 적용**
  - 진로고민 2-1: "다문화 출신인데 비행기 조종사가 될 수 있을까요? 비행기 조종사는 어떻게 될 수 있나요?"
  - 상담 영역 2-1: 진로경로

단계	항목	진로상담(지도) 예시	필요 도구 및 정보
1	진로희망 확인	• **선생님: ○○는 진로나 진학에 대해 고민이 많구나.** • 학생: 네. 제가 한국말이 서툴러서 성적이 좋은 편이 아니에요. 그래서 고등학교에 가는 것도 걱정이고, 직업을 가질 수 있을지도 걱정이 돼요. • **선생님: 혹시 진학하고 싶은 고등학교나 관심 있는 직업이 있니?** • 학생: 학교는 잘 모르겠고, 비행기 조종사에 대해서 관심이 있긴 해요.	
2	희망 진로의 진로경로 정보 인식 수준 확인	• **선생님: 비행기 조종사라는 직업에 대해서는 어떻게 관심을 가지게 되었어?** • 학생: 얼마 전에 무선조종 비행기를 선물 받았는데, 비행기를 조종하는 것이 재미있더라고요. 무선조종 비행기보다 더 실감 나는 걸 해 보고 싶어서 비행 시뮬레이션 게임도 찾아서 해 봤어요. 진짜 비행기를 조종하는 것처럼 계기판을 조작하는 게임인데 하다 보니까 진짜 비행기 조종사가 되고 싶었어요. • **선생님: ○○는 비행기 조종에 관심이 있구나. 그럼 비행기 조종사가 되는 방법이나 조종사가 되는데 필요한 능력이 무엇인지 알고 있니?** • 학생: 아니요. 어떻게 하면 될 수 있는지, 무엇이 필요한지 알고 싶어요.	

3	다양한 커리어패스 정보 안내 및 진학/취업 사례 탐색	• 선생님: 기본적인 진로 · 직업 정보를 알아보려면 〈커리어넷〉을 이용할 수 있어. 직업명을 입력해서 검색하면 하는 일, 관련 학과, 관련 자격, 임금 등의 내용을 자세히 살펴볼 수 있거든. 그런데 비행기 조종사는 군대를 거쳐야 해. 가장 잘 알려진 진로경로는 공군사관학교를 나온 후 비행기 조종사가 되는 것인데, 공군사관학교는 대한민국 국적을 가지고 있어야 입학이 가능해. ○○는 국적이 파키스탄이라서 한국인으로 귀화를 해야 입학이 가능할 것 같구나. • 학생: 파키스탄 국적을 포기하는 것은 부모님과 의논해야 할 것 같아요. 그러면 제가 비행기 조종사가 되려면 진학해야 되는 학교는 어떻게 알 수 있어요? • 선생님: 〈커리어넷〉에서 '진로선택기>부록 자료 1'을 보면 일반대학교(항공운항과)에 진학한 후에 항공사조종훈련생 교육을 받으면 민간항공사에 취업할 수도 있다고 나와 있어. ○○는 비행기에 관심이 많고, 영어도 잘하니까 항공관제사나 비행기 승무원도 잘할 수 있을 것 같구나.	커리어넷 http://www.career.go.kr > 직업정보
4	적합 진로경로 탐색 지도	• 학생: 비행기를 볼 수 있거나, 조종하는 것과 관련된 직업이면 그것도 재미있을 것 같아요. • 선생님: 그렇다면 아까 선생님이 이야기했던 〈커리어넷〉에서 '항공기 관제사'를 검색해서 진로경로를 살펴보면 좋을 것 같아. 항공기 관제사가 어떤 일을 하는지, 어떤 대학, 학과를 가야 하는지, 관련 자격증은 무엇이 있고, 훈련을 받을 수 있는 곳은 어디에 있는지 등 다양한 정보를 얻을 수 있을 거야. • 학생: 전문대학에도 항공 관련 학과가 있다고 하니까 저도 도전해 볼 수 있을 것 같아요. 그럼, 고등학교는 어디로 가야 할까요? • 선생님: 고등학교는 일반고, 외고, 마이스터고 모두 가능해. 고등학교는 외국인 전형으로 입학할 수 있는 방법도 있는데 ○○는 영어와 파키스탄어가 가능하니까 외고에 입학하는 것도 괜찮을 것 같아.	국토교통부 > 정책마당 > 정책 자료-항공종사자 전문교육기관 및 항공 훈련 기관 현황 〈2016. 6. 기준〉

출처: 이지연 외(2016a).

다문화학생들은 구체적인 진로목표 설정에 어려움을 지니고 있다고 볼 수 있다. 그렇기에 진로목표를 촉진하는 데 있어 한국 사회에서 성공적으로 자리를 잡은 다문화인에 대한 진학 및 취업 정보를 제공해 줌으로써 학생들 역시 할 수 있다는 자신감을 가질 수 있도록 돕는 진로진학상담이 진행되는 것이 중요하다. 또한 진로경로와 관련하여 다문화학생들이 가지고 있는 이중 언어 및 문화 수용 능력을 활용할 수 있는 직업에 대한 정보가 부족한 실정이기 때문에 다문화학생들이 강점을 활용할 수 있는 다양한 직업군에 대한 정보 및 직업경로를 제공해 주는 진로진학상담이 필요하다.

2. 장애 청소년 진로진학상담

1) 장애 청소년의 개념과 특성

장애인은 신체적 · 정신적 장애로 오랫동안 일상생활이나 사회생활에 상당한 제약을 받는 사람으로 「장애인복지법」에서 그 정의를 살펴볼 수 있다. 즉, "신체적 · 정신적 장애를 가짐으로써 일상생활이나 사회생활에 제약을 받는 9세 이상 24세 이하의 사람"을 장애 청소년으로 법적 정의할 수 있을 것이다. 그러나 우리나라 경우 장애 유형의 범위가 협소하여 장애인 출현율이 현저히 낮고, 아동 · 청소년기에 장애 등록을 꺼리는 경향이 있어 장애인복지정책의 사각지대에 놓여 있는 장애 청소년의 규모가 크다(김지연, 김승경, 오욱찬, 정소연, 2021). 이와 관련하여 교육부에서는 「장애인 등에 대한 특수교육법」을 근거로 장애 등록을 하지 않았더라도 장애로 인해 특별한 교육적 배려가 필요한 사람에게 특수교육을 제공하고 있다.

실제 보건복지부의 2021년 장애인 등록 현황 통계 자료에서는 의무교육을 받기 시작하는 8세 이상 19세 이하의 장애아동 · 청소년이 71,256명인 것으로 나타났다. 그러나 교육부의 2021년 특수교육 통계 자료에서는 총 85,195명이 교육적 배려가 필요한 특수교육 대상자인 것으로 보고되어 많은 장애 청소년이 정책의 사각지대에 놓여 있음을 알 수 있다.

장애라는 기능적 손상과 제약이 장애인 개인의 정신과 의식에 영향을 주고, 장애인이 자신의 정체감을 형성하는 과정에는 장애와 장애인에 대한 사회적 시각이 반영되는 것이다. 그렇기 때문에 장애인은 일반적인 자아정체감과는 달리 장애로 인한 개별적, 심리 · 사회적 영향력을 받은 장애정체감을 가지게 된다. 이처럼 장애정체감은 장애인으로서 주관적으로 받아들이는 자기인식과 자신을 바라보는 사회적 태도에 영향을 받는 자아상(Timm, 2002)을 의미하며 장애인의 정체감에 대한 연구는 장애인에게 우호적이지 않은 환경에 대한 접근으로 시작된다. 장애인은 인종차별을 받는 소수민족이나, 여성, 동성애자 집단처럼 소수집단(minority group)에 속한 개인이 가지는 부정적 자아정체감과 같은 맥락을 가진다. 이러한 소수인종 모델에서는 장애정체감이 의료적 모형의 장애보다 사회적 모형에서 이야기하는 '장애에 대한 개인과 환경 간의 관계' 속에 있다고 설명하였다.

장애인은 교육, 치료, 재활 등 많은 노력에도 불구하고 여전히 사회적 활동과 참여에 제약을 받는다. 또한 장애인에 대한 합리적인 배려도 아직 부족하여 환경적 · 물리적 · 정보적인 권한을 보장받지 못하고 있다. 즉, 장애인은 장애뿐만 아니라 환경이라는 또 다른 장벽으로 인해 가중된 어려움을 겪고 있으며 이것은 장애인이 긍정적인 장애정체감을 형성하는 데 방해가 되는 것이다. 장애는 우호적이지 않은 환경의 결과로써 만들어지고(이익섭, 신은경, 2006), 소수인종 집단에 속한 개인은 자신의 소속집단을 중심으로 지배집단에 저항함으로써 집단정체감을 형성해 간다. 그렇기 때문에 장애정체감은 장애인의 자기인식이나 장애 수용과는 구별되고, 사회적인 존재로서 장애인이 갖는 특성이나 속성을 포함하며, 좀 더 객관적인 측면을 동반하는 개념이다.

장애정체감의 영향 요인에 대한 선행연구를 살펴봤을 때 이익섭과 김성연 및 최지선(2007)은 성인지체장애인의 장애정체감에 영향을 미치는 개인 요인, 장애 및 건강 요인, 환경 요인을 탐색했다. 그 결과, 장애인들은 가족이나 관계하고 있는 비장애인들의 물리적 · 사회적 · 태도적 환경이 문제라고 생각할수록 장애정체감에 큰 영향을 주는 것으로 나타났다. 주변인들의 사회적 지지는 장애인이 장애로 인해 겪게 되는 소외감, 자괴감, 부정적인 자아감 등을 해소시키고 자존감을 가질 수 있도록 하는 데 도움이 되는 것이다. 이처럼 장애인을 지지하는 사회적 관계와 상호작용은 장애인이 장애 문제에 대해 정치적인 관심을 가지게 하고 장애정체감도 강화한다. 또한 연령이 낮을수록 장애정체감이 높은 것으로 나타났는데, 이러한 결과는 장애를 가진 개인과 환경 요인의 상호작용이 활발하게 일어날 수 있도록 다각적인 지지 방식을 고려해야 하며, 특히 사회 참여와 관계가 활발한 청소년기에 긍정적 장애정체감을 형성할 수 있도록 관심을 가져야 함을 시사한다.

2) 장애 청소년의 진로진학 특성

장애인에게 직업은 단순히 금전적인 필요를 넘어서 사회의 일원으로서 장애인이 독립적인 생활을 영위할 수 있도록 한다. 직업 활동은 장애인의 주거, 여가, 안전, 교육, 만족과 같은 삶의 질을 결정하는 데 중요한 요소로 작용할 뿐만 아니라, 장애인의 경제적인 독립을 가능하게 도와 사회 구성원으로서 기능할 수 있도록 만들기 때문이다. 또한 진로는 학령기에 중요한 것으로 여겨지고 있는데(임혜경, 강영심, 2015), 적성과 흥미에 맞는 올바른 진로의 선택은 가치관과 태도, 정신적·신체적 건강 등 생활의 전반적인 부분에 영향을 미치기 때문이다(김도연, 오옥선, 김성봉, 2012). 즉, 장애의 유무와 관계없이 청소년기에 자신의 정체감을 알고 진로를 선택한다는 것은 개인의 자아를 실현하고 행복한 삶을 살아가기 위한 과업인 것이다.

이에 우리나라는 「교육기본법」과 「장애인 등에 대한 특수교육법」을 근간으로 장애 청소년의 진로·직업교육을 포함한 특수교육종합계획을 수립하도록 규정하고 있으며 2022년 11월 제6차 계획을 발표하는 데 이르렀다. 교육부는 장애학생진로평생교육팀을 신설하고 장애 청소년의 자아실현과 사회통합을 제6차 계획의 추진 배경으로 지목하며 장애 청소년 맞춤형 지원 전략을 통한 진로교육의 질적 향상을 목표로 하였다. 하지만 위와 같은 노력에도 불구하고 장애 청소년의 진학 · 취업은 여전히 취약한 현실이다. 2022년 특수교육통계에서 고등학교 졸업생 33.9%(2,291명)는 비진학 · 미취업 하였고, 36.2%(2,450명)는 졸업 후 전공과에 진학하였으나 정작 전공과 졸업 후 진학 · 취업하는 장애 청소년은 46%(1,203명)에 그쳤다(교육부, 2023). 또한 고등학교 졸업 후 취업을 하더라도 제품제조, 식음료 서비스, 청소 · 세탁의 단순노무에 집중되었다. 제5차 특수교육발전계획의 한계로도 장애 청소년의 진로 다양화가 이루어지지 않았다는 지적이 있었다(교육부, 2022). 이는 사회적으로 장애인에게 특정 분야의 일을 연관 짓거나 장애유형의 특성에 따라 장애인의 직업적 역할도 제한하는 경향(이광원, 정종화, 장순욱, 2015)이 여전히 남아 있는 것으로 보인다. 이에 앞으로는 진로교육의 질적 향상을 위해서 장애 청소년을 자기결정과 선택할 권리를 가진 사회의 일원으로서 여겨야 하며, 삶의 주체성을 가진 존재로서 그들의 주관적인 흥미와 적성, 능력 등을 우선하여 고려해야 한다. 이에 본 연구에서는 장애인들의 자립과 삶의 질 향상을 위한 효과적인 개입을 위해서는 심리사회적인 측면을 고려하여 더 다양화되어야 한다(이익섭, 신은경, 2006).

박서정(2015)은 아스퍼거 장애를 가지고 있는 청소년이 자신의 진로개발 과정에서 겪는 다양한 경험을 8개의 구성 요소로 분류하였다. 그중 '진로개발을 위한 자기이해 및 탐색', '능력에 맞는 진로 분야 찾기', '진로개발의 걸림돌과 고충'의 요소에서 자기이해, 자기 능력 판단, 소진과 장애 특성으로 인한 한계 등을 스스로 파악하며 자신에게 맞는 진로를 개발해 가는 것으로 보고되었다. 이처럼 장애 청소년 또한 자신의 진로를 개발해 가는 과정에서 자기 자신에 대한 이해와 정체성, 흥미, 적성, 성격, 가치관 등을 고민하며 진로선택을 위한 진로발달과 성숙의 과정을 거치는 것이다. 이러한 연구 결과는 장애 청소년의 경우 진로발달의 과정에서 장애와 장애인으로서의 정체감이 영향을 유의미한 영향을 줄 것이라 예측 가능하게 하였다.

정준길(2000)은 청각장애 청소년을 대상으로 자아정체감 성장 훈련 프로그램이 진로태도와 능력의 성숙 수준에 어떠한 효과를 미치는지 알아보았다. 그 결과 자아정체감 성장 프로그램에 참여한 청각장애 청소년의 진로태도는 긍정적인 방향으로 전환되어 직업 세계에 대한 이해력 또한 높아진 것으로 나타났다. 그러나 프로그램에 참여한 청각장애 청소년의 진로능력에 대한 성숙효과는 미미한 것으로 나타나 자아정체감과 같은 심리적 요인과 진로태도성숙 간의 관계가 더 밀접한 것으로 해석된다.

김재엽과 이진석 및 오세헌(2014)의 연구에서는 장애인의 취업 의사에 장애정체감이 미치는 영향을 살펴봤는데, 장애정체감은 장애인의 취업 의사와 정적인 상관관계를 가지며 유의한 영향을 미치는 것으로 확인되었다. 이는 장애인이 스스로 장애에 대해 긍정적으로 인식하고 높은 수준의 장애정체감을 가질 경우 취업 의사도 높아질 수 있음을 시사한다. 장애인의 취업 의사가 높아진다는 것은 긍정적인 진로발달의 결과로 해석할 수 있으며, 진로선택과 취업이라는 문제에 대해 보다 성숙된 태도를 가질 수 있다고 하였다.

엄정혜와 양은주(2016)는 사회인지진로이론을 적용하여 성인장애인의 장애정체감이 비전통적 진로효능감과 진로흥미에 미치는 영향을 연구하였다. 비전통직업은 연구 대상이 직업으로서 고려하고 있는 직업을 국제표준산업분류(ISIC)와 한국표준산업분류(KSIC)에 따라 분류한 뒤 한국장애인고용공단의 조사 자료에 따라 5.0% 미만으로 분포된 직업을 의미한다. 해당 연구에서 장애정체감은 비전통적 진로자기효능감과 비전통적 진로흥미와 정적 상관을 보였으며, 비전통적 진로자기효능감은 장애정체감과 비전통적 진로흥미를 예측하는 간접매개효과가 있는 것으로 나타났다. 이는 장애정체감이 높은 사람일수록 비전형적이거나 제한되지 않은 진로를 선택할 가능성이 높으며, 자신의 흥미와 적성을 고려하여 진로를 선택할 가능성이 높음을 시사한다. 즉, 장애정체감이 높을수록 자신의 진로에 대해 더 풍부한 대안을 선택할 수 있고 진로에 대한 긍정적이고 성숙한 태도를 가질 수 있는 것이다.

김동일 등(2015)은 지적장애를 포함한 장애 청소년들의 진로성숙도 검사 도구 개발 및 이에 대한 타당화 연구를 통해 비장애 학생과 장애학생은 지능의 발달 속도와 진로의 목표가 차이가 있음을 밝혔으며 또한 진로성숙도의 하위 영역에서 진로능력 수준이 가장 높았고 다음으로 진로태도, 진로행동 순으로 높게 나타났음을 밝혔다. 또한 성숙도 전체 점수 평균이 장애 등급에 따라 유의한 차이가 있음을 밝혔다.

3) 장애 청소년의 진로진학상담의 실제

장애를 가진 청소년들을 위한 진로진학상담을 진행할 때는 그들의 상황에 대한 이해를 기반으로 접근이 필요할 것이다. 장애 청소년의 학교 진로진학상담의 내용을 정리하면 [그림 12-2]와 같다. [그림 12-2]의 내용들을 참고하여 장애 청소년을 위한 진로진학상담에서 효과적인 기법들을 정리하면 다음과 같다.

첫째, 개별화된 접근이 필요하다. 각 장애 유형에 따라 상담을 개별화하고, 학생의 강점과 약점, 흥미 등을 고려하여 맞춤형 지원을 제공해야 한다. 특히, 학생의 특수한 상황을 이해하고 인정하는 태도가 중요하다.

둘째, 학생의 이해와 특성을 파악하기 위해 평가 및 도구의 활용이 중요하다. 학생의 능력과 관련된 평가 도구를 활용하여 학력, 기술, 흥미, 성향 등을 정확히 파악해야 한다. 이를 통해 적절한 진로 및 진학 옵션을 제시할 수 있기 때문이다.

셋째, 특수교육 및 지원 서비스 연계가 중요하다. 학교 내 특수교육 및 지원 서비스와의 연계가 매우 중요하며 특수교사, 장애자 지원 담당자, 전문가들과 협력하여 학생의 문제에 맞는 개별화된 교육 및 지원 계획을 수립하는 것이 필요하다.

넷째, 부모 및 가족 참여가 중요하다. 학생의 부모와 가족은 진로와 학업에 큰 영향을 미친다고 볼 수 있고 상담은 학생의 부모와 가족을 적극적으로 참여시켜, 학생의 문제 상황 및 진로에 대한 의견을 듣고, 함께 협력하여 진로선택에 관한 결정을 내릴 수 있도록 도와주는 것이 필요하다.

다섯째, 진로탐색 및 체험 기회를 제공해야 한다. 학생들에게 다양한 진로탐색 기회와 체험활동을 제공하여 실제 경험을 통해 자기 흥미와 능력을 발견하도록 돕는 것이 중요하다.

여섯째, 학교 내외 지원 서비스를 활용하도록 한다. 학교 내부와 외부의 지원

서비스 및 자원을 활용하여 학생이 학업에 성공하고 향후 진로에 대비할 수 있도록 지원할 필요가 있다. 예를 들어, 취업 지원 서비스, 사회적 기술 향상 프로그램 등을 활용할 수 있도록 한다.

일곱째, 성공 사례를 공유할 필요가 있다. 다양한 장애 유형을 가진 성공적인 사례들을 학생들과 공유하여 자기 자신에 대한 자신감을 키우고, 가능성을 깨닫도록 도울 필요가 있다.

여덟째, 학업적 스트레스 관리할 수 있도록 도와주어야 한다. 학업적 스트레스를 관리하고 학습환경을 최적화하기 위해 특수교육 및 지원 서비스를 활용하여 필요한 수정 및 조정을 실시할 필요가 있다.

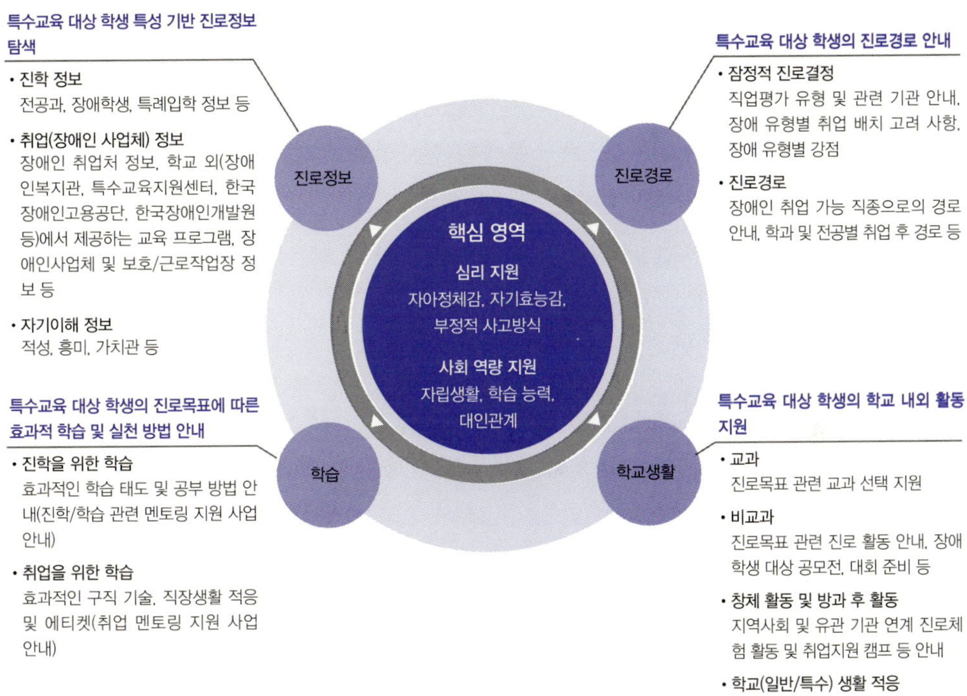

[그림 12-2] 장애 청소년의 학교 진로진학상담의 내용 영역

출처: 이지연 외(2016b).

장애 청소년의 학교 진로진학상담 사례

다음에 제시된 사례들은 이지연 등(2016b)이 연구한 특수교육대상 학생을 위한 학교진로상담(지도) 운영 매뉴얼에서 발췌하였다.

① 진로정보 사례

◈ 사전 확인

- 1단계: 진로희망 확인

◈ 진로상담(지도) 과정

- 2단계: (잠정적 결정인 경우)—진로결정 이유(동기, 계기) 및 진로정보 탐색 여부 확인
  (미결정인 경우)—진로미결정 원인 및 (과거) 진로심리검사 결과 확인
- 3단계: (잠정적 결정인 경우)—부족한 진로정보 요소 확인
  (미결정인 경우)—관련 직업 분야 확인
- 4단계: (잠정적 결정인 경우)—진로정보 제공 및 정보원 안내
  (미결정인 경우)—진로정보 탐색 지도

◈ 목표(지향점) 확인 및 마무리

- 5단계: (자기주도적) 진로정보 탐색 및 활용

일반적으로 장애 청소년들 눈높이에 초점을 둔 진로 및 진학 관련 정보가 매우 부족하다. 특히, 장애 청소년들에게는 자신들의 특성에 적합한 정보가 필요함에도, 장애 유형 및 장애 정도에 따라 접근이나 수집할 수 있는 정보에 차이가 있으므로 이를 해소해 나갈 수 있도록 다양한 진로 및 진학정보에 대한 지원이 필요할 것이다.

단계		항목	진로상담(지도) 내용 예시
1		진로희망 확인	• ○○는 미래에 해 보고 싶은 일이 있니? • ○○는 △△에 관심이 있구나? • ○○는 꿈이(해 보고 싶은 것이) 자꾸 바뀌어서 고민이구나? • ○○는 아직 꿈을 찾지 못했나 보구나?
잠정적 결정	2–1	진로결정 이유 및 진로정보 탐색 여부 확인	• 진로를 그쪽으로 정하게 된 이유는 뭐야? • 어떻게 해서 그 직업에 관심이 생기게 되었니? • △△에 관심이 있다고 했는데, 혹시 이 직업에 대해 알고 있는 것이 있니? • 찾아본 정보는 어떤 것들이야? 이 직업에 대해서 어떤 내용을 알고 있어? • 그 정보는 어떤 방법으로 알게 됐어? • 그동안 정보가 궁금할 때는 어떻게 해 왔어?
잠정적 결정	3–1	부족한 진로정보 요소 확인	• 혹시 좀 더 알고 싶은 정보가 있니? • 너의 진로를 준비하는 데 어떤 정보들을 좀 더 알아보는 것이 좋을까?
잠정적 결정	4–1	진로정보 제공 및 정보원 안내	• 그런 정보는 어디서 찾아보면 좋을까? • 혹시 ○○라는 사이트 알고 있니? • 그 정보는 ~~한 것인데, 혹시 알고 있었니? • 그 정보는 ○○을 통해 더 알아볼 수 있어. 집에 가서 정보를 좀 더 찾아보고 선생님과 다음에 좀 더 이야기 나눠 보자.
미결정	2–2	진로미결정 원인 및(과거) 진로심리검사 결과 확인	• 아직 꿈을 정하지 못한 이유는 무엇일까? • 아직 관심 있는 분야를 찾지 못했니? • ○○야, 아직 꿈을 찾지 못했다면 일단 진로심리검사 결과를 기초로 진로정보를 탐색해 보는 것은 어떨까? • 진로심리검사에서 추천된 직업이 무엇인지 살펴볼까?
미결정	3–2	관련 직업 분야 확인	• 검사 결과를 보니 어때? 평소에 네가 조금이라도 관심을 갖던 것들이니? • 이 중에 해 보고 싶다고 생각한 것들이 있니? • 너에게 보다 잘 맞다고 생각되는 일들은 어떤 것들이니?
미결정	4–2	진로정보 탐색 지도	• 진로를 찾아가는 데 가장 기초가 되는 것이 정보야. • 너의 특성에 적합한 진로정보가 어디 있나 같이 찾아보자.
5		(자기주도적) 진로정보 탐색 및 활용	• 앞으로도 궁금한 정보가 있으면 이런 식으로 찾아보면 좋겠어. • 이 정보를 가지고 앞으로 너의 진로를 준비하는 데 어떻게 활용하면 좋을까?

출처: 이지연 외(2016b).

1-1 진로정보

• 학생의 인적 사항 및 이해 정보 확인

<table>
<tr><td>성명/연령</td><td colspan="3">정○○/19세</td></tr>
<tr><td>성별</td><td colspan="3">남성</td></tr>
<tr><td>학생 유형</td><td colspan="3">지적장애 2급</td></tr>
<tr><td>학교급/학년</td><td colspan="3">특수학교 고등부/3학년</td></tr>
<tr><td>일반적인 특성</td><td colspan="3">• 행동적 특성: 물건을 자주 잃어버리고 쉽게 산만해지는 등 부주의한 모습이 있으며, 또래들과 잘 어울리지만 낯선 상황에서 자신의 의견을 말하지 못하고 위축됨
• 정서적 특성: 현재 수면장애, ADHD, 간질 등으로 약을 복용하고 있으며 주의집중력이 짧고, 위축되고 수동적인 모습을 보임
• 인지적 특성: 주의집중 시간이 짧음
• 가족관계적 특성: 부모님의 이혼으로 외갓집에서 지내고 있고 경제적 수준이 낮은 편임</td></tr>
<tr><td rowspan="10">학교생활 기록부 사항</td><td rowspan="3">진로희망 및 사유</td><td>특기(흥미)</td><td>• 디스크 골프, 게임</td></tr>
<tr><td>진로희망</td><td>• 물리치료사</td></tr>
<tr><td>희망 사유</td><td>• 장애로 인해 일상생활에서 시간관리, 건강관리의 어려움이 있음</td></tr>
<tr><td colspan="2">교과성적(특이 사항)</td><td>• 건강상의 이유로 지각과 무단결석이 많음
• 기초 학습 손실이 있음
• 체육 활동에서 관심이 높음</td></tr>
<tr><td colspan="2">방과 후 활동</td><td>• 건강 문제로 인해 결석이 많은 편임</td></tr>
<tr><td rowspan="4">창의적 체험 활동</td><td>자율 활동</td><td>• 생활훈련 실습에 참여하여 가정생활에 필요한 기술을 익힘
• 수학여행 참여, 지역문화 탐방, 친구들과 체험 활동 참여</td></tr>
<tr><td>동아리 활동</td><td>• 사물놀이반에서 장구치기를 함
• 모방 능력과 박자 감각이 뛰어난 편임
• 다른 친구들의 도움이 필요하긴 하지만 끝까지 수업에 집중하여 참여하고자 함</td></tr>
<tr><td>봉사 활동</td><td>• 보호 활동을 위해 쓰레기 줍기 활동을 함</td></tr>
<tr><td>진로 활동</td><td>• 진로상담 프로그램(5회기)에 참여함</td></tr>
</table>

- **학생의 진로유형 및 주요 고민 사례**

해당 진로유형	1순위	2순위
	동기촉진형	목표수립형
주요 고민	"아직까지 무엇을 해 보고 싶다는 생각을 해 본 적이 없어요."	
구체적 고민 사례	"저는 지금까지 살면서 무엇을 하고 싶다는 생각을 해 본 적이 없어요. 이 학교에 전학 오기 전에는 학교 가기 싫어서 게임만 했고요. 여기로 전학 오면서 선배들 보니까 다들 전공과로 가서 복지일자리도 하고 커피도 배우고 하더라고요. 바리스타가 재미있어 보이기는 하지만 지금 당장 바리스타가 되고 싶다거나 공부를 하고 싶다거나 그런 마음이 들지 않아요. 어차피 전공과 가면 뭐라도 할 건데 그때 가서 생각할래요."	

출처: 이지연 외(2016b).

- **학교진로상담(지도) 내용 영역별 단계별 접근 절차 적용**
  - 진로고민 1-1: "아직까지 무엇을 해 보고 싶다는 생각을 해 본 적이 없어요."
  - 상담 영역 1-1: 진로정보(진로미결정에 대한 진로정보 제공)

단계	항목	진로상담(지도) 예시	필요 도구 및 정보
1	진로희망 확인	• 선생님: 선생님하고 상담할 때 무엇을 해 보고 싶다는 생각을 해 본 적이 없다고 했는데, 진로희망 부분에 물리치료사라고 했네? 그렇게 적은 이유가 있어? • 학생: 적으라고 하니까 잘 생각이 나지 않아서 그냥 물리치료사가 도움이 될 것 같아서 적었어요.	
2	진로 미결정의 원인 및 (과거)진로 심리검사 결과 확인	• 선생님: 그랬구나. 그럼 혹시, 하고 싶은 일이나 해 보고 싶은 일은 있어? • 학생: 아직 제대로 생각해 본 적 없어요. • 선생님: 그럼, 지금 잠깐이라도 생각해 보자. 어떤 일을 하면 네가 재미있게 할 수 있을까? • 학생: 글쎄요. 딱히 없는데…… 전공과 가서 생각하면 안 돼요? • 선생님: 그래도 지금부터 생각해 보고 미리 준비하는 것이 나중에 큰 도움이 될 거야. 어떤 일이 닥쳐서 준비한 사람보다 미리 준비한 사람에게 더 많은 기회가 오는 게 당연하다고 할 수 있어.	

3	관련 직업분야 확인	• 선생님: 방과 후 활동이나 동아리 활동 시간에는 열심히 참여하고 있니? • 학생: 그래도 몸으로 하는 것은 재미있고 금방 따라 하는 것 같아요. X-BOX 같은 게임도 금방 적응하고요. • 선생님: 그럼 운동선수나 아니면 몸을 쓰는 쪽으로 진로를 잡아 보면 어떠니? 바리스타에도 관심 있어 보이던데. • 학생: 선배들 보니까 바리스타가 재미있어 보이더라고요. 별로 어려워 보이지도 않던데요?! • 선생님: 바리스타도 좋을 것 같다. ○○는 손재주도 있고 섬세한 기술도 금방 보고 따라 할 수 있으니까. • 학생: 그런데 바리스타 되려면 대학을 가야 하나요? 그건 아니죠? • 선생님: 당연하지. 바리스타 담당 선생님도 계시니까 시간 될 때 한번 찾아가 보는 것도 나쁘지 않을 것 같다. 그리고 바리스타 말고도 우리 학교에 제빵이나 세탁 같은 과목도 개설되어 있으니까 네가 재미있게 배울 수 있는 분야를 찾아보자.	
4	진로정보 탐색 지도	• 선생님: 혹시 전공과에서 바리스타 말고 제빵이나 세탁, 서비스 과목 수업하는 건 본 적이 있니? • 학생: 본 적은 없어요. • 선생님: 아직까지 명확하게 진로를 생각해 보지 않았다면, ○○가 원하는 진로에 대해 충분히 알아보고 직업, 하는 일, 근로 조건, 급여 등 다양한 정보를 파악해 두는 것이 필요해. • 학생: 그런 건 어디서 알 수 있어요? • 선생님: 커리어넷에도 많고 작년에 발간된 특수교육 대상 학생 진로정보 사회서비스직에도 있을 거야. 그거 보고 이야기해 보자.	커리어넷 2015 특수교육 대상학생 진로정보(사회서비스직)
5	(자기주도적) 진로정보 탐색 및 활용	• 선생님: 혹시라도 알아보고 싶은 직업이 있으면 이런 방식으로 찾아보면 돼. 그게 어려우면 언제든지 선생님에게 찾아와. • 학생: 네. 선생님 말을 들어보니까 내년에 졸업인데 지금부터 좀 알아보면서 조금씩 준비해 나가야 할 것 같아요.	

출처: 이지연 외(2016b).

② 진로경로 사례

◈ 사전 준비

- 1단계: 진로희망 확인

◈ 진로상담(지도) 과정

- 2단계: 희망 진로의 진로경로 정보 인식 수준 확인
- 3단계: 다양한 커리어 패스 정보 안내 및 진학/취업 사례 탐색
- 4단계: 적합 진로경로 탐색 지도

◈ 목표(지향점) 확인 및 마무리

- 5단계: (자기주도적) 진로 · 학업 경로 설계

단계	항목	진로상담(지도) 내용 예시
1	진로희망 확인	• ○○는 △△에 관심이 있다고 했네. • ○○는 △△가 되고 싶은가 보구나? • ○○는 어떤 계기로 △△에 관심을 가졌는지 선생님께 이야기해 주겠니?
2	희망 진로의 진로경로 정보 인식 수준 확인	• 그 꿈을 이루려면 어떻게 해야 하는지 알고 있니? • 어떤 과정을 밟아야 그 꿈을 이룰 수 있는지는 알고 있니?
3	다양한 커리어패스 정보 안내 및 진학/취업 사례 탐색	• 그 꿈을 이루기 위해서 ~한 방법도 있단다. • △△가 되는 방법은 ○○가 알고 있는 것 이외에도 여러 가지 경로가 있단다. 함께 알아볼까? • 이 분야에서 성공한 직업인 사례를 알아보는 것도 네가 진로를 찾아나가는 데 큰 도움이 될 거야. • 성공 직업인의 사례를 보면서 느낀 점이 있니? • 너의 진로에 참고할 만한 것들은 무엇일까?
4	적합 진로경로 탐색 지도	• 지금까지 알아본 여러 가지 경로 중에서 ㅇㅇ는 어떤 경로가 너에게 가장 적합하다고 생각해? • 어떤 방법이 ○○에게 제일 좋을 것 같니? • 꿈을 이루기 위해 여러 가지 경로가 있다는 생각을 가지고 너의 진로를 창의적으로 계획해 보자.

5	(자기주도적) 진로 · 학업경로 설계	• 그럼, ○○는 이제부터 그 꿈을 이루기 위해 어떻게 준비해 볼 생각이니? • △△가 되기 위해 얼마나 많은 노력과 시간을 쏟을 수 있다고 생각하니? • 도중에 얼마든지 계획이 바뀔 수도 있으니깐 너무 한 가지 길만 고집하지는 않아도 된다는 것 잊지 말자.

출처: 이지연 외(2016b).

2-2 진로경로

• 학생의 인적 사항 및 이해 정보 확인

<table>
<tr><td>성명/연령</td><td colspan="3">조○○/19세</td></tr>
<tr><td>성별</td><td colspan="3">남</td></tr>
<tr><td>학생 유형</td><td colspan="3">특수(지적장애 3급)</td></tr>
<tr><td>학교급/학년</td><td colspan="3">**고등학교(일반학교 특수학급)/3학년</td></tr>
<tr><td>일반적인 특성</td><td colspan="3">• 인지적 특성: 의사소통은 가능한 편이며, 표현언어가 발달하였음
• 행동적 특성: 무슨 일이든지 적극적으로 수행하려는 경향이 있음
• 정서적 특성: 수용적이나 여성에게는 공격적인 성향이 다소 있음
• 가족관계적 특성: 부모님과 함께 살고 있음</td></tr>
<tr><td rowspan="6">학생 이해정보</td><td rowspan="3">진로희망 및 사유</td><td>특기(흥미)</td><td>• 태권도, 농구, 축구</td></tr>
<tr><td>진로희망</td><td>• 축구선수, 바리스타, 요리사, 제조 관련 단순노무자 등</td></tr>
<tr><td>희망 사유</td><td>• 운동을 좋아하고 멋있어 보여서</td></tr>
<tr><td rowspan="3">기능적 특성</td><td>일상생활 기능</td><td>• 개인위생 관련 청결 지원이 필요함(식사 후 입 주변 정리가 되지 않는 상태 지속)
• 날씨에 맞게 옷을 입을 수 있으며 지정된 대중교통을 이용할 수 있음</td></tr>
<tr><td>직업 기능</td><td>• 지시에 따라 비질과 걸레질 등의 청소를 수행하는 데에는 제한성 있음
• 숫자 세기, 덧셈과 뺄셈 등 가능하며 읽기 가능, 전자시계 보기 가능하며 아날로그시계 보기 또한 가능함</td></tr>
<tr><td>직무 관련 기능</td><td>• 우세한 손은 왼손이며 방향변별력과 형태지각 모두 낮은 수준을 보임</td></tr>
</table>

		직업 관련 사회행동	• 의사소통 가능하나 목소리가 작고 발음이 부정확함 • 동료의 일에 관심을 보이고 정해진 규율을 지키기 위해 노력함
		정서적 기능	• 필요한 말을 위주로 할 수 있으나 눈치를 보면서 다른 사람의 평가를 수시로 확인함

* 이 사례는 장애인복지관 취업준비훈련 프로그램과정에 참여한 학생을 대상으로 한 사례이다.

• 학생의 진로유형 및 주요 고민 사례

해당 진로유형	1순위	2순위
	목표수립형	동기촉진형
주요 고민	"고등학교를 졸업하면 무엇을 해야 할지 결정하지 못했어요."	
구체적 고민 사례	"고등학교를 졸업하면 요리사나 축구선수가 되고 싶었어요. 학교에서 제과제빵을 하면서 피자 만들기와 빵 만들기를 해 봤었는데 재미있었어요. 그래서 밥과 반찬을 잘 만드는 요리사가 되고 싶기도 해요. 매주 토요일에 동네 아저씨들과 2시간 정도 축구를 하는데 재미있어서 축구선수가 되는 것도 좋은 것 같아요. 또 5월부터 장애인복지관에서 훈련을 하고 있는데 원래 하고 싶었던 요리사나 축구선수도 좋지만 선배들이 취업하는 바리스타나 제조업체에서 일하는 것도 괜찮을 것 같아요. 이것저것 관심 있는 것들은 많은데 무엇을 해야 할지 결정하지 못하겠어요. 어디로 취업을 해야 할까요?"	

• 학교진로상담(지도) 내용 영역별 단계별 접근 절차 적용

– 진로고민 2–2: "고등학교를 졸업하면 무엇을 해야 할지 결정하지 못했어요."

– 상담 영역 2–2: 진로경로

단계	항목	진로상담(지도) 예시	필요 도구 및 정보
1	진로희망 확인	• 선생님: ○○는 어떤 일을 하는 사람이 되고 싶어요? • 학생: 잘 모르겠어요.	전공과 생활기록부

2	희망 진로의 진로경로 정보 인식 수준 확인	• **선생님: 아직 정확하게 어떤 일을 해야 할지 결정을 하지 못했군요. 그렇다면 평소에 관심이 있었던 일이 있나요?** • 학생: 학교에서 제과제빵을 하면서 피자 만들기와 빵 만들기를 해 봤었는데 재미있었어요. 그리고 매주 토요일에 동네 아저씨들과 2시간 정도 축구를 하는데 재미있었고요. 또 5월부터 장애인복지관에서 훈련을 하고 있는데 선배들이 취업하는 바리스타나 제조업체에서 일하는 것도 괜찮을 것 같아요. • **선생님: ○○는 제과제빵사, 축구선수, 바리스타 등 다양한 분야에 관심을 가지고 있네요. 그래도 하고 싶어 하는 다양한 분야를 경험하고 있는 것 같아서 보기 좋군요.** • 학생: 재미를 가지고 열심히 하고는 있는데, 졸업 후 무엇을 해야 할지 생각하면 막막한 느낌이에요. • **선생님: 지금 관심을 보였던 제과제빵사, 축구선수, 바리스타 등의 직업 중에 조금 더 관심을 가지고 있는 직업이 있어요?** • 학생: 5월부터 장애인복지관에서 훈련을 하고 있는데 취업을 생각하면 바리스타나 제조업체에서 일하는 것이 더 좋을 것 같아요. • **선생님: 그렇다면 바리스타나 제조업체에서는 어떻게 일할 수 있는지 알고 있나요?** • 학생: 아니요. 그저 많은 활동을 하면서 하고 싶다는 생각만 했던 것 같아요.	
3	다양한 커리어패스 정보 안내 및 진학/취업 사례 탐색	• **선생님: 다양하게 관심을 가지고 있는 직업들 중에서 우선 바리스타 관련 직업은 어떻게 가질 수 있는지 한번 확인해 볼까요?** • 학생: 어떻게 하면 알 수 있나요? • **선생님: 2015년 한국직업능력개발원에서 개발한 『50개 직업에 대한 커리어패스 정보』 책을 보면 바리스타와 제조업과 관련한 직업의 경로를 확인할 수 있어요. 그리고 커리어넷의 직업 정보를 활용하면 보다 다양하고 구체적인 정보를 얻을 수 있을 거예요. 바리스타가 되기 위해서는 꼭 대학을 진학해야 하거나 한 건 아닌 것 같네요.**	• 커리어넷 직업 정보 http://www.career.go.kr/cnet/front/base/job/jobList.do#ab1

4	적합 진로경로 탐색 지도	• 학생: 이렇게 좋은 정보가 있었다니……. 저한테 정말 도움 되는 것 같아요. 그런데 주변에 실제 그쪽에서 일하고 있는 사람들에게 묻고 싶은 것도 있는데 그럴 수 없어서 아쉬워요. • **선생님: 그렇다면 간접적으로 직업인을 대상으로 한 직업 동영상을 보면서 궁금했던 것들을 물어볼 수 있어요. 아니면 주변에 많은 카페나 커피 체인점에 가서 도움을 구해 보는 것도 좋을 것 같아요.** • 학생: 바리스타는 무조건 대학을 가야만 되는 줄 알았는데 그건 아닌 것 같네요. 그래도 대학을 나오면 좋을 것 같기도 하네요. • **선생님: 한 직업을 위해서는 다양한 경로가 있어요. 이제 다양한 정보를 찾아보면서 본인에게 가장 맞는 방법을 찾아가고 꾸준히 노력하면 좋을 것 같아요.**	• 커리어넷 직업인 동영상 • 커리어패스 정보(한국직업능력개발원)
5	(자기주도적) 진로 · 학업 경로 설계	• 학생: 앞으로도 관심 있는 분야가 생기면 이렇게 알아보면 되겠어요. • **선생님: 그래요. 도중에 얼마든지 계획이나 꿈이 바뀔 수 있으니깐 열린 마음을 가지고 꾸준히 노력하는 것이 중요해요. 포기하지 말고 본인에게 가장 적합한 직업을 찾아서 노력해 봐요.**	

출처: 이지연 외(2016b).

장애 청소년들의 경우, 장애인으로서 성공적으로 진학을 하거나 취업한 사례에 대한 정보가 부족하다. 따라서 학생들은 자신과 유사한 장애를 가진 사람이 어떤 경로를 통하여 취업과 진학을 하였는지 매우 궁금해한다. 이러한 정보는 학생들의 잠정적 진로결정에 도움을 줄 수 있으므로, 다양한 진로경로 정보를 제공하고 진학 및 취업과 관련한 사례 등이 제공되는 진로진학지도가 필요하다.

3. 탈북 학생 진로진학상담

1) 탈북 학생의 개념과 특성

탈북 학생은 6세부터 24세에 해당되는 북한이탈주민인 탈북 청소년 중에서 초중고등학교 학령기 학생들을 말한다. 탈북 학생은 출생지에 따라 북한 출생, 제3국 출생, 남한 출생의 3가지 유형으로 구분되는데, 남한 출생의 경우 교육적 지원의 대상에 해당되지 않는 경우가 있다. 따라서 이 장에서 정의하는 탈북 학생이란 용어는 중고등학교에 재학 중이며 교육적 지원의 대상인 탈북 출생 및 제3국 출생 학생으로 정의하고자 한다.

탈북 학생들은 여러 가지 사회적 차이로 인해 북한에서 태어나 자라는 동안 북한 청소년들의 기본적인 의식이 남한 청소년들과는 구별되는 차이점을 볼 수 있다. 탈북 학생들은 그 특성이 일반적으로 규정되지는 않지만, 남북한 학교 교육의 차이, 탈북 학생임을 드러내기 어려운 상황, 부모의 지원을 기대하기 어려운 조건 등에 의해 학교생활적응에 어려움을 겪는 경우가 많다.

탈북 학생들의 특징을 보면 탈북 학생 역시 청소년기의 사춘기에 해당되므로 심리적 · 신체적 · 사회적인 변화에 대해 적응해야 하는 커다란 불안감으로 인해 판단력이 흐려지고 심리적 불안정한 상태에서 많은 문제를 야기할 수 있다. 또한 남한 학생들과의 관계에 있어서 특히 학교에서의 적응이 어려워 쉽게 포기하는 경향을 보인다. 탈북 청소년들의 또래문화로의 장애가 되는 요인 가운데 하나로 입국 직후 남북한 간의 언어 차이뿐만 아니라 컴퓨터 용어, 채팅 용어, 남한의 텔레비전 매체의 방송 용어 등에 대한이해가 부족과 또래친구와 어울렸을 때 그들의 대화에 참여하지 못하고 소외감을 느끼는 등 부정적인 영향을 받는 것으로 나타났다(이수연, 2008).

탈북 학생들은 북에서 살 때는 불안정한 가정환경에서 살아왔다. 부모님이 먼저 탈북을 시도하였음에도 불구하고 그런 소식을 못 듣고 부모 없이 생활하였거나, 다른 친인척들 집에 들어가 생활하는 등 가정이 대체로 불안한 상황이었다. 가정에서 고민 대화자가 있는 경우와, 가족과의 관계가 양호할수록 인간관계 적응에 영향을 미치는 효과가 탈북 학생에게는 긍정적으로 나타났다.

그러나 탈북 학생의 대부분이 한 부모 가정에서 살고 있거나 무연고 탈북 학생이다. 탈북 학생은 부모 중에 한 부모가 먼저 한국에 입국하여 자녀를 데려오는 경우가 많아 대체로 어머니와 사는 경우가 많다. 탈북 학생들은 새로운 문화에 적응하며 살아가고 있는 어려운 환경 속에서도 학교생활을 잘하고 있는 학생들도 많아지고는 있다. 또한 최근에 북한에서 직행으로 남한에 입국하는 탈북 학생이 많아짐에 따라 학교생활적응에서도 꿈과 희망을 실현하기 위해 열심히 살아가고 있는 학생도 늘어가는 실정이다.

탈북 학생은 학교생활 적응 과정에서 언어와 또래 문화에서 이질감을 갖고 있으며, 이러한 문화적응 과정에서의 어려움은 학교를 그만두거나 중도 탈락하게 하는 중요한 요인으로 작용하고 이러한 경향은 그 자체로서 탈북 학생의 심리적 적응에 큰 부담으로 작용하며 또래들 사이에서 소외감을 경험하기도 한다.

2) 탈북 학생의 진로진학 특성

탈북 학생의 초 · 중 · 고 학업 중단율은 2008년에 10.8%로 높은 편이었으나 점차 감소하기 시작하여 2018년에는 2.5%로 감소하고 있는 경향을 보이고 있다.

이러한 탈북 학생들은 적응상 어려움들을 겪고 있다. 일부 탈북 학생은 학력결손, 언어 · 문화적 차이 등으로 인해 학교적응에 곤란을 겪고 있으며, 2016년도 탈북 청소년 실태 조사에서 탈북 청소년이 학교생활에서 가장 어려워하는 문제는 학교수업 따라가기가 48.5%로 가장 어렵고, 문화, 언어 적응이 7.6%, 친구관계가 8.1%순으로 응답하였는데 이는 학교수업이 북한과 교육편제도 다르고 제도적으로도 차이가 심하여 사회적으로도 적응하기가 어려운 것으로 판단된다. 이런 남북한 사회문화 차이로 인한 학업 어려움과 시행착오에 따른 적응의 어려움으로 인해 적응이 어려우며 북한에서 생활습관에 따른 종속적이고 부정적인 자기인식이 심리적인 기저에 자리 잡고 있어서 안정감을 저해하고 학업에 집중하지 못하는 결과를 초래한다.

또한 미래에 대한 불안감과 남한 학생들보다 대체적으로 나이가 많은 것, 그리고 생활고로 인한 부적응도 나타나기도 한다. 또 다른 중도탈락의 원인으로는 우울감과 무력감으로 불안감과 고립감, 그리고 위축감과 긴장감을 항상 갖고 있으므로 해서 불가능하다는 인식하에 중도포기의 길을 가기도 한다.

탈북 학생들은 대인관계에 대한 두려움으로 인하여 열등감과 남한 문화에 대한 이해 부족이 자기관리의 미숙으로 이어지므로 적응을 위한 가족들의 격려와 동기부여는 매우 중요하다고 볼 수 있다.

남북하나재단이 발간한 2020년 탈북 청소년 실태조사에 의하면 62.5%의 탈북 청소년들은 심리 및 생활, 교육 및 학습 특성에도 불구하고 탈북 학생을 대상으로 한 대학 특례입학 제도를 활용한 대학 진학을 희망하다. 탈북 청소년들이 대학 이상의 교육을 기대하는 이유는 57.6%가 좋은 직업을 갖기 위해서며, 31.2%는 자신의 능력과 소질을 계발하기 위해서이다. 그러나 대학 공부에 필요한 학력(學力)의 부족, 치열한 경쟁으로 인해 원하지 않는 학과 선택 후의 갈등, 경제적 어려움 등으로 휴학하거나 중도에 탈락하는 경우의 특성을 보인다(북한이탈주민지원재단, 2021). 탈북 청소년의 한국 사회에 대한 이해의 결여는 진로 및 직업 세계의 선택에 있어 충분한 자기이해와 정보를 바탕으로 자신의 적성이나 흥미를 고려하기보다 일시적인 유행이나 경향을 좇아 진로를 선택하게 한다.

탈북 학부모 또한 남한 사회에 대한 정보와 이해 부족으로 자녀의 진로선택에 충분한 도움을 주지 못하는 경우가 많아 부모는 탈북 청소년의 진로결정자원 부족 중의 하나로 언급되었다(김경준, 이수정, 윤상석 외, 2009). 더구나 개인보다는 집단이 우선이며 학습, 직업 등에 있어 본인 자신의 자유 선택권이 거의 없다고 할 수 있는 국가체제에서 성장하다가 남한에서의 모든 행동과 활동을 자기 스스로가 결정해야만 하는 방식에 맞춰 나가야 한다는 점은 탈북 청소년에게는 매우 힘든 일이기 때문에 탈북 청소년들은 장기적 시각에서 진로에 관심을 두고 진로를 개발하는 것에 어려움을 경험한다(좌동훈, 이민영, 지소연, 2016).

허은영과 강혜영(2010)은 새터민 청소년을 위한 진로지도 프로그램 개발 연구를 하였는데, 이 프로그램이 새터민 청소년의 자기이해, 계획성, 실천을 증진하는 등 진로발달에 긍정적 영향을 미쳤으며, 특히 성취의지 향상에 효과가 나타났다고 하였다.

3) 탈북 학생의 진로진학상담의 실제

탈북 학생들을 위한 진로진학상담을 진행할 때는 그들의 상황에 대한 이해를 기반으로 접근이 필요할 것이다. 탈북 학생의 학교 진로진학상담의 내용을 정리하면 [그림 12-3]과 같다. [그림 12-3]의 내용들을 참고하여 탈북 학생을 위한 진로진학상담에서 효과적인 기법들을 정리하면 다음과 같다.

첫째, 문화적 이해와 존중이 필요하다. 진로진학상담교사는 탈북 학생의 문화적 배경을 이해하고 존중해야 하며 학생의 가치관, 가족 구조, 문화적 특성 등을 고려하여 상담을 진행할 필요가 있다.

둘째, 언어 지원을 할 필요가 있다. 탈북 학생들은 종종 모국어와 현지 언어 간의 언어적 도전을 겪을 수 있어서 진로진학상담교사는 필요에 따라 통역 서비스를 활용하거나, 학생의 언어 능력을 개선하기 위한 지원을 제공할 필요가 있다.

셋째, 이주 경험을 고려할 필요가 있다. 학생들의 이주 경험을 이해하고 고려하는 것이 중요합니다. 특히, 이주 과정에서 겪은 어려움이나 성공적인 적응 경험을 통해 학생과의 공감대를 형성하는 것이 중요하다.

넷째, 가족과의 협력이 중요하다. 가족은 탈북 학생의 진로에 큰 영향을 미치기 때문에 가족과의 협력을 통해 가정 내에서의 지원과 기대를 이해하고, 가족이 진로 선택에 어떻게 영향을 미치는지 파악할 필요가 있다.

다섯째, 진로탐색의 다양성이 필요하다. 다양한 진로 및 직업 분야에 대한 정보를 제공하고, 학생이 자신의 흥미와 능력을 고려하여 진로를 탐색하도록 한다.

여섯째, 학문적 지원 및 교육 계획이 중요하다. 언어적 도전이나 학습 어려움을 겪는 학생들을 위해 특별한 학문적 지원 및 교육 계획을 수립하는 것이 중요하다.

그리고, 보충교육이나 프로그램 등을 활용도 중요하다고 볼 수 있다.

일곱째, 다문화 교육 참여 유도가 필요하다. 다문화 교육 프로그램이나 활동에 학생들을 참여시켜, 다양한 문화 간의 이해와 친목을 도모할 수 있다.

여덟째, 커리어 리소스 제공이 필요하다. 학생들이 진로탐색을 할 때 필요한 커리어 리소스를 제공해야 한다. 대학 정보, 직업 탐색 도구, 취업 지원 등에 대한 정보를 지원할 필요가 있다.

아홉째, 성공 사례 공유가 필요하다. 이주민 출신의 성공 사례들을 학생들과 공유하여 자아 동기 부여를 높이고 긍정적인 모델을 제시하는 것도 필요하다.

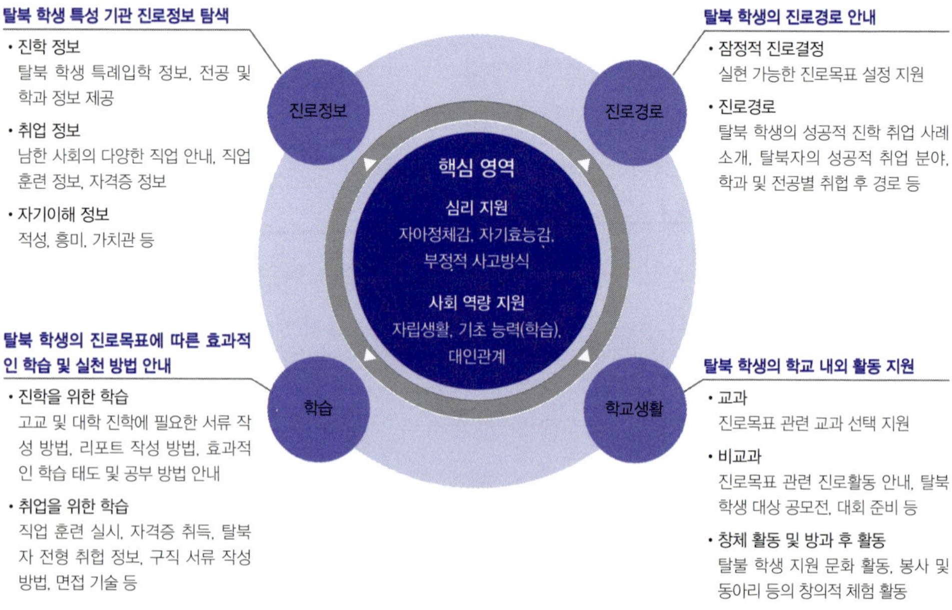

[그림 12-3] 탈북 학생의 학교 진로진학상담의 내용 영역

출처: 이지연 외(2016c).

탈북 학생의 학교 진로진학상담 사례

다음에 제시된 사례들은 이지연 등(2016c)이 연구한 탈북 학생을 위한 학교진로상담(지도) 운영 매뉴얼에서 발췌하였다.

① 진로정보 사례

◈ 사전 확인

- 1단계: 진로희망 확인

◈ 진로진학상담(지도) 과정

- 2단계: (잠정적 결정인 경우)–진로결정 이유(동기, 계기) 및 진로정보 탐색 여부 확인
  (미결정인 경우)–진로미결정 원인 및 (과거) 진로심리검사 결과 확인
- 3단계: (잠정적 결정인 경우)–부족한 진로정보 요소 확인
  (미결정인 경우)–관련 직업 분야 확인
- 4단계: (잠정적 결정인 경우)–진로정보 제공 및 정보원 안내
  (미결정인 경우)–진로정보 탐색 지도

◈ 목표(지향점) 확인 및 마무리

- 5단계: (자기주도적) 진로정보 탐색 및 활용

단계	항목	진로상담(지도) 내용 예시
1	진로희망 확인	• ○○는 미래에 해 보고 싶은 일이 있니? • ○○는 △△에 관심이 있구나? • ○○는 꿈이(해 보고 싶은 것이) 자꾸 바뀌어서 고민이구나? • ○○는 아직 꿈을 찾지 못했나 보구나?

<table>
<tr><td rowspan="3">잠정적 결정</td><td>2–1</td><td>진로결정 이유 및 진로정보 탐색 여부 확인</td><td>• 진로를 그쪽으로 정하게 된 이유는 뭐야?
• 어떻게 해서 그 직업에 관심이 생기게 되었니?
• △△에 관심이 있다고 했는데, 혹시 이 직업에 대해 알고 있는 것이 있니?
• 찾아본 정보는 어떤 것들이야? 이 직업에 대해서 어떤 내용을 알고 있어?
• 그 정보는 어떤 방법으로 알게 됐어?
• 그동안 정보가 궁금할 때는 어떻게 해 왔어?</td></tr>
<tr><td>3–1</td><td>부족한 진로정보 요소 확인</td><td>• 혹시 좀 더 알고 싶은 정보가 있니?
• 너의 진로를 준비하는 데 어떤 정보들을 좀 더 알아보는 것이 좋을까?</td></tr>
<tr><td>4–1</td><td>진로정보 제공 및 정보원 안내</td><td>• 그런 정보는 어디서 찾아보면 좋을까?
• 혹시 ○○라는 사이트 알고 있니?
• 그 정보는 ~~한 것인데, 혹시 알고 있었니?
• 그 정보는 ○○을 통해 더 알아볼 수 있어. 집에 가서 정보를 좀 더 찾아보고 선생님과 다음에 좀 더 이야기 나눠 보자.</td></tr>
<tr><td rowspan="3">미결정</td><td>2–2</td><td>진로미결정 원인 및 (과거) 진로심리검사 결과 확인</td><td>• 아직 꿈을 정하지 못한 이유는 무엇일까?
• 아직 관심 있는 분야를 찾지 못했니?
• ○○야, 아직 꿈을 찾지 못했다면 일단 진로심리검사 결과를 기초로 진로정보를 탐색해 보는 것은 어떨까?
• 진로심리검사에서 추천된 직업이 무엇인지 살펴볼까?</td></tr>
<tr><td>3–2</td><td>관련 직업 분야 확인</td><td>• 검사 결과를 보니 어때? 평소에 네가 조금이라도 관심을 갖던 것들이니?
• 이 중에 해 보고 싶다고 생각한 것들이 있니?
• 너에게 보다 잘 맞다고 생각되는 일들은 어떤 것들이니?</td></tr>
<tr><td>4–2</td><td>진로정보 탐색 지도</td><td>• 진로를 찾아가는 데 가장 기초가 되는 것이 정보야.
• 너의 특성에 적합한 진로정보가 어디 있나 같이 찾아보자.</td></tr>
<tr><td colspan="2">5</td><td>(자기주도적) 진로정보 탐색 및 활용</td><td>• 앞으로도 궁금한 정보가 있으면 이런 식으로 찾아보면 좋겠어.
• 이 정보를 가지고 앞으로 너의 진로를 준비하는 데 어떻게 활용하면 좋을까?</td></tr>
</table>

출처: 이지연 외(2016c).

1-1 진로정보

• 학생의 인적 사항 및 이해 정보 확인

항목			내용
성명/연령			신○○/18세
성별			남
학생 유형			탈북/북한 출생
학교급/학년			고등학교/2학년
일반적인 특성			• 한국에 온 지 7개월 • 부모님의 교육열이 높아 학생이 좋아하는 분야가 무엇인지에 관심을 갖고 적극적으로 지지함 • 한국어 실력이 능숙하지 못한 상황에서도 지게차 운전 필기시험에 합격하고 현재 실기시험을 준비 중임 • 학습 능력이 뛰어나지는 않지만 꾸준히 노력하여 다른 학생들보다 좋은 성과를 나타내고 있음
학교생활 기록부 사항	진로희망 및 사유	특기(흥미)	• 기계 조립
		진로희망	• 자동차 정비
		희망 사유	• 어려서부터 기계 다루는 것을 좋아해 자동차 정비를 하고 싶음
	교과성적 (특이 사항)		• 성적이 좋지는 않으나 꾸준하게 노력함
	방과 후 활동		• 성적이 낮은 과목을 남아서 학습함 • 자격증 실기시험 준비 중임
	창의적 체험 활동	자율 활동	• 특이 사항 없음
		동아리 활동	• '꽃보다 미술'에서 뒷정리를 잘하고 다른 사람들의 물건을 잘 챙겨 주는 등 꼼꼼하고 세심한 성격임 • 배려심이 뛰어나 친구들에게 양보를 많이 함
		봉사 활동	• 인근 지역 노인요양원에서 주기적으로 봉사 활동 참여 • 교내 및 지역사회 환경정화 활동 참여
		진로 활동	• 다른 친구들이 휴식을 취하는 시간에도 자격증 취득을 위하여 최선을 다해 공부하며 자신의 미래를 차근차근 준비해 나가는 모습이 돋보임 • 학교에서 운영하는 직업교육 활동으로 '지게차 운전' 필기시험에 합격함

• **학생의 진로유형 및 주요 고민 사례**

해당 진로유형	1순위	2순위
	동기촉진형	목표수립형
주요 고민	"기계 정비 관련 일을 하고 싶은데 무엇을 해야 할지 모르겠어요."	
구체적 고민 사례	"남한에 온 지 7개월이 되었어요. 북한에 있을 때는 꿈이라는 것을 생각하지도 못했는데, 남한에 와서 하고 싶은 일이 생겼어요. 기계 다루는 것을 좋아해 기계 정비와 관련된 일을 하고 싶기는 한데, 구체적으로 정비 관련 직업들이 무엇이 있는지 잘 모르겠어서 헷갈려요. 자동차 정비라는 직업이 있다고 들었는데 제가 그것을 잘할 수 있을지도 모르겠고, 무엇을 어떻게 하면 좋을지 모르겠어요."	

출처: 이지연 외(2016c).

• **학교진로상담(지도) 내용 영역별 단계별 접근 절차 적용**

– 진로고민 1: "기계 정비 관련 일을 하고 싶은데 무엇을 해야 할지 모르겠어요."

– 상담 영역 1: 진로정보(잠정적 결정에 대한 진로정보 제공)

단계	항목	진로상담(지도) 예시	필요 도구 및 정보
1	진로희망 확인	• 선생님: ○○이 작년 12월에 왔으니 이제 7개월이 되어 가네. 그래 7개월 동안 살아 보니 북한의 생활과 뭐가 다른 것 같아. • 학생: 아직 잘 모르겠는데…… '노력하면 할 수 있다'는 믿음이 생겼어요. • 선생님: 정말 다행이다. 너의 노력하는 모습을 보면 선생님도 그 믿음에 대한 확신이 든다. 그래 ○○는 북한에 있을 때 꿈은 무엇이었어? • 학생: 북한이 있을 때는 꿈이라는 것을 가져보지 못했어요. 이룰 수 없다는 생각조차도 하지 않았으니까 꿈이라는 것도 모르고 지냈죠. • 선생님: 그랬구나. 지금은? 지금도 꿈이 없니? • 학생: 아니요. 정비 관련된 일을 하고 싶어요. 예를 들면, 자동차 정비 같은 것?	

2	진로 결정 이유 및 진로정보 탐색여부 확인	• 선생님: 다른 직업도 많은데 특별히 정비 일을 하고 싶은 이유가 있니? • 학생: 기계 다루는 일을 좋아했어요. • 선생님: 맞아. ○○는 지난달에 학교에서 하는 직업 교육 시간에 그 어려운 지게차 운전 필기시험도 합격했고 실기 준비도 하고 있지. 그런데 그 정비 관련된 일을 하려면 대학을 갈 수도 있고, 고등학교 졸업하고 바로 취업을 할 수도 있는데 ○○는 어떻게 생각하고 있어? • 학생: 전문대학교를 가고 싶어요. • 선생님: 관련된 학과에 대해 알아보았어? • 학생: 아니요. 아직 확신이 안 서서요.	
3	부족한 진로정보 요소 확인	• 선생님: 아니 확신이 안 서다니…… 무슨 다른 고민이 있는 거야? • 학생: 고민은 아니고 정비 관련 직종도 다양하다고 들었는데 무엇을 선택하는 것이 좋을지 모르겠어요. • 선생님: 한국에 온 지 얼마 되지 않은 상황에서 ○○가 미래에 대한 목표가 생긴 것은 선생님도 정말 기뻐할 일이야. 혹시 정비 관련된 일들이 무엇이 있는지 구체적으로 정보를 탐색해 본 적이 있니? • 학생: 따로 직업을 찾아보지는 않았고, 자동차 정비만 알아요. 그런데 어디서 듣기로는 정비 관련 일에 여러 가지 분야가 있다고 하더라고요.	
4	진로정보 제공 및 정보원 안내	• 선생님: 그래. ○○가 들었듯이 정비 관련된 일에서도 다양한 분야가 있단다. 오늘은 선생님과 정비 관련 일이 무엇이 있는지 함께 살펴보자. 〈커리어넷〉 홈페이지에 들어가 직업 정보에 '정비'라고 입력하면 다양한 정비 관련 일들이 나오거든. 선박 정비, 철도 정비, 항공 정비, 그리고 네가 말한 자동차 정비도 있다. 자동차 정비 관련된 내용을 한번 볼까? • 학생: 아니요. 선생님 항공 정비 한번 보고 싶어요. • 선생님: 그래 항공 정비는 처음 접해서 궁금하구나. 그럼 지금 모든 것을 다 볼 수 없으니까 오늘은 항공 정비에 관련 내용을 선생님이 출력해 줄게…… (관련 내용 출력 후) …… 이것은 항공 정비의 역할 관련된 것이고, 이 외에도 철도차량정비원, 선박정비원 등이 있는 것을 확인할 수 있지?	커리어넷 http://www.career.go.kr/cnet > 항공정비

5	(자기주도적) 진로정보 탐색 및 활용	• 학생: 선생님! 생각보다 어렵지 않은데요? 정비와 관련해서도 여러 가지 직업들이 있다는 것을 실제로 확인하니까 좋아요. • 선생님: ○○ 혼자서도 쉽게 찾을 수 있겠지? 조금 전에 ○○가 하고 싶은 일에 대한 확신이 없다고 했었는데, 정말 하고 싶은 일이 무엇인지 확신을 가지지 못한 것이 잘못된 것이라고 보지는 않는다. 남한에서 몇십 년을 살아도 확신 갖기가 쉽지 않거든. 하지만 분명한 것은 방황이 길면 길수록 혼란이 심해지니 다양한 직업의 세계를 검색해 보고 정말 네가 하고 싶은 일을 결정했으면 좋겠다.	

출처: 이지연 외(2016c).

탈북 학생의 진로정보 지도 시 유의 사항에 대해 정리하면 다음과 같다.

첫째, 남북한의 직업 세계의 차이에 대한 인식구조 미형성인데, 탈북 학생들은 남북한에 존재하는 직업 세계의 차이를 이해할 수 있을 만큼 인식 구조가 충분히 형성되어 있지 못한 경우가 많다. 자신의 진로를 결정하고 탐색하는 과정에서 한국의 직업 세계에 대한 왜곡된 인식구조가 발현되거나 형성될 개연성이 크며 이로 인하여 부적절한 의사결정을 하는 경향이 있다.

둘째, 정확한 진로정보의 부족인데, 탈북 학생들은 진로에 대한 관심, 자신감 등은 비교적 높은 편이나 명확한 진로목표가 설정되지 않은 상황이며, 원하는 진로에 대한 확신 정도가 낮은 경우가 많다. 이는 정확한 진로정보나 전망을 제공받지 못한 데서 기인한 것으로 보인다.

셋째, 다양한 진로정보원의 부족인데, 탈북 학생의 경우 남한 청소년의 경우와 달리 교사를 매우 중요한 진로정보원(41.6%)으로 두고 있는 것으로 나타나고 있는데, 이는 진로상담(지도) 장면에서 학생들이 보다 다양한 진로정보원을 활용할 수 있도록 교사가 촉진자의 역할을 수행해야 함을 시사하고 있다.

다섯째, 외재적 진로가치관 보유인데, 진로결정 시 가장 고려하는 요인은 경제적 요인으로 적성과 흥미를 우선시하는 한국 학생들과 차이를 보이고 있다.

여섯째, 현실과 이상의 괴리인데, 미래에 대한 포부와 공부에 대한 열의가 높으나 북한에서 선전하는 한국의 실상이나 밀반입된 한국 영화, 드라마를 통하여 다소 왜곡된 방식으로 한국 사회에 대한 정보를 학습해 왔다고 볼 수 있다. 이로 인한 한국에 대한 허구적 이미지가 미래에 대한 포부와 공부에 대한 열의와 충돌하여 현실 간의 괴리가 큰 경우가 나타날 수 있으므로 진로진학상담 장면에서 이를 조정하고 학생 자신의 적성과 능력에 맞는 꿈을 실현할 수 있도록 돕는 것이 중요하다.

② 진로경로 사례

◈ 사전 준비

- 1단계: 진로희망 확인

◈ 진로진학상담(지도) 과정

- 2단계: 희망 진로의 진로경로 정보 인식 수준 확인
- 3단계: 다양한 커리어 패스 정보 안내 및 진학/취업 사례 탐색
- 4단계: 적합 진로경로 탐색 지도

◈ 목표(지향점) 확인 및 마무리

- 5단계: (자기주도적) 진로 · 학업 경로 설계

단계	항목	진로상담(지도) 내용 예시
1	진로희망 확인	○○는 △△에 관심이 있다고 했네. ○○는 △△가 되고 싶은가 보구나? ○○는 어떤 계기로 △△에 관심을 가졌는지 선생님께 이야기해 주겠니?
2	희망 진로의 진로경로 정보 인식 수준 확인	• 그 꿈을 이루려면 어떻게 해야 하는지 알고 있니? • 어떤 과정을 밟아야 그 꿈을 이룰 수 있는지는 알고 있니?

3	다양한 커리어패스 정보 안내 및 진학/취업 사례 탐색	• 그 꿈을 이루기 위해서 ~~한 방법도 있단다. • △△가 되는 방법은 ○○가 알고 있는 것 이외에도 여러 가지 경로가 있단다. 함께 알아볼까? • 이 분야에서 성공한 직업인 사례를 알아보는 것도 네가 진로를 찾아나가는 데 큰 도움이 될 거야. • 성공 직업인의 사례를 보면서 느낀 점이 있니? • 너의 진로에 참고할 만한 것들은 무엇일까?
4	적합 진로경로 탐색 지도	• 지금까지 알아본 여러 가지 경로 중에서 ○○ 어떤 경로가 너에게 가장 적합하다고 생각해? • 어떤 방법이 ○○에게 제일 좋을 것 같니? • 꿈을 이루기 위해 여러 가지 경로가 있다는 생각을 가지고 너의 진로를 창의적으로 계획해 보자.
5	(자기주도적) 진로 · 학업 경로 설계	• 그럼, ○○는 이제부터 그 꿈을 이루기 위해 어떻게 준비해 볼 생각이니? • △△가 되기 위해 얼마나 많은 노력과 시간을 쏟을 수 있다고 생각하니? • 도중에 얼마든지 계획이 바뀔 수도 있으니깐 너무 한 가지 길만 고집하지는 않아도 된다는 것 잊지 말자.

출처: 이지연 외(2016c).

탈북 학생의 진로경로 상담 접근 절차를 제시하면 [그림 12-4]와 같다.

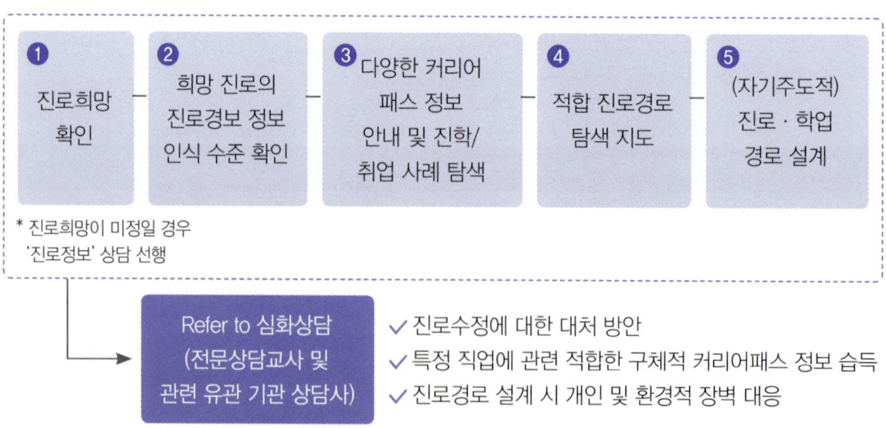

[그림 12-4] 탈북 학생의 진로경로 상담 접근 절차

출처: 이지연 외(2016c).

1-2 진로경로

- **학생의 인적 사항 및 이해 정보 확인**

<table>
<tr><th>성명/연령</th><td colspan="3">이○○/19세</td></tr>
<tr><th>성별</th><td colspan="3">남</td></tr>
<tr><th>학생 유형</th><td colspan="3">탈북/북한 출생</td></tr>
<tr><th>학교급/학년</th><td colspan="3">고등학교/2학년</td></tr>
<tr><th>일반적인 특성</th><td colspan="3">• 일반 학교에 다니다 중 2 때 탈북학생 대안학교로 편입
• 뚜렷한 계기를 발견하지 못하면서 개선의 의지가 약해 무기력한 모습을 보임
• 체격 조건이 좋고 운동을 좋아함</td></tr>
<tr><th rowspan="9">학생 이해 정보</th><td rowspan="3">진로희망 및 사유</td><td>특기(흥미)</td><td>• 운동(모든 운동을 좋아하고 특히 농구를 좋아함)</td></tr>
<tr><td>진로희망</td><td>• 경찰</td></tr>
<tr><td>희망 사유</td><td>• 탈북 후 정착하는 동안 담당 경찰관의 도움을 받으면서 경찰관이 범인만 잡는 것이 아니라 어려운 사람들을 도울 수 있는 직업이라는 생각을 하게 되면서 관심을 갖게 됨
• 경찰이 되고 싶은 마음은 있지만 어떻게 해야 하는지 모르겠고 막연한 기대만 가지고 있음</td></tr>
<tr><td colspan="2">교과 성적(특이 사항)</td><td>• 수학 성적은 다른 과목들에 비해 조금 높음
• 전반적으로 공부에 대한 관심이 적음</td></tr>
<tr><td colspan="2">방과 후 활동</td><td>• 방과 후 수업으로 '국궁' 교실 참여
• 주로 운동을 하면서 친구들과 어울림</td></tr>
<tr><td rowspan="4">기능적 특성</td><td>자율 활동</td><td>• 특이 사항 없음</td></tr>
<tr><td>동아리 활동</td><td>• 수영부에서 활동 중
• 신체적 조건이 좋고 운동신경이 좋음</td></tr>
<tr><td>봉사 활동</td><td>• 교내외 환경 미화 활동에 적극적임
• 지역의 노인요양원에서 지속적으로 봉사 활동 참여</td></tr>
<tr><td>진로 활동</td><td>• 교내에서 실시하는 자격증 취득을 위한 수업 중 지게차 운전교육을 받음
• 운동신경이 좋아 운전 습득력이 빠름</td></tr>
</table>

출처: 이지연 외(2016c).

• **학생의 진로유형 및 주요 고민 사례**

해당 진로유형	1순위	2순위
	목표수립형	동기촉진형
주요 고민	"경찰이 되고 싶은데 대학에 꼭 가야 하나요?"	
구체적 고민 사례	"예전에는 경찰관이 범죄자를 잡고 무서운 일을 한다고 생각했는데, 탈북 전담 경찰관과 만나면서 경찰에 대한 생각이 많이 변한 것 같아요. 꼭 범죄 현장이 아니더라도 저 같은 사람을 도와주는 역할도 하잖아요. 저도 제가 만났던 경찰관처럼 어려운 사람들을 도와줄 수 있다는 생각에 경찰이 되고 싶은데, 경찰이 되려면 대학을 나와야 한다고 들었어요. 그동안 공부를 열심히 하지 않아서 공부하는 것이 힘든데 공부하지 않고는 경찰이 될 수 있는 방법이 있으면 좋겠어요. 경찰이 되기 위해서는 꼭 대학에 가야 하나요?"	

• **학교진로상담(지도) 내용 영역별 단계별 접근 절차 적용**

– 진로고민 2: "경찰이 되고 싶은데 대학에 꼭 가야 하나요?"

– 상담 영역 2: 진로경로

단계	항목	진로상담(지도) 예시	필요 도구 및 정보
1	진로희망 확인	• 선생님: ○○는 경찰이 되고 싶구나. • 학생: 네. 전담관 아저씨를 만나면서 '경찰이 꼭 범죄만 다루는 것이 아니라 우리처럼 어려운 사람들을 도와주는 역할도 하는구나.'라고 생각하게 되었어요. 경찰에 대한 동경이랄까 그냥 경찰이 되고 싶다는 생각을 해 보았어요.	
2	희망 진로의 진로경로 정보 인식 수준 확인	• 선생님: 그래 다행이다. 선생님은 ○○가 목표도 없어서 방황하나 싶었는데 경찰이 되고 싶은 목표가 있다니 다행이다. 그래 ○○는 경찰이 되는 길을 알고 있니? • 학생: 아니요. 잘 모르겠어요. 그냥 운동 좋아하고 열심히 하니까 좀 쉽게 될 수 있는 것 아니에요?	

		• 선생님: 그래. ○○가 운동을 좋아하고 열심히 하는 것은 알지. 하지만 운동을 잘하는 건 경찰이 되기 위한 좋은 조건임은 맞는데 운동만 잘한다고 해서 경찰이 될 수 있는 것은 아니야. • 학생: 사실 어떻게 해야 하는지, 무엇을 준비해야 하는지 잘 모르겠어요. 경찰이 되려면 대학을 가야 해요? 공부하는 건 조금 힘들어서요.	
3	다양한 커리어패스 정보 안내 및 진학/취업 사례 탐색	• 선생님: 경찰이 되기 위해서는 다양한 방법이 있단다. 먼저 경찰관이 될 수 있는 〈커리어패스〉를 한번 살펴보자. 이걸 보면 경찰관이 되는 길을 한눈에 볼 수 있어. 네 말처럼 대학을 가지 않아도 경찰이 될 수 있는 길이 있는 것을 확인할 수 있지? • 학생: 네. 정말 그러네요. 그런데 일반 순경 공채도 시험을 봐야 하나요? • 선생님: 그럼, 당연하지. 한국에서는 그 역할을 하려면 그것에 따른 자격, 혹은 면허라는 것을 시험을 통해 발급받지. 경찰도 역시 마찬가지야. 공개 채용 과정에 시험은 필수 사항이지. • 학생: 그럼 대학에서 경찰과 관련된 학과도 있어요? • 선생님: 〈대입정보포털 홈페이지〉에 들어가면 다양한 학과에 대한 정보를 알 수 있는데, 한 번 선생님과 함께 확인해 보자. 학과 정보를 선택하고 학과명에 '경찰'이라고 입력해 볼까? 그럼 어느 대학교에 경찰과 관련된 어떤 학과들이 있는지 목록이 나오는 것을 볼 수 있어. • 학생: 동국대학교 경찰행정학과는 북한이탈주민 특별 전형도 있네요.	커리어넷 http://www.career.go.kr/cnet > 진로선택기 > 50개 직업 커리어패스 정보 > 경찰관 대입정보포털 http://www.adiga.kr
4	적합 진로 경로 탐색 지도	• 선생님: 그래. 방법이 없는 것이 아니라 ○○가 어떤 준비와 노력을 하느냐가 중요한 것 같아. • 학생: 선생님! 저도 경찰행정학과를 가고 싶은데 사실 무엇을 어떻게 준비해야 할지 모르겠어요.	

		• 학생: 솔직히 그동안 공부를 하지 않아 처음부터 준비한다는 것이 걱정되기도 하지만 한번 해 볼게요. • 선생님: 목표를 막연하게 생각하기만 하면 그냥 하고 싶은 꿈에 지나지 않아. 스스로 목표에 대한 계획을 숫자로 정리해 보렴. 예를 들면, 하루에 영어 단어 20개씩 외우기, 주말에 3시간 이상 공부하기 등과 같이 구체적인 계획을 세우고 하나하나 실천해 나가렴.	
5	(자기주도적) 진로 · 학업 경로 설계	• 학생: 쉽지는 않겠지만 분명 제 목표를 위해 노력해 볼게요. • 선생님: 그래, 고맙다. 중간에 분명 힘든 계기들이 있을 거야. 선생님과 중간중간 상담을 통해 점검해 보자. ○○가 하고 싶은 일이 있어서 정말 다행이다. • 학생: 네, 선생님. 제 꿈을 이룰 수 있도록 열심히 할게요. 감사합니다.	

출처: 이지연 외(2016c).

탈북 학생의 진로경로 지도 시 유의 사항에 대해 정리하면 다음과 같다. 첫째, 진로실천행동의 부족인데, 탈북 학생들은 진로결정에서 적극성을 가지고 있지만, 그 이후 지속적으로 노력하지 못하는 경향이 발견되고 있어, 의사결정 이후의 진로진학지도가 필요함을 시사하고 있다.

둘째, 진로장벽에 대한 대처 능력 부족인데, 진로계획을 실천하는 과정에서 장애에 부딪힐 때 쉽게 진로를 변경하는 경향이 있으므로 진로장벽에 대한 대처 능력을 향상시킬 수 있도록 지원하는 것 역시 진로진학상담 장면에서 주로 다루어야 할 문제일 것이다.

참고문헌

교육부(2022). 제6차 특수교육발전 5개년 계획. 세종: 교육부.

김경준, 오성배, 강태중, 정유성, 이부미, 조정아(2008). 북한이탈 청소년종합대책 연구 II: 북한이탈청소년들의 진로실태와 정책방안연구. 세종: 한국청소년정책연구원.

김도연, 오옥선, 김성봉(2012). 고등학생이 지각한 사회적 지지와 진로성숙도와의 관계에서 자기효능감의 매개효과. 청소년학연구, 19(5), 71-91.

김동일, 김경선, 이재호, 이미지, 장세영, 조영희, 김은삼(2015). 장애청소년 진로성숙도 검사의 개발 및 타당화 연구. 특수교육재활과학연구, 54(1), 491-515.

김소라(2019). 대응분석을 통한 다문화 청소년의 진로문제에 대한 인식 차이 연구. 한국콘텐츠학회논문지, 19(12), 346-361.

김재엽, 이진석, 오세헌(2014). 장애인 취업의사에 영향을 미치는 요인으로서 가족의 긍정적 의사표현, 사회적 관계망 그리고 장애정체감의 역할. 사회복지연구, 45(2), 147-172.

김지연, 김승경, 오욱찬, 정소연(2021).장애청소년 친화적 청소년정책 추진방안 연구. 한국청소년정책연구원 연구보고서, 1-476.

김지은, 정혜린, 박혜준, 이순형(2017). 지역아동센터 지지와 청소년의 학교생활적응 관계에서 문제해결능력과 또래관계의 매개효과 검증. 아동학회지, 38(5), 19-32.

김효선(2020). 어머니의 한국어능력 수준이 다문화청소년의 진로결정성에 미치는 영향: 자아존중감, 사회적 위축, 진로장벽의 매개효과를 중심으로. 서울시립대학교 대학원 박사학위논문.

류성창(2015). 다문화 청소년 진로지도 실태와 과제. 2015 한국진로교육학회 학술대회지, 95-136.

박서정(2015). 아스퍼거 장애 청소년의 진로개발 경험에 관한 현상학적 연구. 경성대학교 대학원 박사학위논문.

법제처(2008). 다문화가족지원법. 세종: 국가법령정보센터.

북한이탈주민지원재단(2021). 2020 탈북청소년 실태조사. 서울: 북한이탈주민지원재단.

성윤희, 장은영(2020). 다문화청소년의 문화적응 스트레스와 진로결정성의 관계: 진로장벽을 통한 자존감의 조절된 매개효과. 진로교육연구, 33(1), 43-64.

엄정혜, 양은주(2016). 성인 장애인의 장애수용, 장애정체감, 사회적 지지가 비전통적 진로효능감 및 진로흥미에 미치는 영향, 사회인지진로이론 적용. 특수교육재활과학연구, 55(1), 215-231.

연은모, 최효식(2019). 다문화 가정 부모의 진로 관련 행동에 따른 잠재집단 탐색 및 잠재집단별 자녀의 진로, 심리, 학업 특성 차이 검증. 학습자중심교과교육연구, 19(8), 305-325.

윤아름(2013). 다문화가정 청소년의 자아정체감과 사회적 지지가 진로성숙도에 미치는 영향. 숙명여자대학교 대학원 석사학위논문.

이광원, 정종화, 장순옥(2015). 사회적 지지와 임파워먼트의 관계에서 장애정체감의 매개효과 연구. 한국장애인복지학, 29, 29-48.

이수연(2008). 새터민 청소년의 학교적응에 관한 질적 분석. 청소년학연구, 15(1), 81-113.

이익섭, 김성연, 최지선(2007). 지체장애인의 장애 정체감 영향요인에 대한 탐색적 연구. 재활복지, 11(3), 56-76.

이익섭, 신은경(2006). 장애정체감 척도개발에 관한 연구 : 척수손상 장애인을 중심으로. 한국장애인복지학, 5, 5-35.

이지연 외(2016a). 다문화학생을 위한 학교진로상담(지도) 운영매뉴얼. 교육부, 한국직업능력개발원.

이지연 외(2016b). 특수교육대상학생을 위한 학교진로상담(지도) 운영 매뉴얼. 교육부, 한국직업능력개발원.

이지연 외(2016c). 탈북학생을 위한 학교진로상담(지도) 운영 매뉴얼. 교육부, 한국직업능력개발원.

임혜경, 강영심(2015). 전환기 장애청소년이 지각한 진로결정 자기효능감이 진로준비행동에 미치는 영향력 분석. 특수아동교육연구, 17(4), 211-236.

장한업(2021). 교육부의 다문화교육 대책(2006~2021)에 대한 비판적 고찰 및 제언. 문화교류와 다문화교육, 10(6), 1-21.

정나은, 김원영(2020). 잠재성장모형을 적용한 다문화 청소년의 진로 결정성 영향 요인에 대한 종단적 탐색: 다문화가정 어머니의 문화적응 스트레스와 청소년의 사회적 위축을 중심으로. 교육문화연구, 26(5), 493-517.

정준길(2000). 자아정체감 성장 훈련 프로그램이 청각장애학생의 적응력과 진로성숙도에 미치는 효과. 특수교육총연합회, 1-95.

정하성(2009). 여러 나라 사람들의 삶. 서울: 한국학술정보.

정하성, 유진이, 이장현(2007). 다문화 청소년이해론. 경기: 양서원.

조붕환(2010). 다문화가정과 일반가정 초등학생의 자아개념과 진로발달. 초등상담연구, 9(2), 235-250.

조혜영, 오민아(2020). 다문화 청소년의 교사관계가 우울 및 사회적 위축에 미치는 영향: 자아탄력성과 문화적응 스트레스 매개효과. 학습자중심교과교육연구, 20(11), 571-590.

좌동훈, 이민영, 지소연(2016). 탈북청소년 지원체계화 방안 연구: 탈북청소년 역량 진단을 중심으로. 세종: 한국청소년정책연구원.

차한솔, 이호수, 김주일(2019). 긍정적 부모양육태도가 자아존중감을 매개로 청소년의 학교생활적응에 미치는 영향. 청소년시설환경, 17(4), 41-55.

최윤미, 임성택(2012). 다문화가정 청소년의 스트레스와 학교적응의 관계. 상담평가연구, 5(2), 15-26.

최인숙(2010). 현실요법을 적용한 진로상담이 다문화가정 학생의 진로의식에 미치는 영향. 서울교육대학교 대학원 석사학위논문.

최현주(2015). 진로집단상담 프로그램이 다문화가정 아동의 진로인식과 진로결정 자기효능감에 미치는 영향. 한세대학교 대학원 석사학위논문.

허은영, 강혜영 (2007). 진로상담: 탈북청소년과 남한청소년의 진로성숙도와 진로자기효능감 비교. 상담학연구, 8(4), 1485-1500.

Harren, V. A. (1979). A model of career decision making for college students. *Journal of Vocational Behavior, 14*(2), 119-133.

Timm, R. (2002). *Disability-Specific Hassles: the Effects of Oppression on People with Disabilities*. Doctoral dissertation. Alliant International University.

1. 학부모 진로교육의 개념 및 필요성

1) 학부모 진로교육의 의미

학부모는 단순히 생물학적 부모뿐만 아니라 자녀를 보호하고 양육하는 모든 보호자를 포함하는 개념이다. 부모는 청소년의 신체적 · 인지적 · 사회적 · 정서적 발달에 중요한 영향을 미치는 존재이다(신용주, 김혜수, 2017). 한국의 교육 역사에서 학부모의 교육 참여를 살펴보면 우리나라에서는 해방 이후부터 사친회, 부모회, 육성회 등으로 부모 개입이 부분적으로 이루어져 오다가 점차 부모교육과 부모 참여의 범위가 확대되어 왔다(신용주, 김혜수, 2017). 특히, 사회적 변화, 교육에 대한 인식 변화, 기술 발달에 따라 학부모의 특성도 변화했다.

사회적 변화로 인해 여성의 경제활동 참여가 증가하고 이로 인해 평균 초혼 연령이 상승했다. 또 다양한 가족 구조의 출현으로 한부모 가족, 재혼 가족, 분거가족, 맞벌이 가족, 조손 가족, 다문화 가족, 입양 가족이 증가함으로써 학부모의 연령, 국적 등이 다양화됨에 따라(신용주, 김혜수, 2017) 학부모 구성도 다양해졌다.

학부모의 사회적 지위의 변화도 눈에 띈다. 고등교육을 받은 성인 비율의 상승은 학부모의 역할 변화를 가져왔다. 이제 학부모는 과거와 비교해 교육의 중요성을 더 크게 인식하며, 학부모의 교육에 대한 관심도가 자녀의 학업성취도와 진로발달에 영향을 미칠 수 있다는 사실을 이해하고 있다.

이러한 변화로 인해 학부모는 학생, 교사와 함께 중요한 교육 주체로 주목받고 있다. 「교육기본법」에서 학부모의 역할을 재정의하며, 교육에서 학부모의 중요성이 강조되고 있다. 그러나 학부모의 교육 참여는 증가했음에도 불구하고 자녀의 진로교육 참여에 대한 인식은 여전히 부족한 것으로 나타났다. 초중등 진로교육 현황 조사에 따르면, 학부모의 절반 정도만이 자녀가 어떤 진로활동에 참여하는지 알고 있으며, 학교 진로교육 참여 경험 역시 대부분 항목에서 40% 이하의 비율을 보인다.

결론적으로, 학부모는 과거보다 상대적으로 교육에 관한 관심이 높아졌으나, 자녀의 진로교육에 관한 관심과 인식은 증대될 필요가 있다.

부모교육은 부모가 부모 역할 기능을 효과적으로 수행할 수 있도록 정보나 지식을 전달하거나 전략 및 기술을 가르치는 교육적인 활동이다(신용주, 김혜수, 2017). 부모교육은 청소년의 성장·발달을 지원하고, 효율적인 부모 역할을 수행할 수 있도록 부모에게 제공되는 교육이다.

이와 비교하여 학부모 진로교육은 자녀의 진로선택에 대한 학부모의 이해와 역량을 높이기 위한 교육이라고 볼 수 있다. 이러한 학부모 진로교육은 자녀의 진로발달 단계에 따라 필요한 정보와 지식을 제공하고, 자녀와 함께 진로를 탐색하고 결정하는 방법을 알려 준다. 이를 통해 학부모는 자녀의 성장과 발전을 지원할 수 있다.

한편, 학부모 진로진학지도상담은 자녀의 진로선택 과정에서 학부모가 겪는 다양한 고민과 어려움을 해소하기 위한 전문상담 서비스이다. 학부모 진로진학지도상담은 학부모의 질문과 고민을 바탕으로 적절한 정보와 조언을 제공하고, 이를 통해 학생의 진로 탐색과 진학결정을 효과적으로 돕는 과정이다. 이 상담 과정은 학부모가 자녀의 진로발달을 보다 깊이 이해하고, 진로탐색 및 진학결정에 필요한 정보와 자원을 확보할 수 있는 중요한 기회이다. 또한 상담을 통해 학부모의 걱정과 불안을 해소하고 자녀에게 보다 명확하고 올바른 방향을 제시함으로써 진로선택에 실질적인 도움을 줄 수 있다. 이 과정을 통해 학부모는 자녀가 진로에 대한 자신감을 되찾고, 성장하고 발전할 수 있도록 효과적으로 지원할 수 있다.

학부모 진로교육은 교육적 관점에서 학부모가 자녀의 진로개발 과정을 이해하고 효과적으로 지원할 수 있도록 돕는 기초적인 지식과 기술을 제공하는 출발점이다. 학부모 진로진학지도상담은 학부모 진로교육을 토대로 자녀의 진학 및 진로계획에 관한 구체적인 조언과 정보를 제공하여 자녀가 보다 현실적이고 실질적인 결정을 내릴 수 있도록 돕는 상담이다.

학부모 진로교육은 학부모가 진로교육의 중요성과 필요성을 인식하고 다양한 진로정보를 얻어 자녀가 자신의 잠재력을 최대한 발휘할 수 있도록 지원할 수 있다.

자녀의 진로결정은 자녀의 삶의 방향을 좌우하는 중요한 과정이다. 학부모는 이에 대한 중요성을 인식하고 자녀의 진로결정에 관심을 가져야 한다. 더불어 자녀와 함께 진로를 탐색하고 결정하는 등 적극적인 자세가 필요하다. 이러한 부모의 역할은 자녀가 자신의 꿈을 실현하고 행복한 미래를 설계하는 데 큰 힘이 될 것이다.

2) 학부모 진로교육의 필요성

학부모는 청소년의 진로발달에 큰 영향을 미친다. 부모의 진로지지는 청소년의 진로결정자기효능감을 매개로 학생의 진로결정수준, 진로성숙 등 진로 관련 변인과 밀접한 연관이 있다(김수리, 이재창, 2007; 이주희, 문은미, 2011; 한수민, 오인수, 2014). 부모의 진로지지가 높을수록 진로결정자기효능감을 높이고 부정적 진로사고를 낮추는 등 자녀의 진로성숙에 영향을 미친다(김수리, 이재창, 2007).

또한, 부모와 자녀의 희망진로에 합의하고 부모가 이를 조력할 때 자녀의 진로발달에 긍정적 영향을 준다(이근영, 연규진, 2019). 부모가 자녀와 진로 관련 대화를 자주 하는 것 역시 진로개발 역량, 진로정체성, 진로성숙도 등 청소년의 진로발달에 긍정적 영향을 주는 것으로 보고되었다(김소라, 문승태, 2017).

부모가 자녀를 대하는 의사소통 방식과 양육 태도 역시 진로 관련 변인에 긍정적 · 부정적 영향을 주는 주요 요인이다(김희수, 2005; 이은숙, 김민정, 2017; 허정철, 2010). 부모와의 개방적 의사소통은 진로 확신과 진로 정체성을 높이고 진로미결정을 낮추었다. 반면, 부모 모두와의 역기능적 의사소통은 진로미결정을 높인다(김희수, 2005). 부모와 문제적 의사소통은 고등학생의 진로장벽을 지각하게 해 진로태도성숙에 부정적 영향을 준다(이은숙, 김민정, 2017).

이처럼 부모의 역할은 자녀의 진로발달에 다양한 방식으로 영향을 미치는 것을 알 수 있다. 부모의 진로지도 빈도와 지도 방식이 청소년의 진로발달과 밀접한 연관이 있다는 선행연구는 학부모 진로교육의 중요성과 필요성을 보여 준다.

표 13-1 부모가 청소년의 진로발달에 미치는 영향 관련 선행연구 개관

연구자(연도)	주요 연구 결과
김소라, 문승태(2017)	부모와 자녀 간의 흥미, 적성, 학교 및 학과 선택에 관한 대화 빈도가 높을수록 자녀의 진로 개발 역량이 향상됨.
김수리, 이재창(2007)	부모의 진로 지지는 자녀의 진로 결정 자기효능감을 중심으로 진로결정 수준, 진로성숙도 등 다양한 진로 관련 변인들과 밀접한 관계가 있음. 부모의 지지가 높을수록 자녀의 진로결정 자기효능감이 향상되고, 부정적인 진로사고는 감소함. 즉, 부모의 지지는 자녀의 진로 발달에 긍정적인 영향을 미치는 것으로 나타남.
이지연(2013)	고등학생의 진로태도성숙에 부모지지 유형 중 정보지지의 정적인 영향이 유의함. 진로결정자기효능감에 대하여 부모의 정보지지와 평가지지의 정적인 영향이 유의함.
안미경, 유금란(2013)	남, 여학생 모두 부모의 진로와 자율성이 진로결정에 대한 자기효능감이 정적 비례관계임.
이응택, 최재혁(2017)	부 또는 모와의 진로 관련 대화빈도는 진로정체감에 대한 직접 효과와 진로정체감을 부분 매개하여 고등학생의 직업 결정에 영향을 주는 구조방정식 경로가 유의함.
장현진(2019)	부모와의 대화가 초중고등학생 모두에게 진로성숙도를 높였으며, 부모와의 정서적 교류가 가정의 사회경제적 지위보다 더 중요함.
김희수(2005)	부모가 고등학생 자녀를 대하는 의사소통 방식과 양육 태도 역시 고등학생의 진로 관련 변인에 긍정적 · 부정적 영향을 주는 주요 요인임.
류은수(2021)	청소년이 지각한 어머니의 심리적 통제가 청소년의 자기조절 능력, 학교생활적응 간의 상관관계가 있는 것으로 나타남.
우동욱, 김응자(2020)	부모의 코칭 역량이 자녀의 긍정적 의사소통에 긍정적인 의사소통으로 61.6%를 차지하는 것으로 나타남.
한민아, 도미향(2021)	부모 코칭이 자녀의 상호 성장과 긍정적인 상호 관계를 향상함.

출처: 김용기(2022) 일부 수정.

이처럼 부모의 역할은 자녀의 진로발달에 다양한 영향을 미치는 것을 알 수 있다. 부모의 진로지도 빈도와 지도 방식이 청소년의 진로발달과 밀접한 연관이 있다는 선행연구는 학부모 진로교육의 중요성과 필요성을 보여 준다.

(1) 중학교 학부모 진로교육의 필요성

중학교 시기는 초등학교에서 함양한 진로개발 역량의 기초를 발전시키고 다양한 직업 세계와 교육 기회를 탐색하여 중학교 생활과 중학교 이후의 진로를 설계하고 준비하는 중요한 시기이다. 이 시기에는 처음으로 고등학교 계열을 선택하게 되며, 이 선택은 학생의 장기적인 진로결정에 큰 영향을 미친다.

그러나 학생들은 혼자만의 힘으로 자신의 진로를 탐색하고, 그에 맞는 진학 계획을 세우는 데 어려움을 느낀다. 이러한 상황에서 학부모는 학생들의 진로탐색을 지원하고 진학 계획을 세우는 데 도움을 주는 중요한 역할을 한다. 따라서 학부모는 자녀의 흥미와 적성을 파악하고, 직업 세계의 변화에 대한 정보를 제공하여 학생이 자신의 진로를 찾을 수 있도록 도울 수 있어야 한다. 이를 위해 학부모 진로교육이 필요하다.

중학교 학부모 진로교육은 학생이 자신의 적성과 흥미를 바탕으로 진로를 탐색하고 구체적인 진학 계획을 세울 수 있도록 돕는다. 특히, 부모의 교육열, 진로진학 지원과 관련한 부모의 노력이 고등학교 선택에 영향을 미친다는 다수의 선행연구가 있다(변수용, 주영효, 2012; Schneider, Teske, Marshall, & Roch, 1998). 부모의 정보 수집의 노력에 따라 양질의 학교 정보 차이로 인해 고등학교 선택이 달라질 수 있다(김정숙, 백병부, 2010).

또한 중학교 학부모 진로교육은 학생의 진로탐색과 진학 계획을 세우는 데 도움을 줄 뿐 아니라, 가정 배경이 고등학교 선택에 미치는 영향을 최소화한다. 더불어 모든 학부모의 교육열을 일정 수준으로 향상시켜 자녀의 적성과 진로를 고려해서 합리적으로 고등학교를 선택할 수 있도록 한다. 이를 통해 학생들은 자신의 적성과 흥미를 고려해 진로를 탐색하고, 진로결정에 따라 진학 계획을 세울 수 있으며, 자신의 미래를 위한 준비를 할 수 있다.

(2) 고등학교 학부모 진로교육의 필요성

고등학생 시기는 자녀가 부모에게서 독립하려는 욕구가 강해지고 자아정체성을 확립해 나가는 중요한 시기이다. 이 과정에서 자녀는 부모를 불완전한 존재로 인식하기 시작하며, 자신만의 개성과 독립성을 추구한다. 초기 정신분석학은 이러한 부모와 자녀 간의 갈등을 자연스러운 현상으로 보고, 점진적인 개별화를 건강한 발달 과정으로 해석한다. 관계적 관점에서는 자녀의 자율성 발달이 부모와의 관계 단절을 의미하지 않으며, 오히려 긍정적인 부모-자녀 관계가 자율성 발달을 촉진할 수 있다고 본다(McElhaney et al., 2009). 따라서 고등학교 시기의 부모-자녀 관계는 변화하는 관계이지만, 이는 부모와의 관계 단절을 의미하지 않는다. 오히려, 이 시기에 형성된 긍정적인 관계는 자녀의 자율성 발달에 중요한 기반이 될 수 있다(신효정, 이지희, 2018).

고등학생의 진로연구 변인이 부모의 진로지도와 밀접한 연관성이 있다는 연구 결과는 부모의 역할이 얼마나 중요한지를 보여 준다(차윤희, 김준성, 장지우, 2023). 자녀의 진로발달에 있어 부모의 영향력은 상당하며, 부모의 지지와 관심은 자녀가 자신의 진로를 탐색하고 결정하는 데 필수적이다. 이러한 맥락에서 학부모를 대상으로 한 진로교육의 필요성이 대두된다. 학부모가 진로정보를 올바르게 이해하고 이를 자녀와의 대화에 활용할 수 있도록 지원하는 것은 자녀의 진로결정 과정을 효과적으로 돕기 위해 필수적이다.

일반고등학교와 특성화고등학교는 각기 다른 목적과 방향성이 있다. 일반고등학교는 다양한 대학 전공 분야를 탐색하고 선택하는 것을 지원하는 반면, 특성화고등학교는 학생들이 자신의 적성과 흥미에 맞는 전공을 선택할 수 있도록 전문 분야를 중심으로 특화된 교육을 제공한다. 이러한 교육 시스템 속에서 학부모는 자녀가 진로를 탐색하고 결정하는 과정에서 정서적 지지와 조언을 제공하는 중요한 역할을 맡고 있다.

결과적으로, 고등학생 학부모의 지원과 관심은 자녀가 자신의 미래를 위한 진로를 탐색하고 준비하는 데 있어 필수적인 요소이다. 학부모와 자녀 간의 긍정적인 관계는 자녀의 자율성 발달뿐만 아니라 진로준비 과정에도 긍정적인 영향을 미치며, 이는 자녀가 성공적인 미래를 설계하는 데 중요한 기반이 된다.

2. 학부모 진로교육 운영 현황

1) 학부모 진로교육 정책의 변화

학부모 진로교육은 학생들이 진로를 탐색하고 진학 계획을 세우는 데 있어 중요한 역할을 한다. 이는 학생들이 자신의 적성과 흥미에 맞는 진로를 선택하고, 미래를 준비하는 데 도움을 준다. 이러한 중요성에 따라 정부는 학부모 진로교육 정책을 지속적으로 발전시켜 왔다.

2004년 이전에는 학부모를 대상으로 한 진로교육 정책이 미비했다. 그러나 2004년부터 교육인적자원부는 학부모 중심 학생상담 자원봉사회를 운영하고, 학부모 대상 진로지도 연수를 운영하여 학부모를 진로교육 지원 인력으로 활용하기 시작했다.

2009년에는 교육부가 학부모정책팀을 신설하고, 2010년 '제1차 진로교육 종합계획'을 바탕으로 학부모 진로교육 정책을 본격적으로 추진하기 시작했다. 이 계획에서는 초중등학교에서 학부모의 자녀 진로지도를 지원하는 방안이 도입되었고, 학부모를 대상으로 진로교육 정보 및 교육을 제공하는 사업이 추진되었다.

2012년에는 '2012년 진로교육 활성화 추진계획'에서 학부모 진로교육이 중점 추진과제로 설정되었다. 이 계획에서는 대학 서열과 직업 귀천에 대한 사회 고정관념을 버리고 부모가 자녀의 진로선택을 합리적으로 지원하는 것을 목표로 설정했다. 학부모 대상 연수인 '학부모 진로 아카데미'로 자녀의 진로설계에 활용할 정보를 제공하고 학부모가 본인의 직업 전문성과 진로지도 경험을 다른 학부모, 학생과 강의, 상담, 멘토링 등으로 나눌 수 있게 '학부모 진로코치'로 양성하는 정책이 시행되었다.

2013년부터 본격적으로 시작된 교육부의 학부모 교육정책은 지금까지도 학부모에 '대한' 교육이 아닌 학부모에 '의한' 교육을 강조하고 있다. 2016년에는 온, 오프라인 진로정보를 제공하기 시작했으며, 2017년부터는 교육자치를 강화하기 위해 학부모 자치 활성화를 국정과제로 선정하고, 학부모회를 통한 학부모의 학교 운영 참여를 강조하였다. 교육부는 공교육이 학생 중심의 혁신 교육과 현장의 자율적인 실천을 지원하는 방향으로 전환 중이며, 학부모의 학교교육에 대한 관심과 학교 운영에의 참여 요구가 확대되었다는 정책적 배경을 밝혔다. 이러한 배경을 바탕으로 교육부는 학부모를 교육비 분담의 찬조자 수준을 뛰어넘어 학교 운영에 참여하는 교육 주체로 위상을 변화시키고, 학부모회의 구성과 운영의 기반을 마련하는 방향으로 정책을 추진하고 있다.

학부모 진로교육에 대한 정책을 정리하면 〈표 13-2〉와 같다.

표 13-2 학교 진로교육의 투입, 과정, 성과

시기	정책문제	학부모의 진로지도 지침	학부모를 학교 진로교육에 활용
2006	• 학교의 진로교육 기능 미흡		• 체험학습 강화: 산업체와 협력하여 '일터탐방 주간', '부모님 회사 탐방의 날'운영
2010	• 진로교육 정보에 대한 국민의 낮은 이해와 접근성 • 학교 진로교육 담당 인력 부족	• 교육청에 진로교육지원센터를 설치(학부모 진로상담 운영) • 진로 코디네이터를 활용한 학부모 진로 교육 • '자녀를 위한 진로교육 매뉴얼' 학교 보급	• 정부, 공공기관, 시도교육청부터 개방하여 학생들에게 부모 직장 탐방 기회 제공 • 학부모, 퇴직 교원 등 진로 코디네이터 선발
2011	• 체험 중심 진로교육 내실화 필요성 • 입학사정관제로 개편 이후 진학 준비를 위한 학생 · 학부모의 사교육 의존 우려	• 2014년까지 모든 중 · 고교에 진로 진학 상담교사 배치(직무에 학부모 진로 · 진학 연수, 상담 포함) • 진로교육 선도교육청 선정과 지원('학부모 진로교육 아카데미' 등 실시) • 학교 내 학부모 정책설명회, 상담 주간, 학부모회를 활용한 진로진학 자료 보급 • 평생교육진흥원 '학부모지원센터'와 연계한 정보 제공(홈페이지 개통) • 대교협과 EBS 공통 진로 진학 설명회 개최 • EBS 진로교육 필요성 제고 방송 제작 • 자녀 진로교육 책자, DVD 등 자료 제작 · 보급	

2012	• 학부모의 진학, 직업 관련 진로 인식 개선 • 학부모, 기업인, 지역사회 인사를 학교 진로교육에 활용	• 교육청, 학교가 주관하는 '학부모 진로교육 아카데미' 상시 운영 • 학교 학부모회 활동과 연계한 진로교육 연수 • 학생 진로체험, 진로캠프에 학부모 공동 참여: 자녀 이해 및 직업 세계 이해 지원 • 학생 · 학부모 진로상담 우수 진로 교사 후원	• '학부모 직장체험' 형태 로 직업 현장 개방 • '진로 코치' 양성: 학부모, 산업체 경력자, 지역 인사, 대학생, 동문 등 활용 • 학생 진로체험 및 진로 캠프 참여: 학부모의 직업, 직업관을 토대로 학생 대상 강의, 상담
2013	• 학부모의 진로교육 인식 변화 및 진로 교육 역량 강화 필요성	• '학부모 진로교육 아카데미' 운영 확대(4,000강좌 목표) • 농어촌, 맞벌이 가정, 다문화가정 등 학부모 수요맞춤형 연수 운영 • 커리어넷 활성화: 진로교육 동영상, 진로 소식지(드림레터) 제공 • 진로소식지 학교로 보급(주 1회, 학기 중)	• 학부모 '진로코치' 양성 확대(5만 명 양성 목표)
2014	• 학부모 진로인식개선 및 기존 학부모 진로교육의 확산	• 진로상담 확대: 학교 대면 상담, 커리어넷 사이버상담 • 다양한 매체 활용 추진: 어플리케이션, 신문, SNS, 팟캐스트, 원격 연수과정 등	• 학부모 모니터단 운영: 진로교육 의견 수렴 • 학교 진로체험지원인력 전산 관리
2016	• 사회적 배려 대상자를 위한 진로교육 지원 강화 • 학부모 진로교육 역량 강화 필요성	• 온라인과 가정통신문으로 보급되는 진로 소식지(드림레터), 진로정보앱(맘에쏙진로), 팟캐스트 방송(진로레시피) 등 매체 다양화 • 사회적 배려 대상자 학부모용 진로정보 신설 • 북한 이탈 주민 학부모 대상 맞춤형 진로 교육	• 진로전담교사 지원 전문인력풀 확대 • 진로 코치 양성 표준교육과정 개발 · 보급
2017	• 수요자 맞춤형 진로교육 인프라 확충	• 학부모, 사회적 배려 대상자, 대학생 대상 전문가 상담풀 운영 • '찾아가는 장애학생 학부모 진로 · 직업 연수과정' 운영	• 인센티브를 통한 민간 기관 진로 체험처 제공 유도(학부모 진로코치 등 봉사활동 시간 인정)

출처: 이영선(2020).

한편, 우리나라 국가 진로교육 정책은 진로교육 대상을 확대해 왔다. 2010년에는 다문화, 탈북, 위기 청소년을 대상으로 진로교육을 확대하였고, 2016년에는 농어촌 지역, 맞벌이 부부, 북한이탈주민 학부모를 대상으로 진로교육을 실시하였으며, 대학 진로교육 활성화를 위한 정책을 마련하였다.

지금까지 우리나라 학부모 진로교육 정책의 변화를 살펴보았다. 이러한 변화를 바탕으로, 앞으로는 학부모 진로교육 정책이 더욱 발전하고, 학부모들이 자녀의 진로선택을 지원하는 데 더욱 적극적으로 참여할 수 있는 환경이 조성되기를 기대한다. 또한, 학부모 진로교육 정책이 학교 현장에서 효과적으로 실행될 수 있도록 교육부와 학교 현장이 긴밀하게 협력해야 할 것이다.

2) 국외 학부모 진로교육 운영 현황

국외에서는 오래전부터 학부모 진로교육의 중요성이 강조되어 왔다. 고대 그리스의 철학자 플라톤은 그의 저서 '국가'에서 교육의 중요성을 강조하였으며, 그의 제자인 아리스토텔레스 역시 아동의 양육은 매우 중요하며, 7세까지 가정에서 실시하는 교육을 특히 중요하게 생각했다.

이후, 서양에서는 부모교육의 필요성이 대두되었다. 1762년에 출판된 장 자크 루소의 『에밀』은 교육에 대한 새로운 시각을 제시하며, 부모의 역할을 강조하였다. 이후 페스탈로치, 프뢰벨 등의 학자들 역시 부모교육의 중요성을 강조하였다.

20세기에는 부모교육이 더욱 체계적으로 발전하였다. 미국에서는 1920년대부터 부모교육이 시작되었으며, 1960년대에는 헤드스타트 프로그램을 통해 저소득층 가정의 아동을 대상으로 부모교육을 실시하였다. 일본에서는 1970년대부터 부모교육이 시작되어, 현재는 다양한 기관에서 부모교육 프로그램을 제공하고 있다.

국외에서의 학부모 진로교육 운영 현황에 대해 살펴보면, 미국의 경우 학부모의 교육 참여를 법으로 보장하고 있다. 마이 퓨처(My Future: https://myfuture.com)는 상무부, 국방부, 교육부, 노동부에서 제공하는 대학, 직업, 군 복무에 대한 최신 정보를 제공한다. 대학 입학 세부 사항, 평균 급여 및 취업 동향 나열 외에도 SAT

응시부터 첫 직장 면접 등에 대한 조언을 제공하기 때문에 학생과 학부모 모두에게 유용한 정보를 준다.

미국 노동부, 고용 훈련청에서 후원하는 커리어원스톱(CareerOneStop: https://www.careeronestop.org)은 청소년이 진로를 탐색하는 데 도움이 되는 정보를 제공한다. 채용 정보, 교육 찾기, 구직 검색, 지역 도움말 찾기, 도구, 기타 정보 항목으로 이루어져 있다.

미국 보건복지부가 운영하는 유스(Youth.gov: https://youth.gov)는 효과적인 청소년 프로그램을 만들고 운영하고 발전하기 위해 만들어졌으며, 청소년의 건강, 안전, 교육, 취업 등에 대한 정보를 제공한다.

영국은 학부모 교사 협회(Parents Teacher Association, 약칭 PTA: https://www.parentkind.org.uk/)와 학부모 협의회를 통해 학교 교육에 참여하고 있다. 학부모 교사 협회는 학교를 더 나은 환경으로 만들기 위해 구성된 학부모와 교사 단체이다. 학생을 지원하기 위한 자금을 모집하거나 전국 학부모 설문조사를 실시해 공유하고, 학부모 자료를 제공한다. 학부모 교사 협회 웹 사이트에서는 진로 조언을 학습과 취업 기회에 대한 정보를 제공하는 것이라고 정의하는 반면, 진로지도는 개인의 관심, 기술, 태도는 물론 잠재적인 문제와 이를 극복하는 방법을 고려한다고 정의하며 진로 조언과 진로지도가 둘 다 중요하므로 함께 이루어져야 한다고 강조한다. 가정에서 진로상담을 위한 부모용 활동지, 동영상, 대화 카드 등을 토킹 퓨처스(Talking Futures: https://www.talkingfutures.org.uk/) 사이트를 통해 제공한다.

또, 자녀를 위한 다양한 진로정보를 구할 수 있고 진로 조언을 받을 수 있는 채팅 프로그램을 제공한다.

영국 정부에서 운영하는 커리어서비스(The National Careers Service: https://nationalcareers.service.gov.uk)는 진로상담, 이력서 작성법, 면접 준비 등 다양한 진로 관련 자료를 제공한다. 상담원과 무료로 전화 상담, 온라인 채팅, 이메일 상담, 우편 상담을 할 수 있도록 서비스를 제공한다. 굿 스쿨 가이드(The Good Schools Guide: https://www.goodschoolsguide.co.uk/)는 영국 내 학교 및 교육 프로그램에 대한 평가와 리뷰를 제공하는 서비스로, 학부모들이 자녀의 교육과 진로

표 13-3 토킹 퓨처스(Talking Futures) 학부모를 위한 대화카드 사이트

대화카드 메인 화면 https://www.talkingfutures.org.uk/conversation-cards/	진로 대화 시작 https://www.talkingfutures.org.uk/conversation-cards/conversation-starter/
직업 흥미 찾기 https://www.talkingfutures.org.uk/conversation-cards/aspirationfinder/	직업 탐색 https://www.talkingfutures.org.uk/conversation-cards/career-detective/
직업 퍼즐 https://www.talkingfutures.org.uk/conversation-cards/career-jigsaw/	진로계획 https://www.talkingfutures.org.uk/conversation-cards/career-planner/

출처: 토킹 퓨처스(Talking Futures: https://www.talkingfutures.org.uk/)

계획에 대한 정보를 얻을 수 있다. 또, 개별 맞춤형 상담을 지원하며, 이메일로 굿스쿨 가이드 뉴스레터(The Good Schools Guide newsletter)를 제공한다.

스위스는 주(EDK)의 위임과 연맹(SERI)의 지원을 받아 SDBB가 베루프스베랏웅(Berufsberatung: https://www.orientation.ch/) 서비스를 지원하고 있다. 학부모를 위한 정보를 제공하고 자녀의 진로선택을 지원할 수 있는 목표를 7단계(자기이해–직업 및 훈련–필수 자질 및 입학 조건–인턴십–전문 프로젝트–견습 장소 찾기 및 학교 등록–준비)로 제시하고 있다. 이메일이나 온라인 채팅을 통해 상담받을 수 있고 각 주마다 사무실이 있어 진로상담을 조언받을 수 있다.

캐나다는 고용사회개발부와 캐나다고용보험위원회 주도로 주 및 주정부와 협

표 13-4 **호주 학부모 진로교육 사이트**

호주 자녀와 함께 진로탐색 https://www.vic.gov.au/career-and-course-exploration-your-child#find-out-more	자녀와 진로 대화 https://www.vic.gov.au/talk-your-child-about-their-career
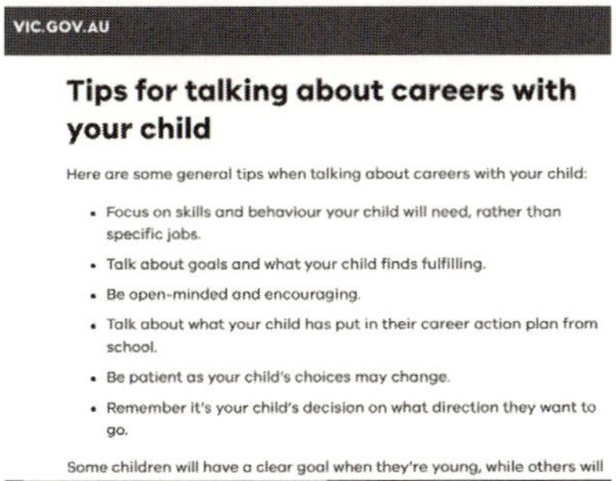 VIC.GOV.AU **Tips for talking about careers with your child** Here are some general tips when talking about careers with your child: • Focus on skills and behaviour your child will need, rather than specific jobs. • Talk about goals and what your child finds fulfilling. • Be open-minded and encouraging. • Talk about what your child has put in their career action plan from school. • Be patient as your child's choices may change. • Remember it's your child's decision on what direction they want to go. Some children will have a clear goal when they're young, while others will	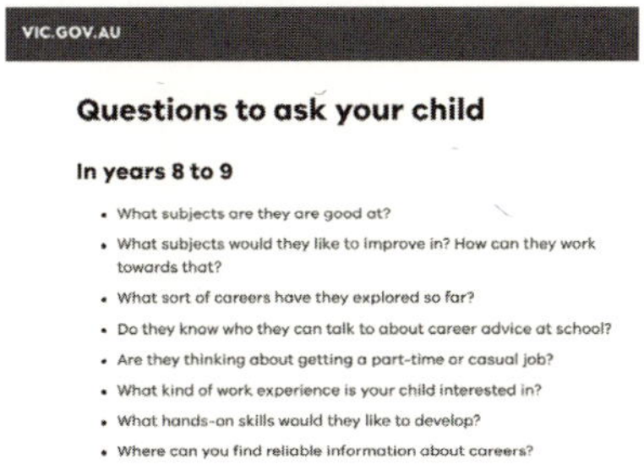 VIC.GOV.AU **Questions to ask your child** **In years 8 to 9** • What subjects are they are good at? • What subjects would they like to improve in? How can they work towards that? • What sort of careers have they explored so far? • Do they know who they can talk to about career advice at school? • Are they thinking about getting a part-time or casual job? • What kind of work experience is your child interested in? • What hands-on skills would they like to develop? • Where can you find reliable information about careers?
자녀와 진로 대화하기 위한 팁	학년별로 자녀에게 물어볼 진로 질문

력해 잡 뱅크(Job Bank: https://www.jobbank.gc.ca/) 서비스를 제공한다. 잡 뱅크는 캐나다의 일자리 및 노동시장 정보를 제공한다. 진로계획 항목에는 진로를 계획할 때 고려해야 할 5단계(자기 알기-취업 시장 살펴보기-교육 또는 훈련 계획-일자리 검색-전문 네트워크 구축)를 소개하고 있다.

호주 빅토리아 주정부에서 운영하는 사이트에서 7~12학년 자녀와 함께 진로 탐색을 할 수 있는 페이지(https://www.vic.gov.au/career-and-course-exploration-your-child#find-out-more)를 통해 학부모를 위한 학년별 진로지도 방법에 대한 정보를 제공한다. 특히, 자녀와 진로 대화 페이지(https://www.vic.gov.au/talk-your-child-about-their-career)에서는 진로의 의미, 좋은 진로 선택하기, 자녀와 진로 대화하기 위한 팁, 공립학교 진로교육 프로그램, 학년별로 자녀에게 물어볼 진로 질문 등을 제시하고 있다.

뉴질랜드에서는 고등교육위원회(Tertiary Education Commission)에서 운영하는 웹 사이트(https://www.careers.govt.nz/)를 통해 진로계획, 자기소개서, 진로정보, 취업 정보, 학업, 직업훈련, 활용 정보 등 초중등 학생을 양육하는 학부모에게 다양한 진로 · 직업 정보를 제공하고 있다. 또 자녀가 진로결정을 내리는 데 도움을 줄 수 있는 월간 정보지인 「커리어 인사이트(Careers Insight)」를 이메일로 제공한다.

국외 학부모 진로교육은 국내와 마찬가지로 진로, 진학, 취업 정보를 제공하는 형태로 주로 운영되고 있다. 또, 이메일, 온라인 채팅, 대면 상담 등을 지원한다. 특징적인 점은 영국 토킹 퓨처스(Talking Futures)는 가정에서의 진로상담을 지원하기 위해 각종 활동지, 동영상, 대화 카드 등을 제공한다. 호주에서는 학부모를 위해 자녀의 학년별로 진로지도 방법과 자녀와 진로 대화를 위한 팁, 학년별로 자녀에게 물어볼 진로 질문에 대한 상세한 예시가 제시되어 있다.

부모의 진로지도와 진로인식이 자녀의 진로개발에 큰 영향을 미치고 있는 것을 고려할 때 이러한 국외 학부모 진로교육은 자녀의 진로선택에 큰 영향을 미칠 것으로 예상된다. 부모가 자녀의 진로에 관심을 갖고, 자녀와 함께 진로를 탐색하고 결정하는 데 적극적으로 참여함으로써 자녀는 자신의 꿈과 목표를 실현하고, 행복한 삶을 살아갈 수 있다.

표 13-5 국가별 학부모 진로교육 주요 제공 서비스

국가	학부모 진로교육	주요 제공 서비스	URL
미국	학부모 정보 자원 센터(PIRCs)	• 학부모교육 참여 지원	
	마이 퓨처 (My Future)	• 대학, 직업, 군 복무 최신 정보 제공	https://myfuture.com
	커리어원스톱 (CareerOneStop)	• 채용 정보, 교육 구직 등 정보 제공	https://www.careeronestop.org
	유스 (Youth.gov)	• 효과적인 청소년 프로그램 개발 및 운영 • 건강, 안전, 교육, 취업 등 정보 제공	https://youth.gov
영국	학부모 교사 협회 (PTA)	• 진로 조언, 학습 및 취업 정보 제공	https://www.parentkind.org.uk
	토킹 퓨처스 (Talking Futures)	• 가정에서의 진로상담을 위한 부모용 활동지, 동영상, 대화 카드 등 제공 • 진로 조언을 위한 채팅 프로그램 제공	https://www.talkingfutures.org.uk
	커리어 서비스 (The National Careers Service)	• 진로상담, 이력서 작성법, 면접 준비 등 정보 제공 • 상담원과 무료 전화 상담, 온라인 채팅, 이메일, 우편 상담 제공	https://nationalcareers.service.gov.uk
	굿 스쿨 가이드 (The Good Schools Guide)	• 자녀 교육 및 진로계획 정보를 얻을 수 있음 • 개별 맞춤형 상담 제공 • 이메일로 제공되는 굿 스쿨 가이드 뉴스레터(The Good Schools Guide newsletter) 제공	https://www.goodschoolsguide.co.uk
스위스	베루프스베랏웅 (Berufsberatung)	• 직업, 교육, 일과 고용 등 정보 제공 • 자녀의 진로선택 지원할 수 있는 목표를 7단계로 제시 • 이메일, 온라인 채팅 상담 • 각 주마다 설치된 사무실에서 진로상담 및 정보 제공	https://www.orientation.ch
캐나다	잡 뱅크 (Job Bank)	• 일자리, 노동시장 정보 제공 • 진로 계획 5단계 제공	https://www.jobbank.gc.ca

호주	호주 빅토리아 주정부	• 학년별 진로지도 방법 • 진로의 의미, 좋은 진로 선택하기, 자녀와 진로 대화하기 위한 팁, 공립학교 진로교육 프로그램, 학년별로 자녀에게 물어볼 진로 질문	https://www.vic.gov.au
뉴질랜드	Careers.govt.nz	• 진로계획, 자기소개서, 진로정보, 취업정보, 학업, 직업훈련, 활용 정보 등 제공 • 월간 정보지 「커리어 인사이트(Careers Insight)」 이메일로 제공	https://www.careers.govt.nz

3) 국내 학부모 진로교육 운영 현황

국내에서 제공되는 학부모 진로교육은 커리어넷에서 제공하는 서비스와 학부모를 위한 진로 레시피, 공공 및 민간기관에서 제공하는 정보, 시 · 도광역시 단위에서 제공하는 정보 등이 있다.

커리어넷에서는 회원 유형별 맞춤 서비스를 제공한다. 학부모를 위한 서비스로는 학부모를 위한 진로소식을 전달하는 드림레터, 자녀의 진로고민을 상담할 수 있는 상담 신청, 자녀 진로지도를 위한 콘텐츠인 학부모 길라잡이, 진로솔루션, 커리어패스, 진로교육 자료, 진로교육 관련 사이트를 제공한다.

드림레터는 2012년부터 교육부와 한국직업능력개발원이 학부모를 대상으로 자녀의 진로지도에 필요한 진로진학 방법, 학교 진로교육 정보, 자녀 진로상담 사례, 체험 정보, 다양한 직업 및 학과 정보를 담아 학기 중에 정기적으로 보내는 진로 소식지이다. 학교급별로 진로정보를 제공하고 있으며 2024년부터는 중국어, 베트남어, 영어, 러시아어를 다국어판으로 발행하고 이메일로 진로 소식을 받아 볼 수 있도록 정기구독 서비스를 지원하고 있다.

상담 신청은 자신이 신청한 상담과 답변 내용을 PC와 모바일에서 확인할 수 있는 서비스로 계속 상담하기를 통해 상담을 이어 나갈 수 있고 공개상담 바로가기 서비스를 통해 자신과 비슷한 고민을 가진 사람들이 신청한 상담이 있는지 찾아볼 수 있다.

학부모 길라잡이는 자녀 진로지도를 위한 콘텐츠로 행복한 진로교육, 부모마음 자녀마음, 진로진학정보, 진로정보 도우미, 진로퀴즈로 구성되어 있다.

학부모를 위한 진로 레시피는 학부모를 대상으로 자녀 진로지도에 필요한 진로지도 방법, 진로교육 관련 이슈, 미래 사회 변화 및 직업 정보, 진로 · 진학(입시) 정보, 자녀 진로상담 정보를 제공하는 방송으로 2014년부터 제공되고 있으며 유튜브 채널과 팟빵을 통해 정기적으로 업로드가 되고 있다.

학부모On누리는 전국학부모지원센터에서 국내외 교육정책 동향, 학부모 교육참여 및 자녀교육 정보 등 최신 교육뉴스를 제공하는 서비스이다. 전국학부모지원센터는 자기주도학습, 진로–진학, 창의성, 인성 교육 등 자녀교육과 관련된 핵심 내용을 주제로 온라인 교육과정을 운영하고 있다.

시 · 도 광역시에서 제공하는 서비스 중 주요한 사항을 살펴보면 먼저, 서울특별시교육청은 교육청 홈페이지에서 365일 24시간 온라인 민원 상담이 가능한 AI 기반 챗봇 '서울에듀톡'을 운영해 진로진학 정보를 제공하고 있다. 서울에듀톡은 문자로 상담을 받는 형태로 운영되며, 직접 질문을 입력하거나 업무별 메뉴를 선택해 세부 질문을 찾아가는 시나리오 방식으로도 진행할 수 있다.

울산광역시교육청은 울산진로진학지원센터에서 학생과 학부모를 위한 진로진학 정보 제공 및 상담 활동, 교원의 진로진학 지도 역량 강화를 위한 지원을 하고 있다. 울산진로진학지원센터의 온라인상담방에서는 울산학부모지원센터를 통해 온라인상담을 제공한다.

강원특별자치도교육청은 강원도 내 17개 교육지원청에 학부모지원서비스를 위한 18개 학부모지원센터를 운영하고 있다. 학부모지원센터는 학부모 교육참여 활동을 지원하고 자녀교육과 관련한 정보 제공 및 고충에 대한 응답을 담당하는 학부모지원전담기구이다. 학부모지원센터는 학부모 역량 강화를 위한 진로적성 및 의사소통 교육 등을 실시하고 있다.

충청북도교육청은 충청북도진로교육원을 통해 학부모의 진로교육 전문성 제고와 역량 강화를 위한 각종 연수와 프로그램을 개설, 운영한다.

충청남도교육청은 진로융합교육원에서 학부모 대상 고입, 대입, 진로 등에 관한 진로진학상담을 연중 실시하고 있다. 충남 5개 권역에 상설 진로진학상담센터를 운영 중이다.

제주특별자치도교육청 제주진로진학지원센터는 오케이진학 앱을 통해 제주도 내 학부모에게 진학 준비를 위한 정보를 제공한다. 애플리케이션을 활용하여 학생의 교과성적 및 관심 대학 전형 자료 등을 모바일 환경에서 손쉽게 확인할 수 있다.

이를 정리하면 〈표 13-6〉과 같다.

국외 학부모 교육과 비교하면 온·오프라인 진로상담과 진로소식지를 발행해 학부모에게 진로 관련 정보를 제공하는 점은 국내 학부모 교육과 유사하다. 우리나라에서 활용할 수 있는 국외 학부모 교육을 나라별로 살펴보면 다음과 같다. 영국은 가정에서 진로상담을 위한 부모용 활동지, 동영상, 대화 카드 등을 제시하고 있다. 우리나라도 커리어넷 등을 통해 진로정보를 찾아볼 수 있지만, 진로정보를 활용해 보호자와 자녀가 함께 활용할 수 있는 정보는 부족한 실정이다. 가정에서 학부모와 학생이 함께 활용할 수 있는 활동지와 동영상, 대화 카드를 개발하여 제공한다면 진로 대화가 필요한 가정에서 유용하게 쓸 수 있을 것이다.

또 진로선택을 계획할 때 참고할 수 있는 목표를 스위스는 7단계로 캐나다는 5단계로 제시하고 있다. 반면 국내에는 이러한 정보를 찾아보기 어렵다. 학부모가 자녀와 진로 대화를 할 때 참고할 수 있는 진로선택 지원 목표 및 단계를 제시해 주는 것도 필요하다고 볼 수 있다.

특히, 호주에서는 학부모를 위한 학년별 진로지도 방법에 대한 정보를 제공하고 자녀와 진로 대화 페이지를 통해 진로를 주제로 한 질문 목록을 제시하고 있다. 국내에서는 학년별 진로지도 방법에 대해 구체적으로 제시되어 있는 자료가 없기 때문에 호주의 사례를 참고해 학부모에게 제공하면 자녀 진로지도에 어려움을 겪는 학부모에게 많은 도움을 줄 것이다.

표 13-6 **국내 학부모 진로교육 운영 현황**

학부모 진로교육		주요 제공 서비스	URL
커리어넷	드림레터	진로지도 방법, 진로정보, 상담 사례 정기 발송	https://www.career.go.kr
	상담신청	상담 사례, 일대일 상담 제공	
	학부모 길라잡이	행복한 진로교육, 부모마음 자녀마음, 진로진학정보, 진로정보 도우미, 진로퀴즈 제공	
	진로솔루션	직업 궁금증 해법 제공	
	커리어패스	여러 분야 직업인 인터뷰 제공	
	진로교육 자료	학교급별 진로 자료 제공	
	진로교육 관련 사이트	진로교육 관련 사이트 링크 제공	
학부모를 위한 진로 레시피		자녀 진로지도 정보 제공	팟빵 https://www.podbbang.com/channels/7445 유튜브 https://www.youtube.com/channel/UC8YCeynOgWsPOx9tNx2-XuA
학부모On누리		학부모 교육 자료 제공, 온라인 교육과정 운영	https://www.parents.go.kr/index.do
서울특별시교육청		AI기반 챗봇 '서울에듀톡' 운영	https://www.sen.go.kr/sen/index.do
울산광역시교육청		정보 제공 및 온라인상담(울산진로진학지원센터)	https://use.go.kr/jinhak/index.do
강원특별자치도교육청		18개 학부모지원센터 운영	https://www.gwe.go.kr/main/content.do?key=m2307210590697
충청북도교육청		학부모 연수, 프로그램 개설 및 운영(충청북도진로교육원)	https://jinro.cbe.go.kr/home/main.php
충청남도교육청		진로진학상담 실시 및 5개 권역 상설 진로진학상담센터 운영(진로융합교육원)	https://icec.cne.go.kr/home/content.do?menu_cd=000101
제주특별자치도교육청		오케이진학 앱으로 진학정보 제공(제주진로진학지원센터)	https://jinhak.jje.go.kr/okJinhak_app_info.do

표 13-7 국내 학부모 진로교육 운영 현황

드림레터 https://www.career.go.kr/cloud/w/dreamLetter/list	커리어넷 상담 신청 https://www.career.go.kr/cnet/front/counsel/counselInfo.do?frontMenu=Y
커리어넷 학부모 길라잡이 https://www.career.go.kr/cnet/front/eduInfo/parentsGuide.do	학부모를 위한 진로 레시피 https://www.youtube.com/channel/UC8YCeynOgWsPOx9tNx2-XuA
서울에듀톡 https://seouledutalk.sen.go.kr/chatbot/projects/sen/chatbot_sen.html	

3. 학부모 진로진학지도상담의 실제

학부모 진로교육을 통해 자녀의 진로선택에 대한 학부모의 이해와 역량을 높일 수 있고, 자녀와 함께 진로를 탐색하고 결정하는 방법을 제공할 수 있지만, 진로교육만으로는 자녀의 진로를 완벽하게 탐색하고 결정하는 것은 어렵다. 학생 개개인마다 적성과 흥미가 다르며 진로발달수준, 가치관, 현실적인 여건 등이 다르기 때문이다.

이러한 이유로 자녀의 진로선택에 대한 학부모의 고민과 문제를 해결하는 상담인 학부모 진로진학지도상담이 필요하다. 학부모는 자녀의 성장과 발달을 가장 가까이서 관찰하고 지원하는 존재이다. 또, 학부모는 자신의 경험과 지식을 바탕으로 자녀의 진로에 조언을 할 수 있다. 학부모는 자녀가 올바른 선택을 할 수 있도록 자녀의 특성을 파악하고 진로진학지도상담을 통해 자녀에게 적용할 수 있는 진로정보를 얻어야 한다.

1) 중학교 학부모 진로진학지도상담의 실제

중학교 학부모 진로진학지도상담에서는 자녀의 진로탐색과 고등학교 진학에 대한 정보를 제공하는 것이 중요하다. 자녀의 적성과 흥미를 파악하고, 다양한 직업 및 진로정보를 제공하여 자녀가 자신의 진로를 탐색할 수 있도록 도와주는 것이 목적이다. 또, 고등학교 진학에 대한 정보를 제공하여 자녀가 자신에게 맞는 고등학교를 선택할 수 있도록 도와주어야 한다.

(1) 진로결정 중학생의 학부모 상담

진로를 결정한 중학생 학부모 상담에서는 자녀의 진로 계획을 구체화하는 데 필요한 정보와 지원을 학부모에게 제공하는 것이 중요하다. 자녀의 관심 분야와 적성에 맞는 고등학교를 선택하고, 진학에 필요한 준비를 체계적으로 할 수 있도록 도와야 한다. 또, 자녀의 진로결정을 위한 부모의 역할과 지원 방법을 모색하고, 자녀와 함께 진로를 탐색하고 결정하는 과정에서 부모와 자녀 간의 소통과 협력을 증진하는 것이 중요하다. 진로결정 중학생의 학부모 상담 예시는 다음과 같다.

내담자: 안녕하세요, 선생님. 저희 아이가 생명과학 분야 연구자가 되고 싶다고 과학고등학교에 가고 싶어 해요. 그런데 제가 과학고등학교에 대한 정보를 잘 모르고, 과학고등학교 졸업 후 진로를 잘 몰라서 이렇게 상담을 신청했어요.

상담자: 네, 아이가 과학고등학교를 희망하는군요. 그럼 일반고등학교와 과학고등학교의 차이를 알고 싶으신 걸까요?

내담자: 네, 맞아요. 저는 아이가 과학고등학교보다 일반고등학교를 갔으면 좋겠어요. 아이가 과학고등학교에 진학한 주변 학부모들 이야기를 들어보면 내신성적이 잘 나오지 않아서 괜히 보냈다는 이야기를 많이 들어서요.

상담자: 정말 걱정이 많으시겠어요. 과학고등학교는 과학 분야에 재능이 있는 학생들을 뽑아서 과학 분야의 전문 지식과 기술을 교육하는 학교이기 때문에 알고 계신 것처럼 좋은 내신 성적을 얻기는 어려운 것이 사실이에요.

내담자: 주변 학부모들이 얘기하는 것이 정말이군요. 내신 성적이 잘 안 나오면 요즘은 대학에 가기 어렵지 않나요?

상담자: 꼭 그렇다고 말씀드리기는 어려워요. 과학고등학교의 경우에는 일반고등학교에 비해 교육과정이 전문적이고, 실험과 실습 중심의 교육이 이루어져요. 그러다 보니 대학교마다 다르겠지만 과학고등학교의 교육과정을 이수한 학생을 선호하는 학과가 있지요.

내담자: 아, 그렇군요. 그런데 과학고등학교 졸업 후에는 어떤 진로를 선택할 수 있나요?

상담자: 졸업 후의 진로는 일반고등학교와 크게 다르지는 않아요. 다만 과학

고등학교 학생들은 과학 분야 학과에 진학하는 것이 일반적이기는 하지요.

내담자: 그렇군요. 과학고등학교에 가려면 성적이 좋아야겠죠?

상담자: 네, 과학고등학교는 우수한 학생들이 많이 지원하기 때문에, 일반적으로 성적이 좋아야 진학할 수 있어요. 특히, 수학과 과학 관련 교과의 성적 비중이 큰 편이지요.

내담자: 그렇군요. 저희 아이는 중학교 자유학기제로 과학 실험 관련 활동을 많이 했거든요. 그런 부분도 과학고등학교에 진학할 때 도움이 될 수 있을까요?

상담자: 그럼요. 과학고등학교는 과학 분야의 관심이 있는 학생을 선발하기 때문에 과학 분야의 다양한 활동을 하는 것은 진학에 도움이 될 수 있어요.

내담자: 아, 그렇군요. 저희 아이에게 이런 이야기를 해 줘야겠네요. 과학고등학교에 가기 위해서는 어떤 준비를 해야 할까요?

상담자: 관심 있는 과학고등학교의 입시 요강을 참고할 필요가 있어요. 거기에서 선발 기준이나 유사 자격 등을 살펴보는 것이 우선이지요. 입시 요강은 과학고등학교 홈페이지에서 찾아볼 수 있어요.

내담자: 그렇군요. 그런데 선발기준에 맞게 중학교에서 준비할 수 있나요?

상담자: 고등학교 선발기준에 맞추어서 중학교 교육과정이 이루어지는 것은 아니지만, 중학교의 학업 내용에 충실하면 가능합니다. 아이가 지금 하는 것처럼 과학 관련 활동을 활발하게 하고 특히 수학과 과학 분야의 학습을 깊이 있게 하는 것이 필요해요.

내담자: 네, 선생님. 학교에서는 과학 실험을 희망하는 학생들이 너무 많아 참여하기도 어렵고 선생님들이 그런 기회를 마련해 주지 않으면 활동하기가 어렵거든요. 다른 방법도 있을까요?

상담자: 과학과 수학 관련 책을 읽고 궁금한 것을 인터넷 등을 활용해서 찾아보는 것도 좋은 활동이 될 수 있어요.

내담자: 과학, 수학 관련 독서를 하는 방법이 있군요. 아이에게 알려 줘야겠어요.

상담자: 학교에 따라 차이가 있지만, 과학고등학교 홈페이지에서 온라인으로 입학 상담을 해 주는 학교도 있으니 이용해 보면 도움을 받으실 수 있을 거예요. 또 궁금하신 점이 혹시 있을까요?

내담자: 궁금한 것들은 충분히 알게 된 것 같아요. 오늘 상담해 주셔서 감사해요.

상담자: 네, 학교에서도 다양한 진로 심화 프로그램을 진행 중이니 아이에게 적극적으로 참여해 줄 것을 가정에서도 지도해 주시면 좋을 것 같아요.

앞의 상담 예시는 생명과학 분야 연구자가 되고 싶어 하는 중학생 자녀가 과학고등학교에 가고 싶어 하는 상황에서, 학부모가 진로진학상담교사에게 상담을 요청한 경우이다.

진로진학상담교사는 과학고등학교에 대한 정보를 제공하고, 과학고등학교 졸업 후 진로와 진학하는 데 필요한 역량을 조언한다.

이러한 상담을 통해 학부모는 과학고등학교의 특징과 교육과정에 대해 알고 자녀와 함께 진학할 고등학교를 탐색하고 결정하는 데 도움을 줄 수 있다.

(2) 진로 미결정 중학생의 학부모 상담

진로를 결정하지 못한 중학생 학부모 상담에서는 자녀가 선택할 수 있는 다양한 가능성을 탐색하고, 자녀가 스스로 자신의 관심 분야와 적성을 찾을 수 있도록 상담한다. 다음은 보호자와 학생이 고등학교 진학을 일반고등학교로 할지, 특성화고등학교로 할지 고민하는 상황이다. 이 경우에는 일반고등학교와 특성화고등학교의 장단점을 설명하고, 자녀의 상황과 목표에 맞는 고등학교를 선택할 수 있도록 상담한다. 진로를 결정하지 않은 중학생 학부모의 상담 예시는 다음과 같다.

내담자: 안녕하세요, 선생님. 저희 아이가 고등학교 진학을 앞두고 있는데, 진로를 결정하지 못해 고민하고 있어요. 특성화고등학교로 갈지 일반고등학교로 갈지 고민하고 있는데, 조언을 얻고 싶어서 상담을 신청했어요.

상담자: 네, 안녕하세요. 자녀분이 아직 진로를 결정하지 못해 걱정이 많으시

겠어요. 특성화고등학교와 일반고등학교에 대해 들어 보신 적 있나요?

내담자: 특성화고등학교는 졸업 후에 바로 취업할 수 있고 일반고등학교와 배우는 것이 많이 다르다고 알고 있어요.

상담자: 네, 특성화고등학교 진학하는 것에 대해 알고 계시네요. 특성화고등학교는 공업, 상업, 수산, 해양 등 다양한 분야의 전문적인 교육을 제공해요. 아이가 흥미 있는 분야가 확실하고 그 분야로 진로를 이어 나가고 싶다면 특성화고등학교에 진학하는 것이 좋지요.

내담자: 아, 그렇군요. 저희 아이는 아직 진로를 결정하지 못했는데, 그럼 특성화고등학교로 진학하면 아이가 학교에 적응하는 것을 힘들어할까요?

상담자: 특성화고등학교는 전문 분야의 지식을 중점적으로 배우기 때문에 아직 진로가 정해지지 않았다면 학교생활을 어려워할 수도 있어요. 진로를 정해서 특성화고등학교에 진학해도 중간에 진로가 바뀌면 학교생활에 어려움이 있을 수 있어요.

내담자: 네, 그렇군요. 저희 아이는 아직 진로를 정하지는 않아서 조금 더 이야기해 보고, 어떤 학교를 선택하는 게 좋을지 고민해 봐야겠네요.

상담자: 네. 특성화고등학교에 대해 더 알고 싶다면 교육부에서 운영하는 하이파이브(https://www.hifive.go.kr) 사이트에서 학교 정보와 입학 안내 자료를 찾아볼 수 있어요. 한번 사이트를 같이 볼까요?

내담자: 이 사이트는 저도 들어갈 수 있는 것인가요?

상담자: 그럼요. 집에서 아이와 함께 살펴보시면 도움을 많이 받을 수 있을 거예요. 하이파이브 사이트에 들어가서 학교 정보 메뉴를 보시면 특성화고, 마이스터고, 협약형 특성화고등학교 세 가지 항목이 나와요.

내담자: 특성화고등학교도 생소한데 마이스터고랑 협약형 특성화고등학교도 있군요.

상담자: 각 고등학교마다 특징도 다르고 입학 요건도 다르기 때문에 아이와 함께 사이트를 보면서 어떤 학교를 가고 싶은지 대화해 보면 좋을 것 같아요.

내담자: 아이와 함께 찾아볼게요. 고등학교 종류가 이렇게 많을지 몰랐어요. 상담 오길 참 잘했네요. 감사합니다.

상담자: 고등학교 진학은 학생의 진로에 큰 영향을 미치는 중요한 선택이에요. 아이와 학부모님이 함께 고민하고, 아이의 진로와 목표에 맞는 학교를 선택하는 것이 중요해요. 언제든지 도움이 필요하시면 말씀해 주세요.

앞의 상담 예시는 고등학교 진학을 앞둔 중학생 자녀가 진로를 결정하지 못하는 상황에서, 학부모가 진로진학상담교사에게 상담을 요청한 경우이다.

진로진학상담교사는 특성화고등학교와 일반고등학교의 차이를 설명하고, 학생의 진로와 목표에 따라 선택하는 것이 중요하다는 것을 강조한다. 또 학생의 성향과 관심사에 따라 선택하는 것도 중요하다는 것을 조언한다.

이러한 상담을 통해 학부모는 자녀의 진로 계획에 따른 고등학교 진학을 계획할 수 있다.

(3) 진로 무관심 중학생의 학부모 상담

자신의 진로에 관해 관심이 없는 중학생의 학부모 상담에서는 자녀가 자신의 관심사와 적성을 발견할 수 있도록 다양한 경험과 활동을 제공하는 것이 중요하다. 또, 자녀가 자신의 진로목표를 설정하고, 이를 달성하기 위한 계획을 수립할 수 있도록 상담한다. 진로에 무관심한 중학생의 학부모 상담 예시는 다음과 같다.

내담자: 안녕하세요, 선생님. 저희 아이가 진로에 대해서 별로 관심이 없어서요.

상담자: 네, 아이가 진로에 관심이 없다니 걱정이 되겠어요. 아이와 진로에 대해서 최근에 대화를 나눠 본 적 있나요?

상담자: 아니요. 아이도 바쁘고 저도 바빠서 최근에는 진로에 관해서 대화를 나눠 본 적이 없네요. 아이에게 어떤 것을 어떻게 해 줘야 하는지 잘 모르겠어요.

상담자: 먼저는 학생 스스로가 진로를 찾는 것이 중요해요. 그런데 아이만 노

력한다고 진로를 쉽게 찾기는 어려워요. 학부모님이 아이 진로에 관심을 두고 지원해 주는 것이 중요해요. 아이가 평소 좋아하는 분야가 어떤 분야인가요?

내담자: 올 초에 아이가 영화 제작 동아리에 들어갔다고 하더라고요. 카메라로 영상을 찍고 편집하는 것이 좋다고 종종 말하곤 했어요.

상담자: 그렇군요, 아이가 영상 촬영과 편집에 관심이 있나 보네요. 잠깐 흥미를 느낀 것인지, 직업으로 삼을 만큼 흥미도 있고 적성에 맞는지 관찰하고 대화하는 것이 중요할 것 같아요.

내담자: 네, 아이가 진로에 관심이 없어서 걱정스러웠는데 저부터도 아이가 뭘 잘하는지 뭘 좋아하는지 알아야겠네요.

상담자: 네, 학생의 진로나 적성에 대해 커리어넷(https://www.career.go.kr) 사이트에서 각종 진로심리검사를 무료로 진행하고 있어요. 참고하시면 도움이 될 거예요.

내담자: 진로심리검사를 받는 방법도 있겠군요.

상담자: 한번 사이트를 같이 살펴볼까요? 커리어넷을 검색해서 들어가시면 진로심리검사 메뉴가 있어요. 중고등학교용을 클릭하면 다양한 검사를 무료로 할 수 있어요.

내담자: 그렇군요, 아이와 함께 집에서 해 봐야겠네요.

상담자: 학생의 진로에 관심을 가지고 지원해 주시면, 학생이 자신의 진로를 찾는 데 큰 도움이 될 거예요. 학교에서는 학생들의 진로탐색을 위한 다양한 프로그램을 제공하고 있으니, 아이가 참석할 수 있도록 권유해 보는 것도 좋을 것 같아요.

내담자: 네, 선생님 말씀을 듣고 보니, 제가 너무 무관심했다는 생각이 드네요. 앞으로는 아이의 진로에 관심을 가지고 지원해 줘야겠어요.

상담자: 네, 언제든지 도움이 필요하시면 말씀해 주세요.

앞의 상담 예시는 진로에 무관심한 학생의 학부모가 진로진학상담교사에게 상담을 요청한 경우이다.

진로진학상담교사는 학생이 스스로 진로를 찾는 것도 중요하지만, 학부모가 학생의 진로에 관심을 가지고 지원해 주는 것도 중요하다는 것을 조언한다.

이러한 상담을 통해 학부모는 학생의 진로에 관심을 가지고, 학생이 자신의 진로를 탐색하고 결정하는 데 도움을 줄 수 있다.

(4) 중학생과 학부모의 진로 불일치 상담

중학교 시기에는 학생과 학부모 간에 진로에 대한 의견 차이가 있을 수 있다. 중학생인 자녀가 선택한 진로와 학부모가 원하는 진로가 다를 때는 먼저, 자녀와 학부모 간의 의견 차이를 이해하고, 서로의 입장을 존중하며 대화를 나눌 수 있도록 해야 한다. 또, 학부모가 자녀의 적성과 흥미를 파악하고, 자녀에게 맞는 진로를 탐색할 수 있도록 상담한다. 중학생과 학부모의 진로가 일치하지 않을 때 상담 예시는 다음과 같다.

내담자: 안녕하세요, 선생님. 저희 아이가 중3이라 고등학교 진학을 생각해야 하는데 저번 주에 갑자기 자립형 사립고등학교를 가고 싶다고 하더라고요. 저는 아이가 당연히 일반고등학교에 진학할 것으로 생각했거든요. 어떻게 해야 할지 고민이 되어서 상담을 신청했어요.

상담자: 네, 많이 고민되시겠어요. 자립형 사립고등학교에 대해서 들어 보신 적 있나요?

내담자: 뉴스에서 들어본 적 있고 몇 년 전에 같은 아파트 살면서 오며 가며 만났던 분의 아들이 자립형 사립고등학교에 갔다고 말씀하신 것을 들은 적이 있어요.

상담자: 네, 자립형 사립고등학교에 대해서 들어 보셨네요. 우선, 자립형 사립고등학교는 일반고등학교와 교육과정이 달라요.

내담자: 일반고등학교와 교육과정이 아주 다른가요?

상담자: 네, 일반고등학교에 비해 자립형 사립고등학교는 교육과정이 자유로

운 편이에요. 다양한 교육 프로그램을 제공하다 보니 우수한 학생들이 많이 지원하지요. 그래서 상위권 내신성적을 유지하기 위해 큰 노력이 필요해요.

내담자: 그렇군요, 일반고등학교도 요즘은 과목을 선택할 수 있다고 들었는데 맞나요?

상담자: 네, 맞아요. 고교학점제가 도입되어서 학생이 이전보다 자유롭게 자신이 듣고 싶은 과목을 들을 수 있게 되었어요. 그리고 자립형 사립고등학교보다 상위권 내신성적을 유지하기 비교적 쉬울 수 있어요.

내담자: 네, 그렇군요. 학교에 따라 장단점이 있는 것 같네요.

상담자: 고등학교 유형별로 입시 정보나 교육과정을 더 자세히 살펴보고 싶으시다면 교육부에서 운영하는 고입 정보 포털 사이트(https://www.hischool.go.kr/)를 이용해 보셔도 도움이 될 거예요. 사이트를 같이 들어가 볼까요?

내담자: 고등학교 유형별로 소개된 사이트가 있군요. 몰랐어요.

상담자: 사이트를 들어가면 고교 입시 정보 메뉴에서 고등학교 유형별로 정보를 얻을 수 있어요. 자립형 사립고등학교 정보를 보고 싶다면 자율고 입시 정보를 클릭하면 정보를 볼 수 있어요.

내담자: 이런 사이트가 있군요. 아이와 살펴봐야겠어요.

상담자: 고등학교 유형별 입시 정보를 아는 것도 중요하지만 아이가 어떤 진로를 선택했느냐에 따라 고등학교 선택 기준도 달라질 수 있기 때문에 먼저 아이가 어떤 분야를 좋아하는지 고려해야 해요. 아이가 최근에 관심을 보인 분야가 있나요?

내담자: 저는 아이가 일반고등학교에 진학해서 의대에 진학했으면 좋겠는데 아이는 공대를 가고 싶다고 하더라고요. 아이가 결정한 진로와 제가 희망하는 진로가 달라서 어떻게 지도해야 할지 모르겠어요.

상담자: 의사와 공학자는 서로 다른 분야라서 고민이 되겠네요. 아이가 공학자에 관심을 가지게 된 계기가 있나요?

내담자: 네, 저희 아이는 어릴 때부터 기계를 분해하고 조립하는 것을 좋아했고요. 과학 꾸러미로 무언가를 만드는 것을 좋아했어요. 중학교에서는 발명 동아리에서 3년 내내 활동하고 있고 교외 대회에서 상도 타 왔고요.

상담자: 그렇군요, 자녀분이 자신이 좋아하는 분야를 찾아서 진로를 결정한 것은 좋은 일이지요. 아이가 의사가 되길 바라는 이유는 무엇일까요?

내담자: 의사는 고소득에 사회적으로 존경받을 수 있는 직업이라고 생각해요. 아이가 안정적으로 살기 위해서 의사가 되었으면 좋겠어요.

상담자: 사회적으로 인정받고 고소득인 직업이 중요하지요. 안정적이고 존경받는 직업을 선호하는 이유도 결국 아이가 행복하길 바라는 마음에서 비롯된 것이지요?

내담자: 네, 맞아요. 아이가 안정적 직장에서 존중받고 살면 좋을 것 같아요. 공학자가 되면 물론 기업에 들어갈 수도 있겠지만 고용 형태에 따라서 직업이 불안정할 수도 있어서 걱정되어요.

상담자: 네, 그렇게 걱정하실 수 있어요. 하지만, 아이가 자신이 좋아하는 분야로 진로를 결정하고 직업생활을 해야 더 행복하지 않을까요? 그리고 공학자로서도 안정성이 높은 직업을 찾아볼 수 있을 것 같아요.

내담자: 네, 그렇군요. 선생님 말씀을 들으니 조금 안심이 되네요. 선생님 말씀을 듣고 보니, 제가 너무 아이의 의견을 무시했다는 생각이 드네요. 앞으로는 아이와 충분한 대화를 나누고, 아이가 자신이 원하는 진로를 찾을 수 있도록 지원해 줘야겠어요.

상담자: 네, 언제든지 도움이 필요하시면 말씀해 주세요.

앞의 상담 예시는 학생과 학부모의 진로가 불일치할 때의 상담 예시이다.

진로진학상담교사는 자립형 사립고등학교와 일반고등학교의 장단점을 설명하고, 학생과 학부모의 의견을 존중하고 대화를 나누는 것이 중요하다는 것과 학생의 행복을 위해서 학생의 선택을 존중해야 함을 조언한다.

이러한 상담을 통해 학부모는 학생의 의견을 존중하고, 학생이 자신이 원하는 진로를 찾을 수 있도록 지원해 줄 수 있다.

2) 고등학교 학부모 진로진학지도상담의 실제

고등학교 학부모 진로진학지도상담에서는 자녀의 진로결정과 대학 진학에 대한 정보를 제공하는 것이 중요하다. 자녀의 진로 결정을 돕고, 대학 진학에 대한 정보를 제공하여 자녀가 자신의 목표를 달성할 수 있도록 돕는 것이 목적이다. 또, 자녀의 학교생활과 학습에 대한 조언을 제공하여 자녀가 학교생활에 잘 적응하고, 학업 성취도를 높일 수 있도록 도와줘야 한다.

(1) 진로결정 고등학생의 학부모 상담

진로를 결정한 고등학생 학부모 상담에서는 자녀의 진로에 맞는 구체적인 계획을 세우고 그 계획을 실천하는 데 필요한 정보와 자원을 제공하는 것에 초점을 두고 상담하는 것이 중요하다. 특히, 진로에 적합한 대학 학과를 선택할 수 있도록 상담한다. 진로를 결정한 고등학생 학부모의 상담 예시는 다음과 같다.

내담자: 안녕하세요, 선생님. 저희 아이가 방송 PD가 되고 싶어 하는데, 제가 방송 PD에 대해 잘 몰라서요. 아이에게 어떤 조언을 해 줘야 할지 막막해서 이렇게 상담을 요청하게 되었어요.

상담자: 네. 아이가 방송 PD가 되고 싶어 하는군요. 혹시 방송 PD에 대해서 얼마나 알고 계실까요? 어디서 일하는지, 무엇을 하는지 같은 것이요.

내담자: 방송 PD는 유명한 예능 프로그램을 만들고 방송 출연도 가끔 하는 PD를 TV에서 보긴 했어요. TV에 방영되는 방송을 만들고 가끔 방송을 진행하는 역할도 하는 것 같았어요.

상담자: 잘 알고 계시네요. 말씀하신 것처럼 방송 PD는 방송 프로그램을 기획하고 제작하는 일을 하는 직업이에요. 프로그램의 주제를 선정하고, 출연자를 섭외하며, 촬영 장소를 선정하고, 촬영 일정을 계획하고, 촬

영한 영상을 편집하고, 방송 일정을 조율하는 등의 일을 해요.

내담자: 아, 그렇군요. 요즘은 방송 PD가 TV 프로그램뿐만 아니라 온라인 방송도 연출한다고 듣긴 했어요.

상담자: 맞아요, 잘 알고 계시네요. 요즘은 온라인 플랫폼에 다양한 영상 콘텐츠를 기획하고 제작하는 일도 하고 있어요. 전보다 방송 PD가 할 수 있는 일이 많아졌다고 할 수 있죠.

내담자: 그런데 방송 PD가 되기 위해서는 어떤 대학교의 어떤 학과를 들어가는 게 좋은가요?

상담자: 방송 PD가 되기 위해서는 대학교의 신문방송학과, 미디어커뮤니케이션학과, 연극영화과 등의 학과를 들어가는 것이 좋아요. 이 학과에서는 방송 제작에 필요한 이론과 실무를 배울 수 있으며, 다양한 실습 기회를 제공하지요.

내담자: 그렇군요, 그럼 이런 학과가 있는 대학교는 어디인가요? 그리고 이런 학과에 들어가기 위해서는 성적이 좋아야겠죠?

상담자: 네, 이런 학과가 있는 대학교는 많이 있어요. 대표적으로는 서울대학교, 연세대학교, 고려대학교 등이 있지요. 대학마다 어떤 학과가 있는지 자세히 알고 싶으시면 커리어넷(https://www.career.go.kr) 사이트에서 직업 정보 메뉴를 이용하면 방송 PD와 연관된 직업을 검색할 수 있어요. 검색 결과에 나오는 직업을 클릭하면 관련 학과와 관련 자격, 하는 일, 핵심 능력 등을 확인할 수 있어요. 한번 같이 들어가 볼까요?

내담자: 커리어넷 사이트에 직업 정보가 있군요.

상담자: 커리어넷 사이트 들어가면 메인 화면에 통합 검색이 보이죠? 여기에 방송 PD를 검색하면 결과 페이지가 나오죠? 여기에서 직업 · 학과 정보에 관련 직업들을 볼 수 있어요. 방송연출가를 클릭해 볼게요. 관련 직업명과 관련 학과, 자격, 하는일, 핵심 능력을 볼 수 있어요

내담자: 제가 찾던 정보가 커리어넷에 있었네요.

상담자: 왼쪽에 보시면 직업탐색 및 준비, 직업현황 및 지표 능력/지식/환경 등

을 확인할 수 있어요.

내담자: 학교에서 해 주셨던 학부모 설명회 때 한번 들어 봤던 것 같은데 직접 활용해 보지는 않았어요. 집에 가서 아이와 같이 살펴봐야겠네요.

상담자: 방송 PD와 관련된 학과에 들어가기 위해서는 성적이 좋아야 하는 것은 사실이에요. 하지만 성적뿐만 아니라 다양한 경험과 역량도 중요해요.

내담자: 아, 그렇군요. 아이에게 이런 이야기를 해 줘야겠네요. 그럼 아이가 어떤 경험을 하는 게 좋을까요?

상담자: 네. 영상 촬영이나 제작 관련 동아리에서 활동해도 좋을 것 같고요. 그게 어렵다면 다양한 방송 프로그램을 보고 분석해 볼 수 있을 것 같아요. 또 프로그램을 보고 친구들과 소통해 보는 것도 도움이 될 것 같아요.

내담자: 네, 선생님. 오늘 정말 많은 도움이 되었어요. 아이와 함께 이야기해 보고, 준비할 수 있도록 노력해야겠어요.

상담자: 네. 언제든지 도움이 필요하시면 말씀해 주세요.

앞의 상담 예시는 고등학생 자녀가 방송 PD가 되고 싶어 하는 상황에서, 학부모가 진로진학상담교사에게 상담을 요청한 경우이다.

진로진학상담교사는 방송 PD가 하는 일을 설명하고, 방송 PD가 되는 데 필요한 학과와 대학교를 찾아볼 수 있는 커리어넷 사이트를 소개하고 있다.

이러한 상담을 통해 학부모는 자녀가 희망하는 직업 정보를 얻고, 직업과 관련된 대학 학과 정보를 확인할 수 있다.

(2) 진로 미결정 고등학생의 학부모 상담

진로를 결정하지 못한 고등학생 학부모 상담에서는 자녀의 적성과 흥미를 파악하고, 다양한 진로에 대한 정보를 제공하여 자녀가 자신에게 맞는 진로를 탐색할 수 있도록 도와준다. 또, 학부모와 자녀가 함께 진로에 관심을 가지고, 행복한 삶을 위해 필요한 것이 무엇인지 고민할 수 있도록 상담한다. 진로 미결정 고등학생의 학부모 상담 예시는 다음과 같다.

내담자: 안녕하세요, 선생님. 저희 아이가 대학 진학을 앞두고 있는데, 어떤 학과를 가야 할지 결정하지 못해서 이렇게 상담을 드리게 되었어요.

상담자: 네, 대학 진학을 앞두고 학과를 결정하는 것은 매우 중요한 일이지요. 자녀분이 관심이 있는 분야나 취미가 있나요?

내담자: 저희 아이는 수학과 과학을 좋아하고, 컴퓨터에도 관심이 많아요.

상담자: 수학과 과학, 컴퓨터에 관심이 많다면, 이와 관련된 다양한 학과를 고려해 볼 수 있어요. 수학, 과학과 관련된 학과로는 수학과, 통계학과, 물리학과, 화학과 등이 있고, 컴퓨터와 관련된 학과로는 컴퓨터공학과, 소프트웨어 학과, 정보통신학과 등이 있어요.

내담자: 네, 하지만 저희 아이는 아직 자신이 어떤 학과를 가야 할지 잘 모르겠다고 해서 걱정이에요.

상담자: 네, 아직 고등학생이기 때문에 자신이 어떤 학과를 가야 할지 고민하는 것은 자연스러운 일이지요. 우선 자녀분이 관심이 있는 분야나 취미를 바탕으로 다양한 학과를 탐색해 보는 것이 좋아요. 아이가 특별히 관심 있는 분야가 무엇인가요?

내담자: 네, 선생님 저희 아이는 컴퓨터로 무엇인가 하는 것을 참 좋아해요. 제가 컴퓨터에 대해서 잘 몰라서 아이가 뭘 하는지는 모르겠지만 프로그램을 만든다고 얘기하더라고요.

상담자: 아이가 컴퓨터 쪽에 관심이 있나 보네요. 지금 하고 계신 것처럼 아이와 진로와 관련된 대화를 많이 나누신다면 좋을 것 같아요. 커리어넷(https://www.career.go.kr) 사이트에서 학과 정보 메뉴를 참고하면 계열별, 학교 유형별로 다양한 학과를 탐색할 수 있어요. 한번 같이 들어가 볼게요.

내담자: 커리어넷에서 여러 학과를 다 볼 수 있는 건가요?

상담자: 대부분의 학과는 모두 볼 수 있어요. 커리어넷 들어가시고 학과 정보 메뉴를 들어가시면 전공계열별로 학교 유형별로 학과를 검색할 수 있어요. 아이는 수학, 과학, 컴퓨터 쪽을 좋아하니 공학계열, 자연계열,

의학계열 쪽을 살펴보면 좋겠죠.

내담자: 제가 찾던 정보를 커리어넷에서 찾을 수 있겠네요.

상담자: 학교에서도 진로탐색을 위한 여러 프로그램이 진행 중이니 아이가 참여해 보면 좋을 것 같아요.

내담자: 학교에서 하는 프로그램에 참여하는 방법도 있겠군요. 말씀을 들으니 조금 안심이 되네요.

상담자: 네, 대학 진학은 인생에서 중요한 선택 중 하나이기 때문에, 자녀분이 자신이 원하는 학과를 찾아서 진학하는 것이 중요해요. 저도 함께 고민하고 도와드릴게요.

앞의 상담 예시는 고등학생 자녀가 대학 진학을 앞두고 어떤 학과를 가야 할지 결정하지 못한 상황에서, 학부모가 진로진학상담교사에게 상담을 요청한 경우이다.

진로진학상담교사는 자녀가 관심이 있는 분야나 취미를 파악하고, 이와 관련된 다양한 학과를 제시하며, 자녀가 자신이 원하는 학과를 찾을 수 있도록 학교에서 진행하는 진로탐색 프로그램을 소개한 예시이다.

이러한 상담으로 진로에 관해 관심이 없는 부모님에게도 진로의 중요성을 이해하게 해주고, 어떻게 아이를 도와줄 수 있는지에 대한 방법을 제시해 줄 수 있다.

(3) 진로 무관심 고등학생의 학부모 상담

자신의 진로에 관해 관심이 없는 고등학생의 학부모 상담에서는 학부모가 자녀의 진로개발에 밀접한 영향을 미치기 때문에 학부모 또한 자녀의 진로에 관심을 가지고, 자녀와 함께 진로를 탐색하고 결정하는 과정에 참여하는 것이 중요하다는 것을 언급하는 것이 좋다. 진로 무관심 고등학생의 학부모 상담 예시는 다음과 같다.

내담자: 안녕하세요, 선생님. 사실 저희는 아이의 진로에 대해 크게 관심이 없어요. 그냥 아이가 행복하면 그게 다죠.

상담자: 그렇군요, 학생의 행복이 가장 중요하지요. 하지만 행복은 어떤 일을 하면서 느끼는 만족감에서 온다는 점, 그리고 그 일을 잘하기 위해서는 준비가 필요하다는 점을 기억해 주세요.

내담자: 그렇게까지 생각해 본 적은 없네요. 그럼 어떻게 진로를 준비해야 하나요?

상담자: 아이의 흥미와 역량을 발견하는 것부터 시작해 보면 좋을 것 같아요. 아이가 무엇을 좋아하는지, 어떤 일을 잘하는지 관찰해 보고 대화해 보면 어떨까요?

내담자: 아이도 바쁘고 저희도 바빠서 아이와 그런 이야기를 할 기회가 없었어요. 지금부터라도 시작해도 괜찮을까요?

상담자: 그럼요, 늦었다고 생각할 때가 가장 빠를 때라는 말도 있죠. 아이가 어떤 것을 재미있어하는지, 어떤 것을 잘하는지를 관찰하고 대화해 본다면 이 과정에서 아이가 스스로 장단점을 생각하고 자기 진로를 고민할 수 있을 거예요.

내담자: 그렇군요, 아이를 관찰하고 흥미와 적성에 관해 대화를 해 봐야겠어요.

상담자: 그리고 커리어넷(https://www.career.go.kr) 사이트에서 진로심리검사를 무료로 진행하고 있어요. 직업적성검사와 직업흥미검사를 하고 저와 상담을 신청하시면 결과지를 보고 상담을 진행할 수 있어요.

내담자: 진로심리검사를 하는 방법도 있군요.

상담자: 네, 여기 모니터를 한번 봐주시겠어요? 포털사이트 들어가서 커리어넷을 검색해 보면 사이트를 쉽게 들어갈 수 있어요. 메뉴에서 진로심리검사를 누르면 중고등학생용 심리검사를 무료로 이용할 수 있답니다.

내담자: 아이와 집에서 함께 해 봐야겠네요.

상담자: 검사 후 결과도 나오니 저장해 두셨다가 결과를 토대로 다시 상담한다면 도움을 받을 수 있을 거예요.

앞의 상담 예시는 고등학생 자녀의 진로에 무관심한 학부모가 진로진학상담교사에게 상담을 요청한 경우이다.

진로진학상담교사는 학생의 행복이 중요하다는 것을 강조하고, 학생의 흥미와 역량을 발견하는 것부터 시작하여, 학생 스스로의 진로를 계획하는 능력을 기르는 것을 도와줄 것을 제안한다.

이러한 상담을 통해 학부모는 자녀의 진로에 관심을 두고, 자녀가 진로를 탐색하고 결정하는 데 도움을 줄 수 있다.

(4) 고등학생과 학부모의 진로 불일치 상담

고등학생인 자녀가 선택한 진로와 학부모가 원하는 진로가 다를 때, 자녀와 학부모 간의 의견 차이를 이해하고, 서로의 입장을 존중하며 대화를 나눌 수 있다. 또, 학부모가 직업에 대한 고정관념이 있을 수 있다는 점을 인식하고, 자녀의 적성과 흥미를 고려해서 진로를 선택해야 자녀가 행복한 삶을 살 수 있다는 것을 상담할 수 있다. 고등학생과 학부모의 진로 불일치 상담 예시는 다음과 같다.

내담자: 안녕하세요, 선생님. 저희 아이가 승무원이 되고 싶어 하는데, 저는 교사가 되길 바라거든요. 둘의 희망 진로가 너무 달라 어떻게 해야 할지 모르겠어요.

상담자: 네, 많이 고민되시겠어요. 우선, 승무원과 교사는 서로 다른 직업이죠. 학생이 승무원에 관심을 가지게 된 계기가 있나요?

내담자: 네, 저희 아이는 어릴 때부터 해외 여행하는 것을 좋아했고, 중학교 때는 영어 회화 동아리에서 활동도 하고요. 외국어 공부에 관심이 많아요.

상담자: 그렇군요, 자녀분이 자신이 좋아하는 분야를 찾아서 진로를 결정한 것은 좋은 일이지요. 하지만 단순히 해외여행이 좋다고 승무원이 어떤 일을 하는지 모르고 승무원이 되면 나중에 진로 선택을 후회할 수도 있을 것 같아요.

내담자: 맞아요, 저희도 아이가 영어를 좋아하고 여행을 많이 하고 싶어서 승무원이 되었다가 나중에 후회할까 봐 걱정이에요.

상담자: 승무원은 해외로 자주 다닐 수 있고 다양한 사람을 만난다는 특징이 있지만, 근무시간이 불규칙해서 체력적으로 힘들 수 있어요. 아이가 이런 부분도 고려하고 직업 선택을 한 것일까요?

내담자: 아직 그렇게 자세히 승무원에 대해서 알지는 못하는 것 같아요.

상담자: 아이가 자신이 좋아하는 분야를 찾아서 진로를 결정하는 것은 매우 중요해요. 그러나 아이가 승무원이 어떤 직업인지 어떤 일을 하는지 정확하게 알지 못하고 희망할 수도 있어서 깊이 있는 대화가 필요해요.

내담자: 네, 저도 그 부분이 걱정이에요. 승무원에 대해 잘 모르고 직업 결정을 했다가 나중에 직업을 바꾸고 싶어 할까 봐요.

상담자: 네, 그런 걱정은 당연하지요.

내담자: 그럼 승무원이 되기 위해서는 어떤 학과를 가야 하나요?

상담자: 승무원이 되기 위해서는 대학교의 항공운항과, 항공서비스학과 등의 학과에 진학하는 것이 좋아요. 이런 학과에서는 승무원이 되는 데 필요한 지식과 기술을 배울 수 있고 실습 기회도 있어요.

내담자: 네, 그렇군요. 저희 아이에게 이런 이야기를 해 줘야겠네요. 그런데 만약 저희 아이가 승무원이 되는 게 어렵다면, 교사가 되는 것도 생각해 봐야 할 것 같은데, 교사가 되기 위해서는 어떻게 해야 할까요?

상담자: 교사가 되기 위해서는 대학교의 교육학과, 국어교육과, 영어교육과 등의 학과에 진학하여 교원자격증을 취득하고, 임용고시에 합격해야 해요. 또 교사는 학생들을 가르치는 일뿐만 아니라, 학생들의 성장을 돕기 때문에, 교육에 대한 열정과 책임감이 필요해요.

내담자: 네, 그렇군요. 단순히 안정적인 직업이라는 이유로 아이에게 억지로 권할 수는 없겠죠?

상담자: 그렇지요. 아이가 행복하게 사는 것이 모든 보호자의 마음이죠.

내담자: 오늘 정말 많은 도움이 되었습니다. 저희 아이와 함께 이야기해 보고, 어떤 진로를 선택하는 게 좋을지 고민해 봐야겠어요.

상담자: 네, 언제든지 도움이 필요하시면 말씀해 주세요.

위의 상담 예시는 고등학생 자녀가 희망하는 진로와 학부모가 바라는 진로가 일치하지 않는 상황에서, 학부모가 진로진학상담교사에게 상담을 요청한 경우이다.

진로진학상담교사는 학생이 희망하는 직업과 학부모가 바라는 직업을 설명하고, 학생이 진로를 결정하는 과정에서 부모님과 충분한 대화를 나누는 것이 중요하다는 것을 강조한다. 또, 학부모가 학생이 원하는 진로를 찾을 수 있도록 지원해주는 것이 좋다고 조언한다.

이러한 상담을 통해 학부모는 자녀의 의견을 존중하고, 자녀가 자신이 원하는 진로를 찾을 수 있도록 지원해 줘야 한다는 것을 느낄 수 있을 것이다.

참고문헌

김소라, 문승태(2017). 고등학생 진로개발역량에 있어서의 부모의 역할. **진로교육연구, 30**(4), 27-48.

김수리, 이재창(2007). 부모 지지, 진로결정 자기 효능감 및 역기능적 진로사고가 청소년의 진로성숙에 미치는 영향. **한국심리학회지 상담 및 심리치료, 19**(2), 393-407.

김용기(2022). 학부모 대상 학교 진로교육에 대한 문제점 및 개선방안연구 '경기도 P 지역 일반고교 학교운영위원 중심으로'. **부모교육연구, 19**(1), 174-194.

김정숙, 백병부(2010). 중3 학부모의 고등학교 선택 동기 결정요인. **한국교육, 37**(3), 5-27.

김희수(2005). 고등학생이 지각한 부모의 양육태도와 학생의 자아존중감 및 진로결정과의 관계. **중등교육연구, 53**(3), 63-88.

류은수(2021). 어머니의 심리적 통제와 청소년의 자기조절능력이 학교생활적응에 미치는 영향. **부모교육연구, 18**(4), 55-71.

변수용, 주영효(2012). 학교선택 결정요인과 효과 분석: 서울교육종단연구 데이터를 중심으로. **한국교육, 39**(1), 5-33.

신용주, 김혜수(2017). **부모교육**. 서울: 학지사.

신효정, 이지희(2018). 부모의 양육태도에 따른 잠재프로파일 분석 및 보호요인과 위험요인의 차이 분석. **한국웰니스학회지, 13**(4), 161-173.

안미경, 유금란(2013). 부모의 진로 및 자율성 지지가 고등학생의 진로태도성숙에 미치는

영향: 성별에 따른 진로결정자기효능감의 매개효과를 중심으로. 청소년학연구, 20(9), 73-95.

우동욱, 김웅자(2020). 부모코칭역량이 부모자녀의 의사소통과 부모유능감에 미치는 영향. 부모교육연구, 17(1), 21-32.

이근영, 연규진(2019). 청소년-부모 진로 일치와 진로결정: 성취를 통한 가족 인정 지향성에 의한 접근목표지향성의 조절된 매개효과. 진로교육연구, 32(2), 25-46.

이영선(2020). 고등학교 진로교육 정책 효과 분석. 서울대학교 대학원 석사학위논문.

이은숙, 김민정(2017). 고등학생의 부모와의 의사소통과 진로태도성숙의 관계에 대한 지각된 진로장벽의 매개효과. 진로교육연구, 30(4), 49-68.

이응택, 최재혁(2017). 고등학생의 부모와의 관계 및 부모와의 진로 관련대화와 직업결정의 관계에서 진로정체감의 매개효과. 진로교육연구, 30(1), 47-66.

이주희, 문은미(2011). 부모 진로지지가 청소년의 진로결정자기효능감에 미치는 영향. 진로교육연구, 24(1), 173-188.

이지연(2013). 부모지지가 청소년의 진로태도성숙에 미치는 영향: 진로결정자기효능감을 매개로. 청소년학연구, 20(6), 219-241.

장현진(2019). 일반계 고등학생의 진로성숙도에 대한 개인, 가정, 학교 및 진로활동 경험의 영향. 진로교육연구, 32(3), 43-64.

차윤희, 김준성, 장지우(2023). 텍스트마이닝을 활용한 고등학생 진로 관련 연구 동향. 인문사회과학연구, 24(2), 201-222.

한민아, 도미향(2021). 구성주의이론의 부모코칭 적용에 관한 탐색적 연구. 부모교육연구, 18(1), 5-23.

한수민, 오인수(2014). 고등학생이 인식한 부모지지와 진로자기효능감이 진로성숙도에 미치는 영향. 중등교육연구, 62(1), 261-280.

허정철(2010). 부모의 양육태도와 의사소통이 청소년의 진로의사결정유형에 미치는 영향. 한국콘텐츠학회논문지, 10(9), 504-513.

McElhaney, K. B., Allen, J. P., Stephenson, J. C., & Hare, A. L. (2009). Attachment and autonomy during adolescence. In R. M. Lerner & L. Steinberg (Eds.), *Handbook of adolescent psychology: Individual bases of adolescent development* (pp. 358-403). John Wiley & Sons.

Schneider, M., Teske, P., Marshall, M., & Roch, C. (1998). Shopping for Schools: In the Land of the Blind, The One-Eyed Parent May be Enough. *American Journal of Political Science, 42*(3), 769-793. https://doi.org/10.2307/2991729.

Berufsberatung 홈페이지(https://www.orientation.ch)
CareerOneStop 홈페이지(https://www.careeronestop.org)
Careers.govt.nz 홈페이지(https://www.careers.govt.nz)
Engaging Parents in Career Conversations 홈페이지(https://www.schools.vic.gov.au)
Job Bank 홈페이지(https://www.jobbank.gc.ca)
Jobs and Skills Australia 홈페이지(https://www.jobsandskills.gov.au)
My Future 홈페이지(https://myfuture.com)
PTA 홈페이지(https://www.parentkind.org.uk)
Talking Futures AI 홈페이지(https://www.talkingfutures.org.uk)
The Good Schools Guide 홈페이지(https://www.goodschoolsguide.co.uk)
The National Careers Service 홈페이지(https://nationalcareers.service.gov.uk)
Youth.gov 홈페이지(https://youth.gov)

찾아보기

인명

내용

저자 소개

김성현(Kim, Sunghyun)

경북대학교 교육학 박사

전 송원대학교 상담심리학과 교수

현 순천향대학교 교육대학원 진로진학상담전공 주임교수

순천향대학교 일반대학원 박사과정 진로직업상담전공 교수

〈주요 저서 및 논문〉

『초등학생용 학습집중력 향상 프로그램 지도자용 매뉴얼(LCIP-E): 지도자용 매뉴얼』(교육과학사, 2012)

『중·고등학생용 학습집중력 향상 프로그램 지도자용 매뉴얼(LCIP-A): 지도자용 매뉴얼』(교육과학사, 2012)

『의사소통기술과 언어습관』(공저, 박영story, 2019)

『진로교육평가』(공저, 학지사, 2023)

「진로의사결정 훈련 프로그램이 학업중단 청소년의 진로성숙도에 미치는 영향」(2012)

「대학생 취업불안 감소훈련 프로그램 개발」(2016)

「학교 밖 청소년의 자아존중감과 진로성숙도가 사회적응에 미치는 영향」(2018)

「학업중단 청소년의 자아탄력성과 자아존중감이 진로성숙도에 미치는 영향」(2023)

홍순도(Hong, SoonDo)

순천향대학교 교육학 박사

전 충남교육청 진로진학상담교사(1기), 순천향대학교 교육대학원 강사

현 QW상담연구소 소장, 한국진로교육학회 이사, 커리어넷 사이버상담위원

〈주요 저서 및 논문〉

『빅토르 위고』(공역, 도서출판 비공, 2023)

『위고를 위하여, 에스프리를 위하여』(공저, 도서출판 비공, 2023)

「현실치료 진로개인상담이 인문계여자고등학생의 진로성숙도에 미치는 효과」(2015)

「학교 요인과 가정요인이 청소년의 학업적 자기효능감에 미치는 영향」(2016)

「고등학교 진로전담교사의 진로상담과정 탐구」(2018)

김해든(Kim, Haedeun)

순천향대학교 교육대학원 진로진학상담전공 졸업

전 당진고등학교 학년부장 교사

현 천안신방중학교 진로진학상담부장 교사

〈주요 논문〉

「영어 교과연계 진로교육이 고등학생의 진로성숙도 및 진로결정자기효능감에 미치는 영향」(2023)

김정연(Kim, Jeongyeon)

순천향대학교 교육대학원 진로진학상담학전공 졸업

순천향대학교 일반대학원 진로직업상담전공 박사과정

전 당진고등학교 교사

현 당진정보고등학교 교사

〈주요 논문〉

「창의적 진로개발 학교 진로교육 프로그램(SCEP) 기반 고등학교 진로교육 프로그램이 학생의 진로성숙도에 미치는 효과」(2024)

이유나(Lee, Yuna)

순천향대학교 교육대학원 진로진학상담전공 졸업

전 당진고등학교 교사

현 천안불당고등학교 교사

〈주요 논문〉

「자기선택적 진로독서 프로그램이 고등학생의 진로자기효능감에 미치는 영향」(2024)

진로진학상담총서 ①

학교 진로진학상담의 이론과 실제

The Theory and Practice of School Career Guidance Counseling

2025년 8월 5일 1판 1쇄 인쇄
2025년 8월 12일 1판 1쇄 발행

지은이 • 김성현 · 홍순도 · 김해든 · 김정연 · 이유나

펴낸이 • 김진환
펴낸곳 • ㈜학지사
04031 서울특별시 마포구 양화로 15길 20 마인드월드빌딩
대표전화 • 02-330-5114 팩스 • 02-324-2345
등록번호 • 제313-2006-000265호

홈페이지 • http://www.hakjisa.co.kr
인스타그램 • https://www.instagram.com/hakjisabook

ISBN 978-89-997-3469-4 93370

정가 25,000원